FAÇON DE PARLER 2

FAÇON DE PARLER 2

Angela Aries &
Dominique Debney

Headway · Hodder & Stoughton

Illustrations by John Plumb

ISBN 0 340 26302 4

First published 1987
Ninth impression 1992

Photoset in Linotron Gill and Palatino by
Rowland Phototypesetting Ltd, Bury St Edmunds, Suffolk.

Printed in Great Britain for
Hodder and Stoughton Educational
a division of Hodder and Stoughton Ltd,
Mill Road, Dunton Green, Sevenoaks, Kent
by Clays Ltd, St Ives plc

Contents

Introduction

Façon de Parler 2 is the second part of a two-volume course for adult beginners and 'false' beginners wishing to reach GCSE standard. It is suitable both for students who wish to communicate easily in French when they travel in French-speaking countries, and for those wanting to concentrate on examinations. It contains many useful situational dialogues for the tourist and the businessman, as well as giving information about France and some of its most attractive regions, such as Brittany, Alsace, Corsica and even Martinique. A lot of varied exercises are included, plus a 'check-your-progress' page (*Faites le Point!*) every four units, and some activities (*A Vous!* and *Et Vous!*) specially devised for class use. Materials specifically for examination purposes are concentrated in the latter part of this book. Each of the last four units has a theme on which all the practice is based. The reference section in this volume contains clear and thorough grammar explanations, verb tables plus a French–English and English–French vocabulary.

The course can be used either as a classroom textbook, or by the student working alone. The latter will find the final section (the *Study Guide*) most helpful as it gives:

- the answers to the *Avez-vous compris?* which is generally a series of questions on the presentation material
- the key to all the *Exercises*, including suggested answers to the open-ended ones, and to the *Reading* and *Picture Comprehensions*
- the key to the regular revision tests (*Faites le Point!*)
- the answers to the *Listening Comprehensions* and their transcripts.

Where appropriate, teachers will also find some suggestions under the heading *For Extra Practice . . .*, and some *Dictations*.

In addition, there are cassette tapes which form an integral part of the course, giving the scenes of dialogues and interviews from the book, and the texts of the listening comprehensions.

An accompanying cassette set for this book is available through your usual bookseller. You should quote the following ISBN:
0 340 55318 9

Vous souvenez-vous d'eux?

Vous souvenez-vous de nos amis français?

Guillaume Lejeune est un étudiant parisien qui sert de guide à des groupes de touristes pour la société Tourama. Il fait ce travail pendant son temps libre pour se faire un peu d'argent.

Certains de ces touristes sont aussi nos amis:

Henri Boivin a la cinquantaine. Il vient de Nuits-Saint-Georges, en Bourgogne. Il est pharmacien et divorcé. Il a une tante qui s'appelle Henriette et qui lui garde son chat quand il part en voyage.

Jeanne Chouan est une jeune femme de Luçon, en Vendée. Elle est professeur de sciences naturelles. Elle est célibataire. Elle a vingt-trois ans.

Sylvie Clément a environ le même âge, mais elle est du Midi et travaille dans une usine de parfums à Grasse.

Annick Le Goff et **Yves Le Braz** sont fiancés. Ils viennent de Bretagne. Annick est fonctionnaire et Yves est marin-pêcheur.

Antoine et **Dominique Rossi** sont corses. Ce sont des jumeaux. Le seul moyen de les reconnaître est que Dominique porte des lunettes. Ils sont tous deux cuisiniers et travaillent dans un restaurant qui s'appelle 'Les Flots Bleus' à Ajaccio.

François et **Marie Muller** viennent d'Alsace. Elle est infirmière et il est ingénieur. Ils ont deux jeunes enfants.

Lucien et **Josée Cousin** ont aussi deux jeunes enfants, Annette et Simon. Ils sont martiniquais et habitent à Fort-de-France. Lucien est médecin, et Josée, qui est secrétaire, travaille à temps partiel pour son mari.

Claire Ouate vient de Rouen en Normandie. Elle a la quarantaine et elle est très bavarde, ce qui est idéal, car elle est enquêteuse pour la SNES (Société Nationale d'Enquêtes par Sondages). Elle a un fils de onze ans, Paul, et une fille de sept ans, Elisabeth, qui s'adorent mais qui se disputent souvent.

En plus de ce groupe de provinciaux ayant passé des vacances à Paris, nous avons d'autres amis qui vivent aussi en Normandie:

Les Brède sont boulangers à Rouen. Ils ont la cinquantaine, et ont une fille Anne qui a une vingtaine d'années. Madame Brède, qui est très gourmande, est plutôt ronde, et va souvent chez le médecin. Comme tous les couples, ils se disputent de temps en temps.

Laurent et **Chantal** sont deux jeunes gens qui se rencontrent à un cours du soir. Ils apprennent l'anglais. Ils s'entendent très bien et sortent souvent ensemble. Il travaille dans une banque, et elle travaille dans un magasin.

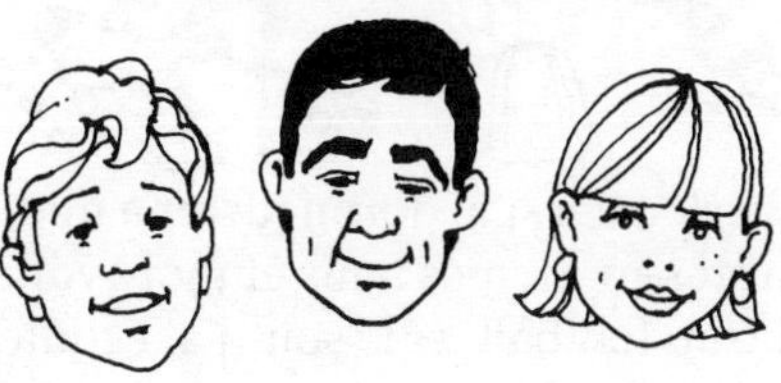

La famille Dupré est une famille nombreuse qui vit dans une ferme dans un petit village non loin de Rouen. Les enfants s'appellent Jean-Pierre (dix-sept ans), Paul (quinze ans), Colette (treize ans) et Philippe (onze ans).

Monsieur Lachance et **monsieur Déveine,** eux, viennent de Bourgogne. Ce sont des amis communs d'Henri Boivin. Ils sont hommes d'affaires, mais l'un, Lachance, a beaucoup de succès, tandis que l'autre, Déveine, n'a que des problèmes.

Première unité

CASINO

Rien ne va plus !

Hier soir, j'ai joué gros, j'ai choisi le mauvais numéro et j'ai tout perdu.

On Monday morning Jeanne, the biology teacher, is finding out what her pupils did at the week-end . . .

Simon: Moi, dimanche, j'ai fini mes devoirs et j'ai aidé ma mère. J'ai fait la vaisselle et j'ai cassé un verre.

Pierre: Avant-hier, moi je n'ai rien fait, mais mon frère a perdu sa montre, ma sœur a acheté une robe et mon chien a mordu le facteur.

Michel: Hier, j'ai dormi jusqu'à midi. L'après-midi, mes amis et moi avons joué au football, et le soir, j'ai écouté les disques de mon groupe préféré.

Thomas: Et moi, hier, j'ai attendu l'heure du programme sportif, et j'ai regardé la télé tout l'après-midi. Ma sœur m'a parlé, mais je ne lui ai pas répondu!

Michel: Et vous mademoiselle, avez-vous dormi jusqu'à midi hier?
Jeanne: Non, je n'ai pas dormi jusqu'à midi.
Thomas: Est-ce que vous avez regardé la télé?
Jeanne: Non, je n'ai pas regardé la télévision.
Pierre: Qu'est-ce que vous avez fait?
Jeanne: J'ai téléphoné à une amie, nous avons bavardé longtemps, j'ai oublié mes pommes de terres et elles ont brûlé.

Simon: Et alors, qu'est-ce que vous avez fait?
Jeanne: Alors j'ai mangé au restaurant!

Avez-vous compris?

1 How did Simon help his mother last Sunday?
2 What did Pierre do the day before yesterday?
3 What about other members of his family?
4 What did Michel do yesterday morning?
5 What did he do in the afternoon?
6 And in the evening?
7 Why didn't Thomas answer when his sister spoke to him?
8 Where did Jeanne eat?
9 Why?

Et vous, hier . . .

Avez-vous aidé quelqu'un?
Avez-vous cassé quelque chose?
Avez-vous perdu quelque chose?
Avez-vous acheté quelque chose?
Avez-vous joué à quelque chose?
Avez-vous écouté des disques?
Avez-vous regardé la télévision?
Avez-vous téléphoné à un(e) ami(e)?
Avez-vous brûlé les pommes de terre?
Avez-vous mangé au restaurant?

Let's find out what our tourists have been doing lately . . .

Hier, j'ai ouvert une bonne bouteille. J'ai trop bu et j'ai trop chanté. Aujourd'hui, j'ai mal à la tête et à la gorge!

Pour mon anniversaire, j'ai reçu beaucoup de cadeaux. J'ai mis une robe neuve, et j'ai été au restaurant avec des amis.

Lundi matin, j'ai été en retard au bureau parce que je n'ai pas entendu le réveil. Au travail, j'ai lu un rapport et j'ai ouvert des lettres.

La semaine dernière, nous avons eu une tempête. Nous avons eu très peur, et nous n'avons pas pris beaucoup de poissons. J'ai vu des éclairs énormes!

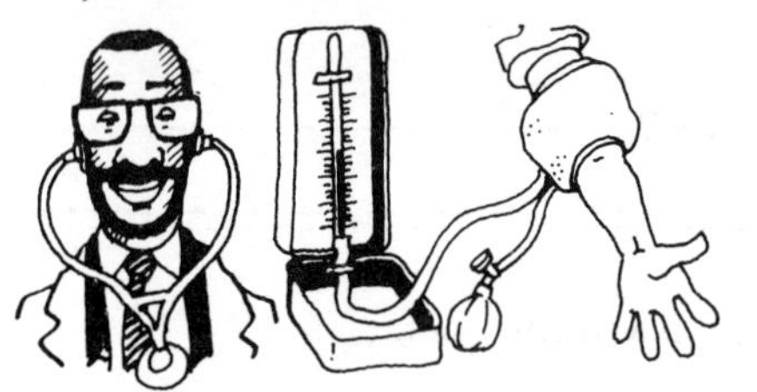

Hier, j'ai fait des piqûres et j'ai pris la tension de plusieurs malades.

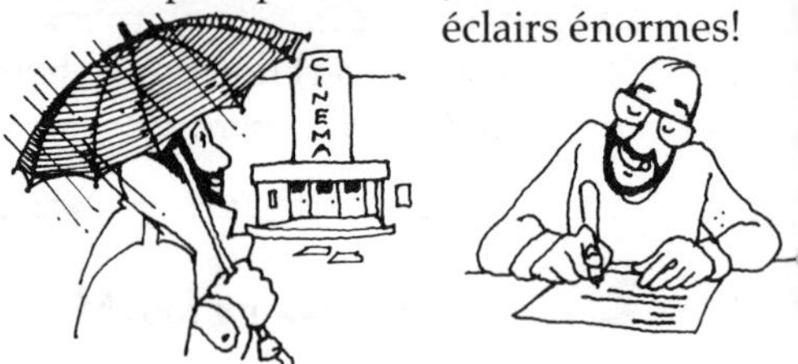

Dimanche dernier, nous n'avons pas travaillé. Malheureusement, il a plu, alors Antoine a été au cinéma, et moi, j'ai écrit à Sylvie.

Avez-vous compris?

1 Why does Henri have a headache and a sore throat?
2 What happened to Sylvie on her birthday?
3 Why was Annick late for work on Monday?
4 What did she do when she got there?
5 What happened to Yves and his colleagues last week?
6 What did Lucien do at work yesterday?
7 Did Antoine and Dominique go to work last Sunday?
8 What was the weather like?

A vous!

Complete:
Henri a mal à la tête et à la gorge parce qu'il ______.
Pour son anniversaire, Sylvie ______.
Lundi matin, Annick ______.
La semaine dernière, Yves et ses collègues ______.
Hier, Lucien ______.
Dimanche dernier, les jumeaux ______. Dominique ______ et Antoine ______.

Et vous récemment . . .

Où vous habitez, a-t-il fait beau? A-t-il plu? Avez-vous eu une tempête? Quels vêtements avez-vous mis?
Qu'est-ce que vous avez lu? Avez-vous écrit?
Avez-vous reçu des fleurs, un cadeau, une lettre, une carte postale?
Est-ce que vous avez vu des amis?
Avez-vous été au cinéma? Au théâtre? Au casino?
Avez-vous eu peur?
Avez-vous pris le train, le bateau, l'avion?
Avez-vous appris une bonne nouvelle?
Avez-vous ouvert une bonne bouteille?
Est-ce que vous avez trop bu ou trop mangé?

Early on Monday morning too, Mrs Brède is back at the doctor's . . .

Le médecin: Alors Mme Brède, qu'est-ce qui ne va pas cette fois?
Madame Brède: Ah docteur, j'ai passé un dimanche épouvantable: j'ai été malade comme un chien, j'ai eu mal à la tête, j'ai dû rester au lit et je n'ai rien pu manger de la journée!
Le médecin: Eh bien, ça doit être sérieux!
Madame Brède: Ne plaisantez pas, docteur, je n'ai pas envie de rire ce matin. Il me faut un médicament pour le foie, quelque chose de radical!
Le médecin: Pour le foie! et votre régime alors?
Madame Brède: Aujourd'hui docteur j'ai une excuse!
Le médecin: Une excuse?
Madame Brède: Oui, nous avons marié notre fille Anne il y a deux jours.
Le médecin: Toutes mes félicitations!
Madame Brède: La cérémonie a été splendide et le repas a été somptueux. Pour commencer, nous avons eu du homard à l'américaine, puis j'ai mangé une belle sole meunière, ensuite du gigot d'agneau avec des flageolets et des haricots verts – j'en ai pris deux fois, et . . .
Le médecin: Et je suppose que vous avez aussi bien bu?
Madame Brède: Bien sûr! l'apéritif d'abord, puis du vin blanc avec le poisson, du vin rouge avec la viande et du champagne avec une pièce montée magnifique.
Le médecin: Et vous vous étonnez d'être encore malade aujourd'hui?
Madame Brède: Pas du tout docteur, mais je compte sur vous pour me donner un bon médicament.
Le médecin: Il n'y a pas de remède miracle contre la gourmandise, vous savez!

Avez-vous compris?

1 What was the reason for Mrs Brède having such an unpleasant Sunday?
2 What does Mrs Brède think is wrong with her?
3 Why ought Mrs Brède not to be having problems with her liver?
4 What excuse does she give for not keeping to her diet?
5 What was the wedding ceremony like?
6 What did the meal consist of?
7 What wine did she drink with each course?
8 What is Mrs Brède's real problem?

A vous!

You have been to Anne's wedding. Complete:

Il y a deux jours, j'ai ______ au mariage de mon amie Anne Brède. La cérémonie a ______ splendide et le repas a ______ somptueux. Pour commencer, nous avons ______ du homard à l'américaine, puis nous avons ______ des soles meunières, et j'ai ______ deux fois du gigot d'agneau. J'ai aussi bien ______, l'apéritif, du vin blanc, du vin rouge, et du champagne avec la pièce montée. Alors hier, j'ai ______ malade, j'ai ______ mal à la tête, je n'ai rien ______ manger et j'ai ______ rester au lit toute la journée.

EXERCISES

Exercise A **You went to Paris last year. Give an account of your trip by conjugating the verbs in brackets:**

L'année dernière, à Paris, nous (avoir) de la chance, parce que nous (trouver) un bon hôtel.
Nous (visiter) le Louvre, nous (voir) la tour Eiffel et nous (faire) un tour en bateau sur la Seine. Nous (entendre) les cloches de Notre-Dame. Nous (prendre) le métro.
Il (ne pas pleuvoir) une seule fois. Un soir, nous (être) au cinéma et nous (ne rien comprendre)!

Exercise B **You meet a very inquisitive friend. Answer him according to the cues given:**

Ami: Bonjour! Ça va? Qu'avez-vous fait hier soir?
Vous: (Tell him you went to a restaurant with your wife to celebrate your birthday.)
Ami: Ah, heureux anniversaire! Vous avez passé une bonne soirée?
Vous: (Yes excellent. Tell him you ate very well.)
Ami: Qu'est-ce que vous avez mangé?

Vous: (Tell him that to start with you both had lobster.)
Ami: J'adore le homard! Et après?
Vous: (Then tell him that you ate a steak and that your wife chose fish.)
Ami: Et comme vin?
Vous: (Tell him you drank a bottle of Nuits-Saint-Georges and your wife drank a bottle of Muscadet.)
Ami: Et comme dessert?
Vous: (Tell him you both chose the fruit flan, then you had coffee and afterwards you drank a bottle of champagne.)
Ami: Avez-vous pris votre voiture pour rentrer?
Vous: (Tell him that fortunately the restaurant is next to where you live.)
Ami: Est-ce que vous avez chanté en chemin?
Vous: (Tell him you forgot! But that the next morning you and your wife had a headache!)

Exercise C **You have spent the day looking after a large family. When at last the parents come back, give them a full report of the children's misdemeanours:**

1 They did not play with the neighbours.
2 Paul did not help Mary.
3 Philip did not wait for Henry.
4 The twins did not eat.
5 The baby did not sleep.
6 Charlotte did not finish her homework.
7 The dog broke the Chinese vase.
8 And you lost (your) patience!

Exercise D **You are investigating a crime and checking the main suspect's alibi. Ask him:**

What he did the previous Sunday.
If he played tennis with the victim (la victime).
Whether he lost or won.
If they had lunch together afterwards.
If he chose the restaurant.
If he received a telephone call (un coup de téléphone) during the meal.
If he answered.
Who called him and why.

Exercise E **You are Alain, Jean's friend. Ask him the right questions using the cues given:**

Alain: (Say 'hello Jean' and ask how he is.)
Jean: Comme ci comme ça, et toi?
Alain: (Say listen. Say you tried to telephone him Friday evening.)
Jean: Ah bon! J'ai été chez Michelle. Elle m'a invité à dîner.
Alain: (Say he is lucky. Ask what they ate.)
Jean: Michelle a préparé des soles meunières et moi j'ai apporté une bouteille de bordeaux blanc.
Alain: (Say terrific. Ask if he spent the evening with her.)
Jean: Ah oui bien sûr, mais nous avons décidé d'aller au cinéma pour voir un film anglais qui passe au Rex.
Alain: (Ask if they queued a long time.)
Jean: Naturellement il y avait beaucoup de monde.
Alain: (Ask if they saw any friends there.)
Jean: Ah oui, nous en avons rencontré plusieurs, surtout ceux qui étudient l'anglais!

Picture Composition

Tell the following story with the help of the questions below:

Qu'est-ce que Marie a fait la semaine dernière?
Qu'est-ce qu'elle a lavé?
A quelle heure a-t-elle étendu son linge?
Pourquoi le linge a-t-il séché vite?
Quand a-t-elle rentré son linge?

Qu'a-t-elle commencé à faire?
Qu'est-ce qu'elle a repassé en premier?
Soudain, qu'est-ce qui a sonné?
Qu'est-ce que Marie a fait?

Qui a téléphoné à Marie?
Combien de temps les deux femmes ont-elles bavardé?
Qu'est-ce que Marie a complètement oublié?

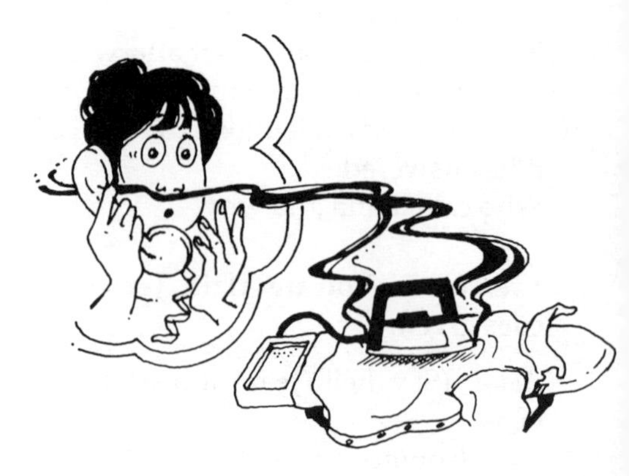

Qu'est-ce que Marie a senti tout à coup?
Comment a-t-elle raccroché?
Est-ce que la chemise a beaucoup brûlé?
Est-ce que toute la maison a brûlé?
Imaginez ce que Marie a fait pour cacher la vérité à son mari.

Listening Comprehension

Vocabulary: une augmentation de prix = *a price rise*
comme d'habitude = *as usual*
mettre sur le feu = *to put on the stove*
distraitement = *absentmindedly*
en chemin = *on the way*
ce dernier/cette dernière = *the latter*

Listen to the story carefully and choose the correct answer:

1 Yesterday Mr and Mrs Lechat
a had lunch with friends.
b went to the restaurant for lunch.
c were invited for lunch.

2 Yesterday
a was a week day.
b was a Sunday.
c was a special day.

3 Breakfast was prepared
a by Mr Lechat.
b later than usual.
c at half past seven.

4 As usual during breakfast Mr Lechat
a asked whether his wife had slept well.
b read the newspaper.
c asked if he could come home for lunch.

5 As usual after breakfast Mrs Lechat
a said her husband should stop smoking.
b smoked a cigarette.
c said her husband was always right.

6 After her husband had gone to work Mrs Lechat
a did the housework and had a bath.
b went straight out to do her shopping.
c did the housework and had a shower.

7 While she was out Mrs Lechat
a bought some food for lunch.
b chatted with a neighbour and did not do her shopping.
c bought food for the whole week.

8 As soon as she got home Mrs Lechat
a started to eat.
b drank some wine.
c started to cook.

9 Mrs Lechat noticed she had forgotten the bread
a immediately.
b because an increase in the price of bread was announced on the radio.
c because she needed some breadcrumbs.

10 Before she ran to the baker's Mrs Lechat
a put the food in the oven.
b put the food on a very low gas.
c left the food on full gas.

11 The dinner was burnt because
a the baker's was far from her house.
b there was not enough water in the pan.
c both the baker's wife and Mrs Lechat are very chatty.

12 Mrs Lechat's husband
a was glad to have a change.
b was very angry.
c had not arrived home yet.

See Grammar Section 1, 4

Deuxième unité

Henri Boivin is chatting to a friend, Martin, who doesn't know Burgundy, and is paying him a visit in Nuits-Saint-Georges for the first time . . .

Henri: Dans ma ville natale, qui s'appelle Dijon . . .
Martin: C'est une ville qui est connue pour sa moutarde n'est-ce pas? Ça fait longtemps que vous n'y habitez plus?
Henri: Non, seulement deux ans. Maintenant, vous savez, j'habite ici à Nuits-Saint-Georges, qui n'est pas loin de Dijon, et qui est aussi en Côte d'Or.
Martin: Côte d'Or?
Henri: Oui, c'est la région qui se trouve à l'Est de la Bourgogne. Il y a quatre régions qui s'appellent . . .
Martin: Dites donc Henri, je m'intéresse surtout à la gastronomie, moi! Vous avez une devise bourguignonne . . .
Henri: Bonne table, bons vins?
Martin: Oui, c'est ça. C'est une devise qui me plaît énormément! Alors, qu'est-ce qui est bon à manger ici . . . le bœuf bourguignon par exemple?
Henri: C'est un plat qui a toujours été très célèbre, certainement. Mais moi, je préfère un petit porcelet à la gelée, ou un jambon persillé, qui sont aussi des spécialités de la région.
Martin: Et les vins?
Henri: Vous avez la région de Chablis qui produit de grands vins blancs secs, ou La Côte de Nuits avec ses vins rouges et riches, aux noms prestigieux comme Gevrey-Chambertin, et bien sûr, Nuits-Saint-Georges!
Martin: Et quel est votre vin préféré?
Henri: Faut-il le demander?
Martin: Le vin qui provient de Nuits-Saint-Georges?
Henri: Bien sûr!

Avez-vous compris?

Re-read the text and find:

1 Une grande ville en Côte d'Or qui est connue pour sa moutarde.
2 Une région bourguignonne qui produit de bons vins blancs secs.
3 Une ville en Côte d'Or, près de Dijon, qui produit un vin rouge célèbre.
4 Un plat célèbre qui ne plaît pas particulièrement à Henri Boivin.
5 Une région bourguignonne qui se trouve à l'Est.
6 Le vin qui est le vin favori d'Henri Boivin.
7 Deux plats de viande qui sont aussi des spécialités bourguignonnes.
8 Une devise qui plaît à l'ami d'Henri.

A vous!

Tourama is doing a survey to find out what attracts visitors to Burgundy. Fill in the questionnaire below.

Pourquoi la Bourgogne?

Indiquez ce qui vous attire le plus dans cette région, en numérotant de 1 à 6, par ordre de préférence:

☐ le parc naturel du Morvan, qui préserve le charme des forêts et la sauvage beauté des lacs.

☐ les rivières et les lacs qui favorisent les sports nautiques.

☐ les châteaux et les vieilles forteresses qui remontent au Moyen Age.

☐ les nombreuses abbayes et églises qui représentent l'art roman.

☐ le paysage varié, qui vous permet de faire des randonnées à cheval et des randonnées pédestres.

☐ la cuisine et les vins, qui sont mondialement connus.

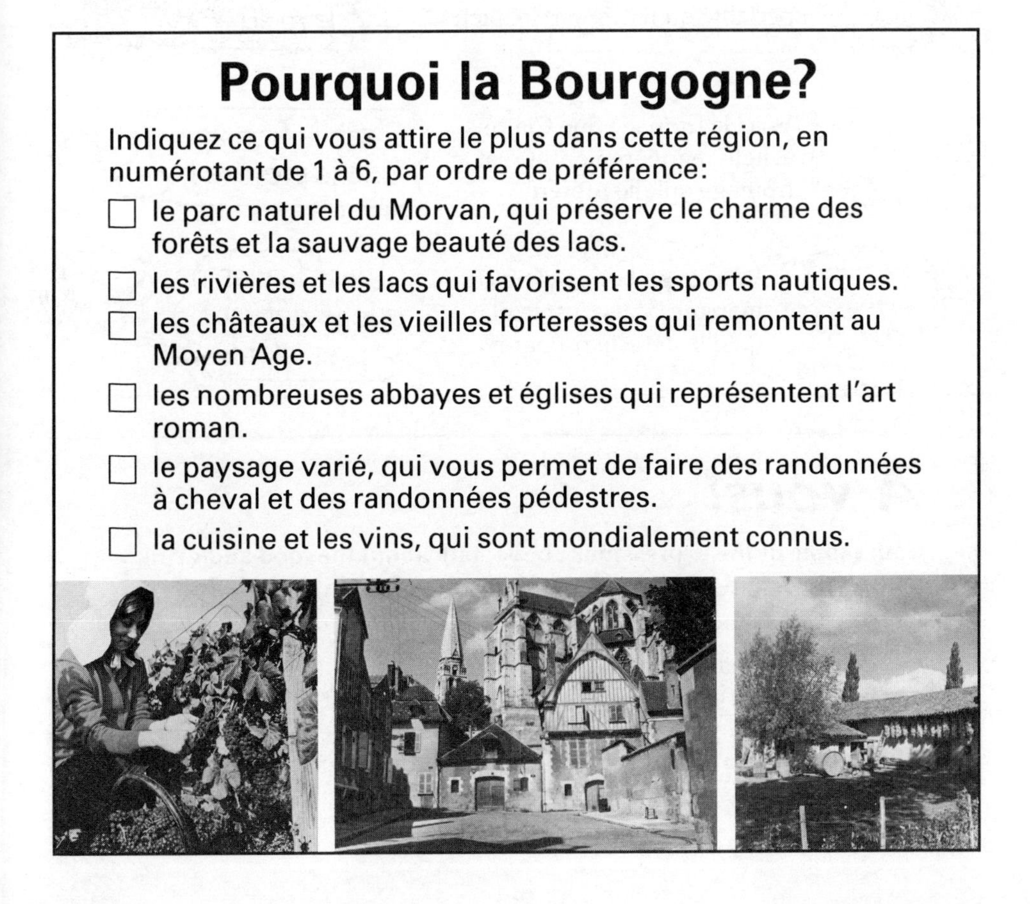

Bonne table, bons vins!

Le Nuits-Saint-Georges

Voici la boisson qu'Henri Boivin boit tous les jours. C'est la boisson qu'il adore.

C'est la boisson que j'adore!

La tarte à l'oignon

Voici la tarte que Marie Muller préfère. C'est la tarte qu'elle aime préparer.

C'est la tarte que j'aime préparer!

Le Sylvaner

Voici le vin que François Muller choisit quand il fait les courses. C'est le vin qu'il aime bien.

C'est le vin que j'aime bien!

Les crêpes

Voici la spécialité bretonne qu'Yves et Annick font souvent. C'est la spécialité qu'ils aiment le mieux.

C'est la spécialité que nous aimons le mieux!

Le camembert

Voici le fromage que Claire achète régulièrement. C'est le fromage qu'elle préfère.

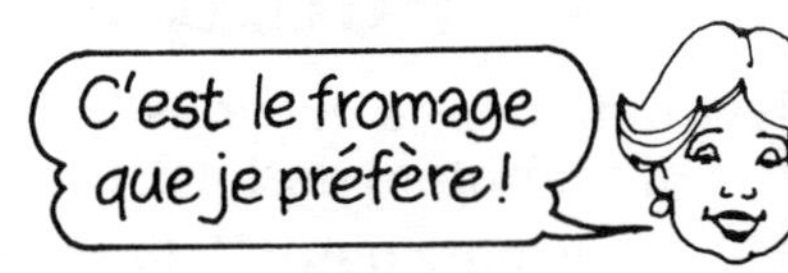

C'est le fromage que je préfère!

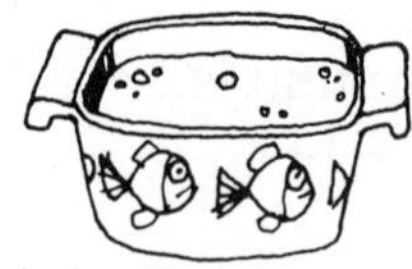
La bouillabaisse

Voici le plat que Sylvie adore manger. Mais c'est le plat qu'elle déteste préparer!

C'est le plat que je déteste préparer!

A vous!

Using some of the expressions above, talk about the food and drink listed below, and other regional dishes that you particularly like, or dislike.

Use constructions such as
c'est une boisson que . . ., c'est un plat que . . ., le fromage de chèvre, le bifteck, le champagne, le cognac, le caviar, les frites, les brioches, les religieuses, le coq au vin, le bœuf bourguignon, les crêpes suzette, la ratatouille.

Dominique sent this tourist leaflet to Sylvie, to tempt her to visit Corsica:

LA CORSE!
C'est une île enchanteresse . . .
• qui a des plages de sable fin, désertes.
• que les touristes n'ont pas encore découverte.
• qui vous offre des randonnées pédestres ou à cheval dans les montagnes.
• qui a une multitude de criques sauvages à visiter en bateau.
• que les Corses eux-même adorent.
• que vous ne voulez pas quitter.
CORSE
Calvi
Bastia
Aléria
Ajaccio
Porto-Vecchio
Sartène
Bonifacio

A vous!

He also added some notes. Fill in the gaps with *QUI* or *QUE*:

La Corse est une île

_______ est à 170 kilomètres des côtes françaises.
_______ a une population relativement faible.
_______ a un climat chaud et sec l'été.
_______ nous allons te montrer, quand tu vas venir!

'Les Flots bleus' est un restaurant

_______ nous connaissons depuis cinq ans.
_______ est près du port.
_______ les touristes adorent.
_______ ne coûte pas cher.

avec des cuisiniers _______ accueillent chaleureusement les clients,
et _______ montrent, avec fierté, leur pays natal.

Write a short summary in English of what you now know about Corsica.

Claire Ouate is questioning a lady from Rouen about Normandy

Claire: Pardon madame, vous êtes de Rouen?
La dame: Oui, je suis rouennaise.
Claire: Connaissez-vous bien la ville?
La dame: Oui, assez bien.
Claire: Connaissez-vous les monuments historiques?
La dame: Oui, bien sûr.
Claire: Lequel préférez-vous, personnellement?
La dame: C'est difficile à dire, il y en a beaucoup vous savez! Il faut plus d'une journée pour faire le tour des admirables monuments de Rouen. Mais il faut voir le palais de justice et la place du Vieux-Marché où Jeanne d'Arc a été brûlée vive en 1431. Moi, j'aime particulièrement la cathédrale et le Gros-Horloge.
Claire: Aimez-vous les spécialités gastronomiques de la région?
La dame: Oui, je suis plutôt gourmande!
Claire: Lesquelles préférez-vous?
La dame: Je crois que j'aime tout, vous savez! J'utilise beaucoup la sauce normande avec le poisson, et j'adore les soles de Dieppe et les crustacés. Mon mari, lui, préfère les tripes à la mode de Caen, et le calvados naturellement!
Claire: Aimez-vous les fromages normands?
La dame: Oui, beaucoup.
Claire: Lesquels préférez-vous?
La dame: Je les aime bien tous: le camembert, le livarot et le pont-l'évêque. Mais malgré mes origines normandes, mon fromage préféré est le fromage de chèvre!
Claire: Connaissez-vous d'autres régions de France?
La dame: Oui, car en général nous passons nos vacances en France.
Claire: Laquelle préférez-vous, à part la Normandie?
La dame: Je ne sais pas, elles sont toutes très différentes, chacune a son charme, mais je crois que la Normandie reste ma région favorite.
Claire: Eh bien, je vous remercie madame.
La dame: Je vous en prie!

Avez-vous compris?

1 Citez quelques monuments historiques de Rouen.
2 Lesquels préfère la femme que Claire interroge?
3 Quelle est la sauce dont se sert souvent la femme?
4 Quels plats aime-t-elle?
5 Quelle spécialité gastronomique son mari préfère-t-il?
6 Laquelle des boissons normandes préfère-t-il?
7 Nommez des fromages de Normandie.
8 Quel fromage la femme préfère-t-elle?
9 Va-t-elle en vacances à l'étranger?
10 Quelle région française aime-t-elle le mieux?

A vous!

Trouvez l'intrus **Which is the odd one out?**

Lequel de ces fruits ne se mange pas?
un ananas, une pomme de pin, une cerise, une groseille, une framboise.

Laquelle de ces plantes est une fleur?
un champignon, un oignon, un sapin, un brin d'herbe, un oeillet.

Lesquels de ces hommes ne parlent pas français dans leur pays?
les Québecois, les Belges, les Maltais, les Martiniquais, les Luxembourgeois.

Lesquelles de ces chaussures ont leur origine chez les Indiens d'Amérique?
les mocassins, les sandales, les bottes, les pantoufles, les espadrilles.

Laquelle de ces boissons ne provient pas du raisin?
le cognac, le porto, le vin, le champagne, l'eau d'Evian.

Les premières lettres de ces intrus vous donnent le nom d'un fruit. Lequel? ______

Now Claire wants to find out what people generally prefer. She questions the lady from Rouen again:

Claire: Voilà deux maisons. Laquelle préférez-vous?
La dame: Celle-ci.
Claire: Celle qui a un grand jardin. Oui. Deux voitures maintenant. Aimez-vous celle-ci ou celle-là?
La dame: Celle-là. Elle est grande et confortable.
Claire: Très bien. Et voilà des photos de fleurs. Lesquelles préférez-vous?

La dame: Celles-ci.
Claire: Le bouquet de fleurs sauvages, oui. Maintenant, deux chiens. Alors, celui-ci ou celui-là?

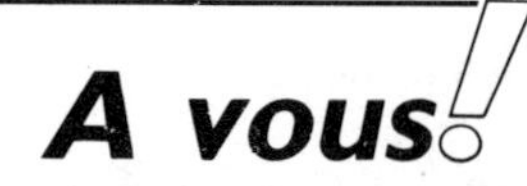

La dame: Je préfère celui-ci. L'autre est trop gros, il me fait peur!
Claire: Bon, alors vous préférez le caniche. Voilà des fruits maintenant.
La dame: Je préfère ceux-là. Ils me font penser au soleil.

Claire: C'est vrai, ces fruits exotiques sont bien appétissants! Eh bien, c'est tout madame. Je vous remercie de votre patience et de votre gentillesse.
La dame: Mais de rien! Au revoir, madame.

Avez-vous compris?

1 Laquelle des deux maisons la dame préfère-t-elle?
2 Quelle voiture aime-t-elle?
3 Quel bouquet préfère-t-elle?
4 Pourquoi choisit-elle le caniche?
5 Quels fruits préfère-t-elle?

A vous!

Fill in the gaps with *CELUI, CELLE* etc., accordingly:
– Quelle robe préférez-vous?
– Je préfère celle -ci.
– Quels livres voulez-vous?
– Je veux ceux -là.
– Quel journal lisez-vous?
– Je lis ______ -ci en semaine et ______ -là le dimanche.
– Quelles chaussures allez-vous mettre?
– Je vais mettre ceux -ci.

Claire has also to find out about the level of general knowledge of the average French person. So she gives the people in the street the following *'mots croisés'* and *'devinette'*. Have a go yourself. We have added a few clues to help you:

MOTS CROISES – Connaissez-vous les Français célèbres?

Hardy (Françoise) – Colette – Curie (Pierre et Marie) – Pasteur (Louis) – Sagan (Françoise) – Descartes (René) – Braille (Louis) – Lumière (Louis et Auguste) – Debussy (Claude) – Laënnec (René)

VERTICALEMENT

1 Celui qui a inventé un alphabet pour les aveugles.
2 Celui qui a inventé le stéthoscope.
3 Celle qui a chanté «Tous les garçons et les filles».
4 Celui qui a dit «Je pense donc je suis».
5 Celui qui a découvert la pasteurisation.

HORIZONTALEMENT

6 Celle qui a écrit les *Claudine*.
7 Celle qui a écrit *Bonjour Tristesse*.
8 Ceux qui ont inventé le cinéma.
9 Ceux qui ont découvert le radium.
10 Celui qui a composé *La Mer* et *Children's corner*.

DEVINETTE

1 Pays dont les habitants mangent beaucoup de riz: C____
2 Animal d'Afrique dont le cou est très long, ce qui lui permet de manger des feuilles d'arbres: G____
3 Personne dont on a besoin quand on est malade: M____
4 Livre dont les traducteurs se servent souvent: D____
5 Matière dont on fait le papier: B____
6 Source d'énergie dont on a besoin pour faire marcher les voitures: E____
7 Pays dont la capitale s'appelle Lisbonne: P____
8 Animal dont les souris ont peur: C____
9 Chose dont on a envie quand il fait très chaud et dont le nom est synonyme de miroir: G____
10 Mélange dont on a besoin pour préparer une salade à la française: V____

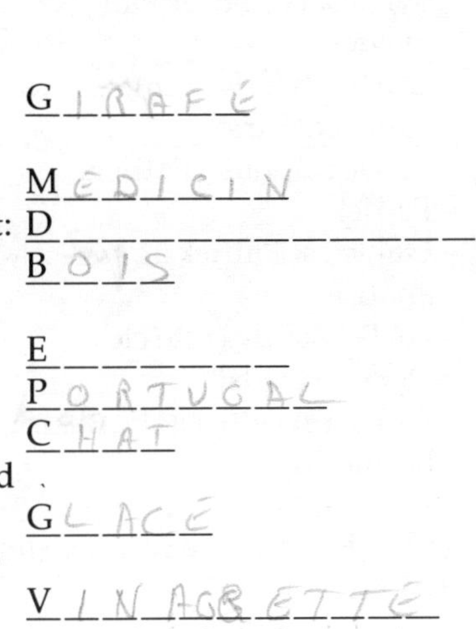

EXERCISES

Exercise A What is it?

1 Un animal qui chante et qui vole: ________
2 Quelque chose que l'on porte sur la tête: ________
3 Un animal qui aboie: ________
4 Travail à faire à la maison que le professeur donne aux élèves: ________
5 Un animal qui vit dans l'eau et que l'on peut manger: ________
6 Une boisson que les Anglais adorent: ________
7 Nourriture que l'on achète à la boucherie: ________
8 Appareil qui donne l'heure: ________

Exercise B Where do they work?

example: Un professeur?
C'est un homme/une femme qui travaille dans un collège.

1 Un boucher?
2 Une vendeuse?
3 Une hôtesse de l'air?
4 Un pêcheur?
5 Un croupier?
6 Une secrétaire?
7 Une ouvreuse?
8 Une infirmière?

Exercise C Confirm, using _QUI, QUE_ or _DONT_:

example: – Jean vient de téléphoner.
– Jean?
– Oui, c'est Jean *qui* vient de téléphoner.

1 – Je vais voir Colette demain.
– Colette?
– Oui, c'est Colette ________ je vais voir demain.

2 – Sylvie va épouser Patrick.
– Sylvie?
– Oui, c'est Sylvie ________ va épouser Patrick.

3 – Sylvie a épousé Patrick.
– Patrick?
– Oui, c'est Patrick ________ Sylvie a épousé.

4 – J'ai besoin de cette clé.
– De cette clé-là?
– Oui, c'est cette clé-là ________ j'ai besoin.

5 – Ma mère veut voir ce film.
– Ta mère?
– Oui, c'est ma mère ________ veut voir ce film.

6 – Je vais acheter une Renault.
– Une Renault?
– Oui, c'est une Renault ________ je vais acheter.

7 – Elle voudrait voir Paris.
– Paris?
– Oui, c'est Paris ________ elle voudrait voir.

8 – J'ai envie d'une glace.
– D'une glace?
– Oui, c'est une glace ________ j'ai envie.

Exercise D You are in a toy shop with your son. Try and find out which toy he likes best:

Votre fils: Maman, regarde les voitures!
Vous: (Ask him which one he prefers.)

Votre fils: L'ambulance. Et regarde les camions.
Vous: (Ask him which one he prefers.)

Votre fils: Le gros camion bleu. Viens voir les petits soldats.
Vous: (Ask him which ones he prefers.)
Votre fils: Ceux de Napoléon, bien sûr!
Vous: (Ask him which of these toys he wants for his birthday.)
Votre fils: Je ne sais pas. Je les aime tous.

Exercise E **You want to buy your extravagant husband some new clothes. Try and find out what he likes best:**

Vous: Regarde ces belles cravates. Laquelle préfères-tu?
Votre mari: (That one.)
Vous: Ces chemises sont très élégantes, n'est-ce pas? Laquelle aimes-tu le mieux?
Votre mari: (The one which costs 300 francs.)
Vous: La plus chère, naturellement. Et comme chaussettes?
Votre mari: (The ones which are made of silk.)
Vous: Il te faut aussi une ceinture.
Votre mari: (The one which is made of leather.)
Vous: Veux-tu un chapeau?
Votre mari: (This one is not bad.)
Vous: Et quelle sorte de costume veux-tu?
Votre mari: (A suit made to measure – *fait sur mesure* – of course!)

Exercise F **Mrs Dupré wanted to visit her home town, Grenoble, so she decided to spend a few days with a friend. Use the following pictures to help you write about her first day's holiday.**

Listening Comprehension 1

Section One

You are about to hear a conversation between a man who has had something stolen, and a policeman. Listen carefully then complete the sentences below.

1 The man called out . . .
2 He had just had his . . . stolen.
3 The policeman asked him if . . .
4 The man replied . . .
5 The policeman asked which one because . . .
6 The man cried out: 'There she is.' The one . . .
7 He then told the policeman to . . .

Section Two

Now you will hear a conversation in which a man is asking the way. Listen to it twice, then answer the questions below:

Vocabulary: c'est embêtant = *it's a nuisance*

8 Where did the man want to go?
9 What was the first direction the policeman gave him?
10 Why did he ask if there was a shorter way?
11 Who was getting married?
12 What special part did he have to play?

Listening Comprehension 2

You are about to hear a conversation between detective-inspector Couperin and two old ladies, Julie Poirot and Lucile Lucarne.

Listen to each section twice then answer the questions below:

Section One

1 What is the inspector investigating?
2 When did it take place?
3 What was the inspector's first question?
4 How long had Mrs Poirot been living in her flat?
5 Where did she live before that?

Section Two

6 Who shared Mrs Poirot's flat?
7 What did she have to tell the inspector?
8 On which floor did the crime take place?
9 What did the inspector ask Mrs Lucarne to do?
10 Why wasn't she able to do it?

See Grammar Section 5, 6

Troisième unité

Some of Jeanne's pupils are chatting while waiting for her to arrive:

Thomas: Eh les gars, vous avez déjà fumé?
Pierre: Bien sûr, les cigarettes de mon père, aux cabinets.
Michel: Moi aussi!
Simon: Moi, je n'ai jamais fumé.
Thomas: Moi, j'ai fumé un gros cigare l'autre jour.
Simon: Tu as été malade?
Thomas: Bien sûr que non! Eh les gars, vous avez déjà été au casino?
Pierre: Non.
Michel: Jamais.
Simon: Tu plaisantes!
Thomas: Moi j'ai été au casino pendant les vacances, avec un copain.
Simon: Tu es trop jeune!
Thomas: Je sais.
Pierre: Tu as joué?
Thomas: Bien sûr! Et j'ai gagné beaucoup d'argent!
Michel: Combien?
Thomas: Un million.
Michel: Tu racontes des histoires!
Pierre: Je ne te crois pas!
Simon: Menteur!

Avez-vous compris?

1 Où Pierre et Michel ont-ils fumé les cigarettes de leur père?
2 Qui n'a jamais fumé?
3 Qui dit qu'il a fumé un gros cigare l'autre jour?
4 Qui dit qu'il a déjà été au casino?
5 Quand et avec qui?
6 Qu'a-t-il fait au casino?
7 Avec quel résultat?
8 Est-ce que ses amis le croient?

Et vous?

Avez-vous déjà fumé?
Avez-vous déjà été au casino?
Avez-vous déjà bu du champagne au petit déjeuner?
Avez-vous déjà mangé des escargots ou des cuisses de grenouilles?
Avez-vous déjà acheté trois robes (ou trois pantalons), le même jour?
Avez-vous déjà demandé de l'argent à un agent de police?
Avez-vous déjà visité un monument historique?

Jeanne has now arrived, and the biology lesson begins . . .

Moi non plus!

Où les as-tu mises, Thomas?

Michel a trouvé un lézard

Simon a apporté une araignée

Pierre et Philippe ont trouvé des crapauds

Thomas a attrapé trois souris blanches

Très bien, Michel, où l'as-tu trouvé?
Sous une pierre dans la cour, Mademoiselle.
Et où l'as-tu trouvée, Simon?
Dans la baignoire, Mademoiselle.
Où les avez-vous trouvés?
Dans le jardin, Mademoiselle.

Il l'a trouvé dans la cour

Il l'a apportée en classe

Ils les ont trouvés dans le jardin

Il les a mises dans sa poche

Avez-vous compris?

1 Qu'est-ce que Michel a trouvé?
2 Où l'a-t-il trouvé?
3 Qu'est-ce que Simon a apporté?
4 Où l'a-t-il trouvée?
5 Qu'est-ce que Pierre et Philippe ont trouvé?
6 Où les ont-ils trouvés?
7 Qu'est-ce que Thomas a attrapé?
8 Où les a-t-il mises?

Some of the guests at Anne's wedding felt rather embarrassed . . .

La robe que j'ai empruntée est à ma sœur.
La robe qu'elle m'a prêtée est très décolletée!

Le jupon que j'ai emprunté est à ma mère.
Le jupon qu'elle m'a prêté est trop long!

Les sandales que j'ai empruntées sont à mon frère.
Les sandales qu'il m'a prêtées sont trop petites.

Aïe! J'ai mal aux pieds!

A vous!

Le pantalon que j'ai ______ (emprunter) est à mon frère.
Le pantalon qu'il m'a ______ (prêter) est trop ______ (étroit).

La chemise que j'ai ______ (emprunter) est à mon père.
La chemise qu'il m'a ______ (prêter) est trop ______ (long).

Les chaussures que j'ai ______ (emprunter) sont à mon ami.
Les chaussures qu'il m'a ______ (prêter) sont trop ______ (grand).

Déjeuner du matin

Il a mis le café
Dans la tasse
Il a mis le lait
Dans la tasse de café
Il a mis le sucre
Dans le café au lait
Avec la petite cuiller
Il a tourné
Il a bu le café au lait
Et il a reposé la tasse
Sans me parler
Il a allumé
Une cigarette
Il a fait des ronds
Avec la fumée
Il a mis les cendres
Dans le cendrier
Sans me parler
Il s'est levé
Il a mis
Son chapeau sur sa tête
Il a mis
Son manteau de pluie
Parce qu'il pleuvait
Et il est parti
Sous la pluie
Sans une parole
Sans me regarder
Et moi j'ai pris
Ma tête dans ma main
Et j'ai pleuré.

Jacques Prévert – Paroles

Le message

La porte que quelqu'un a ouverte
La porte que quelqu'un a refermée
La chaise où quelqu'un s'est assis
Le chat que quelqu'un a caressé
Le fruit que quelqu'un a mordu
La lettre que quelqu'un a lue
La chaise que quelqu'un a renversée
La porte que quelqu'un a ouverte
La route où quelqu'un court encore
Le bois que quelqu'un traverse
La rivière où quelqu'un se jette
L'hôpital où quelqu'un est mort.

Jacques Prévert – Paroles

Avez-vous compris?

1 What happened to the door?
2 What happened to the chair?
3 What happened to the cat?
4 What happened to the fruit?
5 What happened to the letter?
6 What is someone doing on the road?
7 What is someone doing in the wood?
8 Is someone swimming in the river?
9 What happened in hospital?

Avez-vous compris?

1 Qu'est-ce que l'homme a bu?
2 Comment aime-t-il le café?
3 Qu'est-ce qu'il a dit avant d'allumer une cigarette?
4 Qu'a-t-il fait avec la fumée?
5 Et avec les cendres?
6 Pourquoi a-t-il mis son chapeau et son manteau de pluie?
7 Qu'a fait l'autre personne?
8 Pourquoi?

A vous!

Re-read the poems carefully and fill in the gaps with the appropriate vocabulary:

Il a mis le café dans la ______. Il a mis le sucre et il a ______ avec la ______ ______. Il a ______ la lettre, il a ______ le café, puis il a ______ une cigarette. Il s'est levé et il a ______ la chaise. Il a ______ son manteau. Il a ______ le chat. Sans une ______, ______ me regarder, il a ______ la porte et il est ______, ______ la pluie.

EXERCISES

Exercise A **Replace the words in italics with a pronoun, changing the participle where necessary:**

example: Je n'ai pas parlé *à ma sœur*.
Je ne *lui* ai pas parlé.

1 Ils ont regardé *la télévision*.
2 Elle a acheté *du pain*.
3 Il a mis *sa cravate*.
4 Nous n'avons pas attendu *Marie*.
5 Elle a puni *les enfants*.
6 Vous avez répondu *aux élèves*.
7 J'ai pris *la voiture*.
8 As-tu demandé l'heure *à Paul?*
9 Les enfants m'ont demandé *des bonbons*.
10 J'ai reçu *les cartes postales*.

Exercise B **Answer the following questions using the word(s) in brackets, and making the necessary alterations to the sentences:**

example: N'oubliez pas d'envoyer le télégramme! (déjà)
Je l'ai déjà envoyé.

1 Allez-vous faire vos devoirs avant le dîner? (déjà)
2 N'oublie pas de téléphoner à Chantal! (hier)
3 Pourquoi ne répares-tu pas ton vélo? (ce matin)
4 N'oubliez pas de laver la voiture avant le départ! (avant-hier)
5 Allez-vous parler au professeur après le cours? (avant le cours)
6 N'oublie pas de poster les cartes postales! (hier)
7 Allez-vous prendre vos vacances bientôt? (le mois dernier)
8 Allez-vous voir vos amis ce soir? (hier soir)

Exercise C **Write a short dialogue between two tourists in Paris. One has seen and done everything:**

example: – Vous connaissez la cathédrale de Notre-Dame?
– Mais oui, je l'ai visitée hier.
– Et l'arc de Triomphe?
– Bien sûr, je l'ai vu ce matin.

Exercise D **Describe the actions of someone you saw in a café, using the cues given below:**

He put the sugar in the cup of coffee and he stirred with the teaspoon.
He lit a cigarette and made rings with the smoke.
He drank the coffee.
He opened a letter and read it.
He called the waiter and paid, without a word. He got up and put his raincoat on.
He crossed the room, knocked a chair over, opened the door and he left in the rain.

Exercise E

Continue this letter to your friend Suzanne and tell her you went to Anne's wedding last week. Say the ceremony was splendid and the meal sumptuous. Tell her you ate roast lamb and drank champagne.
Tell her you decided to borrow a dress or a suit and matching shoes for usually you wear jeans, a shirt and sandals at home. Say that unfortunately the shoes that your sister/brother lent you were (*étaient*) too small for you. You took them off during the ceremony and left them under your chair. Later on you couldn't put them on again and you had to go out of the town-hall barefoot!
Finally tell your friend you hope to see her again soon.
Finish your letter with:
'Bien amicalement' or 'Amitiés'.

Deauville, le 2 mars

Chère Suzanne,

Reading Comprehension

Read the letter below carefully and choose the correct answer:

Rouen, le 17 janvier

Ma chère Sophie,

Merci pour ton petit mot que j'ai reçu ce matin même et que j'ai lu avec grand plaisir.

Nous allons très bien et nous avons passé de bonnes fêtes de fin d'année, mais Noël semble déjà bien loin! Aujourd'hui, je suis épuisée et je crois que j'ai attrapé un rhume. Hier j'ai fait les grands magasins à Paris car c'est la période des soldes. J'ai d'abord choisi une robe verte – c'est ma couleur préférée, puis j'ai vu une très jolie robe blanche en coton, mais la vendeuse

m'en a montré une autre, très très chic, en soie bleue. J'ai eu des difficultés à choisir, et j'ai fini par acheter les trois!
Mais le plus drôle, c'est que j'ai eu des ennuis pour rentrer à Rouen parce que je n'avais plus un sou pour acheter mon billet de train. J'ai longtemps réfléchi et j'ai pensé téléphoner à Laurent. J'ai même demandé à un agent de police de me prêter de l'argent!! Il m'a regardé, éberlué, il a froncé les sourcils et il m'a répondu :
– Non mademoiselle, je ne suis pas banquier!
Il a crié à pleins poumons et les gens nous ont regardé d'un drôle d'air.
Mais figure-toi que j'ai eu de la chance. J'ai rencontré Claire, une collègue, et elle m'a prêté cinquante francs. Quel soulagement ! – relief
Viens nous voir bientôt.
Amitiés de
Chantal

P.S. Laurent a été furieux quand je lui ai raconté ma journée!

1 Chantal received Sophie's letter
a the previous week.
b the previous day.
c the very morning she wrote.

2 Chantal and Laurent
a are looking forward to Christmas.
b had a lovely Christmas and New Year.
c had a miserable Christmas and New Year.

3 Today Chantal is
a exhausted and thinks she has a cold.
b depressed because she has a cold.
c happy but cold.

4 The previous day Chantal
a bought some magazines.
b worked in a store in Paris.
c did some shopping in the department stores in Paris.

5 Chantal's favourite colour is
a white.
b green.
c blue.

6 Chantal bought in the sales
a a green dress and a white dress.
b a blue dress and a white dress.
c three dresses.

7 After her shopping Chantal
a did not want to go back to Rouen.
b had no money left to buy her train ticket.
c was pleased she had bought a return ticket.

8 Chantal
a telephoned Laurent.
b got some money out of the bank.
c asked a policeman to lend her some money.

9 Chantal was lucky because
a she cried and the policeman helped her.
b she met a colleague.
c she found fifty francs.

10 When Chantal told Laurent about her day he
a laughed.
b was indifferent.
c was furious.

See Grammar Section 4(c), 5(b)

Quatrième unité

The bank where Laurent works has just been robbed. The police are questioning a witness . . .

Le témoin: Les cambrioleurs sont arrivés en voiture . . .
L'inspecteur Mars: Quelle voiture?
Le témoin: Une Citroën, je crois.
L'inspecteur Mars: Oui, et après?
Le témoin: Trois hommes sont descendus, le quatrième est resté au volant . . . ils sont entrés dans la banque . . . ils sont sortis en courant, ils sont montés dans la voiture et ils sont partis à toute vitesse.
L'inspecteur Mars: Combien de personnes sont arrivées en voiture?
Le témoin: Quatre en tout.
L'inspecteur Mars: A quelle heure sont-ils entrés dans la banque?
Le témoin: Euh, je ne sais pas, à onze heures et demie peut-être.
L'inspecteur Mars: Et ils sont sortis . . .?
Le témoin: Environ dix minutes plus tard.
L'inspecteur Mars: Et ils sont repartis tous ensemble?
Le témoin: Oui, ah non, tiens c'est curieux, mais l'un d'eux est allé à la poste, qui est juste en face, puis quand il est ressorti il est monté à bicyclette . . .
L'inspecteur Mars: Dans quelle direction est-il allé?
Le témoin: Il est parti par là.
L'inspecteur Mars: Et vous n'avez rien fait!
Le témoin: Qu'est-ce que vous croyez! Je ne suis pas James Bond, moi!

1 Comment les cambrioleurs sont-ils arrivés?
2 Combien d'hommes sont descendus de voiture?
3 Où est resté le quatrième?
4 A quelle heure sont-ils entrés dans la banque?
5 Quand en sont-ils sortis?
6 Sont-ils repartis tous ensemble?
7 Celui qui est allé à la poste est-il parti à pied?
8 Pourquoi le témoin n'a-t-il rien fait?

A vous!

First Detective Inspector Mars questions Laurent. Guess his questions:

L'inspecteur Mars: ______________________?
Laurent: Je m'appelle Laurent Darieux.
L'inspecteur Mars: ______________________?
Laurent: J'habite 32 rue des Écoles.
L'inspecteur Mars: ______________________?
Laurent: Oui, à Rouen.
L'inspecteur Mars: ______________________?
Laurent: Je travaille à la Banque Centrale depuis deux ans.
L'inspecteur Mars: ______________________?
Laurent: Trois. Trois hommes sont entrés dans la banque.
L'inspecteur Mars: ______________________?
Laurent: Je crois qu'ils sont arrivés à onze heures vingt-cinq.
L'inspecteur Mars: ______________________?
Laurent: Un quart d'heure plus tard, environ.
L'inspecteur Mars: ______________________?
Laurent: Ils sont allés droit à la caisse et ils ont sorti leurs revolvers.
L'inspecteur Mars: ______________________?
Laurent: Rien. Tout le monde a eu très peur!
L'inspecteur Mars: ______________________?
Laurent: De rien, monsieur l'inspecteur. Au revoir.

Imagine that you were also in the bank when the robbery took place. Tell him what happened.

Meanwhile, in a different bank in Rouen:

Jeune fille: Je voudrais changer des devises étrangères. C'est bien à ce guichet?
Employé: Oui mademoiselle.
Jeune fille: Quel est le cours de la livre Sterling en ce moment?
Employé: Demandons à l'ordinateur. Vous avez de la chance, le franc vient de baisser! . . . Alors, voyons . . . Elle est a douze francs vingt.
Jeune fille: Alors je vais changer mes chèques de voyage tout de suite.
Employé: Puis-je voir votre passeport pendant que vous les signez?
Jeune fille: Attendez . . . Voilà!
Employé: Merci . . . Ah, je comprends maintenant pourquoi vous parlez le français couramment et sans accent, vous êtes française!
Jeune fille: Oui, je suis au pair en Angleterre. Je suis revenue pour les vacances de Pâques.
Employé: Vous avez de la chance, il fait beau cette année. Alors voilà. Cent, deux cents, vingt, quarante, quarante deux, quarante quatre. Deux cent quarante quatre francs.
Jeune fille: Merci. Maintenant je peux acheter une bonne baguette bien fraîche, du fromage et de la charcuterie, et je vais faire un petit pique-nique en attendant mon car.
Employé: Alors, bon appétit et bonnes vacances!
Jeune fille: Merci. Au revoir.

Avez-vous compris?

1 What is the girl's first question?
2 What does she wish to know about the pound and why?
3 How does the clerk find out?
4 Why is the girl lucky?
5 Why was the clerk puzzled about the girl before he saw her passport?
6 Why is she in France?
7 How many francs does she get?
8 What is she going to buy straight away and why?
9 How is she going to get home?
10 What does the clerk wish her?

A vous!

Imagine you are in France and need to change some money. Use the cues given:

Vous: (Stop a man in the street and ask him whether there is a bank in the district.)
L'homme: Oui, il y a plusieurs banques dans le centre de la ville.
Vous: (Ask him if it is far.)
L'homme: Non, c'est à 5 minutes à pied . . . et c'est tout droit!

Vous: (You are now in the bank. Ask the clerk what the rate of exchange is for the pound Sterling.)
L'employé: Elle est à 9 francs 10, elle vient de baisser.
Vous: (Say you're not lucky, it always goes down when you come to France. So you will only change one traveller's cheque today.)
L'employé: Alors, voilà. 91 francs. Vous pouvez faire un petit repas au restaurant.
Vous: (Tell him you haven't got enough money, but you will have a picnic with a nice French loaf, cheese and cooked meat.)
L'employé: Alors, bon appétit!

During the Easter holidays, Jean-Pierre and Paul Dupré spent a week touring Normandy. Here are some episodes from their trip.

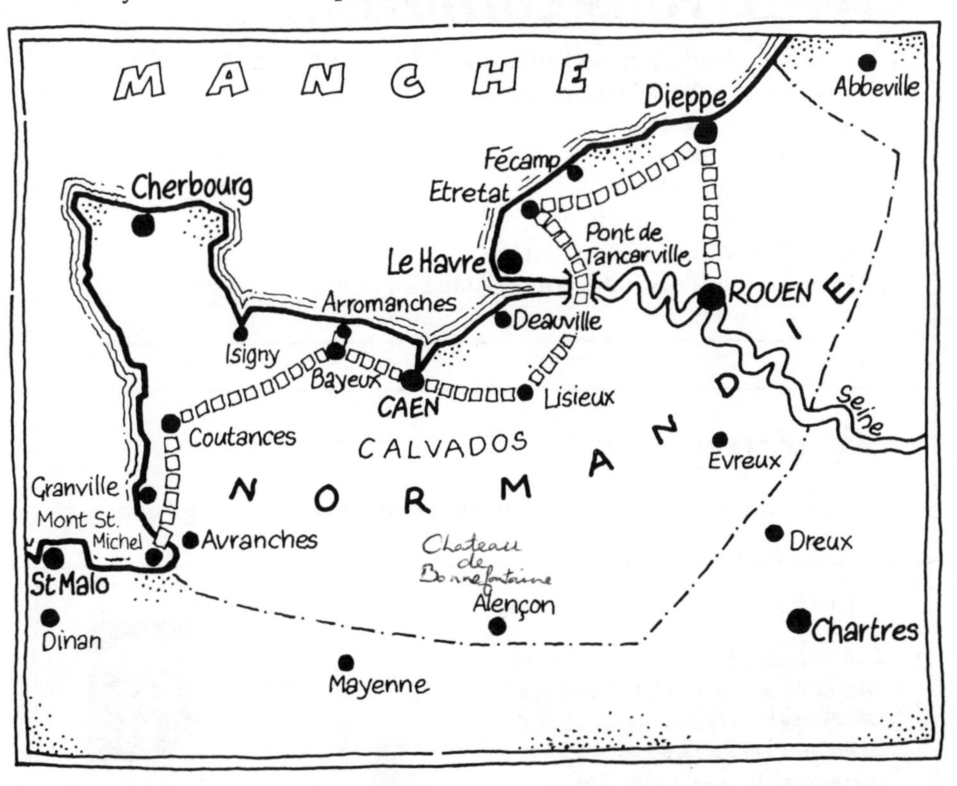

Etretat, le 8 avril

Chers tous,

Nous sommes arrivés à Dieppe sans difficultés. Nous avons fait de l'auto-stop et nous avons eu de la chance. Mais entre Dieppe et Etretat nous avons dû marcher pendant plusieurs kilomètres et Paul a attrapé des ampoules aux pieds !

Heureusement il a fait très beau toute la journée et nous avons décidé de camper. Nous sommes allés au Syndicat d'Initiative qui nous a indiqué un fermier très sympa qui nous a prêté son champ. Paul a fait du feu et j'ai monté la tente. Nous avons grillé des saucisses pour le dîner. Nous avons bien dormi mais nous avons eu un peu froid. Je vous écris d'un café où nous venons de prendre le petit déjeuner. Maintenant, visite d'Etretat.

Gros baisers à tous,

Jean-Pierre *Salut! Paul*

Avez-vous compris?

1 Comment Jean-Pierre et Paul sont-ils arrivés à Dieppe?
2 Pourquoi Paul a-t-il attrapé des ampoules aux pieds?
3 Quel temps a-t-il fait?
4 Où ont-ils campé?
5 Qui a monté la tente?
6 Pourquoi ont-ils fait du feu?
7 Ont-ils passé une bonne nuit?
8 Pourquoi les deux frères sont-ils dans un café?

A vous!

You are Paul Dupré. Tell a friend what you did after leaving Dieppe.

ETRETAT – LES FALAISES

Les falaises sont splendides mais il n'y a qu'une plage de galets. Nous avons fait une promenade et avons ramassé des coquillages au bord de la mer. Paul a voulu boire du calvados mais je l'en ai empêché. Nous avons rencontré des Anglais en vacances ici. Inutile de vous dire que nous avons surtout parlé par gestes! Grosses bises à tous.

Jean-Pierre

Famille Dupré
Ferme du Pommier
Beauchamp

Normandie

LA FRANCE EN PHOTOS

FOTOCOLOR KODAK EKTACHROME

LE PONT DE TANCARVILLE

Nous avons traversé le
pont de Tancarville
suspendu au dessus de
l'estuaire de la Seine.
Nous sommes allés à
la messe de Pâques à
la cathédrale de
Lisieux.
Il a plu toute la
journée.
Je vous embrasse
Jean-Pierre

IMPRIME EN FRANCE

— DITES – LE AVEC DES CARTES POSTALES —

1,80

Famille Dupré
Ferme du Pommier
Beauchamp
Normandie

Avez-vous compris?

1 Qu'apprenons-nous sur Etretat?
2 Qu'est-ce que les garçons ont fait au bord de la mer?
3 Qu'est-ce que Paul a voulu faire?
4 A-t-il réussi?
5 Qui ont-ils rencontré?
6 Comment ont-ils communiqué avec eux?
7 Quel pont ont-ils traversé?
8 Où est-il situé?
9 Pourquoi sont-ils entrés dans la cathédrale de Lisieux?
10 Quel temps a-t-il fait?

A vous!

Re-read the letter and the two postcards carefully, and fill in the gaps with the missing words:

Entre Dieppe et Etretat, ils ont fait de l'_______, mais ils ont _______ marcher, et Paul a _______ des ampoules aux pieds. Un fermier leur a _______ son champ pour camper. A Etretat, ils ont fait une _______ et ils ont _______ des coquillages parce qu'il n'y a qu'une plage de _______. Paul a _______ boire du _______, mais Jean-Pierre l'en a _______. Ils ont _______ des Anglais. Ils ont _______ le _______ de Tancarville. Ils _______ _______ au parc de Clères, et à la messe de _______ à la cathédrale de Lisieux.

Paul doesn't like writing, but he loves using the telephone. He calls his family from Coutances:

«Allô! . . . C'est toi Colette? . . . Salut, c'est Paul . . . Oui, ça va . . . Nous sommes arrivés à Coutances . . . Nous sommes passés par Caen . . . Nous avons couché à l'auberge de jeunesse . . . Bien sûr! Jean-Pierre a fait la vaisselle, et moi j'ai épluché les pommes de terre . . . Non, nous n'avons pas visité la ville, nous sommes allés à Bayeux . . . Bien sûr, nous avons vu la tapisserie de la reine Mathilde . . . Les plages du débarquement? Oui, nous sommes allés à Omaha beach . . . C'est à Arromanches, ignorante! . . . Naturellement, il y a des cimetières militaires partout . . . Nous avons l'intention d'aller jusqu'au Mont-Saint-Michel . . . Dis donc, je crois que nous avons assez bavardé, je n'ai plus de monnaie! . . . Au revoir. Embrasse tout le monde pour nous.»

Avez-vous compris?

1 Qui a répondu au téléphone?
2 Dans quelle ville les garçons sont-ils arrivés?
3 Où ont-ils couché à Caen?
4 Qu'ont-ils dû faire?
5 Où sont-ils allés après?
6 Pourquoi cette ville est-elle célèbre?
7 Pourquoi sont-ils allés à Arromanches?
8 Qu'est-ce qu'on voit partout dans cette région de Normandie?
9 Où ont-ils l'intention d'aller maintenant?
10 Pourquoi Paul interrompt-il la conversation?

A vous!

Try and guess Colette's part of the telephone conversation.

EXERCISES

Exercise A **Martin meets his friend Claudia soon after her return from holiday. Provide Claudia's part of the conversation, according to the cues given:**

Martin: Claudia, tu es revenue! Comme tu es bronzée!
Claudia tells him that she got back home the day before, that she went to the South of France, and that she had very good weather.
Martin: Tu es partie seule?
Claudia tells him that she went there with a girl friend.
Martin: Combien de temps?
Claudia tells him that they stayed two weeks.
Martin: Vous êtes allées à l'hôtel?
Claudia tells him that it is too

expensive and that they went camping.

Martin: Qu'est-ce que vous avez fait là-bas?

Claudia tells him that they went to the beach every day, and that they went out every night.

Martin: Alors, tu es contente de tes vacances?

Claudia tells him she is very pleased, and that she wants to go back there next year.

Martin: Avec moi, cette fois?

Exercise B **Colette is on the phone, telling a friend about her brothers' holiday. Help her conjugate the verbs properly:**

. . . Oui, ils (revenir) . . . ils (passer) de très bonnes vacances . . . Ils (camper) et ils (coucher) dans des auberges de jeunesse . . . Ils (faire) du stop . . . Oui, ils (voir) les falaises d'Etretat, ils y (rencontrer) des Anglais très sympas . . . Ils (parler) par gestes! . . . Oui, ils (traverser) le pont de Tancarville . . . Ils (aller) à la messe à la cathédrale de Lisieux . . . Ils (passer) par Caen . . . Ils (visiter) Bayeux . . . Bien sûr, ils (voir) la tapisserie de la Reine Mathilde et plusieurs plages du débarquement . . . Ils (aller) jusqu'au Mont-Saint-Michel . . . En tout, ils (partir) une semaine . . . Ils (rentrer) à la maison avant-hier . . .

Exercise C **Your neighbour has been burgled. You witness the incident and telephone the police. The police officer asks you for details. Write your conversation.**

Exercise D **Read the following advertisements, then answer the questions in English:**

Les enfants à l'hôtel, ça peut coûter cher, mais pas dans les Relais GOSSOTEL!

Gratuits

Les lits pour 2 enfants de moins de 15 ans dans la chambre de leurs parents.

Moitié Prix

Le petit déjeuner pour les enfants de moins de 15 ans.
Et il est copieux: œufs, fromage, jambon, céréales, pain frais, croissants jus de fruit, lait, chocolat . . .

39F

Le déjeuner/dîner, taxes et service compris, menu spécialement conçu pour les enfants avec: entrée, plat principal et dessert.

Dans les Relais GOSSOTEL il n'y a que des enfants gâtés et des parents satisfaits. Venez donc voir!

1 What can be expensive?
2 Under what conditions is accommodation for children free?
3 What is half price?
4 What do you get?
5 What is included in the 39F price?
6 What does the main meal consist of?

7 According to the advertisement, what happens when families stay at one of these hotels?

8 How can you find out if this is true?

Les Bonnes Tables
de CANNES
Thé dansant avec orch. les sam., dim., 15 h
Tél. 75.81.43
de GRASSE
AUBERGE DU CHEVAL NOIR
Ses chambres confortables, sa cuisine de qualité, piscine dans parc, tennis, golf, équitation à proximité.
Tél. 89.91.64

9 What can you do in Cannes on Saturday and Sunday afternoons?

10 What time does it start?

11 What is the Auberge du Cheval Noir proud of?

12 What sports could you practise if you stayed there?

Exercise E **Translate into English**

Hier, Francine a fait les magasins pour acheter une robe en solde. Elle a passé toute la journée à regarder et à essayer des vêtements. Elle a vu tant de jolies choses!

Finalement, elle a hésité entre deux robes.

– Je ne sais vraiment pas laquelle choisir, a-t-elle soupiré.

– Prenez les deux, lui a suggéré la vendeuse, elles ne sont pas chères.

– C'est vrai. Pourquoi pas! a répondu Francine.

Mais malheureusement, le soir, elle n'a pas pu acheter son billet de train pour rentrer chez elle.

– Pouvez-vous me prêter un peu d'argent? a-t-elle demandé à un agent de police.

– Je ne suis pas banquier, a-t-il dit d'un air sévère. J'espère que vous plaisantez, a-t-il continué avec le sourire.

Heureusement, Francine a eu beaucoup de chance. A la gare, elle a rencontré une collègue qui lui a prêté cinquante francs.

Picture Composition

Tell the following story with the help of the questions alongside:

Quand Nicole et Daniel sont-ils partis?

A qui ont-ils dit au revoir?

Comment ont-ils voyagé?

Qu'ont-ils emporté sur leur porte-bagages?

Qu'a-t-il commencé à faire tout à coup?
Où sont-ils enfin arrivés?
Qu'est-ce qu'ils ont dû choisir?

Où ont-ils finalement décidé d'aller?
Où ont-ils passé la nuit?
Quand en sont-ils repartis?
Qu'ont-ils fait avant de quitter la ville?

Quelle direction ont-ils prise?
A quelle heure y sont-ils arrivés?
Qu'ont-ils vu en arrivant?

Est-ce qu'ils y ont trouvé de la place?
Qu'ont-ils fait avec la tente?
Qu'a fait Daniel ensuite?
L'a-t-il fait avec plaisir?
Pourquoi?

Quel temps a-t-il fait toute la journée?
Qu'est-ce que Nicole a attrapé?
Qu'est-ce qu'elle a mis sur son coup de soleil?
Et Daniel, qu'a-t-il fait?
A-t-il dit à Nicole.
«C'est bien fait pour toi!» ou «Pauvre Nicole!»?

Listening Comprehension 1

Section One

Vocabulary: appuyer = *to press*
à plat ventre = *on one's tummy* se sauver = *to get away*

You are about to hear a series of orders given by a bank robber. Listen carefully then complete the sentences below.

1 The people in the bank were told to . . .
2 Then they were told to . . .
3 A man at the back had to . . .
4 He was told to . . .
5 He had all the . . . put into a . . .
6 A young girl was told not to . . .
7 All the people were ordered to . . .
8 They had to stay like that for . . . while the robber . . .

Section Two

Vocabulary: rafler la caisse = *rifle the till* s'enfuir = *to get away*

Now you will hear a news item. Listen to it twice then answer the questions below:

9 What took place at Grasse this morning?
10 Did he get away from the police?
11 What kind of shop was it?
12 What did the young man pretend to do?
13 How much money was in the till?
14 How did he make his getaway?

Listening Comprehension 2

Vocabulary: déguisé = *dressed up* la colle = *glue* soit . . . soit = *either . . . or*
la perruque = *wig*

Listen to the story carefully and answer the following questions in English:

1 When was the fancy dress party?
2 What was the theme of the party?
3 How did most people come?
4 Why did the couple dressed in crepe paper come on foot?
5 What happened to them?
6 What vital difference was there between one of the host's colleagues and general de Gaulle?
7 Why did the colleague finally end up in hospital?
8 Were his children sympathetic?
9 How did the friends from Ivry come?
10 Why is the lady lucky?
11 How did she dress up?
12 What proves that she had done a good job?

See Grammar Section 2, 4

SUGGESTIONS FOR ROLE PLAY – UNITES 1–4

1 Your French host tells you what he/she likes about England. You tell him/her what you like about France.
2 It is your birthday. You go to a restaurant and order an expensive meal for yourself and your guest(s).
3 You are in a restaurant in France. Order a meal for yourself and your son/daughter of 8.
4 You are taken ill on holiday in France. When you see the doctor tell him/her what is wrong, and answer his/her questions. Ask details about the medicine prescribed and when to take them. Enquire about a chemist's.
5 You are on holiday in a little French town. Somebody stops you in the street, and asks you to direct them to a bank. You do so, then realise it is a bank holiday (*jour férié*). He/she asks you to lend him/her some money.
6 You are on the ferry going back to Dover. A French passenger starts asking you some personal questions. You answer politely, but do the same to him/her.
7 You have recently been to a wedding. Tell your French friend about it.
8 You've just had a lovely/busy weekend/holiday. Tell your friend about it.

FAITES LE POINT! – UNITES 1–4

1 Tell a friend about your last holiday.

First, put the verbs in the perfect tense:

L'année dernière, pour aller en vacances, j' (vendre) tous mes bijoux. Alors, j' (pouvoir) aller à l'hôtel, et j' (manger) au restaurant midi et soir. Naturellement, j' (grossir beaucoup). J' (visiter) la région, et j' (perdre) mon chemin plusieurs fois. Je (ne pas dormir) jusqu'à midi tous les jours.

Now, choose the right past participle:

lu / écrit
J'ai reçu beaucoup de cartes postales. Il n'a pas plu / vu / bu

eu / fait / ouvert
et je n'ai pas ... mon parapluie une seule fois.

été / mis
J'ai pris beaucoup de photos.

2 Choose the correct alternative:

a Lequel / Laquelle de ces deux hommes est votre ami? Celle / Celui qui porte un costume gris.

b La jeune fille que / dont j'ai oublié le nom est fonctionnaire en Bretagne.

c La région qui / que je voudrais visiter se trouve au centre de la France.

d Le livre dont / que j'ai besoin est à la maison.

e Le gâteau qui / que m'a beaucoup plu est une spécialité alsacienne.

f La robe que / dont j'ai envie coûte trop cher.

g Lesquelles / Lesquels de ces jeunes gens sont Corses? Ceux-ci / Celles-ci

h L'île que / qui vous offre des plages de sable et des montagnes est un paradis touristique.

3 Choose the correct word:

a Où sont mes chaussures? Où les as-tu mises / mis?

b Regardez ces belles fleurs qui / que / dont j'ai trouvés / trouvées dans la montagne!

c Où sont les clés de la voiture? Je ne les ai pas vu / vues.

d Rends-moi mes devoirs! Je te les ai déjà rendu / rendus.

e L'homme qui / que m'a vendu / vendue sa Mobylette veut / vaut / voit acheter une Jaguar.

4 Choose the right verb:

Quand elle est allée / est allé / sont allés en Normandie, elle a essayé / a découvert / a fait du camping.
Elle a monté / est monté / est montée sa tente toute seule. Elle a dû / a eu / a pu de la chance, car
il a plu / a été / a fait très beau. Elle est rentrée / est repartie / est arrivée début juin, et elle est devenue / est revenue / est restée
trois semaines. Elle a pris / a découvert / a attrapé des ampoules parce qu'elle a beaucoup marché / bu / mangé
Mais elle a passé / est passé / est passée de très bonnes vacances, et elle a plu / a pleuré / a voulu quand
elle est reparti / a quitté / est rentrée chez elle.

Cinquième unité

An evening at the cinema

Samedi dernier, Chantal et Laurent sont allés au cinéma pour voir un nouveau film policier, *Muguet et l'actrice*, c'est-à-dire la toute dernière enquête du célèbre commissaire Muguet. Après avoir mangé au restaurant, ils se sont rendus à pied au 'Magic'. Ils ont dû faire la queue près d'un quart d'heure. Ils ont pris des places d'orchestre et ils se sont assis après avoir donné un pourboire à l'ouvreuse. A l'entracte, après un documentaire sur les châteaux de la Loire, ils ont mangé une glace. Puis les lumières se sont éteintes de nouveau et le film a enfin commencé.
Après le générique, la première image a été un article de journal:

Paris-Soir

ACTRICE CÉLÈBRE – MYSTÈRE!

HOMICIDE OU SUICIDE?

On a trouvé le corps d'Anna Belle dans sa villa 'Bella Vista' hier soir. Selon son mari elle s'est réveillée tôt et comme d'habitude, elle s'est levée, elle a mis son maillot de bain et est allée faire sa séance de natation quotidienne. Une heure plus tard son mari Jean s'est inquiété. Il s'est levé à son tour et s'est rendu en toute hâte à la piscine. Mais l'actrice était déjà morte.
«Évidemment, elle a plongé» a-t-il dit.
«Elle s'est évanouie, puis elle s'est noyée. Elle a dû prendre trop de somnifères hier soir».
Mais Jean n'a pas pu expliquer les marques autour du cou de sa femme.
Ses sentiments devant la tragédie? «Je suis bouleversé!» A-t-il dit.
C'est le commissaire Muguet de la police judiciaire qui est chargé de l'enquête.

NATATION

La championne américaine Helen Day vient de battre son propre record.

Avez-vous compris?

1 What did Laurent and Chantal do last Saturday?
2 What films did they see?
3 What did they do during the interval?
4 What did the actress Anna Belle usually do in the morning?
5 What did Jean do later that morning, and why?
6 What did he find?
7 What explanation did he give?
8 What was he unable to explain?
9 How did he feel?
10 Who is in charge of the case?

Say what the girl below did, by filling in the gaps with the correct form of the verbs:

Elle ______ tôt.
Elle ______ tout de suite.
Elle ______ son maillot de bain.
Elle ______ de la maison.
Elle ______ dans la piscine.
Elle ne ______ pas ______ parce qu'elle sait nager.

The film ends at the point where Anna Belle's husband Jean is being questioned by chief inspector Muguet:

Le commissaire Muguet: Vous souvenez-vous à quelle heure vous vous êtes couchés la veille de l'accident?
Jean: Moi, je me suis couché vers minuit.
Le commissaire Muguet: Et votre femme?
Jean: Anna était fatiguée et elle s'est couchée à dix heures.
Le commissaire Muguet: Qu'a-t-elle fait avant de s'endormir?

Jean: Elle s'est endormie immédiatement.
Le commissaire Muguet: Est-ce qu'elle a pris des somnifères?
Jean: Oui, comme tous les soirs.
Le commissaire Muguet: Néanmoins, elle s'est réveillée tôt?
Jean: Comme d'habitude. Elle s'est levée tout de suite et puis elle est descendue se baigner.
Le commissaire Muguet: Vous connaissez votre femme depuis longtemps?
Jean: Nous nous sommes rencontrés il y a six mois, je suis tout de suite tombé amoureux d'elle, et nous nous sommes mariés peu de temps après, le 18 mai exactement.
Le commissaire Muguet: Pourquoi vous êtes-vous disputés avant de vous coucher?
Jean: Nous ne nous sommes pas disputés!
Le commissaire Muguet: Inutile de le nier, j'ai un témoin.
Jean: La femme de chambre, je parie!
Le commissaire Muguet: Vous avez crié si fort qu'elle vous a entendus.
Jean: Elle m'a toujours détesté!
Le commissaire Muguet: Votre femme était jeune et belle, n'est-ce pas?
Jean: Oui, trop jeune et trop belle!
Le commissaire Muguet: Vous voulez dire qu'elle a eu des amants?
Jean: Un amant.
Le commissaire Muguet: Que vous avez vu dans la piscine?
Jean (se mettant à pleurer): Ce matin-là, je me suis levé tôt, moi aussi. J'avais des soupçons. Je me suis caché derrière le rideau – la fenêtre de la chambre donne sur la piscine – et j'ai tout vu. Ils se sont rencontrés sous les pins, puis ils se sont baignés, ils se sont amusés comme des enfants, ils se sont envoyés de l'eau, ils ont plongé, ils ont nagé . . .
Le commissaire Muguet: Et alors?
Jean: Je n'ai pas pu supporter de les voir si heureux! Je me suis fâché, je suis sorti de notre chambre après avoir ramassé un collant. En m'apercevant, l'amant s'est enfui, le lâche! Sans réfléchir, j'ai plongé dans l'eau et je me suis servi du collant pour . . .

Avez-vous compris?

1. Does Jean remember at what time he went to bed the night before the accident?
2. At what time did Anna go to bed?
3. Why did she go to sleep immediately?
4. What did she do first thing in the morning?
5. How long had Jean known his wife?
6. When did they get married?
7. What did they do the previous evening?
8. How does Muguet know it?
9. Why did Jean hide to watch Anna?
10. What did Anna and her lover do?
11. How did Jean react?
12. What did he do before leaving the bedroom?
13. Where did he go?
14. What did the lover do when he saw Jean?
15. Did Anna Belle commit suicide?

A vous!

Help Muguet write his report by filling in the gaps with the following verbs:

PRENDRE SE RENCONTRER SE LEVER SE COUCHER VOIR
SE SERVIR (DE) SE REVEILLER SE MARIER S'AMUSER RAMASSER
S'ENDORMIR SE DISPUTER SE CACHER ENTENDRE

Jean et sa femme _______ il y a six mois. Ils _______ le 18 mai. La veille du crime, ils _______ – la femme de chambre les _______. Anna Belle _______ de bonne heure. Elle _______ des somnifères et elle _______ immédiatement. Le lendemain matin, elle _______ tôt et elle _______ tout de suite pour aller se baigner. Jean _______ derrière le rideau et _______ Anna et son amant qui _______ comme des enfants dans la piscine. Avant de sortir de la chambre, il _______ un collant. Il _______ du collant pour . . .

Et vous?

Imagine that Muguet now questions YOU about your activities last Saturday. Answer him, giving as many details as you can:

A quelle heure vous êtes-vous réveillé(e) samedi dernier?
Vous êtes-vous levé(e) immédiatement?
Ensuite vous êtes-vous lavé(e) ou avez-vous pris votre petit déjeuner?
Qui a préparé le petit déjeuner?
Qu'avez-vous mangé et bu?
Comment vous êtes-vous habillé(e)? Pourquoi?
Qu'avez-vous fait après?
Où avez-vous déjeuné?
Comment s'est passé votre après-midi?
Le soir, êtes-vous sorti(e) ou êtes-vous resté(e) chez vous?
Vous êtes-vous couché(e) tard?
Qu'avez-vous fait juste avant de vous coucher?

EXERCISES

Exercise A **Chantal is filling her friend in on some of the details in the film. Complete the friend's questions:**

Mireille: (So, Jean and Anna Belle quarrelled before going to bed?)
Chantal: Oui, la femme de chambre les a entendus.
Mireille: (Tell me, Chantal, what did Jean do after he got up?)
Chantal: Il s'est caché derrière le rideau.
Mireille: (What did Jean do after seeing the lovers?)
Chantal: Tu ne t'en souviens pas? Il s'est fâché et il a ramassé un collant . . .
Mireille: (Did he pick it up before leaving the bedroom?)
Chantal: Oui, bien sûr!
Mireille: (Did the lover run away after seeing Jean?)
Chantal: Oui, le lâche, il s'est enfui, mais Anna Belle est restée dans la piscine.
Mireille: (Did Jean dive into the pool straightaway?)
Chantal: Oui, tout de suite; puis il s'est servi du collant pour . . . Mais enfin, Mireille, tu es bien allée voir ce film?
Mireille: (Yes, I went there with Jean-Pierre.)
Chantal: Ah, tu y es allée avec Jean-Pierre! Je comprends maintenant pourquoi tu ne te souviens de rien!

Exercise B **Read the poem through carefully, then imagine you are the couple concerned. Say what you did last year. Use 'Nous'.**

Amour d'août

Ils se rencontrent par hasard
Sur la plage.
D'abord ils se regardent furtivement
Puis un jour ils se décident à se parler.
Ils bavardent, ils rient
Ils se baignent ensemble
Ils plongent dans la mer
Et s'amusent
Comme des enfants.
Ils se bronzent au soleil
Et s'endorment sur le sable chaud.
Le soir ils se promènent
La main dans la main.
Puis ils se disent 'au revoir'
Tendrement
A la fin des vacances.

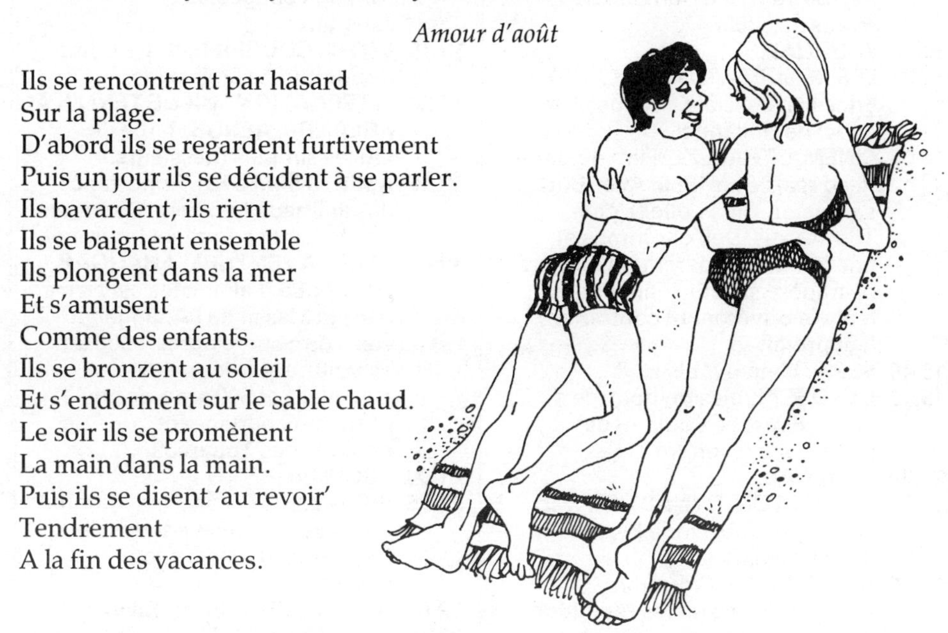

Exercise C **Write an essay of about 100–150 words on the following subject:**

Décrivez en détails votre dernier week-end.

Exercise D **Look at some of the TV programmes for Saturday 7th June, then answer the questions which follow:**

SEMAINE DU 7 AU 13 JUIN

SAMEDI 7 JUIN

CHAÎNE 1

10.05 METEO WEEK-END.
10.10 TELE-GYM. Retrouvez ou gardez la forme avec Christian et Magalie.
10.45 BON APPETIT. La recette d'un grand cuisinier. Aujourd'hui, l'épaule d'agneau farcie de Paul Cuistot.
11.05 DESSINS ANIMES. Pour les jeunes téléspectateurs, un choix des personnages favoris de Walt Disney.
11.25 AU MARCHE. Le magazine hebdomadaire qui vous aide à faire vos courses. – Pour mieux manger et faire des économies. Présenté par Lucette Mainard.
12.00 TELE-INFORMATIQUE. Que peut-on faire avec un micro-ordinateur familial de moins de 5000F?
13.00 JOURNAL.
13.35 LES RENDEZ-VOUS DE LAURE. Emission spéciale «Tulipes» en direct de Hollande.
14.00 CINEMA. TRAPEZE. Film de Carol Reed réalizé en 1956. Avec Burt Lancaster, Gina Lollobrigida, Tony Curtis. Deux hommes et une femme préparent un numéro de trapèze spectaculaire, mais leur vie privée vient contrarier leur projet.
18.40 SERIE. L'incroyable Hulk.
19.15 QUI OSE? Emission bourrée de farces pour ceux qui ont de l'humour à revendre.
20.00 JOURNAL.
20.35 FEUILLETON. DYNASTIE. Avec John Forsythe, Linda Evans, Joan Collins.
21.30 REPETITIONS. Emission mensuelle qui suit les répétitions d'une œuvre musicale, puis retransmission intégrale de cette œuvre. Ce soir, la quatrième symphonie de Robert Schumann, avec l'orchestre Philharmonique National, dirigé par Wolfgang Hertz.
22.45 INTERNATIONAUX DE TENNIS A ROLAND-GARROS. Résumé.
23.05 JOURNAL.

CHAÎNE 2

11.00 TELE-SANTE. La santé du point du vue de la prévention. Aujourd'hui, les accidents domestiques et la santé des jeunes enfants dans le monde.
11.45 VENEZ DONC AVEC MOI! Une personnalité vous emmène en voyage. Cette semaine, Marlène Poincet vous fait visiter la Corse.
12.20 MON JARDIN, MON AMI. Conseils de jardinage présentés par Lucien Blond.
12.50 JOURNAL DES MALENTENDANTS. Emission spéciale pour les sourds-muets. Langage par gestes et sous-titres.
13.10 VOTRE COURRIER. Votre point de vue sur les émissions.
13.20 INTERNATIONAUX DE TENNIS A ROLAND-GARROS. 1/16e de finales simples messieurs.
18.15 AMIS ANIMAUX. L'importance des animaux familiers. Comment les choisir et comment les traiter.
19.05 VIVE L'AVENTURE. AHAGGAR. Un groupe d'alpinistes est arrivé dans le Massif de l'Ahaggar au cœur du Sahara après 1 500 km en voiture sur des pistes ensablées et 500 km à dos de chameaux partageant la vie de nomade des Touaregs.
21.00 JOURNAL.
21.35 BIENVENUE! Jean-Paul Marant reçoit des invités-vedettes du monde du spectacle pour bavarder avec eux.
22.05 ROCK CLUB. Concert Billy Joel.
23.00 CINEMA DE ONZE HEURES. CYCLE GRETA GARBO. LA REINE CHRISTINE avec Greta Garbo et John Gilbert.

CHAÎNE 3

17.15 PROGRAMMES REGIONAUX.
20.00 PAUL HOGAN SHOW. L'humour australien.
20.35 CINEMA. ILS SONT GRANDS CES PETITS. Film de Joël Santoni réalizé en 1979. Avec Catherine Deneuve, Claude Brasseur et Claude Piéplu. Louise et Léo sont deux amis d'enfance orphelins depuis la mystérieuse disparition de leurs pères. Un promoteur est en train de transformer le quartier et emploie tous les moyens pour obtenir leur propriété. Ils refusent de vendre et décident de se défendre grâce à leurs connaissances scientifiques.
22.05 JOURNAL.
22.15 TELE-ART. HENRY MOORE, sculpteur anglais qui occupe une place unique dans l'art contemporain.
23.15 VIVE L'ACCORDEON! Spécial Yvette Horner.

1. At what time and on what channel can you find out about the weekend weather?
2. Who are Christian and Magalie?
3. What will you need to buy if you want to make today's recipe?
4. At what time is the special children's programme and what is it?
5. How often is «Au Marché» on the air, and why would it be wise to watch it?
6. What is the Channel 1 programme on computers all about?
7. What is Channel 2's health programme all about today?
8. Who will introduce the viewers to Corsica?
9. For whom is the «Journal des Malentendants» specially devised?
10. Name an English programme, past or present, equivalent to «Votre Courrier».
11. What do you think the difference is between a 'série' and a 'feuilleton'?
12. Name an English programme, past or present, which is the equivalent of «Qui ose?».
13. What kind of amateur would choose to watch «Répétitions», and why?
14. What international sport's competition is going on in Paris?
15. What is the topic of today's programme on animals?
16. Where is the Ahaggar, and what did the climbers have to do in order to get there?
17. What would you call a programme like «Bienvenue» in English?
18. What is the story line of the film «Ils sont grands ces petits»?
19. At what times and on which channels can you watch the news on Saturday?
20. What famous Englishman is celebrated this Saturday?

Reading Comprehension

Read the following story carefully:

Antoine: Nos vacances à Paris Dominique tu t'en souviens?
Dominique: Oui bien sûr! On peut dire que nous nous sommes bien amusés là-bas!
Antoine: Dis donc, est-ce que tu te rappelles le matin où tu t'es réveillé très tôt, vers six heures je crois?
Dominique: Peut-être . . .
Antoine: Mais si! Tu t'es levé, tu t'es habillé et tu es allé dans la salle de bain chercher un verre d'eau. Malheureusement tu as oublié de mettre tes lunettes et en revenant, tu t'es trompé de chambre.
Dominique: Quelle idée aussi de prendre une chambre d'hôtel sans salle de bain! Une idée à toi, bien sûr!
Antoine: Une excellente idée, car tu es entré dans la chambre de cette jolie jeune fille de Grasse . . . comment s'appelle-t-elle déjà?
Dominique: Sylvie.
Antoine: C'est ça, Sylvie. Tu as une bonne mémoire mon petit frère!
Dominique: Je ne suis pas ton petit frère, n'oublie pas que nous sommes jumeaux.
Antoine: Mais tu es né après moi, donc je suis l'aîné! Et puis n'essaie pas de changer de sujet. Alors tu es entré, soi-disant accidentellement, dans la chambre de Sylvie, tu t'es assis sur son lit et la pauvre, épouvantée, s'est mise à crier à pleins poumons et quand tu t'es rendu compte de ton erreur . . .
Dominique: Je suis sorti de sa chambre en courant!
Antoine: Mais tu oublies de dire qu'en revenant dans notre chambre tu t'es vite déshabillé et recouché après avoir ramassé tes lunettes et les avoir mises sur mon lit.
Dominique: Et quand Guillaume, inquiet, est venu aux renseignements, je lui ai fait croire que c'était toi qui avais fait toutes ces bêtises.
Antoine: Très drôle! Mais sais-tu que nous avons eu des nouvelles de cette charmante jeune personne?
Dominique: Ah bon?
Antoine: Elle va même venir nous rendre visite.
Dominique: Qu'est-ce que tu racontes?

Antoine: Tiens, petit innocent, lis la carte postale qu'elle t'a envoyée.
Dominique: Donne vite!

GRASSE

Mon cher Dominique,
Merci pour ta lettre et la documentation sur la Corse. Tu as gagné. J'ai décidé de passer une semaine à Ajaccio. J'arrive samedi par le vol de 18 heures. N'oublie pas de venir me chercher à l'aéroport!
Amitiés
Sylvie

COULEURS DE LA FRANCE

1,80

H. Dominique Rossi
Restaurant
«Les Flots Bleus»
Ajaccio
Corse

Antoine: Mais je t'assure, mon petit frère, que c'est moi qui vais aller à l'aéroport samedi, après avoir emprunté tes lunettes, bien entendu!

First answer the questions below:

1. What are Antoine and Dominique talking about?
2. Did they enjoy it?
3. Why did Dominique go to the bathroom early one morning?
4. Why did he end up in Sylvie's bedroom?
5. Is there a big age difference between Antoine and Dominique?
6. What was Sylvie's reaction when Dominique sat on her bed?
7. What did he do when he realized his mistake?
8. What practical joke did he play on his brother?
9. What did Sylvie send Dominique? Why?
10. What revenge is Antoine planning?

Now imagine you are Antoine and tell a friend what happened that morning in the hotel.

See Grammar Section 3, 7

Sixième unité

Colette talks about her visit to the zoological park at Clères:

«Dans l'Eden comme à Clères, il y avait des gazelles naines, si fragiles qu'elles peuvent se briser sur les rochers, et des troupeaux d'antilopes blondes qui sautent des quatre pieds par-dessus un ruisseau; des grues de Numidie, d'un gris céleste, et des flamants roses, mêlés aux touffes roses des pivoines...»

COLETTE (Paradis terrestre, 1953)

LABORATOIRE D ETHOLOGIE ET
CONSERVATION DES ESPECES ANIMALES
MINISTERE DE L'EDUCATION NATIONALE MUSEUM NATIONAL D'HISTOIRE NATURELLE
FONDATION JEAN DELACOUR
PARC ZOOLOGIQUE DE
CLERES
Seine-Maritime 76690
Tel. (35) 33 23 08
DES ANIMAUX EN LIBERTE
DANS UN DECOR HISTORIQUE

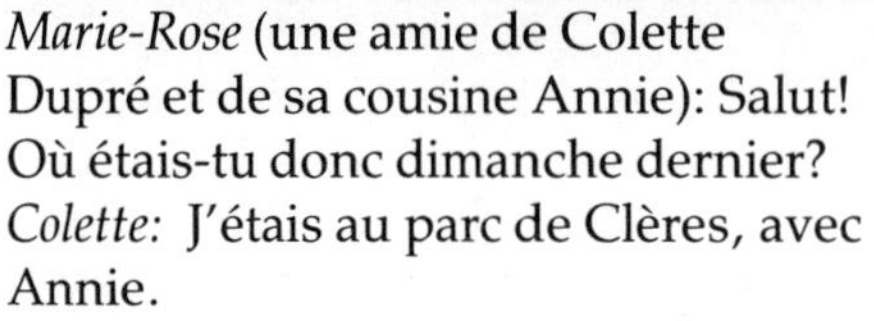

Marie-Rose (une amie de Colette Dupré et de sa cousine Annie): Salut! Où étais-tu donc dimanche dernier?
Colette: J'étais au parc de Clères, avec Annie.
Marie-Rose: C'est quoi, le parc de Clères?
Colette: C'est un parc zoologique où les animaux vivent en liberté. C'est chouette! Tu ne connais pas?
Marie-Rose: Non, où c'est?
Colette: C'est à une vingtaine de kilomètres de Rouen.
Marie-Rose: Il faisait beau dimanche dernier.
Colette: Il faisait même trop chaud! A Clères, le ciel était bleu et il n'y avait pas un nuage. Dans les jardins du château, il y avait des flamants roses, dont certains se tenaient sur une patte, des grues, des oies, des canards et des cygnes.
Marie-Rose: C'est tout?
Colette: Mais il y a toutes sortes d'espèces très rares; et il n'y a pas que des oiseaux! Dans le parc, des paons

se promenaient majesteusement. Des groupes d'antilopes et de gazelles sautaient et bondissaient. Nous avons même vu une femelle kangourou qui portait son petit dans sa poche!
Marie-Rose: Vous n'avez pas vu de singes?
Colette: Si, il y avait des gibbons sur les îles du lac. Certains mangeaient des fruits et des graines, d'autres sautaient de branche en branche, d'autres encore se grattaient ou se disputaient. Ils étaient très drôles! A la fin de la visite du parc, nous avions très soif. En plus, moi, j'avais mal aux pieds, mais Annie voulait aussi voir les volières tropicales à l'intérieur du château où logent les oiseaux exotiques plus délicats comme les toucans.

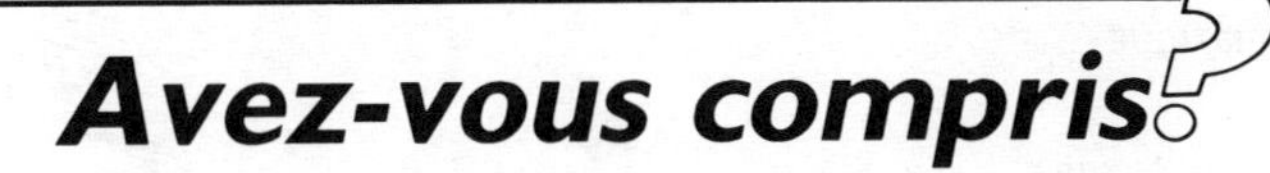

1 Où étaient Colette et Annie dimanche dernier?
2 Quel temps faisait-il?
3 Comment était le ciel?
4 Que faisaient certains flamants roses?
5 Que faisaient les paons?
6 Que faisaient les antilopes et les gazelles?
7 Quel animal portait son petit dans sa poche?
8 Que mangeaient les singes?
9 Que faisaient les autres singes?
10 Colette et Annie avaient-elles faim à la fin de la visite?
11 Où Colette avait-elle mal?
12 Qu'est-ce que Annie voulait voir à l'intérieur du château?

A vous!

Someone has muddled up the animals' activities in the zoo. Can you say what they were all doing?

1 Le rhinocéros	nageait et jouait au ballon dans sa piscine.
2 Les girafes	parlaient et volaient partout.
3 Les pingouins	mangeaient des feuilles.
4 L'éléphant	courait à travers son champ.
5 Le dauphin	s'arrosait avec sa trompe.
6 Les singes	plongeaient dans l'eau et prenaient des poissons.
7 Les perroquets	se reposaient à l'ombre et mangeaient de la viande crue.
8 Les lions et les tigres	sautaient de branche en branche et se jetaient des bananes.

Inside the leaflet on Clères, you can find all kinds of information.

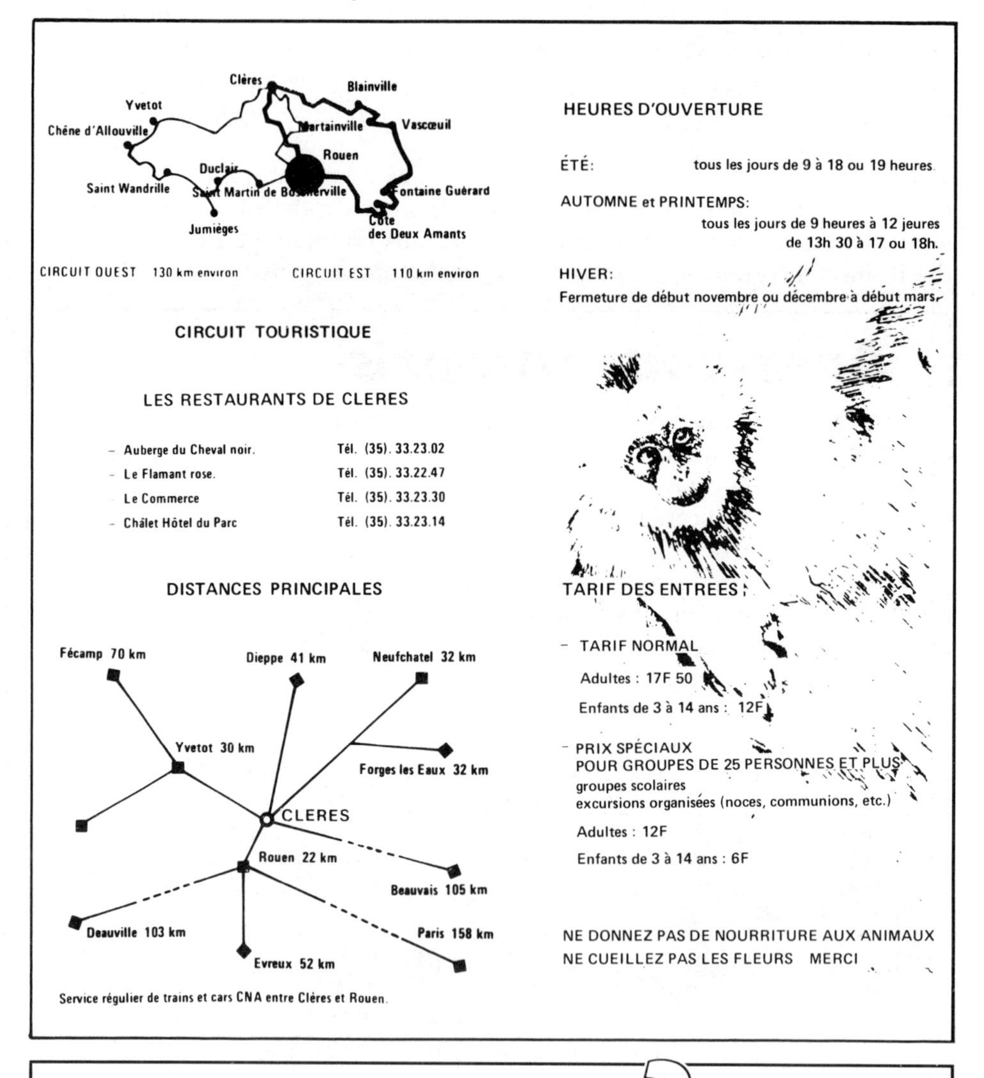

Clères
Blainville
Yvetot
Chêne d'Allouville
Martainville
Vascœuil
Rouen
Duclair
Saint Wandrille
Saint Martin de Boscherville
Fontaine Guérard
Côte des Deux Amants
Jumièges
CIRCUIT OUEST 130 km environ
CIRCUIT EST 110 km environ
CIRCUIT TOURISTIQUE
LES RESTAURANTS DE CLERES
– Auberge du Cheval noir. Tél. (35). 33.23.02
– Le Flamant rose. Tél. (35). 33.22.47
Le Commerce Tél. (35). 33.23.30
– Châlet Hôtel du Parc Tél. (35). 33.23.14
DISTANCES PRINCIPALES
Fécamp 70 km
Dieppe 41 km
Neufchatel 32 km
Yvetot 30 km
Forges les Eaux 32 km
CLERES
Rouen 22 km
Beauvais 105 km
Deauville 103 km
Paris 158 km
Evreux 52 km
Service régulier de trains et cars CNA entre Clères et Rouen.
HEURES D'OUVERTURE
ÉTÉ: tous les jours de 9 à 18 ou 19 heures.
AUTOMNE et PRINTEMPS:
tous les jours de 9 heures à 12 jeures
de 13h 30 à 17 ou 18h.
HIVER:
Fermeture de début novembre ou décembre à début mars.
TARIF DES ENTREES :
– TARIF NORMAL
Adultes : 17F 50
Enfants de 3 à 14 ans : 12F
– PRIX SPÉCIAUX
POUR GROUPES DE 25 PERSONNES ET PLUS
groupes scolaires
excursions organisées (noces, communions, etc.)
Adultes : 12F
Enfants de 3 à 14 ans : 6F
NE DONNEZ PAS DE NOURRITURE AUX ANIMAUX
NE CUEILLEZ PAS LES FLEURS MERCI

Avez-vous compris?

1. Le parc de Clères est à combien de kilomètres de Rouen? de Beauvais? de Paris?
2. Laquelle de ces villes est la plus proche de Clères? Fécamp ou Dieppe?
3. Pourquoi est-il très facile de voyager entre Clères et Rouen?
4. Pendant combien de mois par an le parc est-il fermé?
5. Est-ce qu'il est ouvert tous les jours pendant l'été?
6. De quelle heure à quelle heure?
7. A quelle heure ferme-t-il pour le déjeuner en automne et au printemps?
8. Qu'est-il interdit de faire pendant la visite?

A vous!

Look carefully at the Parc de Clères leaflet. You are the receptionist at the information desk: answer the questions put by two telephone callers. The first call takes place in October, the second in June.

Madame Duparc: Bonjour madame, je voudrais visiter le parc de Clères vers la fin du mois: c'est ouvert tous les jours?
Réceptionniste: . . .
Madame Duparc: Ah bon, et c'est ouvert toute la journée?
Réceptionniste: . . .
Madame Duparc: Oh c'est ennuyeux, je voudrais passer toute la journée dans le parc. C'est ouvert l'après-midi?
Réceptionniste: . . .
Madame Duparc: Et ça coûte combien? Nous sommes deux adultes et trois enfants.
Réceptionniste: . . .
Madame Duparc: Y a-t-il des restaurants dans les environs?
Réceptionniste: . . .
Madame Duparc: Pouvez-vous me donner leurs noms?
Réceptionniste: . . .
Madame Duparc: Je vous remercie beaucoup, au revoir madame.

Madame Laval: Allô. C'est bien le parc de Clères?
Réceptionniste: . . .
Madame Laval: Bon alors, je voudrais visiter le parc, mais l'inconvénient c'est que nous n'avons pas de voiture. Puis-je prendre le train?
Réceptionniste: . . .
Madame Laval: J'habite Rouen.
Réceptionniste: . . .
Madame Laval: Parfait, donc je peux prendre ou le train ou le car. Et est-ce que le parc est ouvert toute la journée?
Réceptionniste: . . .
Madame Laval: A partir de quelle heure?
Réceptionniste: . . .
Madame Laval: Très bien. Dites-moi, y a-t-il des tarifs spéciaux pour les groupes?
Réceptionniste: . . .
Madame Laval: Oh là là! Nous ne sommes que six dans la famille, sans compter grand-mère et grand-père. Ça coûte combien pour les adultes?
Réceptionniste: . . .
Madame Laval: Et pour les enfants?
Réceptionniste: . . .
Madame Laval: Je vous remercie madame.

EXERCISES

Exercise A **(a) Read the following newspaper article and answer the questions:**

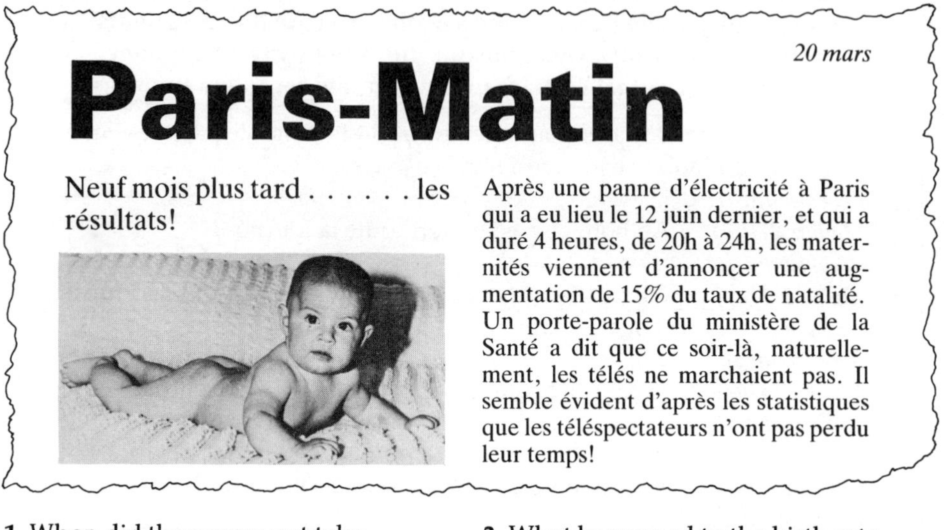

20 mars

Paris-Matin

Neuf mois plus tard . . . . . . les résultats!

Après une panne d'électricité à Paris qui a eu lieu le 12 juin dernier, et qui a duré 4 heures, de 20h à 24h, les maternités viennent d'annoncer une augmentation de 15% du taux de natalité. Un porte-parole du ministère de la Santé a dit que ce soir-là, naturellement, les télés ne marchaient pas. Il semble évident d'après les statistiques que les téléspectateurs n'ont pas perdu leur temps!

1 When did the power-cut take place?
2 How long did it last?
3 What happened to the birth rate nine months later?
4 To what did a spokesman from the ministry of Health attribute this?

(b) The power cut happened during our tourists' holiday in Paris. What were they doing when the lights went out? Complete the sentences:

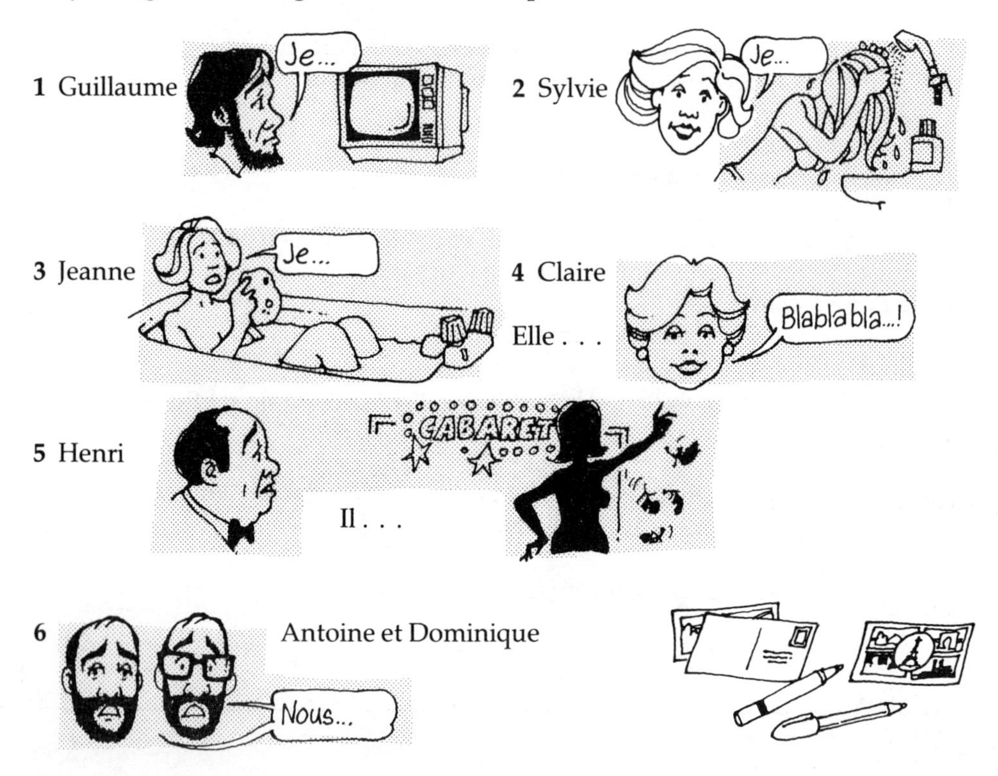

1 Guillaume

2 Sylvie

3 Jeanne

4 Claire
Elle . . .

5 Henri
Il . . .

6 Antoine et Dominique

Exercise B **What did you use to do? When you were a child? Before you were married? Choose something that is appropriate and use some of the ideas below as well as your own, to write a short paragraph:**

Quand j'étais petit(e) . . .	je faisais du ski tous les jours.
j'étais à l'école primaire . . .	
j'étais célibataire . . .	j'allais souvent à la piscine.
j'habitais à l'étranger . . .	
je n'avais pas d'enfants . . .	je sortais tous les soirs.
	je jouais au football.
	je rentrais tard.
	j'avais beaucoup d'argent.
	mes parents me donnaient de l'argent de poche.
	j'achetais beaucoup de vêtements.

Exercise C **You are in France with a friend who doesn't speak any French. You have to translate what he says for the benefit of your French friends who do not speak any English:**

example: Your friend:	You:
I used to live in the country because my grandparents had a farm.	Il habitait à la campagne parce que ses grands-parents avaient une ferme.

There were lots of animals, but I preferred the horses.
The school was in a village three kilometres away and I used to go there on a bicycle.
After school, I used to help my father and grandfather because there was always a lot of things to do.
Every Sunday some cousins came for lunch. My grandmother baked a large cake and we all had a good time.
In the evening, we listened to the radio or to my grandparents telling stories.
In the summer, with my friends, I went to the cinema or a dance in the nearest town.

Exercise D **Describe the two scenes below, using the imperfect tense:**

Exercise E **Translate into English:**

Il partait chaque soir à la même heure, exactement six minutes avant huit heures. Sa maison, avec deux ou trois autres, était bâtie sur la falaise et, en sortant, il voyait à ses pieds la mer, la longue jetée du port et, plus à gauche, les bassins et la ville de Dieppe. Comme on était en plein hiver, le paysage, à cette heure-là, n'était composé que de lumières.
A huit heures moins deux, il passait en face de la gare maritime. A huit heures moins une, il commençait à gravir l'échelle de fer conduisant à son perchoir.
Il était aiguilleur.* Contrairement aux autres aiguilleurs, il avait sa cabine en plein cœur de la ville. C'était parce que sa gare n'était pas une vraie gare, mais une gare maritime. Les bateaux qui arrivaient d'Angleterre deux fois par jour, à une heure et à minuit, se rangeaient le long du quai. Le rapide de Paris, quittant la gare ordinaire, à l'autre bout de Dieppe, traversait les rues comme un tramway et s'arrêtait à quelques mètres du navire.

Adapted from *L'homme de Londres* by Georges Simenon

*aiguilleur – signalman.

Reading Comprehension

Read the text below carefully, then answer the questions following it in English.

Je suis allé à la Martinique pour mes vacances. Je suis descendu dans un hôtel très confortable à Sainte-Anne, c'est-à-dire sur la Riviera martiniquaise, qui se trouve au sud de l'île. Tous les matins, je me levais de bonne heure et j'allais me baigner avant de prendre mon petit déjeuner. La plage était déserte et j'appréciais ma solitude. Tout était calme et j'aimais écouter le bruit de la mer. La plage était magnifique, de sable blanc, bordée de cocotiers dont les larges feuilles se balançaient doucement au moindre souffle de vent. Après avoir pris mon petit déjeuner, je retournais à la plage et je passais la matinée à me baigner et à me faire bronzer. Le ciel était d'un bleu indescriptible et il n'y avait presque jamais de nuages.
Je rentrais déjeuner à l'hôtel et je choisissais presque toujours un plat de poissons ou de fruits de mer, qui sont les spécialités gastronomiques de l'île. Comme dessert, je prenais en général des fruits, le plus souvent de l'ananas

que j'adore, et qui est une des principales richesses de la Martinique avec la canne à sucre, ou bien des bananes qui sont là-bas fondantes comme du miel. L'après-midi, je visitais toujours une partie différente de l'île, en particulier celles qui offrent un panorama exceptionnel comme la vue sur l'île de la Dominique, du haut des falaises entre Macouba et Grand Rivière sur la côte atlantique, ou comme la Montagne Pelée, volcan dont l'éruption en 1902 a détruit la ville de Saint-Pierre et les localités voisines.
Ou bien j'allais visiter une des curiosités de l'île, comme par exemple le musée de la Pagerie, dédié à Joséphine, née aux Trois Ilets en 1763 et qui allait devenir impératrice des Français; ou encore la distillerie de rhum de Gros Morne; ou la capitale, Fort-de-France et ses bâtiments historiques. D'autre fois, je passais l'après-midi dans un village de pêcheurs, avec mon chevalet et mes tubes de peinture et j'essayais de reproduire sur la toile son animation et ses couleurs vives.
Je crois que j'ai assez bien réussi, car j'ai vendu plusieurs tableaux qui ont remboursé ces vacances de rêve.

1 Where in Martinique did the narrator spend his holiday?
2 What did he use to do every morning?
3 Why did he enjoy it so much?
4 Describe the beach.
5 What did he do after breakfast?
6 What was the sky like?
7 Where did he use to eat at lunchtime?
8 What sort of food did he choose?
9 What fruit did he eat, and why?
10 Did he go back to the beach in the afternoon?
11 What can be seen from the top of the cliffs between Macouba and Grand Rivière?
12 What happened in Martinique in 1902?
13 Name three places of interest on the island.
14 How did the narrator spend an afternoon in a fishing village?
15 Was he satisfied with the results?

See Grammar Section 8(a) (b)

Septième unité

Jeanne is chatting to Miss Jonas, a newly appointed colleague in her school . . .

Jeanne: Bonjour mademoiselle Jonas.
Mademoiselle Jonas: Bonjour mademoiselle Chouan.
Jeanne: Est-ce que vous vous plaisez dans notre C.E.S.?
Mademoiselle Jonas: Pas tellement. Certains élèves sont très difficiles.
Jeanne: Oui je sais, mais on s'habitue, vous savez.
Mademoiselle Jonas: Vous enseignez ici depuis longtemps?
Jeanne: J'ai commencé il y a deux ans.
Mademoiselle Jonas: Et moi j'ai commencé il y a seulement deux mois, mais j'attends les grandes vacances avec impatience.
Jeanne: Vous avez déjà des projets?
Mademoiselle Jonas: Il y a trois ans, je suis allée en Grèce. Je voudrais bien y retourner.
Jeanne: C'est un pays intéressant, surtout pour un professeur d'histoire et de géographie.
Mademoiselle Jonas: Oui, mais malheureusement, j'ai trouvé qu'il y faisait trop chaud l'été et en attendant, il faut travailler et habiter ici!
Jeanne: Vous n'aimez pas cette ville?
Mademoiselle Jonas: Je n'aime pas cette ville, je n'aime pas mon appartement. Il y a seulement trois semaines que j'y suis, et la concierge me déteste.
Jeanne: Vous en êtes sûre?
Mademoiselle Jonas: Certaine. D'ailleurs, je déteste la province.
Jeanne: Alors, il faut obtenir un poste à Paris.
Mademoiselle Jonas: C'est difficile. Et puis, tout est si cher à Paris. J'y suis allée pour le week-end, il y a environ un mois, je suis restée chez des amis, des snobs et . . .
Jeanne: Excusez-moi mademoiselle Jonas, mais mon cours commence dans cinq minutes. Au revoir!
Mademoiselle Jonas: Et je déteste mes nouveaux collègues!

Avez-vous compris?

1 Why was Miss Jonas not very happy at the secondary school?
2 When did Jeanne begin teaching there?
3 Where would Miss Jonas like to spend her holidays?
4 What puts her off going there in the summer?
5 What does she teach?
6 How long had she been living in her flat?
7 Why did Jeanne suggest she get a job in Paris?
8 What was Miss Jonas' reaction?
9 What pretext did Jeanne use to rush off?
10 List some of Miss Jonas' dislikes.

A vous!

Solange Martin is applying for a job in Paris. Help her write about her past experience from the following notes:

Have been working for la Société Lachance et Fils for a year.
Ten years ago went to England on holiday, but finally stayed two years. Worked in an office.
Five years ago went to Germany; lived there six months.
Two years ago worked in a factory.
Before this job, was salesgirl in a shop.

Et vous?

Travaillez-vous?
Où et depuis quand?
Aimez-vous votre travail? Y a-t-il des choses qui ne vous plaisent pas?
Vous entendez-vous bien avec votre patron(ne), vos collègues etc?
Travaillez-vous loin de chez vous?
Comment allez-vous travailler? Combien de temps vous faut-il?

Allez-vous à l'école ou au collège?
Qu'est-ce que vous étudiez? Quelles matières préférez-vous? Y a-t-il des matières que vous détestez?
Aimez-vous vos professeurs? Les trouvez-vous sympathiques, trop sévères etc?
Combien de cours avez-vous en moyenne par jour?
A quelle heure rentrez-vous chez vous?
Quand faites-vous vos devoirs? Préparez-vous des examens?

Quand prenez-vous vos vacances?
Où préférez-vous aller? Avec qui partez-vous?
Qu'aimez-vous faire pendant les vacances?

What were some of Jeanne's pupils up to while she was chatting to Miss Jonas?

Il était dix heures moins cinq. Le cours de sciences naturelles de Jeanne Chouan ne commençait qu'à dix heures. Que faisaient certains élèves en attendant le professeur?
Au premier rang, Michel et Simon jouaient aux cartes. Pierre dansait sur le bureau. Philippe dessinait au tableau. Assis sur une table, Thomas montrait sa souris blanche à un ami. Près de la porte, un élève fumait. Un garçon à lunettes lisait une bande dessinée. Un autre dormait paisiblement au fond de la classe, tandis que deux autres se battaient.

Mais à dix heures, quand le professeur est entré dans la salle de classe, Simon a caché les cartes dans sa serviette, Pierre est descendu du bureau et Philippe a nettoyé le tableau. Thomas a mis sa souris dans sa poche.
L'élève qui lisait a fermé son livre. Les deux enfants qui se battaient se sont assis. Le garçon qui dormait s'est réveillé, et celui qui fumait a éteint sa cigarette.

Avez-vous compris?

Vrai ou faux?

1 Le cours de sciences naturelles commençait à dix heures moins cinq.
2 Les élèves étaient dans la salle de classe avant le professeur.
3 Ils travaillaient dur, et ne perdaient pas leur temps.
4 Deux élèves jouaient aux cartes.
5 Un garçon à lunettes lisait une bande dessinée.

. . . Quand Jeanne est arrivée . . .

6 Les deux enfants qui se battaient se sont assis.
7 Pierre a nettoyé le tableau noir.
8 Philippe a mis sa souris dans sa poche.
9 Le garçon qui dormait s'est réveillé.
10 Simon a caché les cartes dans sa poche.

A vous!

Look at the picture of the Dupré household and say what they were all doing:

Now say what they did, when the telephone rang:

EXERCISES

Exercise A **Put the verbs in brackets in the perfect or imperfect tense, accordingly:**

Quand il (être) en vacances, il (se lever) tard. Après le petit déjeuner, il (partir) en voiture pour visiter les environs. Un jour, il (perdre) les clés de la voiture et il (faire) de l'auto-stop pour rentrer à l'hôtel.
En général, le midi, il (manger) dans un bon restaurant, et il (choisir) les spécialités de la région. Mais un jour, il (oublier) son argent, et il (devoir) faire la vaisselle.
Comme il (faire) toujours très beau, il (sortir) en chemise, en short et en sandales. Un jour qu'il (se promener) loin du village où (être) son hôtel, il y (avoir) un violent orage et il (rentrer) trempé. Il (attraper) un rhume et il (passer) la fin de ses vacances au lit.

Exercise B **Write about Mr Morne's unfortunate past holidays, using the following information:**

Six years ago, went skiing in the Alps. Broke leg and caught cold.
Five years ago, car accident in France.
Four years ago children ill in Greece.
Three years ago, sunburned in South of France.
Two years ago, in Italy, someone stole money and passport.
Last year could not go because dockers on strike.
This year hasn't any holiday plans.

Exercise C **Describe in the past a scene taking place in a market, 'Au marché', according to the directions given below:**

Beautiful sunny day – people walking in the street – wearing light clothes. Children in pushchairs – sleeping, crying. People chatting – others arguing – sellers shouting – people looking at goods – some buying fruit and vegetables – others meat or fish – others clothes.
Suddenly big black cloud appeared – lightning – thunder and rain. People stopped chatting – some went into shops – a few opened umbrellas or put on raincoats – those who didn't have one got home soaked – the sellers covered their goods or put them away.

Exercise D **Read the following classified ads (Situations Wanted and Vacant) and answer 'true' or 'false' to the statements which follow:**

PETITES ANNONCES:

Demandes d'emploi Jardinier sérieux, cherche emploi (entretien jardins, taille arbres, création, remise en état, etc.). Grasse ou environs.
Tél. 55.81.28, Grasse après 19 h.

1 The gardener is prepared to do general maintenance and landscaping.
2 He does not wish to work near Grasse.
3 He can be contacted by phoning 55.81.28 before 7 p.m.

Equipe de maçons libres cherchent emploi construction villa, piscine, clôture, carrelage, agrandissement, rénovation, peinture, papiers peints etc.
Tél. 61.20.32, Nice.

4 The masons are hoping to find a job involving the construction of a villa, swimming pool, fencing, extension, tiling, painting and decorating.
5 They cannot undertake wallpapering.

Jeune serveur, Anglais (19 ans, parlant français), cherche emploi dans un pub, bar, café, discothèque à Cannes ou environs, de mai à août. J. Smith, 52 rue de Rennes, Paris.

6 The young man is a waiter.
7 He wants a temporary job in a bar, disco or somewhere similar.
8 At present he lives in Cannes.

Dame 60 ans, motorisée, demande emploi compagnie personne âgée, ménage, repassage, cuisine etc.
(93) 32. 51. 46.

9 The lady does not have her own transport.
10 She is seeking a job as a companion/housekeeper.

Offres d'emploi
Important magasin, bijoux fantaisie mode, recherche vendeuse qualifiée, dynamique, anglais indispensable, débutante s'abstenir. Joubi, 32 avenue Massena, Nice.

11 The shop sells way-out fashions.
12 The applicant should be a dynamic experienced saleswoman, who can speak English.

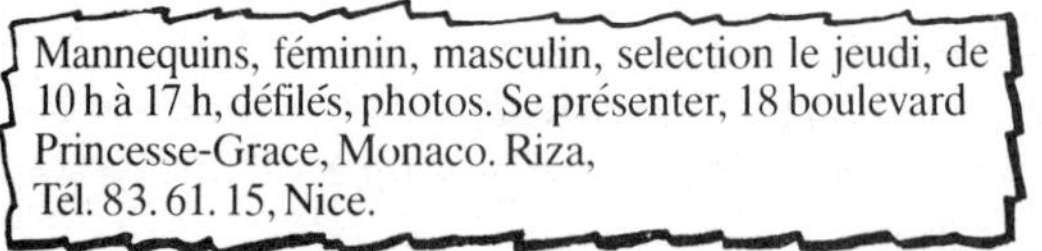
Mannequins, féminin, masculin, selection le jeudi, de 10 h à 17 h, défilés, photos. Se présenter, 18 boulevard Princesse-Grace, Monaco. Riza,
Tél. 83. 61. 15, Nice.

13 Models who want to be selected will have to put in a personal appearance at certain times.
14 They must expect to parade and have photos taken.

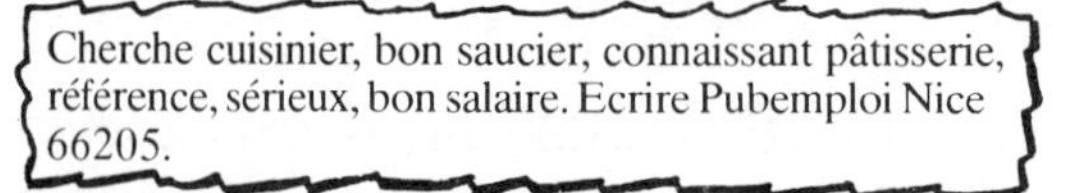
Cherche cuisinier, bon saucier, connaissant pâtisserie, référence, sérieux, bon salaire. Ecrire Pubemploi Nice 66205.

15 The cook should be saucy and able to make pastry.

Exercise E **Translate into English:**

L'année dernière, je suis allé dans le Midi avec un ami qui ne parlait pas un mot de français et qui n'avait jamais mis les pieds en France. Nous sommes descendus dans un hôtel à Cannes, peu éloigné du port que j'adore. Nous allions presque tous les jours nous baigner et nous faire dorer sur la plage, mais nous allions aussi faire des excursions dans les environs.
Par un bel après-midi ensoleillé, nous sommes allés nous promener à pied dans les collines qui entourent la ville.

Il y a là beaucoup de villas plus belles les unes que les autres. Tout à coup, mon ami m'a dit: «Ces villas sont splendides, mais je ne comprends pas pourquoi elles portent toutes le même nom». J'étais très surpris: «Comment ça, elles portent toutes le même nom?», «Eh bien oui,» a-t-il répondu, en montrant du doigt une petite pancarte sur une porte, «elles s'appellent toutes 'Chien méchant'».

Picture Comprehension

Look carefully at the pictures below and choose the correct answer:

Dessin numéro 1:

1 La scène se passait
  a en Italie.
  b dans un petit port français.
  c près d'une rivière.

2 La jeune fille au premier plan sur la plage
  a prenait un bain.
  b était assise dans une chaise longue.
  c regardait l'hôtel.

3 Elle portait
  a un maillot de bain.
  b un slip.
  c une baignoire.

4 Le petit garçon sur la plage
  a cherchait des coquillages.
  b bâtissait des châteaux en Espagne.
  c jouait avec le sable.

5 L'homme était étendu par terre
- **a** pour mieux voir la jeune fille.
- **b** parce qu'il était mort.
- **c** pour se bronzer.

6 Les deux hommes sur le quai venaient
- **a** de prier l'enfant de les accompagner.
- **b** d'obliger l'enfant à aller avec eux.
- **c** de remarquer le gendarme qui les suivait.

7 Ils allaient
- **a** faire de la voile.
- **b** partir à toute vitesse.
- **c** pêcher.

8 La dame à la fenêtre de l'hôtel
- **a** a perdu ses lunettes.
- **b** se voyait à peine.
- **c** se servait de jumelles.

9 Le petit garçon dans l'eau allait faire
- **a** de la spéléologie.
- **b** de la plongée sous-marine.
- **c** des photos.

10 Le gendarme courait
- **a** parce qu'il était à la poursuite des kidnappeurs.
- **b** pour maigrir un peu.
- **c** pour aller prendre un verre au café.

11 Il se disait:
- **a** J'en ai assez.
- **b** Rien ne va plus!
- **c** Je n'aurai pas le temps de les rattraper.

Dessin numéro 2

12 La petite fille dans le bateau à moteur devait
- **a** avoir peur.
- **b** penser: «Heureusement que je sais nager».
- **c** être fatiguée.

13 S'ils réussissaient les criminels allaient probablement
- **a** garder la petite fille.
- **b** donner une importante somme d'argent à une œuvre de charité.
- **c** demander une rançon aux parents de la petite fille.

14 La dame à la fenêtre de l'hôtel a laissé tomber ses jumelles
- **a** pour mieux voir ce qui se passait.
- **b** parce qu'elle voulait tuer le gendarme.
- **c** parce qu'elle était surprise.

15 L'agent a utilisé son talkie-walkie pour
- **a** appeler ses collègues en renfort.
- **b** écouter les informations.
- **c** parler à sa femme.

16 L'homme dans le bateau près de la jetée
- **a** admirait la jeune femme en bikini.
- **b** regardait les poissons.
- **c** essayait de mettre son moteur en marche.

17 Le petit garçon sur la plage a tourné la tête
- **a** pour regarder l'homme qui faisait du ski nautique.
- **b** parce qu'il a entendu la petite fille crier au secours.
- **c** pour ne pas regarder l'homme qui prenait un bain de soleil.

18 L'homme qui faisait du ski nautique
- **a** est parti vers le large.
- **b** est revenu au port.
- **c** a poursuivi les criminels.

Listening Comprehension 1

Section One

1 What did the receptionist ask first?
2 What did Mr Déveine say?
3 Had a reservation been made for him?
4 Why was Mr Déveine puzzled?

Section Two

5 What did the receptionist ask him next?
6 How did Mr Déveine reply?
7 What was the disadvantage of the only room left?
8 Give two reasons why Mr Déveine did not mind.

Listening Comprehension 2

Vocabulary: aller en déplacement pour affaire = *go on a business trip*
du pain rassis = *stale bread*   passer une commande = *to place an order*
donner sur = *overlook*   la chaudière = *boiler*
appuyer sur le bouton = *to press the button*   coincé = *stuck*
le gérant = *manager*

Section One

1 Why was Mr Déveine unlucky the first time he went on a business trip for his new job?
2 Why was Mr Déveine disappointed by the meal he had the first night?
3 Was there another disappointment in store for him because of that?
4 What did Mr Déveine decide to do about meals after that?

Section Two

5 Was the service generally good in the hotel?
6 Why was the room unpleasant?
7 How did Mr Déveine catch a cold?
8 Why did he have to use the lift?

Section Three

9 Why did he arrive late for his most important appointment?
10 What shows that the manager was not very pleasant?
11 What was the chambermaid like?
12 Why did Mr Déveine not notice her?

See Grammar Section 8(c), 9

Huitième unité

A well-dressed middle-aged lady is standing in the entrance hall of a station. She seems a little bewildered, and finally decides to ask a passer-by for his help:

La dame: Pardon monsieur, où se trouve le bureau de renseignements, s'il vous plaît?
Un monsieur: Il est là, à droite, à côté de la salle d'attente.
La dame: Ah oui, je vois la pancarte maintenant. Je ne suis pas habituée aux gares, je voyage toujours en voiture, mais mon chauffeur est malade en ce moment. On ne peut faire confiance à personne de nos jours! Merci bien, cher monsieur.
Le monsieur: De rien, chère madame.

Avez-vous compris?

1 What was the lady looking for?
2 Where was it?
3 Why wasn't she used to stations?
4 Why did she have to travel by train that time?
5 Did she feel sorry for her chauffeur?

Au bureau de renseignements

Un employé: Vous désirez madame?
La dame: A quelle heure part le train pour Marseille ce soir?
L'employé: Voyons . . . Le train de nuit part à 22 heures 50.
La dame: C'est bien tard! Il part de quel quai?
L'employé: Ah ça, je ne sais pas encore.
La dame: Le contraire m'aurait étonnée! Et à quelle heure arrive-t-il?
L'employé: A 7 heures 45 demain matin.
La dame: C'est un peu tôt! Combien coûte le billet?
L'employé: Aller simple ou aller et retour?
La dame: Aller et retour naturellement, je ne vais pas passer la fin de mes jours à Marseille!
L'employé: Dans ce cas, ça fait 230 francs.
La dame: C'est vraiment bon marché! La SNCF est . . .
L'employé: Le billet de première coûte beaucoup plus cher, il fait 375 francs!
La dame: Est-ce que vous vous moquez de moi jeune homme? Est-ce que j'ai une tête à voyager en deuxième classe?

Avez-vous compris?

1 Where did the lady want to go?
2 When did she want to leave?
3 Did the departure time suit her?
4 What about the arrival time?
5 Did she want a single or a return ticket?
6 Did she want to travel first or second class?

A vous!

Imagine that you are at a station in France and that you need some information:

Vous: (Ask where the information desk is.)
Employé: Vous y êtes!
Vous: (Ask at what time the train for Paris leaves.)
Employé: Le prochain train pour Paris part à dix heures.
Vous: (Ask at what time it gets there.)
Employé: Il arrive à midi.
Vous: (Ask how much the ticket costs.)
Employé: Aller simple?
Vous: (No, tell him you want a return ticket.)
Employé: Première ou deuxième classe?
Vous: (Tell him you want second class.)
Employé: Le billet coûte cinquante francs.

Au bureau de location

Un employé: Madame?
La dame: Je voudrais louer une couchette dans le train de 22 heures 50 ce soir pour Marseille.
L'employé: Je suis désolé madame, les couchettes sont déjà toutes réservées.
La dame: Même en première?
L'employé: Même en première. Mais vous pouvez encore louer une place assise en première.
La dame: Je n'ai pas le choix, je suppose. Réservez-moi une place près de la fenêtre et dans le sens de la marche, sinon je suis malade. Je déteste voyager en train!
L'employé: Fumeurs ou non-fumeurs?
La dame: Voyons monsieur, est-ce que j'ai une tête à fumer?
L'employé: Alors, une place de première, près de la fenêtre, dans le sens de la marche, compartiment non-fumeurs. Voilà madame, voiture sept, place numéro trente-deux. Puis-je avoir votre billet, s'il vous plaît?
La dame: Mais je n'ai pas encore mon billet!
L'employé: Il faut acheter votre billet avant de faire la location.
La dame: Vous ne vendez pas les billets?
L'employée: Non, il faut aller au guichet qui est là, juste en face.
La dame: Mais vous ne voyez donc pas qu'il y a la queue!
L'employée: Oui je sais, les gens partent en vacances en ce moment.
La dame: Je vais à Marseille pour affaires, moi, monsieur!
L'employé: Je suis désolé, nous ne pouvons pas faire d'exception.
La dame: Ah là là, quel pays!

Avez-vous compris?

1 Why did the lady go to the booking office?
2 Why was she unsuccessful?
3 What did the clerk suggest she should do?
4 What did she insist on?
5 What sort of compartment did she want?
6 Why couldn't she book anything in the end?
7 Why was there a queue at the ticket office?
8 Why did the lady get very cross?

A vous!

Now imagine that you are trying to make a reservation:

Vous: (Say that you'd like to reserve a couchette in the ten o'clock train for Paris.)
Employé: Je suis désolé, les couchettes sont toutes réservées.
Vous: (Ask if you can reserve a seat in a second-class carriage.)
Employé: Bien sûr. En compartiment fumeurs ou non-fumeurs?
Vous: (No smoking, near the window and facing the engine.)
Employé: Voilà. Voiture deux, place numéro dix-huit. Votre billet, s'il vous plaît.
Vous: (Say 'Here you are!')

When the booking clerk gets home in the evening he tells his wife about his difficult customer:

L'employé: Bonjour mon chou, bonne journée?
Sa femme: Comme ci, comme ça, et toi mon gros lapin?
L'employé: J'ai eu une cliente difficile cet après-midi.
Sa femme: Raconte!
L'employé: Elle voulait louer une couchette dans le train de Marseille ce soir même. Je lui ai dit que toutes les couchettes étaient déjà réservées et je lui ai suggéré de louer une place assise. Elle m'a dit qu'elle voulait voyager en première, près d'une fenêtre et dans le sens de la marche, et que sinon elle était malade.
Sa femme: Je la comprends!
L'employé: Attends! J'ai préparé sa réservation et je lui ai demandé son billet. Elle m'a répondu qu'elle ne l'avait pas encore acheté!
Sa femme: Quelle idiote!
L'employé: Oui! Je lui ai expliqué qu'elle devait acheter son billet avant de faire la location mais elle m'a répondu qu'il y avait la queue au guichet. Je lui ai dit que les gens partaient en vacances. Elle était très en colère. Elle m'a dit qu'elle allait à Marseille pour affaires, que d'habitude elle voyageait en voiture, mais que malheureusement son chauffeur était malade! Je lui ai répondu poliment, mais fermement, que j'étais désolé mais que nous ne pouvions pas faire d'exception.
Sa femme: Bravo mon chéri, tu es un homme!

Avez-vous compris?

1 Comment l'employé et sa femme s'appellent-ils à la maison?
2 Est-ce que sa femme a passé une bonne journée?
3 Que répond l'employé quand sa femme lui pose la même question?
4 La femme s'intéresse-t-elle à la vie professionnelle de son mari?
5 Que voulait la cliente difficile?
6 Pourquoi l'employé lui a-t-il suggéré de louer une place assise?
7 Quelle sorte de place assise voulait la cliente?
8 Pourquoi?
9 De quoi la cliente avait-elle besoin pour faire sa réservation?
10 Pourquoi ne l'avait-elle pas acheté?
11 Pourquoi était-elle en colère?
12 Pourquoi ne voyageait-elle pas en voiture, comme d'habitude?

A vous!

The next day at work the clerk tells a colleague about his difficult customer. Help him:

Hier, une cliente qui voulait ______ à Marseille par le ______ de nuit est venue au bureau de ______ pour louer une ______. Comme elles étaient déjà toutes ______, je lui ai suggéré de louer une ______ ______. Elle voulait voyager en première ______, près d'une ______ et dans ______ ______ ______ ______ ______. J'ai préparé sa ______ mais elle n'avait pas encore acheté son ______ parce qu'il y avait la queue au ______. Je lui ai expliqué que les gens partaient en ______. Elle était très en ______ car elle allait à Marseille pour ses ______. Naturellement je lui ai dit que j'étais ______ mais que nous ne pouvions pas faire d'______.

EXERCISES

Exercise A **Look at the SNCF Paris–Rennes timetable (horaire) and answer the following questions in English:**

1. Which station has no facilities for the handicapped?
2. Which station does not provide any luggage trolleys?
3. Which passengers can get a sit-down meal?
4. Why would it cost you more to catch the 07.07 from Paris?
5. Why would the 11.41 from Paris to Rennes be a good train for a young family to catch?
6. On what days does the 12.33 from Chartres run?
7. Could you catch the 15.31 from Le Mans on a Friday?
8. Could you travel first class on the 06.08 from Le Mans?
9. How many hours does it take to travel from Paris to Rennes?
10. What are the differences between the 'Armor' and the 17.03 'Goéland'?

Symboles

A	Arrivée	[restaurant symbol]	Restauration à la place
D	Départ	[bar symbol]	Bar
[couchette symbol]	Couchettes	[trolley symbol]	Vente ambulante

Remarque :
Certains trains circulant rarement ne sont pas repris dans cette fiche.

Services offerts dans les gares

Centre de renseignements téléphonés
Chartres (37) 28.50.50
Laval (43) 53.21.00
Le-Mans (43) 24.96.10
Paris Mont. (1) 538.52.29
Rennes (99) 65.50.50
Versailles Chantiers (3) 950.34.95

		Réservation par téléphone	Chariots à bagages	Facilités pour handicapés	Parcotrain	Train + auto	Train + vélo	Buffet
Chartres	(37) 28.42.61		●	●		●		●
Evron			●		●			
Laval	(43) 53.35.82		●	●	●	●		●
Le-Mans	(43) 24.59.50		●	●	●	●		●
Paris-Montparnasse	(1) 538.52.39		●	●	●	●		●
Rennes	(99) 65.18.65		●	●	●	●		●
Versailles-Chantiers	(3) 950.34.95			●				●
Vitré			●	●				

Numéro du train		7511	7511	7511	141	3607	3657	3707	7515	3609	3715	3613	3615	7519	7519	7521	3717	3617	149	147
Notes à consulter		1	2	3	4	5	6	7	8	9	7	10	5	11	12	13	14	10	15	16
					*		*			*										
Paris-Montparnasse	D				07.07	08.34	08.54	10.05		11.41	12.57	13.44	14.38				16.17	16.23	17.03	17.06
Versailles-Chantiers	D				07.20		09.08			11.55										
Chartres	D						09.46			12.33	13.44									
Le Mans	D	05.57	06.08	06.29	08.52	10.20	10.51	11.49	11.55	13.35	14.46	15.31	16.24	16.50	16.50	16.50	18.09	18.17		
Sillé-le-Guillaume	A	06.27	06.34	06.55					12.27					17.23	17.23	17.26				
Evron	A	06.48	06.53	07.13					12.47					17.42	17.41	17.46				
Laval	A	07.14	07.18	07.31	09.34	11.04		12.33	13.09	14.20	15.30	16.16	17.08	18.08			18.54	19.03		
Vitré	A	07.46	07.48	08.00				12.54	13.42				17.29							
Rennes	A	08.23	08.23	08.23	10.11	11.44	12.11	13.15	14.15	14.59	16.09	16.55	17.50				19.34	19.43	20.03	20.10

Tous les trains comportent des places assises en 1ère et 2e cl. sauf indication cor traire dans les notes.

Notes :

1. Circule tous les jours sauf dimanches, fêtes, lundis et sauf les 2 novembre, 5 avril et 24 mai. Autorail 2ème classe.

2. Circule les lundis et les 2 novembre, 5 avril et 24 mai sauf les 1er novembre, 4 avril et 23 mai. 2ème classe seulement.

3. Circule les dimanches et fêtes. Autorail 2ème classe.

4. Circule tous les jours sauf dimanches et fêtes. « L'Armor ». Train Corail à supplément. en 1ère classe.

5. Circule tous les jours. Train Corail.

6. Circule le 26 mars.

7. Circule tous les jours. Train Corail. en 1ère classe.

8. Circule tous les jours. Autorail.

9. Circule tous les jours sauf dimanches et fêtes. Train Corail. en 1ère classe. Train comportant des aménagements mis librement à disposition des familles : espace pour enfants avec jeux divers, table à langer, chauffe-biberon.

10. Circule les vendredis et les 10 novembre et 11 mai sauf les 12 novembre et 13 mai.

11. Circule tous les jours sauf samedis, dimanches et fêtes. Autorail.

12. Circule les samedis sauf les 25 décembre et 1er janvier. Autorail.

13. Circule les dimanches et fêtes. Autorail.

14. Circule les 22, 29 octobre, 24, 31 décembre, 25 mars, 1er avril et 20 mai.

15. Circule tous les jours sauf samedis, dimanches et fêtes. « Le Goéland ». Train Corail à supplément. en 1ère classe.

16. Circule les vendredis et les 10 nov., 23, 30 déc. et 11 mai sauf les 12 nov. et 13 mai. « Le Goéland ». Train Corail à suppl. en 1ère cl.

17. Circule tous les jours. Autorail 2ème classe.

18. Circule les vendredis et les 10 novembre et 11 mai sauf les 12 novembre et 13 mai. Train Corail à supplément.

Nota : Se renseigner dans les gares pour les horaires de service de restauration à la place.

Exercise B **Imagine that you are behind the information desk at Le Mans. Using the same timetable try to answer the following enquiries:**

Une dame: Bonjour monsieur. Je voudrais aller à Vitré. Est-ce qu'il y a un train vers midi?
Vous: . . .
La dame: Ah bon. Et à quelle heure arrivent-ils?
Vous: . . .
La dame: Je suis pressée. Je préfère arriver avant treize heures. Et est-ce qu'on peut manger pendant le voyage?
Vous: . . .
La dame: C'est dommage, je ne veux pas voyager en première.
Vous: . . .
La dame: Un bar? Je n'aime pas les bars quand je voyage toute seule.
Vous: . . .
La dame: Manger avant de partir? C'est une bonne idée! Il y a donc un buffet ici dans la gare?
Vous: . . .
La dame: Très bien. Merci monsieur, et au revoir.
Vous: . . .

Exercise C **First read carefully what Sylvie Clément tells Dominique about her life in Grasse:**

Je ne suis pas née à Grasse mais j'y habite depuis quinze ans maintenant. J'aime beaucoup cette région. Je travaille dans une usine de parfum. Je commence à huit heures du matin. Le midi, les employés ont deux heures pour déjeuner et quand il fait beau, je vais à la plage avec des collègues. Nous nous baignons et mangeons des sandwichs.
Le soir, je finis à six heures et demie. L'hiver, je rentre directement chez moi et je regarde la télévision, mais l'été je sors presque tous les soirs.

Now help Dominique tell his twin-brother Antoine what Sylvie said about herself:

Sylvie a dit qu'elle n'était pas née à Grasse mais qu'elle . . .

Exercise D **It is July 2nd and Sylvie is writing a letter to her friend Marie-Claire. Help her by following the instructions below. Use the 'tu' form, indicate that the letter was sent from Rouen and put the date in full:**

Acknowledge receipt of Marie-Claire's letter and express pleasure.
Say that after hearing on the radio that the railway workers were on strike, you were worried but luckily Marie-Claire got home without any problems.
Tell her that you enjoyed the week she spent with you, particularly the weekend at the seaside (give details).
Next, say that you met Françoise last Monday and that you had lunch in your favourite restaurant – the one opposite the town hall.
Tell her that Françoise has at last moved house and was going to telephone Marie-Claire.
End the letter simply and sign.

Reading Comprehension

Un détournement d'avion

Read this account of a hijacking very carefully and choose the correct answer from the multiple-choice questions following it:

Nous venions de quitter Mexico. L'avion, un Boeing 727, avait décollé quelques minutes auparavant et les hôtesses commençaient à s'affairer autour des passagers. Comme nous avions très chaud, nous avons commandé un jus d'orange.
Nous venions de passer un mois de vacances au Mexique et, avant de rentrer chez nous, nous allions en Californie pour les affaires de mon mari.
Nous avions de bonnes places, dans la section non-fumeurs, et près d'un hublot d'où nous pouvions encore admirer le paysage au-dessous de nous.
Tout à coup, après environ un quart d'heure de vol, plusieurs hommes masqués se sont levés en brandissant un revolver et en criant: «Haut les mains! Que personne ne bouge!».
Celui qui semblait être le chef de la bande a expliqué qu'il s'agissait d'un détournement organisé pour obtenir la libération de six de leurs camarades détenues par les autorités mexicaines.
Quand l'avion a atterri en Californie, des négociations se sont ouvertes entre les pirates de l'air et les autorités locales. Celles-ci, pour ne pas mettre en danger la vie des passagers et des membres de l'équipage, ont accepté les conditions posées:
Tout d'abord, faire le plein de kérosène par des hommes portant seulement un maillot de bain, pour être sûr qu'ils n'étaient pas armés. Ensuite, donner aux pirates une rançon de 320 000 dollars et des munitions. Enfin, faire libérer les prisonniers.
Tout ceci a pris beaucoup de temps et tout le monde était fatigué, énervé et avait très chaud. Plusieurs heures plus tard, les prisonniers libérés ont été amenés jusqu'à l'avion, et, parmi eux, une jeune femme sur une civière. Elle s'était blessée en nettoyant une arme, et c'est son accident, suivi de son arrestation, qui avaient permis à la police d'arrêter les cinq autres membres du groupe.
Avant de repartir, destination Cuba, les pirates ont libéré vingt femmes, sept hommes et deux enfants. Malheureusement, mon mari et moi avons fait partie des passagers gardés en otages.
A notre arrivée à La Havane, on nous a conduit dans un salon loin de la presse et du public avec les autres passagers, les membres de l'équipage, les pirates et les prisonniers libérés.
Les autorités cubaines nous ont fait repartir au Mexique après une nuit de repos, et nous voici, pour la deuxième fois, dans un Boeing 727 en route pour la Californie.

1 The narrator and her husband
- **a** had just arrived in Mexico City.
- **b** had just taken off in the aeroplane.
- **c** had just come on board the plane.
- **d** were travelling in a Boeing 707.
- **e** had just ordered something to eat.

2 They were
- **a** going home to California.
- **b** going on holiday in California.
- **c** going to California on business.
- **d** had been to Mexico on business.
- **e** having a holiday in California before returning home.

3 They
- **a** did not like their seats.
- **b** were glad to be in the smoking section.
- **c** would have liked to see the landscape below.
- **d** had good seats near the window.
- **e** would have preferred not to sit close to a window.

4 The masked men
- **a** woke all the passengers up a quarter of an hour later.
- **b** got up three quarters of an hour later.
- **c** shot a passenger with a revolver.
- **d** shouted: 'If you move we'll do it again!'.
- **e** shouted: 'Hands up! Don't move!'.

5 The hijackers said the hijacking was taking place
- **a** in order to get the leader of the group liberated.
- **b** to get the liberation of six comrades detained in Mexico.
- **c** as a protest against the the communist party.
- **d** to obtain the release of seven Cubans.
- **e** as an international political protest.

6 The Californian local authorities
- **a** forbade the plane to land.
- **b** insisted the plane took off again at once.
- **c** refused to negotiate with the hijackers.
- **d** accepted the hijackers' conditions.
- **e** accepted some of the hijackers' conditions.

7 In addition to the liberation of their comrades, the hijackers asked for
- **a** the tank to be filled up with kerosene.
- **b** nothing.
- **c** a ransom of 320 000 dollars and ammunition.
- **d** bathing costumes.
- **e** 300 000 dollars and a full tank.

8 The young woman on a stretcher
- **a** was a passenger who had been shot by the hijackers.
- **b** was one of the prisoners who had wounded herself while cleaning a weapon.
- **c** had tried to commit suicide when she was arrested.
- **d** was brought to the plane several hours later.
- **e** was wounded while trying to defend herself.

9 Before heading for Cuba the hijackers
- **a** kept 20 women, 7 men and two children as hostages.
- **b** only kept the narrator and her husband as hostages.
- **c** liberated all the women and children.
- **d** freed 20 women, 7 men and 2 children.
- **e** freed everyone except the pilot and crew.

10 When they arrived at Havana
- **a** the passengers were questioned by the press.
- **b** they were all taken to a room away from the press and the public.
- **c** the passengers and the crew were taken to hospital.
- **d** the hijackers and the ex-prisoners freed the passengers and crew.
- **e** the crew were freed.

11 The narrator and her husband
- **a** are on their way to California for the second time.
- **b** are going back to Mexico.
- **c** will go to Mexico again.
- **d** need a good night's sleep.
- **e** are going home.

See Grammar Section 8(d)

SUGGESTIONS FOR ROLE PLAY – UNITES 5–8

1. Tell your French friend about a memorable day you spent at the zoo.
2. You met a French girl/boy at a party. She/he gave you her/his telephone number. Call her/him, remind her/him about the party and try to take her/him out.
3. There is a good film on, but you do not want to go alone. Try and talk your friend into going with you.
4. Your French friend wants to compare her/his everyday life with yours. Answer her/his questions about an ordinary day.
5. You are staying in a little town in France, and want to visit a château a few miles away. Ask about the place, distance, opening times, ways of getting there, prices.
6. Some friends turn up unexpectedly and there is no food in the house. Go to the little corner shop which stays open late, and sells practically everything. Ask for various things to cover the evening meal and breakfast.
7. Your train is at the station. You have a seat reservation for carriage 13, but there is no carriage 13. Go to the station master (*le chef de gare*) and explain the situation.
8. Your French friend is coming to stay with you in England. You meet him/her at the airport and chat on his/her arrival.

FAITES LE POINT! – UNITES 5–8

1 Put the verbs in brackets in the correct tense:

Dimanche dernier, Paul et Paulette (aller) au bord de la mer.
Ils (se réveiller) de bonne heure et (se lever) tout de suite. Ils (monter) dans le train à huit heures. Pendant le voyage, Paulette (lire) un magazine et Paul (s'endormir).
Il (se réveiller) cinq minutes avant d'arriver. Ils (descendre) du train et (aller) prendre un café au buffet de la gare. Tout à coup, il (se mettre) à pleuvoir. Finalement, ils (reprendre) le train et (rentrer) à la maison.

2 Imagine you are Paul. Tell the story of your disastrous Sunday:

Dimanche dernier, nous . . .

3 Put the verbs in brackets in the correct tense:

Quand j'(être) célibataire, je (mener) une vie très agréable. J'(habiter) chez mes parents. Ma mère (laver) mes vêtements et (faire) le ménage dans ma chambre.
Elle me (préparer) des repas délicieux. Je (sortir) presque tous les soirs avec des amis et nous (aller) au café ou au cinéma. Le samedi soir en particulier, je (rentrer) très tard, et le dimanche matin, je (rester) au lit jusqu'à midi.
Maintenant, je suis mariée, et c'est moi qui (faire) le ménage et qui (préparer) les repas!

4 Put the verbs in brackets in the correct tense:

Samedi dernier, Paul et Paulette (décider) d'aller au cinéma, parce que c'(être) l'anniversaire de Paulette. Mais avant, ils (aller) dîner au restaurant. Ils (se changer) avant de sortir; Paulette (mettre) une robe élégante, et Paul (mettre) une cravate. Comme il (pleuvoir), ils (prendre) la voiture. Au restaurant, qui (être) très chic, ils (bien boire) et (bien manger), et après le repas, ils (être) très gais. Quand ils (arriver) au cinéma, il (être) tard et il y (avoir) la queue. Alors, comme Paulette (se sentir) très fatiguée, ils (rentrer) se coucher.

5 Write about a day in the life of Paul and Paulette, according to the cues given below:

a Last Monday, Paul and Paulette were very tired.
b They didn't hear the alarm.
c They got up late.
d They didn't have breakfast.
e They washed, but Paul didn't shave and Paulette didn't put her make up on.
f They both arrived at work on time.
g At lunchtime, as the weather was fine, Paulette had a walk.
h Paul went to a café and drank a nice cool beer.
i In the evening, they ate in a restaurant, but they went home early.
j They went to bed at ten o'clock and fell asleep straight away.

Neuvième unité

Summer is coming. Some of our friends are beginning to make holiday plans. Laurent and Chantal haven't any definite ideas, so they go into a travel agent's:

Employé: Bonjour messieurs-dames. Vous désirez?
Laurent: C'est difficile car nous ne savons pas exactement où aller en vacances cet été.
Employé: Préférez-vous rester en France ou aller à l'étranger?
Chantal: Nous voulons rester en France.
Employé: Voulez-vous aller au bord de la mer?
Chantal: Nous aimons beaucoup la mer mais il y a toujours trop de monde l'été, malheureusement!
Employé: Alors vous pouvez aller en Auvergne ou en Alsace par exemple.
Chantal: Bonne idée!
Laurent: En Auvergne il y a des stations thermales et en Alsace il y a du bon vin . . . Hmm, l'Alsace me semble une excellente idée!
Chantal: Toi alors!
Laurent: Pouvez-vous nous donner quelques dépliants?
Employé: Mais bien sûr! Voilà monsieur.
Laurent: Merci.
Employé: De rien monsieur.
Chantal: Au revoir.
Employé: Au revoir messieurs-dames.

Avez-vous compris?

1 Pourquoi Chantal et Laurent vont-ils dans une agence de voyages?
2 Préfèrent-ils rester en France ou aller à l'étranger?
3 Pourquoi ne veulent-ils pas aller au bord de la mer?
4 Laurent préfère l'Alsace à l'Auvergne. Pourquoi?
5 Qu'est-ce que l'employé leur donne?

A vous!

Imagine you are in a travel agency. Answer the travel agent according to the cues given:

Employé: Bonjour messieurs-dames. Vous désirez?
Vous: (Say hello, and tell him you don't know where to go on holiday this summer.)
Employé: Préférez-vous rester en France ou aller à l'étranger?
Vous: (Tell him you want to go abroad.)
Employé: Quel pays?
Vous: (Tell him you want to go to the seaside, and where there is good wine.)
Employé: Alors, en Italie peut-être?
Vous: (Italy seems an excellent idea. Ask for some leaflets.)
Employé: Voilà messieurs-dames.
Vous: (Thank him, and say goodbye.)

VENEZ EN ALSACE!

C'est le paradis des amateurs d'art et des passionnés de folklore.
C'est le paradis des gourmets, grâce à ses vins renommés et à ses spécialités gastronomiques.
C'est le paradis des sportifs et des amoureux de la nature, grâce à la beauté de son paysage.

Laurent and Chantal are looking at the brochures and making plans:

Laurent: Il vaudra mieux voyager en train. Qu'en penses-tu?
Chantal: Oui, c'est loin et tu sais bien que je n'aime pas les longs voyages en voiture.
Laurent: Nous irons d'abord à Strasbourg.
Chantal: Bien sûr, c'est la capitale de l'Alsace!
Laurent: Et en plus, c'est le siège du Conseil de l'Europe.
Chantal: Oh regarde, il y a toutes sortes de choses à voir. La cathédrale gothique et son horloge astronomique . . .
Laurent: J'espère que nous pourrons visiter une brasserie!
Chantal: Nous verrons de vieilles maisons, le palais Rohan . . .
Laurent: Et de là, nous louerons une voiture et nous pourrons suivre la route des vins en descendant jusqu'à Colmar.
Chantal: Excellente idée. Il y a beaucoup de maisons médiévales et de vieilles églises à Colmar. C'est vraiment typique.
Laurent: Oui, et n'oublie pas que c'est la capitale du vignoble alsacien. Si nous y allons au mois d'août, nous assisterons à la foire régionale des vins d'Alsace.
Chantal: Tu ne penses qu'au vin!
Laurent: Non, nous boirons aussi de la bière et nous mangerons de la choucroute, bien sûr.
Chantal: Si nous passons notre temps à manger et à boire nous devrons prendre un peu d'exercice, sinon quand nous reviendrons nous ne serons pas du tout en forme!
Laurent: Ne t'inquiète pas. Nous ferons des randonnées en montagne et en forêt. Nous pourrons même faire des promenades à cheval. Là, tu es contente?
Chantal: Oh oui! Et le paysage semble magnifique. Je pourrai faire beaucoup de photos.
Laurent: Oui pendant que je pêcherai la truite dans les rivières et les étangs.
Chantal: Comme nous avons des goûts différents, je crois que l'Alsace sera l'endroit idéal pour nos vacances.

Avez-vous compris?

1 How will Laurent and Chantal travel and why?
2 Where will they go first and why?
3 What does Laurent hope to be able to visit?
4 Why does he wish to hire a car?
5 What does Chantal particularly like about Colmar?
6 Why does Laurent wish to go there in August?
7 Give examples of typical food and drink in Alsace.
8 What will they do to make up for their eating and drinking too much?
9 What else will they both be able to do?
10 Why does Alsace seem the ideal holiday place for them?

A vous!

Imagine that you are Laurent or Chantal. How would you answer the following questions?

Quand vous serez en Alsace . . .

1 Où irez-vous d'abord?
Nous . . .
2 Comment voyagerez-vous?
Nous . . .
3 Que boirez-vous?
Nous . . .
4 Que mangerez-vous?
Nous . . .
5 Que ferez-vous en montagne et en forêt?
Nous . . .

EXERCISES

Exercise A **You are asking Laurent and Chantal about their holiday plans. Give the correct form of the verbs in brackets:**

Vous: Où (aller)-vous cet été?
Laurent: Nous (aller) en Alsace.
Vous: Pourquoi l'Alsace?
Laurent: Je (pouvoir) boire beaucoup de vin et je (visiter) une brasserie.
Chantal: Je (visiter) beaucoup d'endroits historiques.
Vous: (Faire)-vous du camping?
Chantal: Non, nous (descendre) à l'hôtel.
Vous: Comment (voyager)-vous?
Laurent: Nous (prendre) le train jusqu'à Strasbourg, puis nous (louer) une voiture.
Vous: Que (voir)-vous en Alsace?
Laurent: Nous (voir) des vignobles.
Chantal: Nous (voir) aussi des maisons médiévales, de vieilles églises, des fêtes folkloriques . . .
Vous: Que (faire)-vous?
Laurent: Je (boire) du vin et de la bière, je (manger) de la choucroute et j'(aller) aussi à la pêche à la truite.
Chantal: Et moi, je (faire) de longues promenades et je (prendre) beaucoup de photos.
Vous: Eh bien merci, et bonnes vacances!

Exercise B **Write what Moustache plans to do the following day, using the future tense:**

e.g. Demain à huit heures, je mangerai . . .

Exercise C **Michelle is asking you about your holiday. Answer starting *'nous'*, and using the cues given:**

Michelle: Partirez-vous en vacances cet été?
Vous: (Say yes; you and your friend Paul are going to stay in England.)
Michelle: Vous n'irez pas donc à l'étranger?
Vous: (Say no; you both want to visit the towns of Salisbury and Winchester.)
Michelle: Que verrez-vous dans ces deux villes?
Vous: (Say you will see the beautiful cathedrals and some old houses and go for long walks.)
Michelle: Vous descendrez à l'hôtel?
Vous: (Say no; hotels cost too much, you will spend a few days at a youth hostel.)
Michelle: Et vous ferez autre chose?
Vous: (Say yes; after staying there a few days you'll go to the seaside.)
Michelle: Et que ferez-vous là-bas.
Vous: (Say if the weather's fine you'll swim and rest on the beach.)

Exercise D **Your mother is anxiously questioning you about your holiday plans. Assure her that you will or won't do the following things, as appropriate:**

Vérifier le passeport, acheter des chèques de voyage, réserver une place dans le train, faire la valise, emporter un imperméable, descendre dans un bon hôtel, réserver une chambre avec douche et WC, louer une voiture, ne pas faire d'auto-stop, visiter les endroits historiques, ne pas perdre de temps sur la plage, ne pas aller au casino, téléphoner ou écrire une carte postale.

Reading Comprehension

Answer the questions following this article about Alsace. You are not expected to understand every word:

Bientôt vous serez à Sélestat, une ravissante ville où vous visiterez la très fameuse bibliothèque humaniste. Il y a là une prodigieuse collection de documents écrits et de livres qui reflètent tout le savoir humain. Le plus ancien document remonte au septième siècle. Une fois par an, en août, Sélestat s'offre un demi-million de dahlias multicolores qui décorent chars et rues.
Un peu plus loin à l'ouest, deux villages sont blottis au pied du superbe château du Haut-Koenigsbourg. Ce sont Kintsheim et Orschwiller. Si vous n'aimez pas les lieux touristiques, fuyez. De cave en caveau ou en restaurant 'typique' une petite foule va et vient, avide de vin blanc et de choucroute bien tassée.
La prochaine grande étape sera Colmar. Il faut y rester une journée entière car la ville offre beaucoup de beautés. Le soir, vous aurez plaisir à vous promener dans les vieux quartiers et à détailler chaque fantaisie architecturale, dont vous goûterez le charme particulier grâce à la couleur du grès rose avec lequel la ville est construite.
La perle de tous ces bourgs est Riquewihr, une petite ville moyenâgeuse, extrêmement bien conservée, soignée, fleurie. Les cours, les fontaines, les puits tout rivalise pour retenir le passant. Laissez-vous tenter. Il y a évidemment un bon nombre d'hôtels et restaurants et de très agréables chambres d'hôte chez l'habitant. C'est là vraiment une belle halte et le Riquewihr est aussi, vous le savez, un excellent vin.
Si vous allez à Mulhouse vous serez intéressé par l'aspect moderne, actif

fonctionnel de cette vieille ville manufacturière. Les musées techniques – récents – sont passionnants à visiter. En particulier, le musée du chemin de fer et le musée National de l'Automobile. Aux alentours de Mulhouse, le Sundgau est une région agricole, fleurie, parsemée de jolies fermes et de petits restaurants dont une des plus savoureuses spécialités est la carpe. Un itinéraire serpente entre vallons et étangs c'est la 'route de la carpe'.

Adapted from *Les charmes envirants de l'Alsace*, Verene M. Colombani (BIBA Sept. '84).

1 What type of books and documents are contained in the library at Sélestat?
2 When and how often does the flower festival take place there?
3 Who should stay away from the two villages at the foot of the Koenigsbourg château?
4 What do the groups of tourists do?
5 Why should you spend a whole day in Colmar?
6 What will you probably do there in the evening?
7 Why has the stonework a special charm?
8 What type of village is Riquewihr?
9 What keeps the passer-by there?
10 What advice does the author give the tourist?
11 What will you find interesting about Mulhouse?
12 Which technical museums are particularly fascinating?
13 What type of region is the nearby Sundgau?
14 What are scattered over the area?
15 What do you think the 'carp road' is?

Listening Comprehension 1

Listen carefully to the following extracts from radio broadcasts, then either fill in the gaps, or answer the questions in English:

Section One

1 SOIN-NATURE is especially good for ______ and ______ skins.
2 It doesn't contain any ______ or ______.
3 It will leave your skin ______ and ______.
4 If you ______ the SOIN-NATURE products, you will be ______.

Section Two

5 You will probably buy EAU SIDI in Morocco, or ______, or ______.
6 EAU SIDI is a ______.
7 It's better than champagne when ______.

Section Three

8 ______ is a ______ company.
9 You will be able to ______ at the wheel of the latest Petita-turbo.
10 It will cost you ______.

Section Four

11 Why are the holidaymakers unlucky?
12 Where will the heaviest showers take place?
13 Where might there be snow?
14 What will the weather be like in Normandy?
15 What direction is the wind coming from?

Section Five

16 Why will holidaymakers be luckier towards the end of the week?
17 Where will the clear periods be?
18 What will the weather be like in the South of France?
19 What will the highest temperatures be in the northern half of the country?
20 What will they be in the southern half?

Listening Comprehension 2

Listen to the three people being interviewed, then make notes in French about their holidays. Fill in the columns below. In the last one you can use the infinitive:

e.g. faire de la voile, se baigner, faire de la plongée sous-marine.

	Lieu de vacances	Raison(s) de ce choix	Durée du séjour	Type de logement	Distractions
Femme					
Jeune fille					
Homme					

See Grammar Section 10

Dixième unité

LA MANCHE
Le Folgoët
Tréguier
St Malo
Brest
MONTS D'ARRÉE
St-Brieuc
Le Mont St-Michel
Rumengol
MONTAGNES NOIRES
Quimper
Concarneau
Rennes
Lorient
Vannes
Vilaine
St-Nazaire
Loire
Belle-Île
Nantes
VISITEZ LA BRETAGNE!
Pour sa côte:
ses ports, ses plages, ses criques, ses baies.
Pour ses distractions:
la pêche, les régates, les sports nautiques, les randonnées pédestres et équestres.
Pour ses spécialités gastronomiques:
ses poissons, ses fruits de mer, ses crêpes.
Pour ses fêtes folkloriques:
les processions, la musique, les costumes.
Pour son arrière-pays:
ses rivières, ses collines et ses légendes.

Françoise Dupré telephones a friend. The two women chat about the holiday plans of their children and grandchildren:

Allô Suzanne? . . . C'est Françoise! . . . Oui ça va très bien, et toi? . . . Toute la famille va bien. Claude et Liliane viennent enfin de décider où ils iront en vacances cet été . . . En Bretagne . . . Non, ils n'enverront pas les enfants en colonie de vacances cette année . . . Ils ne loueront pas de villa parce qu'ils ne veulent pas rester au même endroit . . . A l'hôtel? Oh non c'est trop cher! Ils feront du camping . . . Ils resteront sur la côte, probablement dans le Finistère

Sud . . . Ils iront à la plage, ils se baigneront, ils prendront des bains de soleil . . . Les enfants joueront aux boules et au ballon sur la plage . . . Bien sûr qu'ils feront du sport! Les garçons feront de la voile . . . Non, Colette a peur, mais elle jouera au tennis et elle essaiera de faire du cheval . . . Oui Claude ira à la pêche, il a déjà acheté tout le matériel! . . . Non Liliane ne fera pas beaucoup de cuisine . . . Ils iront au restaurant, je crois qu'ils mangeront beaucoup de poissons et de crustacés . . . Ils iront aussi dans les crêperies, naturellement, les enfants adorent les crêpes . . . Claude goûtera sûrement au cidre breton mais je suis certaine qu'il préférera le nôtre! . . . Oui ils verront probablement des calvaires et des mégalithes, il y en a presque partout . . . Colette en particulier espère bien voir une fête folklorique surtout pour les costumes et les coiffes de dentelles, malheureusement Liliane a horreur du biniou! . . . Je pense qu'ils y resteront environ un mois . . . Oui les enfants nous manqueront mais j'espère bien qu'ils nous enverront beaucoup de cartes postales. Et toi? Quels sont les projets de ta fille? . . .

Avez-vous compris?

1 Where have the Duprés decided to go for their holiday?
2 Will the children go to a children's holiday camp this year?
3 Will the Duprés rent a villa, stay in a hotel or go camping?
4 Where will they tour?
5 What will they do on the beach?
6 What sports will the children do?
7 What will Claude do?
8 Will Liliane do a lot of cooking?
9 What will they eat and drink?
10 What typical things can be seen in Brittany?
11 How long will they be away?
12 Why does Françoise hope the children will send lots of postcards?

A vous!

Now you ask Françoise Dupré about her children's holiday:

Vous: Où vos enfants (aller)-ils en vacances cet été?
Françoise: Claude et Liliane (aller) en Bretagne.
Vous: Et les enfants, ils (aller) en colonie?
Françoise: Non, toute la famille (passer) les vacances en Bretagne.
Vous: (Descendre)-ils à l'hôtel?
Françoise: Non c'est trop cher, ils (faire) du camping.
Vous: (Rester)-ils toujours au même endroit?
Françoise: Non, comme ils partent pour un mois ils (avoir) le temps de visiter plusieurs endroits.
Vous: Qu'est-ce que les garçons (faire)?
Françoise: Ils (jouer) aux boules et ils (faire) de la voile.
Vous: Et Colette?
Françoise: Elle (se baigner), elle (jouer) au tennis et elle (essayer) de faire du cheval.
Vous: Et Claude et Liliane?
Françoise: Liliane (prendre) des bains de soleil et Claude (aller) à la pêche.
Vous: Qu'est-ce qu'ils (voir) de typique en Bretagne?
Françoise: Ils (voir) des mégalithes et des calvaires, et Colette (admirer) les coiffes et les costumes régionaux.
Vous: (Goûter)-ils aux spécialités gastronomiques de la région?
Françoise: Bien sûr! Ils (manger) du poisson, des crustacés et des crêpes.
Vous: Claude (boire)-t-il du cidre breton?
Françoise: Probablement!
Vous: Est-ce que les enfants vous (manquer)?
Françoise: Beaucoup mais j'espère bien qu'ils nous (envoyer) des cartes postales.

Françoise Dupré has just bought a new monthly magazine. After her telephone call she looks up her horoscope:

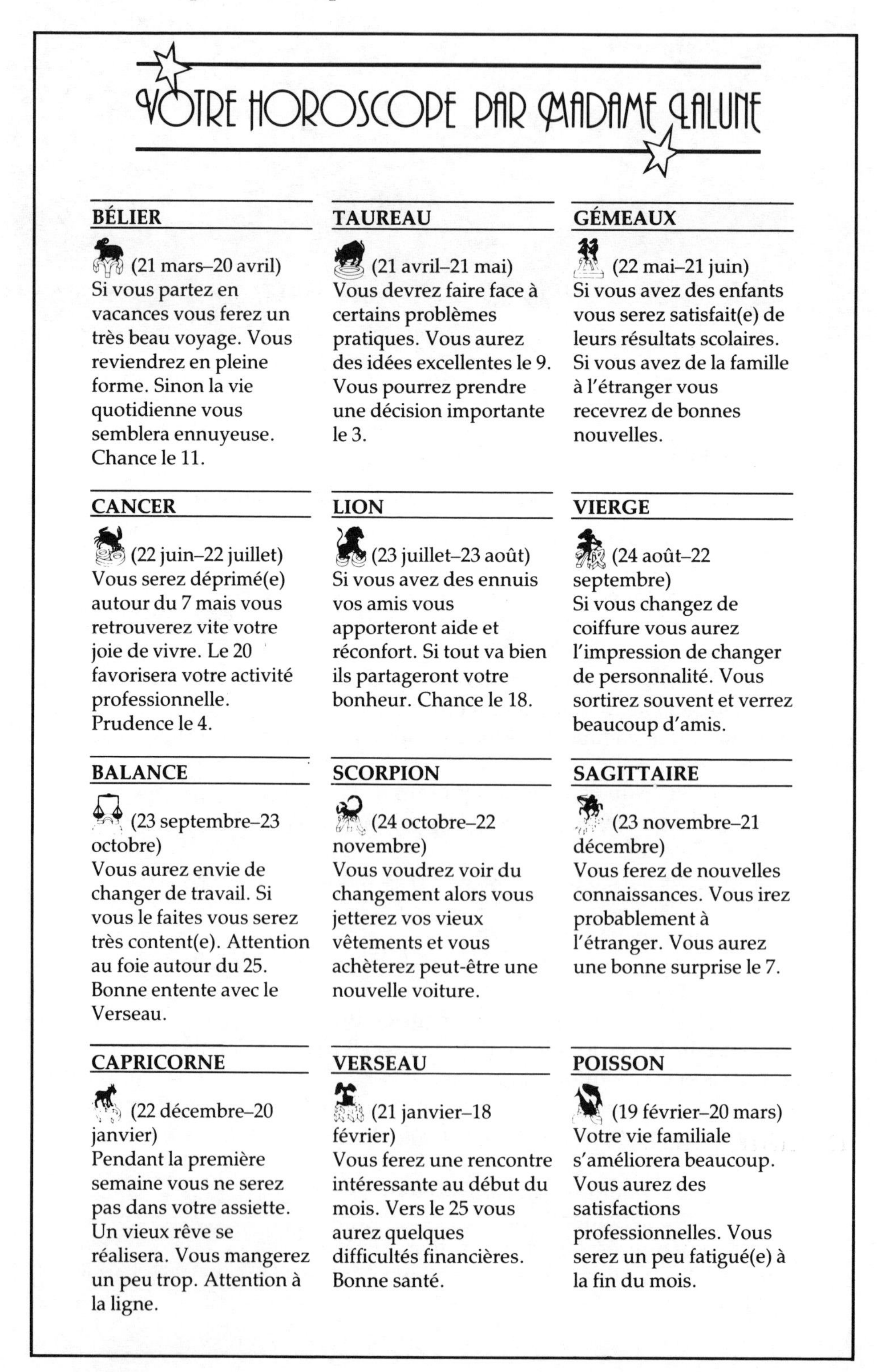

VOTRE HOROSCOPE PAR MADAME LALUNE

BÉLIER

(21 mars–20 avril)
Si vous partez en vacances vous ferez un très beau voyage. Vous reviendrez en pleine forme. Sinon la vie quotidienne vous semblera ennuyeuse. Chance le 11.

TAUREAU

(21 avril–21 mai)
Vous devrez faire face à certains problèmes pratiques. Vous aurez des idées excellentes le 9. Vous pourrez prendre une décision importante le 3.

GÉMEAUX

(22 mai–21 juin)
Si vous avez des enfants vous serez satisfait(e) de leurs résultats scolaires. Si vous avez de la famille à l'étranger vous recevrez de bonnes nouvelles.

CANCER

(22 juin–22 juillet)
Vous serez déprimé(e) autour du 7 mais vous retrouverez vite votre joie de vivre. Le 20 favorisera votre activité professionnelle. Prudence le 4.

LION

(23 juillet–23 août)
Si vous avez des ennuis vos amis vous apporteront aide et réconfort. Si tout va bien ils partageront votre bonheur. Chance le 18.

VIERGE

(24 août–22 septembre)
Si vous changez de coiffure vous aurez l'impression de changer de personnalité. Vous sortirez souvent et verrez beaucoup d'amis.

BALANCE

(23 septembre–23 octobre)
Vous aurez envie de changer de travail. Si vous le faites vous serez très content(e). Attention au foie autour du 25. Bonne entente avec le Verseau.

SCORPION

(24 octobre–22 novembre)
Vous voudrez voir du changement alors vous jetterez vos vieux vêtements et vous achèterez peut-être une nouvelle voiture.

SAGITTAIRE

(23 novembre–21 décembre)
Vous ferez de nouvelles connaissances. Vous irez probablement à l'étranger. Vous aurez une bonne surprise le 7.

CAPRICORNE

(22 décembre–20 janvier)
Pendant la première semaine vous ne serez pas dans votre assiette. Un vieux rêve se réalisera. Vous mangerez un peu trop. Attention à la ligne.

VERSEAU

(21 janvier–18 février)
Vous ferez une rencontre intéressante au début du mois. Vers le 25 vous aurez quelques difficultés financières. Bonne santé.

POISSON

(19 février–20 mars)
Votre vie familiale s'améliorera beaucoup. Vous aurez des satisfactions professionnelles. Vous serez un peu fatigué(e) à la fin du mois.

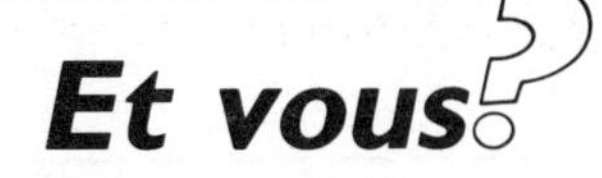

Quel est votre signe du Zodiac?
Alors, que vous arrivera-t-il ce mois-ci?

EXERCISES

Exercise A **Write what the stars say about the future of some of our friends:**

example: Laurent est du signe du Bélier.
S'il part en vacances, il fera un très beau voyage. Il reviendra en pleine forme. Sinon, la vie quotidienne lui semblera ennuyeuse. Chance le 11.

1 Chantal est du signe de la Vierge.
Si elle . . .
2 Claude Dupré et Henri Boivin sont du signe du Sagittaire.
Ils . . .
3 Annick et Sylvie sont du signe du Capricorne.
Pendant la première semaine elles . . .
4 Dominique regarde son horoscope et celui de son frère (Poisson) et le lit.
Notre vie familiale . . .
5 Marie regarde l'horoscope de son mari (Scorpion) et le lui lit.
Tu . . .

Exercise B **Describe in a few sentences what you will do tomorrow in some of the following situations:**

1 Votre tante que vous détestez vous rendra visite.
2 Vous serez le chef de l'Etat.
3 Votre voiture tombera en panne.
4 C'est votre anniversaire.
5 Vous serez cambriolé.
6 Vous oublierez vos clefs.
7 Vous ferez des crêpes.
8 Vous serez très occupé.
9 C'est dimanche.
10 Vous serez en France.

Exercise C **Write a letter to (a) friend(s) inviting him/her/them to stay with you for a few days.**

Exercise D **Write a short essay about your plans for the weekend.**

Exercise E **Read all about the competition, then answer the questions which follow:**

SOYEZ AU RENDEZ-VOUS LE 12 MAI!
GRAND CONCOURS FRANCE-RADIO – TELE-HEBDO:
«20 questions, 1.000.000 F»

Une villa d'une valeur de 500 000 F dans la station balnéaire de votre choix.

Une Petita turbo.

Une cuisine aménagée avec cuisinière, hotte aspirante et lave-vaisselle.

Du 4e au 9e prix:
Un téléviseur couleur et un magnétoscope.

Du 10e au 14e prix:
Un micro-ordinateur.

Du 15e au 19e prix:
Une mini-chaîne Hi-Fi.
Et de nombreux autres prix!

A partir du 12 mai, France-Radio et Télé-Hebdo organisent un grand concours doté d'un million de francs de prix. Tous les jours, sauf le week-end, une question sera posée sur l'antenne de France-Radio, et sera répétée 3 fois dans la journée. Chaque semaine, Télé-Hebdo publiera une grille comportant les réponses possibles. A vous de trouver les bonnes, de les noter et de conserver les grilles avec soin. Vous en aurez 4 en tout, c'est-à-dire une par semaine pendant 4 semaines. Pour gagner, il vous suffira de copier vos réponses sur la grille finale, de répondre à la question subsidiaire que vous trouverez dans le Télé-Hebdo du 10 juin, et de l'envoyer à France-Radio avant le 20 juin minuit.
Vous aurez peut-être la chance de gagner une villa au bord de la mer, ou l'un des 99 autres prix: Une Petita turbo, une cuisine aménagée, des téléviseurs couleurs et des magnétoscopes, des micro-ordinateurs, des mini-chaînes Hi-Fi, des fours à micro-ondes, des robots ménagers, des appareils photos, des walk-man, des transistors et des montres digitales à quartz.
Ecoutez donc sans faute France-Radio dès le 12 mai et n'oubliez surtout pas d'acheter votre Télé-Hebdo chaque semaine!

1. Who is organizing the '20 Questions, 1.000.000 F' Competition?
2. What is the first prize?
3. What exactly comes with the fitted kitchen?
4. Will the winners of the 4th–9th prizes only receive a colour television?
5. What will the 10th–14th prize winners get?
6. What is the total value of the prizes?
7. How many questions will be asked on the radio each week, and when will you hear them?
8. Why is it imperative to buy Télé-Hebdo for five weeks?
9. Why is June 20th an important date?
10. What other prizes can be won?

Reading Comprehension

Read the following passage through carefully, then answer the questions in French:

Si vous vous souvenez, il y a quelques mois Chantal a déménagé. Elle habite maintenant un petit appartement de quatre pièces, mais il n'est pas très propre et elle a décidé de refaire les peintures avec l'aide de Laurent. Ils ont choisi un long week-end, celui de la Pentecôte. Mais tout d'abord, Chantal devra acheter de la peinture – du blanc pour la cuisine et du bleu pour la salle de bain, et du papier peint – du papier à fleurs pour sa chambre et du papier à rayures pour la salle de séjour. Naturellement, elle achètera aussi des pinceaux, un rouleau et de la colle. Ce week-end-là Chantal et Laurent auront beaucoup de travail. Ils commenceront par la chambre à coucher. D'abord ils videront les meubles et ils les mettront dans la salle de séjour et sur le palier. Le plus difficile sera de déplacer l'énorme armoire normande qui a déjà donné tant de mal à Chantal le jour où elle a emménagé. Ensuite ils protégeront le sol avec des journaux puis ils laveront le plafond et les murs. Naturellement ils peindront le plafond avant de coller le papier avec lequel ils auront probablement quelques difficultés. Le soir, à cause du désordre, ils iront manger au restaurant.
Quand la chambre sera terminée, ils feront la même chose pour les autres pièces. A la fin du week-end l'appartement sera transformé, mais Laurent et Chantal seront épuisés et ils attendront avec impatience le samedi suivant pour pouvoir se reposer.
Entre-temps, Chantal achètera du tissu pour faire des rideaux. Elle choisira avec soin des couleurs assorties aux papiers peints. Pour sa chambre elle fera aussi un nouveau dessus-de-lit, et des coussins pour mettre sur le sofa dans le séjour.
Et je suis sûr que lorsque l'appartement sera enfin complètement terminé, Laurent et Chantal décideront de se marier et qu'ils iront vivre dans une autre maison ou il faudra tout refaire, de nouveau! C'est la vie!

1 Qu'a fait Chantal il y a quelques mois?
2 Où habite-t-elle maintenant?
3 Pourquoi a-t-elle décidé de refaire les peintures?
4 Va-t-elle faire ce travail toute seule?
5 Quel week-end a-t-elle choisi et pourquoi?
6 Que devra-t-elle acheter tout d'abord?
7 Quelle sorte de papier peint choisira-t-elle pour sa chambre? Et pour la salle de séjour?
8 De quoi d'autre aura-t-elle besoin?
9 Par quelle pièce Laurent et Chantal commenceront-ils?
10 Que feront-ils des meubles?
11 Avec quoi protégeront-ils le sol?
12 Que feront-ils avant de peindre le plafond?
13 Pourquoi iront-ils manger au restaurant le soir?
14 Comment sera l'appartement à la fin du week-end?
15 Pourquoi attendront-ils le week-end suivant avec impatience?
16 Pourquoi Chantal achètera-t-elle du tissu?
17 A part les rideaux, que fera-t-elle pour sa chambre?
18 D'après le narrateur que feront Chantal et Laurent quand l'appartement sera complètement terminé?

See Grammar Section 10

Onzième unité

Henri Boivin is listening to his favourite weekly quiz on the radio:

Présentateur: Mesdames, mesdemoiselles, messieurs, bonsoir! Je vous parle comme chaque semaine du studio 20 pour notre jeu radiophonique «Hebdo-questions». Aujourd'hui, questions de géographie, et pour essayer d'y répondre notre candidate mademoiselle Persiaux . . . Que faites-vous dans la vie mademoiselle?
Candidate: Je suis bibliothécaire.
Présentateur: Et d'où êtes-vous?
Candidate: De Reims.
Présentateur: Etes-vous prête à défendre l'honneur rémois?
Candidate: Je suis prête.
Présentateur: Alors, top chronomètre! L'Afrique est-elle plus ou moins grande que l'Amérique?
Candidate: Au hasard, plus grande.
Présentateur: Bravo! . . . Quelle est la plus haute montagne du monde?
Candidate: Je crois que c'est l'Everest.
Présentateur: C'est exact, avec 8882 mètres d'altitude . . . Où se trouve la plus haute montagne française?
Candidate: Dans les Alpes, c'est le Mont Blanc.
Présentateur: Bien sûr . . . Et quel est l'océan le plus profond du monde?
Candidate: L'océan Atlantique.
Présentateur: Ah non mademoiselle, c'est le Pacifique, avec une profondeur moyenne de 4282 mètres! . . . La mer Méditerranée est-elle plus ou moins profonde que la mer du Nord?
Candidate: Elle est plus profonde.
Présentateur: Oui . . . Les chutes du Niagara sont-elles plus hautes que les chutes Victoria?
Candidate: Je ne pense pas, non.
Présentateur: Bien, mais quelle est la hauteur des chutes Victoria?
Candidate: 100 mètres peut-être?
Présentateur: Non mademoiselle, 130 mètres . . . Mais retournons à la montagne. Le plus haut col des Alpes se trouve-t-il en Italie, en Suisse ou en France?
Candidate: Je dirais en Suisse.
Présentateur: Bravo . . . Le désert de Gobi est-il aussi grand que le désert du Sahara?
Candidate: Non.
Présentateur: Exact. Le désert du

Sahara est le plus grand du monde . . . Quel est le fleuve le plus long d'Europe?
Candidate: C'est le Danube?
Présentateur: Mais oui mademoiselle, avec 2839 kilomètres de long . . . Restons dans les rivières: la Seine est-elle aussi longue que la Loire?
Candidate: Non.
Présentateur: Vous avez raison, la Loire est le fleuve le plus long de France . . . Mais quelle est la plus grande île française?
Candidate: Probablement la Corse.
Présentateur: Mais oui mademoiselle! . . . Et où se trouve le plus grand lac du monde?
Candidate: Hmm . . . Je ne sais pas!
Présentateur: C'est le lac Supérieur qui se trouve entre le Canada et les Etats-Unis . . . Quel est le pays le plus peuplé du monde?
Candidate: L'Inde.
Présentateur: Seulement après la Chine qui a plus de 800 millions d'habitants . . Le Royaume-Uni est-il plus peuplé que la France?
Candidate: Je pense que oui.
Présentateur: Mais oui, la France est plus grande mais moins peuplée . . . Et voici votre dernière question: quelle est la langue la plus parlée dans le monde?
Candidate: Je suppose que c'est l'anglais.
Présentateur: Non mademoiselle, c'était une question piège! C'est le mandarin qui est parlé par plus de 600 millions de personnes. L'anglais est parlé par plus de 300 millions de personnes et le français par 87 millions seulement! . . . Eh bien mademoiselle Persiaux vous avez fort brillamment répondu à onze questions. Voici donc les 1100 francs que vous avez gagnés. Tous nos amis du studio 20 vous applaudissent bien fort . . . Chers amis et chers auditeurs, il est l'heure de vous dire «Au revoir et à la semaine prochaine!».

Avez-vous compris?

1 What do you know about the contestant?
2 Is the Atlantic ocean deeper than the Pacific ocean?
3 What is the height of the Victoria falls?
4 In what country is the highest pass of the Alps?
5 Which is the largest desert in the world?
6 Is the Seine the longest river in France?
7 What is Corsica?
8 Say what you know about Lake Superior.
9 Which is the most populated country in the world?
10 Is France bigger and more populated than the UK?
11 Is English the most widely spoken language in the world?
12 How well did Miss Persiaux do?

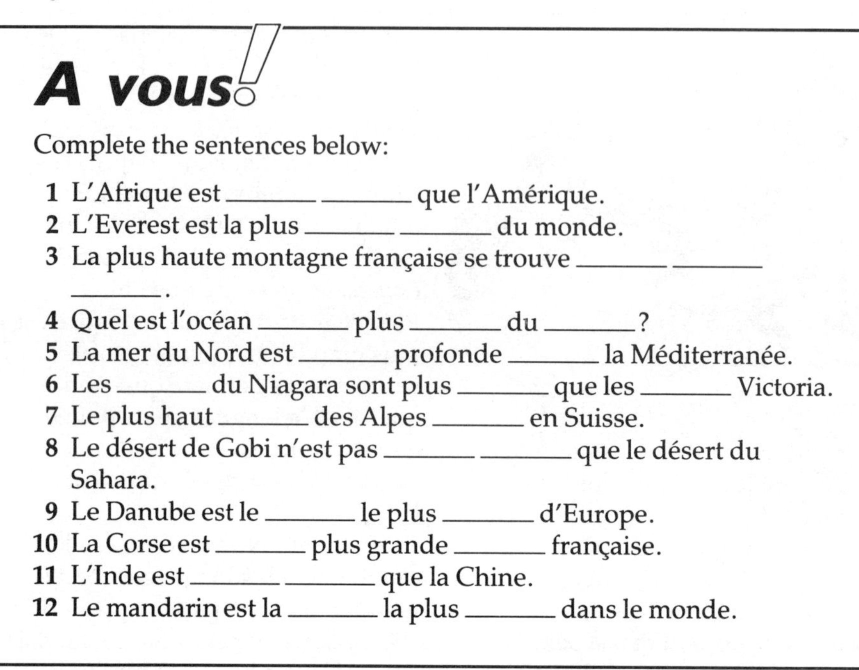

A vous!

Complete the sentences below:

1. L'Afrique est ______ ______ que l'Amérique.
2. L'Everest est la plus ______ ______ du monde.
3. La plus haute montagne française se trouve ______ ______ ______.
4. Quel est l'océan ______ plus ______ du ______?
5. La mer du Nord est ______ profonde ______ la Méditerranée.
6. Les ______ du Niagara sont plus ______ que les ______ Victoria.
7. Le plus haut ______ des Alpes ______ en Suisse.
8. Le désert de Gobi n'est pas ______ ______ que le désert du Sahara.
9. Le Danube est le ______ le plus ______ d'Europe.
10. La Corse est ______ plus grande ______ française.
11. L'Inde est ______ ______ que la Chine.
12. Le mandarin est la ______ la plus ______ dans le monde.

Far away in Martinique, Annette Cousin is chatting with her school friend Emma:

Annette: Emma, regarde mon dessin! Il est joli, n'est-ce pas?
Emma: Oui, mais le mien est plus coloré. Le tien est un peu triste.
Annette: Qu'est-ce que c'est?
Emma: Je ne sais pas encore.
Annette: Ça ne fait rien, ce n'est pas mal. Tu n'as pas vu les dessins de Simon! Les siens sont vraiment horribles!
Emma: Tu es méchante! Les nôtres ne sont pas merveilleux.
Annette: Dis-moi, tu aimes ma nouvelle robe?
Emma: Oui, mais je préfère celle de Michelle, la sienne a de la dentelle.
Annette: De la dentelle! C'est trop beau pour l'école! Pauvre Michelle! Sa maîtresse est très sévère.
Emma: Oui, la nôtre est beaucoup plus gentille. Heureusement, car moi je n'aime pas beaucoup l'école!

Avez-vous compris?

1. What do the girls talk about first?
2. Why does Emma prefer hers?
3. What does it represent?
4. What does Annette think of Simon's ones?
5. Why does Emma prefer Michelle's dress to Annette's?
6. What do they say about Michelle's teacher?
7. And about theirs?

A vous!

You think that yours is/are always better. Fill in the gaps accordingly:

1 Regarde mon chapeau! ______ ______ est plus grand.
2 Regarde mes chaussures! ______ ______ sont plus élégantes.
3 Regarde ma robe! ______ ______ est plus jolie.
4 Regarde mes gants! ______ ______ sont plus chauds.
5 Regarde mon sac! ______ ______ est plus moderne.

Meanwhile, Josée Cousin discusses her children with her friend Edith:

Josée: Bonjour Edith, ça va?
Edith: Oui ça va, et toi?
Josçe: Très bien, merci.
Edith: Et les enfants, ça marche à l'école?
Josée: Oh, comme ci comme ça, tu sais. Annette travaille mieux que son frère, elle est plus studieuse, alors elle a de meilleurs résultats.
Edith: Ah bon, Simon travaille moins bien que sa sœur?
Josée: Il ne travaille pas autant que sa sœur. Il sort plus souvent maintenant qu'il est au collège, et surtout il fait beaucoup de sport.

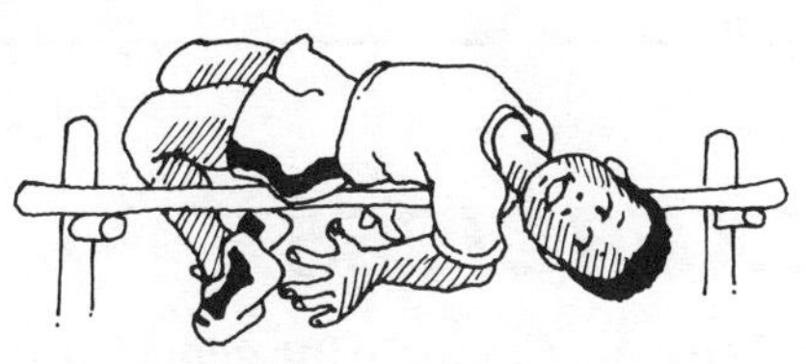

Edith: Il se prépare aux jeux olympiques?
Josée: Presque! Il est très bon en athlétisme. Au collège, c'est lui qui court le plus vite et qui saute le plus haut. Il est très rapide maintenant mais il faut dire qu'il s'entraîne régulièrement.
Edith: Annette n'est pas sportive?
Josée: Si, assez, mais elle n'aime pas la compétition. Elle préfère la danse.
Edith: Et toi?
Josée: Moi je compose mes menus pendant les cours de yoga. Je n'aime pas du tout les séances de méditation. C'est le pire pour moi car on ne peut pas parler!

Avez-vous compris?

1 Who works better at school, Annette or Simon?
2 What are Annette's results like?
3 Does Simon work as much as his sister?
4 What does he often do?
5 In what way does he star at school?
6 How does he manage to do it?
7 Why does Annette prefer dancing?
8 Does Josée take yoga very seriously?
9 What part of the lesson does she dislike most?
10 Why?

A vous!

You are a very proud parent. Tell a friend about your children and other people's, using the information below:

Your daughter works better than her girlfriend, so she gets better results.
Your son runs fastest and jumps highest.
Your neighbour's son doesn't work as well as your son, and the worst thing is that he often goes out.

EXERCISES

Exercise A **Compare the geographical features of Martinique and Guadeloupe by using the table below:**

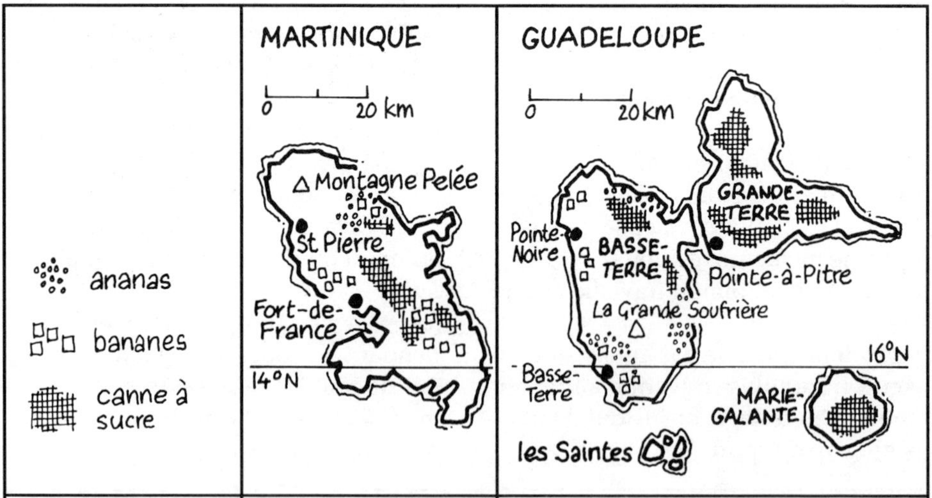

ananas bananes canne à sucre	MARTINIQUE	GUADELOUPE
Superficie	1080 km^2	1702 km^2
Altitude maximum	Montagne Pelée: 1397 m	La Soufrière: 1467 m
Température moyenne	26°	26°
Population totale	350 000 habitants	330 160 habitants
Population de la plus grande ville	Fort-de-France: 100 000 habitants	Pointe-à-Pitre: 28 000 habitants
Production de sucre	140 000 tonnes	170 000 tonnes
Exportation de bananes	150 000 tonnes	120 000 tonnes
Latitude	14° Nord	16° Nord

1 La Martinique est ______ grande ______ la Guadeloupe.
2 La Guadeloupe est ______ peuplée ______ la Martinique.
3 Il y a ______ d'habitants à Fort-de-France ______ à Pointe-à-Pitre.
4 La Martinique est ______ près de l'équateur ______ la Guadeloupe.
5 Il fait ______ chaud à la Guadeloupe ______ à la Martinique.
6 La Guadeloupe produit ______ de sucre ______ la Martinique.
7 La Guadeloupe exporte ______ de bananes ______ la Martinique.
8 La Montagne Pelée est ______ haute ______ la Soufrière.

Exercise B **Look at the drawings, and compare Catherine, Nadine, Paule, and what they are wearing:**

example: Nadine est plus jeune que Catherine.
Paule a le plus grand sac.

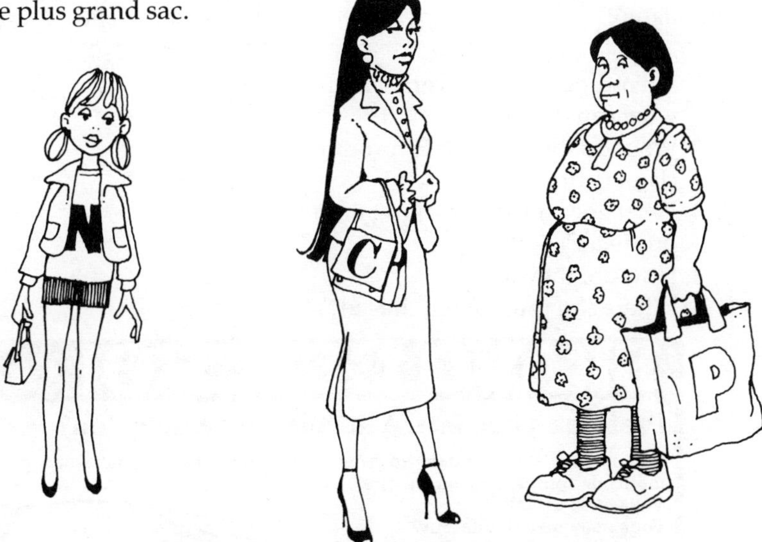

Exercise C **Fill in the gaps in the following conversation with the correct possessive pronouns (*le mien* etc.):**

Madame A: Mon fils est le premier de sa classe. Et le vôtre?
Madame B: Oh, . . . ne travaille pas beaucoup. Il préfère le sport.
Madame A: Les professeurs de mon fils sont excellents. Et ceux de votre fils?
Madame B: . . . sont aussi très bons.
Madame A: L'école de mon fils a une excellente réputation. Et celle de votre fils?
Madame B: . . . est très bonne, je pense.
Madame A: Les enfants ont beaucoup d'amis. Ils sont tous de bonne famille. Et ceux de vos enfants?
Madame B: . . . sont d'origines variées, mais je les trouve tous très sympathiques.
Madame A: Nos enfants sont parfaits!
Madame B: . . . ne sont pas parfaits, mais nous les aimons beaucoup.

Exercise D **Compare yourself with a friend or with another member of your family:**

example: Mon frère est plus âgé et plus riche que moi. Il s'habille mieux que moi. Ma voiture est très vieille mais la sienne est toute neuve, etc.

Exercise E **Read the following advertisements through, then answer the questions which follow:**

SIMPLICITÉ, POUR UNE MEILLEURE PROTECTION DE VOTRE PEAU

Soleil, vent, froid, pollution, chaleur, air conditionné . . . Tous les jours, au grand air comme en ville, votre peau est menacée. Pour avoir une plus belle peau et pour la protéger, utilisez régulièrement les produits SIMPLICITE.

SIMPLICITE préserve votre peau de la déshydratation et du vieillissement prématuré.

Les crèmes comme le Stick spécial pour les lèvres sont formulés à partir d'extraits de plantes, de filtres ultra-violets et de vitamines. Naturellement, tous nos produits sont rigoureusement contrôlés, mais seulement dans des éprouvettes, jamais sur des animaux.

SIMPLICITE protège votre peau et votre beauté, tout simplement.

Vente exclusive en pharmacie.

1 According to this advertisement, what can damage the skin?
2 What do the 'Simplicité' products claim to do?
3 What goes into the making of these products?
4 How are they tested?
5 Where can they be purchased?

BRAVO GELCHO!

Préférez-vous être à la cuisine ou au salon?

Voulez-vous être la meilleure cuisinière, mais aussi la plus rapide, celle qui passe le moins de temps dans sa cuisine?
Vous avez un four?
Vous avez un congélateur?
Alors, il vous faut les nouveaux plats GELCHO.
Il y en a des petits, des grands, des rectangulaires, des carrés, des ronds et des ovales.
Vous les sortez du congélateur et vous pouvez les mettre directement dans votre four ou dans le micro-ondes.

Une véritable révolution!
Vous pouvez maintenant préparer, congeler, réchauffer et servir dans le même plat.
Une véritable libération pour la femme (et l'homme) d'aujourd'hui!
Alors n'attendez plus, vous aussi dites: 'Merci GELCHO'

Dans tous les grands magasins et chez les marchands de couleurs.

6 To what sort of woman is this advertisement trying to appeal?
7 Which appliances does one need to find the Gelcho dishes useful?
8 What do these dishes look like?
9 In what way are they revolutionary?
10 Why are they labour saving?
11 Where can one buy them?

VOUS POUVEZ FAIRE CONFIANCE A CHECK

Pour plus de sécurité, avant de sortir, vous vérifiez les robinets, le gaz, vous éteignez les cigarettes, vous fermez la porte à clef.

Mais pour une sécurité totale, pour sortir l'esprit vraiment tranquille, placez votre appartement ou votre maison sous le SYSTEME DE SECURITE CHECK.
Une tentative de cambriolage, une fuite de gaz, un début d'incendie, une inondation etc. sont immédiatement détectés par votre système d'alarme électronique.
24 heures sur 24, 7 jours sur 7, notre opérateur de garde décode et déclenche l'alerte, et nous intervenons dans les délais les plus brefs.
Pour recevoir une documentation, sans engagement de votre part, envoyez: à CHECK 250 Rue Corbon 75015 Paris ou téléphonez au 42 91 35 10

M ____________
Adresse ____________
____
____
tél. ____________

12 What does the advertisement suggest you do before going out?
13 What sort of thing can be detected by the 'Check' security system?
14 How does it work?
15 When does the security system operate?

Listening Comprehension

Vocabulary: La Vendée = *a region of France*
la Tranche-sur-mer = *a seaside resort*
à deux pas de = *at a stone's throw*
un berger allemand = *an Alsatian dog* (un berger = *a shepherd*)
une fête foraine = *a fair* un manège = *a roundabout* les autos tamponneuses = *dodgem cars* un stand de tir = *a shooting-stand* une farce = *a practical joke* la barbe à papa = *candy floss* comble de malchance = *to crown it all*

Listen carefully to the story and then answer the following questions:

Section One
1 Where did the author use to spend most of his summer holidays when he was a child?
2 How close was the house to the beach?
3 Name four ways in which the children used to amuse themselves on the beach.
4 To whom did the Alsatian belong?
5 Why did he follow them everywhere?

Section Two
6 Why couldn't the children go to the fair?
7 What did the children pretend to do instead of going to the fair?
8 How did they get their clothes out of the villa?
9 What were they wearing when they set off?
10 How did they chase off Rollo the dog?

Section Three
11 What unpleasant surprise awaited the children on their return?
12 Why did they finally have to say where they had really been?
13 How were they punished?
14 What had Rollo done?
15 What possible reasons are given for his actions?

See Grammar Section 12, 13

Douzième unité

Josée Cousin writes to the Mullers in Alsace, to invite them to Martinique. In her letter she explains what they would do and see, if they spent their holidays in that tropical island:

Fort-de-France, le 20 mai

Chers Marie et François,

Les grandes vacances approchent et nous nous demandons si vous avez toujours envie de venir nous rendre visite à la Martinique. C'est si beau, et il y a tant de choses à faire pour vous et pour les enfants. Voici quelques exemples pour vous mettre en appétit.

Si vous veniez à Fort-de-France, vous visiteriez beaucoup d'endroits intéressants et vous pourriez acheter des souvenirs et des cadeaux originaux pour vos amis. Je vous emmènerais en voiture faire toutes sortes d'excursions. Je vous montrerais des panoramas splendides comme Diamant, le plus beau site de l'île avec sa plage de 4 kilomètres de long, Grand-Rivière d'où l'on voit l'île de la Dominique, nous irions à la Montagne Pelée, et j'en passe!

Vous pourriez aussi vous reposer sur les plages magnifiques, pendant que les enfants feraient de la planche à voile ou du ski nautique. Vous essaieriez peut-être aussi la plongée sous-marine. Qui sait?

Naturellement, nous vous ferions découvrir les spécialités gastronomiques de la région. Vous boiriez du punch et vous mangeriez la délicieuse cuisine créole. Vous verriez des champs de canne à sucre et des cultures d'ananas – tout cela est bien différent de l'Alsace! François pourrait visiter une distillerie de rhum et toi Marie, je suis sûre que tu prendrais des centaines de photos dans les petits villages de pêcheurs qui sont si pittoresques.

Et si vous le voulez, nous sortirions tous les soirs et je vous jure que nous nous amuserions comme des fous. Il y a des tas de cabarets, boîtes de nuit et discothèques où la musique et la danse sont reines.

J'espère que cette lettre réussira à vous convaincre. Nous serions si heureux de vous revoir! Nous attendons votre réponse avec impatience.

Bien amicalement,

Josée

PS: Ci-joint une carte et quelques photos.

Avez-vous compris?

1 What could the Mullers do in Fort-de-France?
2 Which is, according to Josée, the most beautiful part of the island?
3 What could they do at the seaside?
4 What grows in Martinique?
5 What could François do?
6 What could Marie do?
7 What would they do in the evenings?
8 What is Josée's last message?
9 What does she enclose with her letter?

A vous!

Marie has just received Josée's letter and she tells her family what they would do if they went to Martinique on holiday. Help her:

Si nous allions à la Martinique, nous visiterions beaucoup d'______ intéressants à Fort-de-France, et nous pourrions acheter des ______ et des ______ originaux pour nos amis. Josée nous emmènerait en ______ faire toutes sortes d'______. Elle nous montrerait des ______ splendides. Nous pourrions aussi nous ______ sur les plages magnifiques pendant que vous, les enfants, vous feriez de la ______ ou du ______. Nous essaierions peut-être aussi la ______. Lucien et Josée nous feraient découvrir les ______ de l'île: nous boirions du ______ et nous mangerions de la cuisine ______. Nous verrions des champs de ______ et des cultures d'______. Toi François tu pourrais visiter une ______ et moi je prendrais des centaines de ______ dans les petits ______. Et le ______ nous sortirions et nous nous amuserions comme des ______. Oh, comme je voudrais aller à la Martinique pour les vacances!

Et vous?

Que feriez-vous si vous alliez à la Martinique?
Que visiteriez-vous?
Iriez-vous à la Montagne Pelée?
Essaieriez-vous de faire de la planche à voile ou du ski nautique?
Que boiriez-vous? Que mangeriez-vous?

Claire Ouate has also been thinking about the Summer holidays. She would like to go to La Tranche-sur-mer in Vendée, and has written a letter to the tourist information centre to try and find a hotel:

Madame C. Ouate
2 rue St-Lô
Rouen

Syndicat d'Initiative
La Tranche-sur-Mer
Vendée

Rouen, le 2 mai

Monsieur,

Je vous serais reconnaissante de me donner tous renseignements utiles sur les ressources hôtelières de votre ville.

Notre famille se compose de quatre personnes dont deux enfants (7 et 11 ans). Je souhaiterais donc un hôtel confortable, plutôt genre pension de famille, à des prix moyens.

Pourriez vous m'envoyer une liste et m'indiquer aussi les endroits autour de La Tranche qu'il serait intéressant de visiter. Nous possédons une voiture et nous aimerions faire quelques excursions dans la région.

Je vous serais très obligée de me faire parvenir ces renseignements le plus tôt possible. Veuillez trouver ci-joint un timbre pour la réponse.

Avec mes remerciements anticipés, je vous prie d'agréer, Monsieur, mes sincères salutations.

Claire Ouate

Avez-vous compris?

Vrai ou faux?

1 Claire Ouate voudrait des renseignements sur les hôtels en Bretagne.
2 Elle souhaiterait un hôtel luxueux.
3 Elle demande une liste d'hôtels.
4 Elle voudrait aussi des renseignements sur les endroits intéressants autour de la Tranche.
5 Les Ouate aimeraient faire quelques excursions dans la région.
6 Ils sont quatre dans la famille.
7 Claire n'envoie pas de timbre pour la réponse.
8 Elle n'a pas besoin des renseignements tout de suite.

A vous!

Draft a letter to the Syndicat d'Initiative in Quimper (Brittany) or Strasbourg (Alsace), asking for details of the hotels in the area:

Give details of the accommodation you require, and ask about places of special interest to visit. Finally ask them to send you the information you want as soon as possible, and say you enclose a 'coupon-réponse international' (international reply coupon) for the reply.

Liliane Dupré, who plans a family holiday in Brittany, has just received this letter from a camping site in Etel, Morbihan:

CAMPING DE LA PLAGE
Route de la Mer
56009 Etel

Tél. 46.53.87

CAMPING DE LA PLAGE ETEL

Etel, le 20 mars

Madame,

Je vous remercie de votre lettre du 3 mars. J'ai le plaisir de pouvoir vous réserver un emplacement pour une voiture et deux tentes du 6 au 13 juillet inclus.

L'emplacement est de 20F par jour, et la redevance campeur est de 12F par adulte et 6F par enfant. (Enfants de moins de 3 ans - gratuit.) Il faut y ajouter une taxe de séjour de 1F10 par nuitée et par personne à partir de 10 ans.

Nous regrettons de vous informer qu'il n'y a pas de cafétéria dans le centre, mais nous avons un excellent service de plats cuisinés à emporter midi et soir tous les jours. En ce qui concerne la lessive, les campeurs ont à leur disposition une laverie automatique équipée de machines à laver et de séchoirs.

Nous ne serons en mesure de confirmer votre réservation que lorsque nous recevrons des arrhes, c'est-à-dire la somme de 100F. Les conditions de réservation, d'annulation et de remboursement figurent au dos de la confirmation de réservation.

Dans l'attente de vous lire, je vous prie de croire, Madame, à mes sentiments les meilleurs.

PNazot

P. Nazot
SERVICE DE LOCATION

Avez-vous compris?

Vrai ou faux?

1 Liliane wrote to the camp site at the beginning of March.
2 She needs a space for one tent and two cars.
3 There is a charge for all campers as well as for the space.
4 All campers must also pay a visitors' tax.
5 There is a cafeteria and a take-away service.
6 There are no special washing facilities.
7 Liliane must send a deposit to get confirmation of her reservation.
8 Mr Nazot gives her all the details about reservation, cancellation and refunding.

A vous!

Try and compose the letter sent by Liliane to the 'Camping de la Plage' on March 3rd. Include the following points:

- You got their address through the Tourist Office.
- Tell them what space you need, and give the dates.
- Enquire about tariff.
- Ask whether there is a cafeteria.
- Ask about washing facilities.
- Enquire whether you need to send a deposit.
- End by requesting a prompt reply, thank them in advance and use usual formal ending.

EXERCISES

Exercise A **Here is a list of things to do in Alsace. Write a leaflet for a travel agency to attract tourists there.**

Start with: *Si vous veniez en Alsace . . .*

- visiter Strasbourg, la capitale
- puis louer une voiture
- et descendre jusqu'à Colmar
- voir de vieilles maisons typiques
- boire de la bière
- manger de la choucroute
- pouvoir visiter une brasserie
- faire des randonnées en montagne et en forêt
- prendre beaucoup de photos
- aller à la pêche à la truite
- en un mot, passer de bonnes vacances!

Exercise B **And if YOU went on holiday to Brittany, what would you do?**

Exercise C **Laurent and Chantal mention a few things they would do if they went on holiday to England. Continue their dream with some of your own suggestions:**

Si nous allions en Angleterre pour les vacances, nous irions en voiture et nous roulerions à gauche. Nous mangerions des œufs et du bacon au petit déjeuner et nous boirions beaucoup de thé. Bien entendu nous essaierions de parler anglais mais . . .

Exercise D **Help Claire write a letter to a hotel manager by filling in the blanks with the following words/expressions:**

Au moins, pourriez, Syndicat d'Initiative, viendrions, compris, réponse, pension complète, reconnaissante, aimerais, faudrait

Madame C. Ouate
2 rue St-Lô
Rouen

Rouen, le 7 mai

Monsieur,

Votre hôtel m'a été recommandé par le ______ de votre ville.

Je vous serais ______ de me donner vos prix de ______ pour ma famille, c'est-à-dire mon mari et moi-même et nos deux enfants âgés de 7 et 11 ans.

Il nous ______ deux chambres dont une ______ avec salle de bains ou douche. J'______ aussi savoir si le petit déjeuner est ______. ______-vous également me dire si la plage est loin de l'hôtel.

Nous ______ à La Tranche pour deux semaines en août, de préférence au début du mois.

Dans l'attente d'une prompte ______, veuillez agréer, Monsieur, l'expression de mes sentiments distingués.

Claire Ouate

Exercise E **Now write to a hotel of your choice in Quimper or Strasbourg, giving your holiday requirements.**

Exercise F **Read the following items of information in a magazine, then answer the questions which follow:**

VIVE LES GADGETS ELECTRONIQUES!

Vous aimez les gadgets? Alors voici quelques nouveautés qui vous intéresseront peut-être:

Avec vos ordonnances, utilisez *la carte informatique*. De la taille d'une carte de crédit, elle met en mémoire les médicaments prescrits. Si les effets de certains produits pris en même temps sont dangereux, l'ordinateur vous le signale. Gratuit. Chez les pharmaciens équipés.

Si vous devez prendre vos médicaments à heures fixes, vous apprécierez *la boîte à pilules électronique*. Elle émet un signal sonore quand il faut prendre les cachets (six fois par jour maximum). Fait aussi montre.

Choisissez *la permanente électronique*. Grâce à un ordinateur, le coiffeur peut maintenant adapter avec précision la permanente à la nature de vos cheveux.

Si vous prenez le jogging au sérieux, mettez une paire de *chaussures électroniques*. A la fin du parcours, vous pourrez vérifier avec exactitude la durée de la course, la distance parcourue, votre vitesse moyenne et les calories brûlées.

Pour les longs voyages en voiture, portez des lunettes spéciales équipées d'un *détecteur électronique de somnolence*. Si vos paupières restent baissées trop longtemps, une alarme sonore vous réveille.

1 Why is the chemist computer card particularly useful?
2 Is it an expensive gadget?
3 Can it be used at all chemists?
4 How does the electronic pill-box help people who have to take medicine?
5 What are its limitations?
6 Can it be useful in any other way?
7 What is now being used at some hairdresser's?
8 What is the advantage of this facility?
9 Who would want to wear electronic shoes? Why?
10 What can the special glasses be used for, if not for seeing better?

Listening Comprehension

Listen carefully to the passage, then choose the correct answer:

Vocabulary: une étiquette = *a label* une étoile = *a star*
une pince à linge = *a clothes' peg* un papillon = *a butterfly*
une guirlande = *a garland*
une baleine (de parapluie) = *an umbrella rib*

Section One

1 This conversation takes place
a on a Wednesday.
b in the morning.
c in the afternoon.
d one Wednesday afternoon.
e one Thursday afternoon.

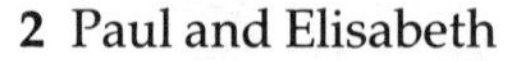

2 Paul and Elisabeth
a are bored and do not know what to do.
b are bored with school.
c want to do their homework but do not know how.
d do not know what to do.
e hate the rain.

3 If it were the 1st April Elisabeth
- **a** would be at school.
- **b** would play a trick.
- **c** would play a trick on her school friends.
- **d** would play a trick on the girls she did not like.
- **e** would play a trick on the girls who did not like her.

4 On the labels she would write
- **a** the names of historical characters.
- **b** the names of commercial products.
- **c** for sale.
- **d** twenty francs a kilo.
- **e** the kind of thing you find on goods for sale.

5 She would
- **a** fix the labels on the backs of the girls.
- **b** make a victim of the girl she did not like.
- **c** fix the labels on the backs of the girls when they were busy.
- **d** attach the labels with a paper clip.
- **e** pin the labels on the girls' shoulders.

Section Two

6 Paul
- **a** approved of his sister's plan.
- **b** thought about the idea for a few moments.
- **c** disapproved of what Elisabeth had said.
- **d** disliked practical jokes.
- **e** thought about it and then said it was a good idea.

7 Paul said
- **a** he would play a trick on their mother.
- **b** if it were raining on 1st April he would play a trick on their mother.
- **c** he would wait until next year before doing anything.
- **d** he wished he had thought of Elisabeth's trick first.
- **e** he would make an April Fool of their father.

8 What would Paul look for in the attic?
- **a** stars.
- **b** pieces of material.
- **c** flowers.
- **d** Christmas decorations.
- **e** paper butterflies.

9 He would
- **a** borrow some ribbons from Elisabeth.
- **b** take away his sister's ribbons.
- **c** lend Elisabeth some ribbons.
- **d** borrow his sister's butterflies and flowers.
- **e** use different coloured ribbons.

10 Elisabeth was getting impatient because
- **a** she was by nature an impatient little girl.
- **b** Paul was taking his time.
- **c** her brother was teasing her.
- **d** she did not know what Paul intended doing with the decorations.
- **e** she wanted to know what her mother's reaction would be.

Section Three

11 Paul's plan was
- **a** to hang the decorations on whale bone.
- **b** to conceal the attached decorations inside the umbrella.
- **c** to put the stars and butterflies inside the umbrella.
- **d** to hide the decorations.
- **e** to hide the umbrella.

12 When mother opened the umbrella in the street
- **a** she would be very surprised.
- **b** she would not know what was happening to her.
- **c** there would be stars and butterflies on the ground.
- **d** she would be angry.
- **e** it would give her a fright.

13 Passers-by would
- **a** look at her curiously.

b be curious about her.
c think she was peculiar.
d overcome their curiosity.
e let their curiosity get the better of them.

14 Elisabeth wondered
a how to tell her mother about the trick.
b whether mother would be amused or angry.
c what her mother would say.
d if she should tell her mother about Paul's plans.
e if her mother would cry.

15 Paul suggested
a they should try the trick the following year.
b April 1st was good fun.
c they should postpone trying the trick until mother was in better health.
d it might rain on April 1st next.
e they should not try it after all.

See Grammar Section 14

SUGGESTIONS FOR ROLE PLAY – UNITES 9–12

1 You are on holiday in France. Unfortunately the weather is dreadful. Go to a travel agent's and discuss the possibility of a sightseeing tour.
2 You are an English tourist in a French town. You have just arrived and need various things – a hotel, a garage and a chemist's. Stop and ask a passer-by. Fortunately you have a map of the town (*un plan de la ville).*
3 You have just arrived at your French friends' house. As they show you round, you cannot help commenting on and comparing their house with yours.
4 You have just won a fantastic prize. Tell your friend how it happened, and explain whether or not it will change your life.
5 Tell your friend you have just entered a competition. The first prize is a million pounds. Tell him/her what you would do if you won.
6 Tell your friend what you would do, and how you would live if you were French.
7 Book rooms for yourself and your family in a hotel. Discuss floors, rooms, prices, arrangements for meals etc.
8 You have just spent a terrible night in your hotel. Complain about the various shortcomings to the manager.

FAITES LE POINT! UNITES 9–12

1 Lucien Cousin's daughter, Annette, is thinking about her future. Help her conjugate the verbs properly:

Quand je (être) grande, j'(aller) en France pour étudier la médecine, comme mon père. Après de longues années d'études, je (revenir) à la Martinique pour y exercer ma profession. Mais si je (se marier) avec un homme riche, je (ne pas travailler)!

2 Now, help Françoise Dupré. She is talking about her children's next holiday:

Cet été, ils (aller) en vacances en Bretagne. Ils (faire) du camping. Colette (essayer) de faire du cheval, et Claude (aller) à la pêche. Ils (manger) souvent au restaurant et ils (voir) probablement une fête folklorique. J'espère qu'ils (envoyer) des cartes postales.

3 Use the cues given to ask your friends about their holiday plans:

– (Ask where they'll go on holiday this year.)
– En Espagne.
– (Ask when they'll be there.)
– Au mois d'août.
– (Ask what they'll do during the day.)
– Le matin nous resterons au lit, et l'après-midi, nous irons à la plage.
– (Ask if they'll stay in the hotel in the evenings.)
– Quelquefois, mais nous sortirons aussi.
– (Ask if they'll have time to learn Spanish.)
– Non, nous n'avons que deux semaines de vacances!

4 Fill in the gaps with *plus, moins, le plus* etc. Remember that Mr Lachance is the lucky one!

– Vous connaissez monsieur Lachance?
– Oui, c'est l'industriel qui a les usines ______ ______ modernes de la région, n'est-ce pas?
– Elles sont certainement ______ grandes et ______ propres que celles de monsieur Déveine!
– Pauvre monsieur Déveine! Ses ouvriers sont ______ contents que ceux de monsieur Lachance; ils sont toujours en grève.
– Et la secrétaire de monsieur Lachance, vous la connaissez?
– Oui, je l'ai vue. Elle est grande et mince, elle a de grands yeux bruns . . .
– Alors elle est certainement ______ jolie que celle de monsieur Déveine. Quel âge a-t-elle?
– Environ vingt-cinq ans.
– La secrétaire de monsieur Déveine est beaucoup ______ jeune, elle a plus de cinquante ans!

5 Fill in the gaps with *le mien* etc., accordingly:

a – As-tu fini tes devoirs?
– Oui, ______ sont finis, et ______?

b – Avez-vous rencontré vos élèves?
– Oui, et vous, avez-vous rencontré ______?

c – Où est le livre de Simone?
– ______ est celui qui est sur la table.

d – Où sont les chaussures des enfants?
– J'ai trouvé mes chaussures, mais je n'ai pas trouvé ______.

e – Avez-vous vu notre nouvelle voiture?
– Oui, mais je préfère ______, elle est plus grande.

6 Answer according to the cues given:

a Si vous étiez libre ce soir?
(We'd go to the cinema.)

b S'il n'avait plus d'argent?
(He'd work.)

c S'ils avaient faim?
(They'd buy a sandwich.)

d Si tu gagnais à la Loterie Nationale?
(I'd be very happy.)

e Si elle parlait le français couramment?
(She'd become a bilingual secretary.)

f Si vous portiez vos lunettes?
(I'd see better.)

g S'ils avaient beaucoup d'argent?
(They would travel a lot.)

h Si je connaissais bien la ville?
(You'd know where to go.)

7 Put the verbs given in the infinitive in the correct tense, i.e. the imperfect or the conditional:

a Nous (aller) plus vite si nous (prendre) l'avion.
b Je (être) plus gai s'il y (avoir) du soleil.
c Si vous y (aller) en automne il (pleuvoir) beaucoup.
d Si c'(être) plus intéressant nous (venir) plus souvent.
e Elle (aller) chez le dentiste si elle (avoir) mal aux dents.
f S'il (mettre) ses lunettes il (voir) les détails.
g Si tu (arriver) en avance tu (devoir) attendre.
h Nous (pouvoir) visiter la ville si nous (se lever) tôt.

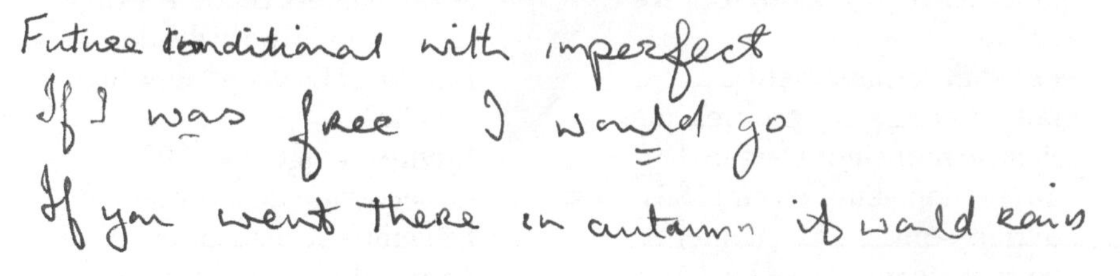

Future conditional with imperfect
If I was free I would go
If you went there in autumn it would rain

Treizième unité

Here are a few extracts from some of Georges Simenon's novels, featuring the famous pipe-smoking detective, Maigret:

Maigret is tired

Elle ferma les stores, s'assura que son mari ne manquait de rien et sortit sur la pointe des pieds. La porte n'était pas refermée qu'il dormait profondément. Sa vaisselle finie, la cuisine mise en ordre, elle hésita un bon moment à rentrer dans la chambre pour aller prendre son tricot qu'elle avait oublié. Elle écouta d'abord, entendit un souffle régulier, tourna le bouton avec précaution et s'avança sur la pointe des pieds sans faire plus de bruit qu'une bonne sœur. C'est à ce moment-là que, tout en continuant à respirer comme un homme endormi, il prononça d'une voix un peu pâteuse:
– Dis donc! Deux millions et demi en cinq mois . . .
Il avait les yeux fermés, le teint très coloré. Elle crut qu'il parlait dans son sommeil, s'immobilisa néanmoins pour ne pas le réveiller.
– Comment ferais-tu pour dépenser ça, toi?
Elle n'osait pas répondre, persuadée qu'il rêvait; toujours sans remuer les paupières, il s'impatienta:
– Réponds, madame Maigret.
– Je ne sais pas, moi, chuchota-t-elle. Combien as-tu dit?
– Deux millions et demi. Probablement beaucoup plus.
Il se retourna pesamment, et un de ses yeux s'entrouvrit un instant pour se fixer sur sa femme.
– On en revient toujours aux courses, tu comprends? Ecoute, madame Maigret. Il y a un détail que je voudrais connaître tout de suite. Où y avait-il des courses mardi dernier? Dans la région parisienne, bien entendu. Téléphone!
A ce moment-là, il avait les deux yeux ouverts. Il était donc complètement réveillé. Elle passa dans la pièce voisine, laissa la porte ouverte pendant le temps qu'elle téléphonait. Ce fut très court. On aurait dit que l'employé qui lui répondait avait l'habitude de ces questions-là, et il devait connaître son calendrier des courses par cœur, car il lui donna le renseignement sans hésiter. Or, quand Mme Maigret revint dans la chambre pour répéter à Maigret ce qu'on venait de lui dire, celui-ci dormait à poings fermés, la respiration assez sonore pour s'appeler ronflement.

Adapted from *Maigret et son mort*. Georges Simenon

Avez-vous compris?

1 What did Mrs Maigret do before leaving the bedroom?
2 What was Maigret already doing when she left?
3 What did she do afterwards?

4 Why did she want to go back to the bedroom?
5 What did she do when she was sure he was breathing regularly?
6 What did she think when she heard him speak?
7 What unlikely question did Maigret ask his wife?
8 How did he think so much money could be spent so quickly?
9 What did he ask Mrs Maigret to find out for him?
10 How was he when he asked her to telephone?
11 How long was the telephone conversation?
12 Why was she unable to give Maigret the information he wanted?

A vous!

Now help Mrs Maigret tell the story by filling in the blanks with the following vocabulary:

ouverts bruit vaisselle court sommeil cuisine pièce tricot mari courses

Quand je fermai la porte de la chambre, mon ______ dormait déjà profondément. Je fis la ______ et mis la ______ en ordre. Ensuite, je retournai dans la chambre pour aller prendre mon ______. Je m'avançai sans faire de ______. C'est alors que Maigret me parla. Je crus qu'il parlait dans son ______, mais il se retourna et me regarda. Il me demanda de téléphoner pour savoir où il y avait eu des ______ mardi dernier. Il était alors complètement réveillé car il avait les yeux ______.

Je passai dans la ______ voisine. Ce fut très ______ car l'employé me donna le renseignement sans hésiter. Quand je revins dans la chambre, Maigret dormait à poings fermés.

EXERCISES

Exercise A **Pair the English and French sentences:**

1 Il eut de la chance.
2 Elle fut surprise.
3 Nous fîmes le voyage ensemble.
4 Je la vis.
5 Elle les mit dans son sac.
6 Il dut les suivre.
7 Ils purent y aller.
8 Je ne le sus pas.
9 Ils rirent en même temps.
10 Il plut toute la journée.
11 Ils revinrent le lendemain.
12 Le voyage lui plut.

A They laughed at the same time.
B They were able to go there.
C She liked the trip.
D We travelled together.
E She put them in her bag.
F I did not know it.
G He was lucky.
H They came back the next day.
I I saw her.
J It rained all day long.
K He had to follow them.
L She was surprised.

Exercise B **Read the text carefully, then answer the questions following it in French:**

Entrouvrant la porte des inspecteurs, Maigret appela le petit Lapointe qui venait d'arriver.
– Assieds-toi.
Il referma la porte avec soin, répéta au jeune homme de s'asseoir et tourna deux ou trois fois autour de lui en lui jetant des coups d'œil curieux.
– Tu es ambitieux?
– Oui, monsieur le commissaire. Je voudrais faire une carrière comme la vôtre. C'est même de la prétention que cela s'appelle, n'est-ce pas?
– Tes parents ont de l'argent?
– Non. Mon père est employé de banque, à Meulan, il a eu du mal à nous élever convenablement, mes sœurs et moi.
– Tu es amoureux?
Il ne rougit pas, ne se troubla pas.
– Non. Pas encore. J'ai le temps. Je n'ai que vingt-quatre ans et ne veux pas me marier avant d'avoir assuré ma situation.
– Tu vis seul en meublé?
– Heureusement, non. Ma plus jeune sœur, Germaine, est à Paris aussi. Elle travaille dans une maison d'édition rue du Bac. Nous vivons ensemble et, le soir, elle trouve le temps de nous faire la cuisine, cela fait des économies.
– Elle a un amoureux?
– Elle n'a que dix-huit ans.
– Quand tu es allé rue de Turenne, es-tu revenu ici tout de suite?
Il rougit soudain, hésita un bon moment avant de répondre.
– Non, avoua-t-il enfin. J'étais tellement fier et heureux d'avoir découvert quelque chose que je me suis payé un taxi et que je suis passé par la rue du Bac pour mettre Germaine au courant.
– C'est bien, mon petit. Merci.
Lapointe, troublé, inquiet, hésitait à s'en aller.

Adapted from *L'Amie de madame Maigret.* Georges Simenon

1 Lapointe était-il dans le bureau des inspecteurs depuis longtemps quand Maigret l'appela?
2 Que dit-il deux fois au jeune homme?
3 Que fit-il d'autre avant de lui poser sa première question?
4 Quelle était l'ambition de Lapointe?
5 Ses parents étaient-ils riches?
6 Lapointe était-il enfant unique?
7 Quel âge avait-il?
8 Avait-il une petite amie et voulait-il se marier?
9 Habitait-il seul?
10 Quel âge avait Germaine et où travaillait-elle?
11 Que faisait-elle le soir et pourquoi?
12 Quand Lapointe rougit-il et hésita-t-il?
13 Pourquoi était-il fier et heureux après sa visite rue de Turenne?
14 Comment alla-t-il rue du Bac?
15 Que fit-il rue du Bac?

Exercise C **Translate into English:**

Madame Maigret venait de se coucher quand il rentra sur la pointe des pieds. Comme il se déshabillait dans l'obscurité, pour ne pas l'éveiller, elle lui demanda:
– Le chapeau?
– Il a effectivement été acheté par la comtesse Panetti.
– Tu l'as vue?
– Non. Mais elle a environ soixante-quinze ans.
Il se coucha, de mauvaise humeur, ou préoccupé, et il pleuvait toujours quand il s'éveilla, puis il se coupa en se rasant.
– Tu continues ton enquête? demanda-t-il à sa femme, qui, en bigoudis, lui servait son petit déjeuner.
– J'ai autre chose à faire? s'informa-t-elle sérieusement.
– Je ne sais pas. Maintenant que tu as commencé . . .

Adapted from *L'Amie de madame Maigret*. Georges Simenon

Exercise D **Translate into English:**

Alors il sonna le garçon de bureau.
– Dites-moi, Emile, personne n'est entré ici pendant que j'étais chez le chef?
– Personne, monsieur le commissaire.
Il fouillait à nouveau ses poches, celles de son veston, celles de son pantalon. Il avait l'air d'un gros homme contrarié et, de tourner ainsi en rond, cela lui donnait chaud.
Il entra dans le bureau des inspecteurs, où il n'y avait personne. Pas de pipe. Il frappa chez le chef. Celui-ci venait de sortir. Il entra, mais il savait d'avance que sa pipe n'était pas là, qu'il en fumait une autre quand il était venu vers six heures et demie bavarder des affaires en cours et aussi de son prochain départ pour la campagne.

Adapted from *La Pipe de Maigret*. Georges Simenon

Reading Comprehension

Read the following passage, then answer the questions in English. You are not expected to understand every word:

When Mr Brown returns to his hotel he finds a compatriot waiting to see him:

L'hôtel comportait d'abord un large vestibule meublé de chaises, de fauteuils, de portemanteaux. Au fond, ce vestibule s'élargissait encore, devenait hall, avec un bureau à gauche, un bar américain à droite.
Un homme était assis dans un fauteuil de rotin, son chapeau melon sur les genoux, et il était si calme, il regardait devant lui avec tant de patience qu'il avait l'air d'être installé dans un train. Il vit jaillir de l'ombre l'imperméable de l'Anglais. De sa place, la patronne qui terminait une addition ne voyait rien, mais elle avait la faculté de reconnaître les gens à leurs pas.
– C'est justement monsieur Brown, dit-elle en souriant.
L'homme de Londres ne savait pas qu'on l'attendait et il regardait à terre en marchant. Quand il leva la tête, il n'était plus qu'à trois pas du fauteuil de rotin.

Sa bouche mince esquissa une grimace qu'il essaya de terminer en sourire, et le visiteur qui s'était levé dit en anglais, la main tendue:
– Enchanté de vous rencontrer, monsieur Brown.
L'hôtelière, aimable, expliquait:
– Votre ami est arrivé que vous veniez à peine de sortir. Par ce brouillard, il a préféré attendre que vous chercher en ville.
Et le visage de Brown, tourné vers elle, tenta encore une grimace reconnaissante.
– Voulez-vous que je vous éclaire le salon?
C'était une pièce vitrée, à gauche du vestibule, en face de la salle à manger qui était à droite. L'hôtesse manipula les boutons d'un tableau et la pièce s'éclaira, grise et triste comme le salon d'un dentiste, avec les mêmes magazines sur la table. Sans perdre de temps, la patronne ouvrait le guichet de l'office.
– Germain! Voyez donc ce que ces messieurs désirent boire.
– Un whisky, monsieur Brown? s'empressa Germain. Et vous, monsieur?
– Très bien! Deux whiskies.
Ils entrèrent au salon et Brown se débarrassa de son imperméable, tandis que son compagnon s'asseyait dans un fauteuil et croisait les jambes.
– Vous êtes étonné de me voir, monsieur Brown?
Ils étaient du même âge, mais l'homme au chapeau melon avait une telle confiance en lui, qu'il en devenait agressif. Germain servit le whisky. Les deux compagnons ne refermèrent pas la porte, car ils étaient plus tranquilles ainsi, à condition de ne pas parler trop fort. Ce fut le visiteur qui ouvrit le feu.
– Je m'attendais à vous trouver à Dieppe, car c'est une manie chez vous de faire de temps en temps un tour sur le continent.
Brown ne disait rien, ne paraissait même pas disposé à prendre part à la conversation. Il regardait son interlocuteur de ses yeux tristes, gardait les mains croisées sur son genou.

Adapted from *L'homme de Londres.* Georges Simenon

1 What was the entrance of the hotel like?
2 Why did the man in the wicker chair give the impression he was on a train?
3 What did he see first?
4 What was the hotel owner doing at the time?
5 How did she know that Mr Brown had come in?
6 Did Mr Brown expect a visitor?
7 Was he pleased when he saw the man in the wicker chair?
8 Did the visitor seem pleased when he saw Mr Brown?
9 Why was the visitor waiting in the hotel?
10 Why did the lounge look like a dentist's waiting-room?
11 What was the visitor's first question?
12 What had the two men in common?
13 Why did the man with the bowler hat seem aggressive?
14 Why did he expect to find Mr Brown in Dieppe?
15 What was Mr Brown's attitude?

Picture Composition

Tell the following story with the help of the questions below:

Comment savez-vous que c'était la nuit?
Où était la voiture?
Que prit l'homme sur le toit de la voiture?

Que portait-il sur le dos?
Où l'homme mit-il l'échelle?
Jusqu'où grimpa-t-il?
Que fit-il pour entrer dans la maison?

Que fit la voisine quand elle entendit le cambrioleur?
Quand la police arriva-t-elle?
Pourquoi un policier enfonça-t-il la porte de la maison?

Par où le cambrioleur essayait-il de s'enfuir pendant ce temps-là?
Comment était le jardin? Pourquoi?
Qu'y avait-il au milieu?
Le cambrioleur la vit-il?
Que lui arriva-t-il?

See Grammar Section 15

Quatorzième unité

Mr and Mrs Brède are buying petrol:

Le pompiste: Messieurs-dames!
Monsieur Brède: Dix litres d'essence, s'il vous plaît.
Madame Brède: Non, faites le plein.
Le pompiste: Ordinaire ou super?
Madame Brède: Super!
Monsieur Brède: Du super pour la Petita? C'est ridicule!
Madame Brède: Mais c'est une voiture neuve!
Monsieur Brède: Ça n'a pas d'importance. Le plein d'ordinaire!
Le pompiste: Bien monsieur.
Madame Brède: Pourriez-vous aussi vérifier l'huile et l'eau?
Le pompiste: Bien sûr, madame, ouvrez le capot, s'il vous plaît.
Madame Brède: Charles, comment est-ce qu'on ouvre le capot?
Monsieur Brède: Comment! Tu oses conduire cette voiture, et tu ne peux même pas ouvrir le capot? Eh bien, bravo! Appuie là.
Madame Brède: Ne te fâche pas. Je n'ai pas la voiture depuis longtemps, tu sais!
Le pompiste: Tout est parfait. Je vous lave le pare-brise?
Madame Brède: Non merci, il est propre.
Le pompiste: Alors, ça fait 175 francs.
Madame Brède: Voilà monsieur.
Le pompiste: Merci bien, et bonne route!

Avez-vous compris?

1 What kind of petrol, and how much, do the Brèdes finally buy?
2 What does Mrs Brède ask the attendant to check?
3 Why does Mr Brède get cross with his wife?
4 What is her excuse?
5 What, according to Mrs Brède, does not need cleaning?

A vous!

Now imagine that YOU are at a petrol station in France:

Vous: (Ask the attendant to fill the tank up.)
Le pompiste: Super ou ordinaire?
Vous: (You want 4 star.)
Le pompiste: Voilà. Ça fait . . .
Vous: (Ask him to check the oil and water.)
Le pompiste: Tout est parfait.
Vous: (Ask him to clean the windscreen.)
Le pompiste: Voilà!
Vous: (Thank him and ask him how much it is.)
Le pompiste: Ça fait 250 francs.
Vous: (Give him the money.)
Pompiste: Merci, et bonne route!

The Petita is a write-off. Mrs Brède has just driven into a tree. Fortunately, nobody is hurt, but Mr Brède is very angry:

Monsieur Brède: Si tu m'avais écouté, tu m'aurais laissé le volant et ça ne serait pas arrivé!
Madame Brède: Si je ne t'avais pas écouté, nous aurions pris l'autoroute, et ça ne serait pas arrivé!
Monsieur Brède: Si nous n'étions pas partis en retard, tu n'aurais pas conduit si vite.
Madame Brède: Et pourquoi étions-nous en retard? . . . Parce que Monsieur ne pouvait se décider à choisir une cravate!
Monsieur Brède: Tu aurais dû te lever plus tôt . . .
Madame Brède: J'en ai assez à la fin, tout est toujours de ma faute!
Monsieur Brède: Avoue que tu roulais vite.
Madame Brède: Je respectais la limite de vitesse, et si l'idiot d'en face n'avait pas doublé dans le virage, je n'aurais pas donné un coup de volant à droite!
Monsieur Brède: Tes réflexes ne sont pas encore tout à fait au point et . . .
Madame Brède: Dis donc, j'ai mon permis de conduire depuis un mois, et pour m'améliorer il me faut de l'expérience.
Monsieur Brède: On n'aurait jamais dû te donner le permis!

Madame Brède: Si on me l'a donné, c'est que je le méritais! Et puis tu peux parler, toi, tu n'es pas non plus un as du volant, loin de là! Il y a trois jours, si je ne t'avais pas dit qu'il y avait un stop, tu ne te serais pas arrêté. Et tout ça parce qu'il y avait une fille en short qui faisait du stop sur le bord de la route!
Monsieur Brède: Quoi, tout le monde a ses moments d'inattention, c'est humain après tout!
Madame Brède: Je suis bien contente de te l'entendre dire!

Avez-vous compris?

1 Qui était au volant?
2 Quelle route voulait prendre madame Brède?
3 Pourquoi les Brède étaient-ils partis en retard?
4 Madame Brède roulait-elle trop vite?
5 Pourquoi est-elle rentrée dans un arbre?
6 A-t-elle son permis depuis longtemps?
7 Que lui faut-il pour s'améliorer?
8 Monsieur Brède est-il un automobiliste parfait?
9 Qui a détourné son attention trois jours plus tôt?
10 Quelle est l'excuse de monsieur Brède?

A vous!

You are telling a friend about the Brèdes' car crash. Fill in the gaps:

Si madame Brède avait ______ son mari, elle lui aurait laissé le ______.
S'ils avaient pris l'______ ça ne serait pas ______.
S'ils n'étaient pas ______ en retard, elle n'aurait pas ______ si vite.
Si l'idiot d'en face n'avait pas ______ dans le virage elle n'aurait pas donné ______ à droite.
Et trois jours plus tôt, si elle n'avait pas ______ à son mari qu'il y avait un ______, il ne se serait pas ______!

Now listen to Maxime Le Forestier who wrote a song called 'Mon Frère' in which he talks to an imaginary brother and tells him what they would have done together:

Toi le frère que je n'ai jamais eu	You, the brother I never had
Sais-tu si tu avais vécu	Do you know, if you had lived
Ce que nous aurions fait ensemble	What we would have done together?
Un an après moi tu serais né	You would have been born a year after me
Alors on se serait plus quitté	Then we would never have parted.
Comme deux amis qui se ressemblent	Like two friends looking alike
On aurait appris l'argot par cœur	We would have learnt slang by heart
J'aurais été ton professeur	I would have been your teacher
A mon école buissonnière	At my school for people playing truant
Sûr qu'un jour on se serait battu	Sure, one day we would have fought
Pour peu qu'alors on ait connu	Especially if we had known
Ensemble la même première	The same first girl together
Mais tu n'es pas là à qui la faute?	But you are not here whose fault is it?
Pas à mon père	Not my father's
Pas à ma mère	Not my mother's
Tu aurais pu chanter cela	You could have sung that
Toi le frère que je n'ai jamais eu	You the brother I've never had
Si tu savais ce que j'ai bu	If you knew how I drank
De mes chagrins en solitaire	My sorrows in solitude
Si tu ne m'avais pas fait faux bond	If you hadn't let me down
Tu aurais fini mes chansons	You could have finished my songs
Je t'aurais appris à en faire	I would have taught you how to do it
Si la vie s'était comportée mieux	If life had behaved better
Elle aurait divisé en deux	It would have halved
Les paires de gants les paires de claques	The pairs of gloves, the slaps
Elle aurait sûrement partagé	It would surely have shared
Les mots d'amour et les pavés	Words of love, paving stones
Les filles et les coups de matraque	Girls and truncheon blows
Mais tu n'es pas là à qui la faute?	But you are not here whose fault is it?
Pas à mon père	Not my father's
Pas à ma mère	Not my mother's
Tu aurais pu chanter cela	You could have sung that
Toi le frère que je n'aurai jamais	You the brother I will never have
Je suis moins seul de t'avoir fait	I feel less lonely for having created you
Pour un instant pour une fille	For a while because of a girl
Je t'ai dérangé, tu me pardonnes	I have disturbed you, you'll forgive me
Ici quand tout vous abandonne	Here when everything forsakes you
On se fabrique une famille.	You make up a family

Paroles, musique et interprétation: Maxime Le Forestier.

A vous!

You are talking to your imaginary brother. Say the following things to him:

Do you know if you had lived what we would have done together?
You would have been born a year after me.
We would always have stayed together.
We would have learnt slang by heart.
I would have been your teacher.
One day we would have fought.
You would have finished my songs.
I would have taught you how to write some.

EXERCISES

Exercise A **An absent-minded historian has got in a muddle. Help him by pairing the sentences correctly:**

1 Si Jeanne d'Arc ne s'était pas battue contre les Anglais . . .
2 Si les Romains avaient aussi bu la potion magique . . .
3 Si Marie-Antoinette n'avait pas dit: «Qu'ils mangent de la brioche» . . .
4 Si on n'avait pas assassiné l'archiduc Ferdinand . . .
5 Si Napoléon avait traversé la Manche . . .
6 Si Adam avait refusé de manger la pomme . . .
7 Si Dalila n'avait pas coupé les cheveux de Samson . . .
8 Si Guillaume le Conquérant était resté en Normandie . . .
9 Si Christophe Colomb ne s'était pas perdu . . .
10 Si Henry VIII avait vécu plus longtemps . . .

A la première guerre mondiale n'aurait pas éclaté en 1914.
B il n'aurait pas perdu sa force.
C elle n'aurait pas été brûlée à Rouen.
D Astérix et Obélix n'auraient pas pu les battre.
E les hommes seraient restés au paradis.
F il n'aurait pas découvert l'Amérique.
G il aurait probablement épousé une septième femme.
H il serait peut-être devenu empereur des Anglais.
I il n'aurait pas tué le roi Harold.
J elle n'aurait pas perdu la tête.

Exercise B **Put the verbs in the right tense:**

example: Les Brède (ne pas se disputer) si (ne pas avoir) d'accident.
Les Brède ne se seraient pas disputés s'ils n'avaient pas eu d'accident.

1. Vous (laisser) le volant à votre mère si vous m'(écouter).
2. Si tu (prendre) l'autoroute, l'accident (ne pas arriver).
3. Si nous (partir) à l'heure, elle (ne pas conduire) si vite.
4. Elle (ne pas donner) un coup de volant à droite, s'il (ne pas doubler) dans le virage.
5. Si je (ne pas dire) que le feu était rouge, vous (passer).
6. S'il (se décider) rapidement à choisir une cravate, ils (ne pas être) en retard.
7. S'il (se lever) plus tôt, il (avoir) plus de temps pour choisir une cravate.
8. Si Mme Brède (avoir) plus d'expérience, ses réflexes (être) meilleurs.
9. Si on (ne pas donner) le permis à Mme Brède, elle (ne pas pouvoir) conduire.
10. Si la jeune fille (ne pas faire) de stop, il (voir) le feu.

Exercise C **Help Mr Déveine tell a friend about one of his frequent bad days:**

Help him say that:
If he had heard the alarm clock, he would not have been late.
If his friend Henri had not phoned, the toast wouldn't have burnt.
If the car had not broken down, he would have arrived on time.
If his secretary had been at the office, he could have worked normally.
And if the workers had been on strike, he would have gone home!
Start: *Si j'avais entendu le réveil . . .*

Exercise D **List the things that you would have done had you been in the following situations:**

example: Si j'avais écouté le professeur de français . . .
je serais allé(e) en classe régulièrement.
j'aurais fait les devoirs chaque semaine.
j'aurais appris les verbes irréguliers par cœur.
je serais allé en vacances en France.
et maintenant je parlerais le français couramment!

Si j'étais allé(e) à la Martinique pour les vacances . . .
Si ma voiture était tombée en panne ce matin . . .
Si j'avais trop mangé et trop bu hier soir . . .
Si j'avais participé à un jeu radiophonique . . .
Si j'avais eu de la chance hier . . .
Si j'avais gagné beaucoup d'argent . . .

Exercise E **Translate into English:**

Il portait un pardessus gris, un chapeau de feutre gris, des gants de cuir et il fumait une cigarette. Les autres détails, Maloin ne les distinguait pas. Les hommes d'équipe, les douaniers, les employés s'occupaient des voyageurs qui franchissaient la passerelle. Seul, Maloin devina une ombre debout à l'avant du navire et à l'instant même cette ombre lançait quelque chose sur le quai.
A cinquante mètres de la foule, une valise venait de passer en dehors des barrières et l'inconnu de la ville la tenait à la main, en fumant toujours.

Il aurait pu s'en aller, mais il resta là, comme un quelconque voyageur qui attend un ami.
– Que peuvent-ils bien avoir passé en fraude? se demandait Maloin.
Pas un instant l'idée ne lui vint de dénoncer les deux inconnus dont un restait toujours invisible. Ce n'était pas son affaire. S'il était allé en Angleterre, il aurait fraudé, lui aussi, du tabac ou de l'alcool, parce que c'est l'habitude.

Adapted from *L'homme de Londres* Georges Simenon

Exercise F **Read the advertisement for the Petita-Super, then answer the questions which follow:**

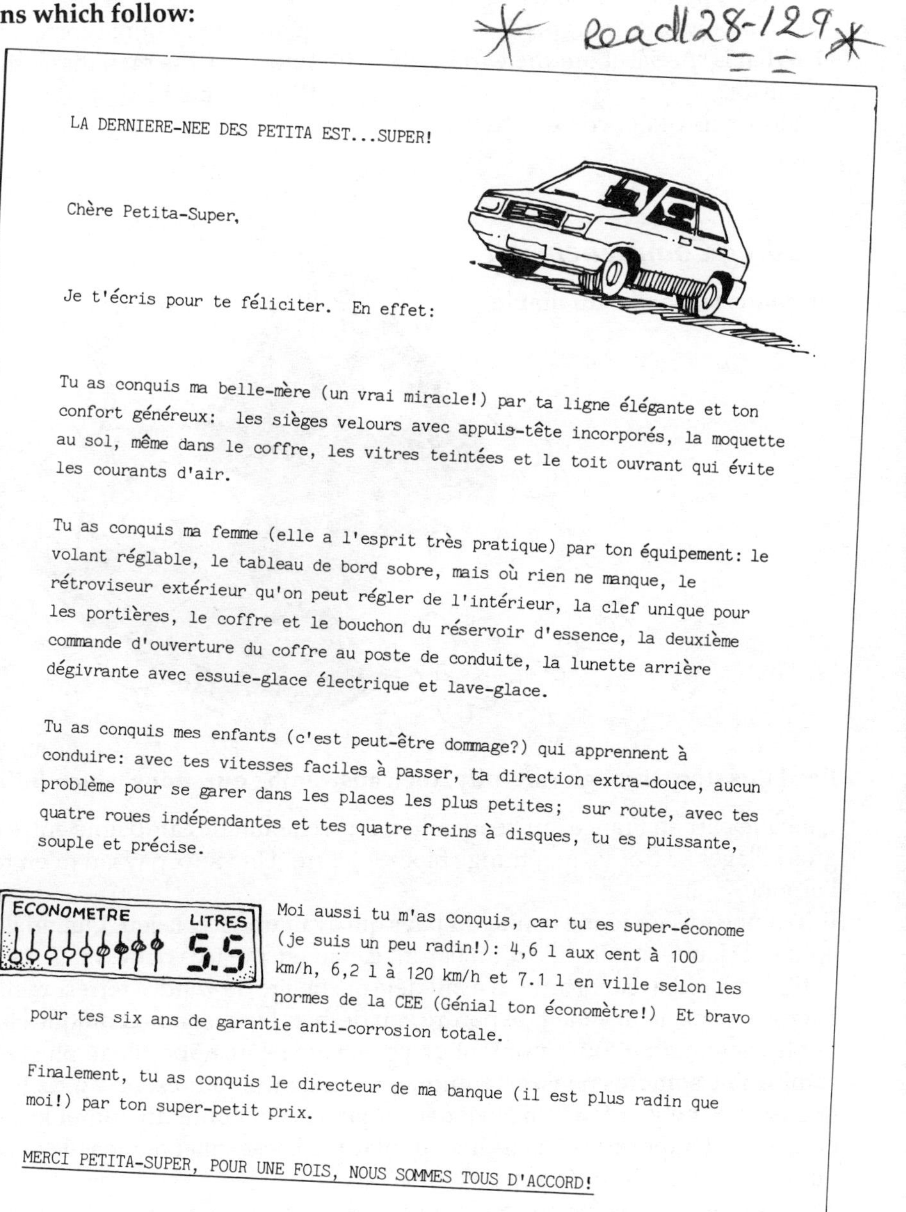

LA DERNIERE-NEE DES PETITA EST...SUPER!
Chère Petita-Super,
Je t'écris pour te féliciter. En effet:
Tu as conquis ma belle-mère (un vrai miracle!) par ta ligne élégante et ton confort généreux: les sièges velours avec appuis-tête incorporés, la moquette au sol, même dans le coffre, les vitres teintées et le toit ouvrant qui évite les courants d'air.
Tu as conquis ma femme (elle a l'esprit très pratique) par ton équipement: le volant réglable, le tableau de bord sobre, mais où rien ne manque, le rétroviseur extérieur qu'on peut régler de l'intérieur, la clef unique pour les portières, le coffre et le bouchon du réservoir d'essence, la deuxième commande d'ouverture du coffre au poste de conduite, la lunette arrière dégivrante avec essuie-glace électrique et lave-glace.
Tu as conquis mes enfants (c'est peut-être dommage?) qui apprennent à conduire: avec tes vitesses faciles à passer, ta direction extra-douce, aucun problème pour se garer dans les places les plus petites; sur route, avec tes quatre roues indépendantes et tes quatre freins à disques, tu es puissante, souple et précise.
ECONOMETRE
LITRES
5.5
Moi aussi tu m'as conquis, car tu es super-économe (je suis un peu radin!): 4,6 l aux cent à 100 km/h, 6,2 l à 120 km/h et 7.1 l en ville selon les normes de la CEE (Génial ton économètre!) Et bravo pour tes six ans de garantie anti-corrosion totale.
Finalement, tu as conquis le directeur de ma banque (il est plus radin que moi!) par ton super-petit prix.
MERCI PETITA-SUPER, POUR UNE FOIS, NOUS SOMMES TOUS D'ACCORD!

1 Explain briefly why each member of the family fell for the Petita-Super.
2 Who else fell for the car, and why?
3 What material covers the seats?
4 What can be found even in the boot?
5 What are the windows like?
6 According to the mother-in-law, what prevents draughts?
7 What is special about the wing mirror?
8 How many keys come with the car?
9 Is there another way of opening the boot?
10 What are the features of the back window?
11 Why are its road-holding capacities particularly good?
12 With what norms does it comply?
13 Which gadget checks the petrol consumption?
14 For how long is the car guaranteed against corrosion?
15 Why does the man thank the Petita-Super?

Reading Comprehension

Un conte: le marché du diable

Read this story through carefully, then answer the questions which follow:

Quelque part en France, au beau milieu d'un chemin de campagne entre deux gros villages se trouve un étrange bloc de pierre. Un vieux paysan m'en raconta l'origine.

Il était une fois un jeune comte du pays qui avait un vice: le jeu. Quand il avait épousé la jeune et jolie fille d'un baron, il était encore très riche, mais, petit à petit, il dilapidait sa fortune. Il avait déjà été obligé de vendre terres, meubles et bijoux. Ce soir-là, il venait de perdre son dernier bien, son magnifique château. Sur le chemin du retour, montant un cheval qui ne lui appartenait plus, il ruminait de sombres pensées: Comment vivraient-ils à présent, lui, sa tendre épouse et le petit enfant qui allait naître? Jamais il n'aurait dû quitter le château en ce jour si important. Jamais il n'aurait dû se laisser aller à une telle faiblesse. Pourquoi n'avait-il su s'arrêter à temps?

Ses tristes réflexions furent tout à coup interrompues par une voix caverneuse qui disait:

– Voulez-vous m'acheter un monceau d'or, monseigneur?

– Hélas, soupira le comte, je ne puis rien acheter à personne, je suis ruiné.
– Je sais, répondit l'autre, mais mon offre tient toujours, ce n'est pas l'argent qui m'intéresse!
– Serait-ce mon âme?
L'horrible créature ricana, puis ajouta:
– Votre âme m'appartient déjà, monseigneur, par le jeu.
– Alors, comment?
– Vous aurez un monceau d'or contre la première créature née cette nuit au château.
– Arrière satan, s'écria le comte horrifié. Et il partit au galop.
Mais à mesure qu'il se rapprochait de sa demeure, le jeune comte réfléchissait. Quel serait l'avenir de l'enfant après toutes ses folies? D'avance, il était condamné à la misère. Avec le monceau d'or, sa femme et lui pourrait commencer une vie nouvelle et avoir d'autres enfants.
Alors il tourna brusquement bride, et il retourna à l'endroit de la sinistre rencontre. Le diable, car c'était bien lui, n'avait pas bougé. Après discussion, ils décidèrent que l'échange aurait lieu le lendemain matin à l'aube.
Quand le jeune seigneur arriva au château, tout le monde était en fête. La comtesse venait d'avoir un fils.
Elle avait entendu le cheval de son époux, mais comme il tardait à venir la voir, elle commença à s'inquiéter. On lui dit que son mari avait appris la bonne nouvelle, mais qu'il s'était dirigé directement vers les étables. La jeune mère se sentit très triste. Pour se consoler, elle prit son enfant tendrement dans ses bras et se mit à le bercer doucement.
Pendant ce temps-là, le comte se dirigeait vers le lieu de rendez-vous, un paquet caché sous sa large cape.
– Il était temps, monseigneur, j'allais repartir!
Le diable avait tenu parole. Il était assis sur un énorme bloc d'or.
– Remettez-moi votre part du marché.
– C'est-à-dire le premier être né cette nuit au château, précisa le comte, le voici!
Et il tendit au diable un petit cochon tout rose en ajoutant:
– Il a deux heures de plus que mon enfant.
De colère, le diable frappa de son pied fourchu le bloc d'or qui se transforma aussitôt en un bloc de pierre que l'on peut voir encore aujourd'hui.

1 What was the young count's vice?
2 What had he been obliged to sell because he had squandered his fortune?
3 What was the last possession he had lost?
4 Why was that day especially important for him?
5 Give two or three examples of what the count ought or ought not to have done.
6 Why was the devil not interested in the count's soul?
7 What did he try to sell the count?
8 What made the count change his mind about the offer?
9 What bargain did they strike?
10 When would the exchange take place?
11 Why didn't the count go and see his wife immediately?
12 What did she do to console herself?
13 Where did the count find the devil?
14 What did the count offer him as his part of the bargain?
15 What was the devil's revenge?

Listening Comprehension 1

You will hear once only a series of extracts from conversations. Decide where each one is taking place from the following alternatives:

1 a Dans une église
b Dans un magasin
c Dans un restaurant
d Dans le métro

2 a A la piscine
b Au marchée
c A la mairie
d Dans un garage

3 a A l'arrêt d'autobus
b Au syndicat d'initiative
c Au bord de la mer
d Au commissariat de police

4 a Chez le médecin
b Chez le coiffeur
c Chez le dentiste
d Chez le pharmacien

5 a Au bureau
b A la poste
c Au cinéma
d Au restaurant

6 a A la gare
b Au théâtre
c A l'aéroport
d A l'école

7 a Au musée
b En classe
c Au bureau de poste
d Dans un magasin de vêtements

8 a Chez le boucher
b Au zoo
c A la ferme
d Dans un jardin

9 a En Angleterre
b A l'école
c A l'aéroport
d A la bibliothèque

10 a A la patinoire
b Dans un avion
c Dans un train
d Sur un bateau

11 a Chez une concierge
b Dans la rue
c Dans une cabine téléphonique
d A l'école

12 a Au bureau des Objets Trouvés
b Chez un marchand de parapluies
c Dans une bijouterie
d Dans une agence de voyages

Listening Comprehension 2

Listen to Mrs Dupont giving street directions to someone outside the station. Then draw a sketch map of her directions from the station to place Dagobert. Include all the landmarks (in French) and the names of the roads.

See Grammar Section 11, 16

Quinzième unité

A la poste

Chantal has just received her first letter from a penfriend in England. She wants to write back to her as soon as possible and goes to the post office to find out about postage, etc.

L'employée: Vous désirez?
Chantal: C'est combien pour envoyer une carte postale en Angleterre?
L'employée: Un franc soixante-dix.
Chantal: C'est cher pour un pays du Marché Commun! Et c'est combien pour une lettre?
L'employée: C'est deux francs quarante maintenant. Ça vient d'augmenter.
Chantal: Encore! Enfin, je voudrais deux timbres à deux francs quarante et dix timbres à un franc soixante-dix. Est-ce que vous avez de nouveaux timbres? C'est pour ma correspondante anglaise, elle en fait collection.
L'employée: Oui, je peux vous donner la dernière série.
Chantal: Oh, ils sont très beaux! Je voudrais aussi envoyer un paquet.
L'employée: En recommandé ou ordinaire?
Chantal: Ordinaire, c'est seulement un petit cadeau: un livre de recettes normandes.
L'employée: Donnez . . . Ça fait trente francs cinquante. Mais vous devez remplir cette fiche pour la douane.
Chantal: Merci . . . Voilà. Je vous dois combien en tout?

Avez-vous compris?

1 When Chantal inquired about postage how much was it to send a postcard to England? And a letter?
2 Why did Chantal ask for newly issued stamps?
3 What else did she want to send to her penfriend?
4 Why didn't she want to send it recorded delivery?
5 Why did she have to fill in a form?

A vous!

Imagine that you are Chantal. Tell Laurent what happened at the post office:

Je suis allée à la ______ cet après-midi. L'employée m'a dit qu'une ______ ______ pour l'Angleterre coûtait 1 F 70 et qu'une ______ coûtait ______. Je lui ai dit que c'était ______. Elle m'a répondu que ça venait d'______. Je lui ai demandé si elle avait de nouveaux ______ pour ma ______ anglaise. Je lui ai dit que je voulais aussi ______ un paquet. Elle m'a demandé si je voulais l'envoyer en ______ ou ordinaire. J'ai dit que c'était seulement un petit ______. Elle m'a dit que le ______ coûtait 30 F 50 et que je devais remplir une ______ pour la ______.

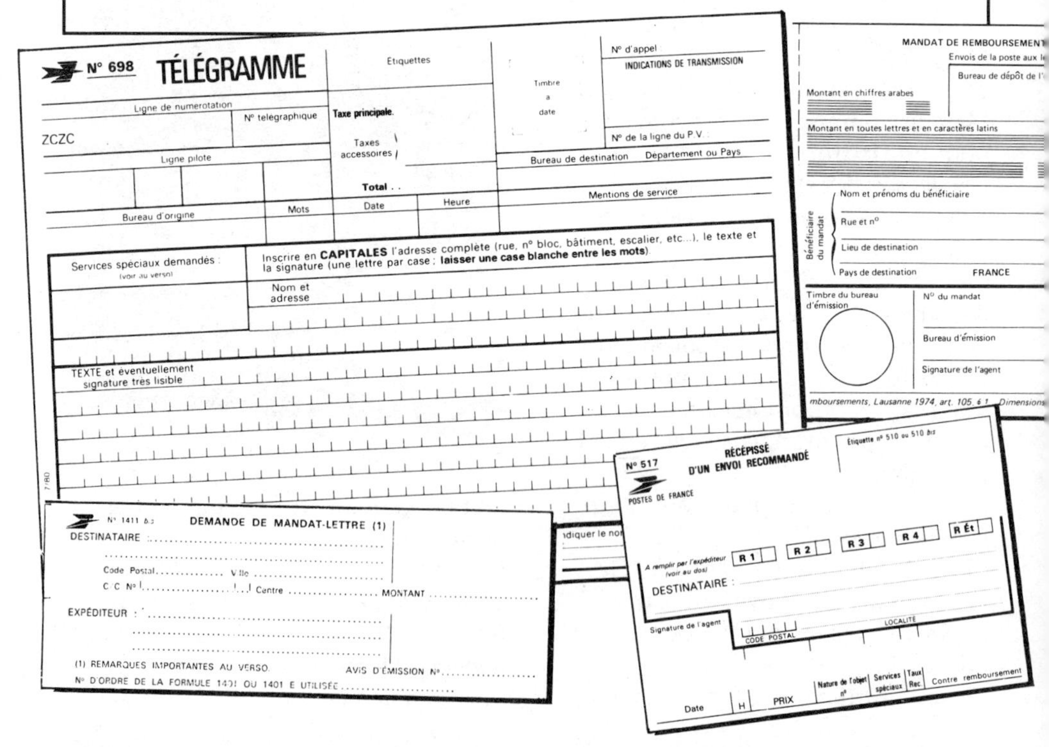

N° 698 TÉLÉGRAMME
Etiquettes
Timbre à date
N° d'appel
INDICATIONS DE TRANSMISSION
Ligne de numérotation
N° télégraphique
Taxe principale.
ZCZC
Taxes accessoires
N° de la ligne du P.V.
Ligne pilote
Bureau de destination
Département ou Pays
Total
Bureau d'origine
Mots
Date
Heure
Mentions de service
Services spéciaux demandés : (voir au verso)
Inscrire en CAPITALES l'adresse complète (rue, n° bloc, bâtiment, escalier, etc...), le texte et la signature (une lettre par case ; laisser une case blanche entre les mots).
Nom et adresse
TEXTE et éventuellement signature très lisible

MANDAT DE REMBOURSEMENT
Envois de la poste aux le...
Bureau de dépôt de l'...
Montant en chiffres arabes
Montant en toutes lettres et en caractères latins
Bénéficiaire du mandat
Nom et prénoms du bénéficiaire
Rue et n°
Lieu de destination
Pays de destination FRANCE
Timbre du bureau d'émission
N° du mandat
Bureau d'émission
Signature de l'agent
...mboursements, Lausanne 1974, art. 105, § 1 – Dimensions

N° 1411 bis DEMANDE DE MANDAT-LETTRE (1)
DESTINATAIRE :
Code Postal .... Ville
C.C. N° .... Centre .... MONTANT
EXPÉDITEUR :
(1) REMARQUES IMPORTANTES AU VERSO. AVIS D'ÉMISSION N° ....
N° D'ORDRE DE LA FORMULE 1401 OU 1401 E UTILISÉE ....

N° 517 RÉCÉPISSÉ D'UN ENVOI RECOMMANDÉ
POSTES DE FRANCE
Etiquette n° 510 ou 510 bis
A remplir par l'expéditeur (voir au dos)
R 1 R 2 R 3 R 4 R Ét
DESTINATAIRE :
Signature de l'agent
CODE POSTAL
LOCALITÉ
Date H PRIX
Nature de l'objet n°
Services spéciaux
Taux Rec
Contre remboursement

While she was queuing Chantal listened to the conversation which was taking place at the next position where the clerk was not too obliging:

Une dame: Je voudrais envoyer un mandat à ma fille. Elle habite à Londres. Elle est au pair, la pauvre chérie.
L'employé: Voilà la fiche pour un mandat international.
La dame: Mon Dieu, j'ai oublié mes lunettes! Pouvez-vous m'aider à la remplir jeune homme?
L'employé: Vous avez de la chance, il n'y a personne qui attend. Voyons . . . Nom et adresse du destinataire.
La dame: Ma fille s'appelle Catherine Juverre et . . .
L'employé: Épelez!
La dame: C A T H E R I N E plus loin J U V E deux R E.
L'employé: Deux R E. Adresse?

La dame: 250 Chandos avenue, Whetstone.
L'employé: Oh là là! Épelez, épelez!
La dame: C majuscule H A N D O S, avenue comme en français, Whetstone W majuscule, H E T S T O N E. Vous parlez anglais?
L'employé: Pas un mot, et après, ça je n'ai pas l'intention d'essayer! Le montant du mandat?
La dame: Je veux lui envoyer cinq cents francs.
L'employé: Cinq cents francs. Voilà!
La dame: Quand le mandat arrivera-t-il à Londres?
L'employé: Je ne sais pas, moi!
La dame: Incroyable! Je voudrais aussi envoyer un télégramme.
L'employé: Il faut aller au guichet trois.
La dame: Je dois téléphoner à ma sœur en Amérique . . .
L'employé: Guichet quatre.
La dame: C'est que je voudrais téléphoner en PCV.
L'employé: Guichet quatre!
La dame: Quel système compliqué! Et quelle amabilité!

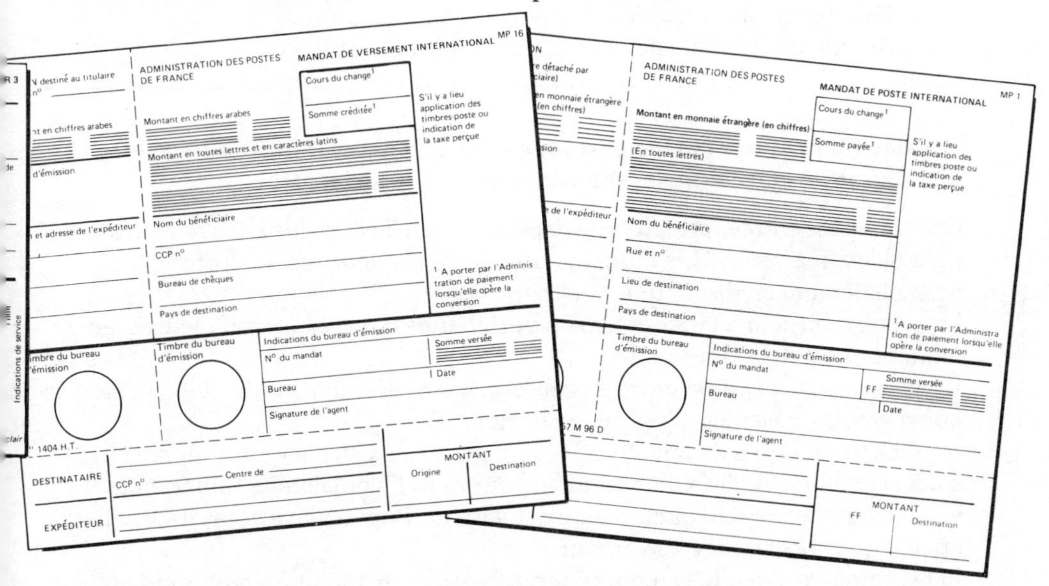

ADMINISTRATION DES POSTES DE FRANCE
MANDAT DE VERSEMENT INTERNATIONAL MP 16
Cours du change[1]
Somme créditée[1]
Montant en chiffres arabes
Montant en toutes lettres et en caractères latins
S'il y a lieu application des timbres-poste ou indication de la taxe perçue
Nom du bénéficiaire
CCP n°
Bureau de chèques
Pays de destination
[1] A porter par l'Administration de paiement lorsqu'elle opère la conversion
Timbre du bureau d'émission
Indications du bureau d'émission
N° du mandat
Somme versée
Date
Bureau
Signature de l'agent
1404 H.T.
DESTINATAIRE CCP n° Centre de
EXPÉDITEUR
MONTANT
Origine Destination

ADMINISTRATION DES POSTES DE FRANCE
MANDAT DE POSTE INTERNATIONAL MP 1
Cours du change[1]
Somme payée[1]
Montant en monnaie étrangère (en chiffres)
(En toutes lettres)
S'il y a lieu application des timbres poste ou indication de la taxe perçue
Nom du bénéficiaire
Rue et n°
Lieu de destination
Pays de destination
[1] A porter par l'Administration de paiement lorsqu'elle opère la conversion
Timbre du bureau d'émission
Indications du bureau d'émission
N° du mandat
Somme versée FF
Date
Bureau
Signature de l'agent
57 M 96 D
MONTANT
FF Destination

Avez-vous compris?

1 What did Mrs Juverre want to send her daughter?
2 What did the clerk give her?
3 Why did she ask the clerk to help her with it?
4 Why did he say that she was lucky?
5 When the lady told the clerk her daughter's address, what did he ask her to do and why?
6 When will the daughter get the money?
7 What else did the lady want to do at the post office?
8 Could she do that at the same counter?
9 What sort of telephone call did she want to make?
10 What prompted Mrs Juverre's last remark?

A vous!

Now Chantal is telling Laurent about the conversation she overheard while queuing at the post office. Help her:

Pendant que je faisais la _______ une dame au _______ voisin expliquait qu'elle voulait envoyer un _______ à sa fille qui habitait à Londres. L'employé lui a donné une _______ pour un mandat _______. La dame a dit qu'elle avait oublié ses _______ et elle a demandé à l'employé de l'_______. Il a dit qu'elle avait de la _______ parce que _______ n'attendait. Il a demandé à la dame d'_______ le nom et l'adresse de sa fille. Elle lui a demandé s'il parlait _______. Elle lui a ensuite demandé _______ le mandat arriverait et il lui a répondu qu'il ne le savait pas. Elle a dit qu'elle voulait aussi envoyer un _______ et _______. Il a répondu qu'il fallait aller aux _______ trois et quatre.

The day Chantal went to the post office, she had many things to do. While queuing at several counters, she witnessed a few incidents:

Une dame est entrée, portant un chapeau de soleil et des lunettes noires, alors qu'il pleuvait à verse. Une autre dame, voyant la queue, est ressortie immédiatement en disant que c'était une honte.
Un vieux monsieur a fait tomber son portefeuille dans la boîte aux lettres, en y mettant une lettre pour sa fille.
Un jeune garçon, qui est entré en courant, a renversé une petite fille qui, bien que n'étant pas blessée, s'est mise à hurler.
Ne sachant pas qu'il devait attendre à un guichet particulier, un touriste étranger a fait la queue pendant vingt minutes pour rien. Il voulait téléphoner, mais il était au guichet des chèques postaux. Ayant découvert son erreur, il s'est alors aperçu qu'il avait oublié son argent.
Et les employés, de plus en plus énervés, étaient de moins en moins aimables et regardaient sans arrêt la pendule.
Heureusement, c'était bientôt l'heure de la fermeture!

Avez-vous compris?

1. Pourquoi était-il surprenant qu'une dame porte un chapeau de soleil?
2. Qu'a fait une autre dame en voyant la queue?
3. Qu'a-t-elle dit?
4. Qu'a fait un vieux monsieur en mettant une lettre dans la boîte?
5. Pourquoi une petite fille s'est-elle mise à hurler?
6. Etait-elle blessée?
7. Pendant combien de temps le touriste a-t-il fait la queue pour rien?
8. Pourquoi n'a-t-il pas pu téléphoner?
9. Comment étaient les employés?
10. Pourquoi regardaient-ils sans arrêt la pendule?

A vous!

Pair the sentences below to make some meaningful statements:

ayant découvert son erreur
portant un chapeau et des lunettes noires
en disant qu'elle avait encore faim
ne sachant pas à quelle heure
en courant
en voyant la queue
en y mettant des fleurs

elle est sortie du restaurant
comme elle était en retard, elle est arrivée
elle a cassé le vase
elle est tout de suite descendue de l'autobus
elle a décidé de rentrer chez elle
elle est sortie incognito
le film commençait, elle est arrivée en retard

Now Mrs Juverre is at counter 4 to make her long-distance phone call reversing the charges:

Madame Juverre: Je voudrais appeler ma sœur à Boston en PCV, s'il vous plaît.
L'employée: Boston aux Etats-Unis?
Madame Juverre: C'est cela.
L'employée: Oui. Quel est le numéro de votre correspondante?
Madame Juverre: C'est le 375 16 98.
L'employée: Oui. Et quel est le nom de votre correspondante?
Madame Juverre: Elle s'appelle Madame Wheelbarrow maintenant. W comme William, H comme Henri, deux E . . .
L'employée: Ah, Madame Brouette!
Madame Juverre: Oui, c'est ça. Vous parlez anglais?
L'employée: Un peu seulement! Et quel est votre nom?
Madame Juverre: Madame Juverre.
L'employée: Très bien. Un instant s'il vous plaît.

Quelques minutes plus tard

L'employée: Boston! Cabine deux!

Avez-vous compris?

1 Where does Mrs Juverre's sister live?
2 What is her name?
3 Did Mrs Juverre have to spell it? Why?
4 Was the operator's attempt successful?

In her office, Mr Lachance's secretary had no trouble getting through to the person she wished to speak to:

La standardiste: Allô! Société Dubreuil!
La secrétaire de monsieur Lachance: Allô! Je voudrais le poste 174, s'il vous plaît.
La standardiste: Oui, ne quittez pas, je vous prie.
Une femme: Allô!
La secrétaire: Bonjour madame, pouvez-vous me passer monsieur Durant, s'il vous plaît?

La femme: C'est de la part de qui?
La secrétaire: Je suis la secrétaire de monsieur Lachance, le P.-D. G. de la Société Lachance et Fils.
Femme: Ne quittez pas, je vous le passe.

Avez-vous compris?

1 What did Mr Lachance's secretary first ask for?
2 Whom did she want to talk to?
3 What is the name of Mr Lachance's company?
4 What post has Mr Lachance got in the company?

As usual, Mr Déveine was not quite so lucky when he called the same company:

La standardiste: Allô! Société Dubreuil!
Monsieur Déveine: Allô! Pourrais-je parler à mademoiselle Janet, s'il vous plaît?
La standardiste: Dans quel service travaille-t-elle?
Monsieur Déveine: Au service de la comptabilité.
La standardiste: C'est de la part de qui?
Monsieur Déveine: Monsieur

Déveine, de la Société Tuile et Compagnie.
La standardiste: Ne quittez pas . . . Allô, je suis désolée, monsieur, la ligne est occupée. Voulez-vous attendre?
Monsieur Déveine: Oui, c'est très urgent!

Avez-vous compris?

1 What department did Mr Déveine ask for?
2 Why did the operator say that she was sorry?
3 Why did Mr Déveine decide to wait?

A vous!

Imagine that you are stranded in France, penniless, and that you need to call someone in England for help. You go to the post office:

L'employé: Vous désirez?
Vous: (Greet him and explain that you wish to call England, reversing the charges.)
L'employé: Quel est le numéro de votre correspondant?
Vous: (Say it's 368 16 75 in London.)
L'employé: Oui, et quel est le nom de votre correspondant?
Vous: (Say it's Wellington.)
L'employé: Pouvez-vous épeler, s'il vous plaît?
Vous: (Do as requested.)
L'employé: Et comment vous appelez-vous?
Vous: (Tell him, and spell it.)
L'employé: Très bien. Un instant, s'il vous plaît.

Now, imagine that you are the switchboard operator for the Apran company:

Vous: (Say 'hello' and announce yourself.)
Madame Y: Allô! Pouvez-vous me passer Monsieur X, s'il vous plaît?
Vous: (Ask who is calling.)
Madame Y: C'est Madame Y, de la Société Prof.
Vous: (Ask her to hold the line . . . Come back and tell her that you are sorry, but the line is engaged.)
Madame Y: Ça ne fait rien. Pourrais-je parler à Mademoiselle Z?
Vous: (Tell her that you are putting her through.)

EXERCISES

Exercise A **Report things you have been told by starting the following sentences with «*Il a dit que . . .*»:**

example: Il fait beau.
Il a dit qu'il faisait beau.

1. Ils ont beaucoup d'argent.
2. Sa fille est malade.
3. Chantal et Laurent apprennent l'anglais.
4. Il lit *Le Monde*.
5. Madame Brède mange trop.
6. Il faut partir de bonne heure.
7. Henri Boivin adore son chat.
8. Vous avez eu peur.
9. Il fera froid demain.
10. Il a vu le Président de la République.
11. Ils iront en vacances en Italie.
12. Tu auras 18 ans le mois prochain.

Exercise B **You are in a post office in France. Provide your half of the conversation according to the cues:**

Employé: Vous désirez?
Vous: (Ask how much it is to send a letter to England.)
Employé: Deux francs quarante.
Vous: (Ask about sending a postcard.)
Employé: Un franc soixante-dix.
Vous: (Ask for ten 1 F 70 stamps and one 2 F 40 stamp.)
Employé: Voilà.
Vous: (Ask if he's got newly issued stamps because you collect them.)
Employé: Voici la nouvelle série.
Vous: (Say you would also like to send a parcel recorded delivery.)
Employé: Pour l'Angleterre?
Vous: (No, for France; ask if you've got the right form.)
Employé: Oui, c'est ça.
Vous: (Say that you have to call London reversing the charges.)
Employé: Pour téléphoner, il faut aller au guichet trois.
Vous: (Say 'Very well' and ask how much it is altogether.)

Exercise C **Imagine what the following characters did during a burglary. Use the correct form of the verbs below. Then put the sentences in the right order:**

avoir, être, sortir, porter, tenir, entendre, décrocher, savoir

1 _______ un bruit anormal, madame Laval a réveillé son mari.
2 _______ un revolver de sa poche, le cambrioleur leur a dit de lever les bras.
3 _______ le téléphone, monsieur Laval a appelé la police.
4 _______ un bas sur la tête, le cambrioleur est entré dans la maison.
5 _______ très émotive, madame Laval s'est évanouie.
6 _______ qu'ils n'avaient aucune chance, les Laval ont obéi.
7 _______ chacun une brosse à cheveux à la main, le couple est descendu.
8 _______ pris tous les bijoux de madame Laval, le cambrioleur est parti.

Exercise D **Read the PTT advertisement, then answer the questions which follow:**

1 What are you advised to economise on?
2 Do the charges refer to international calls?
3 When is the cheapest time to phone?
4 What kind of a reduction do you get if you phone on Sundays?
5 What rate do you pay if you make a phone call in the afternoon?
6 What rate operates between 6 am and 8 am?
7 When does the 'white rate' operate?
8 Why would this not interest you if you were making a local call?

ECONOMISEZ
SUR LA FACTURE,
PAS SUR
LES COUPS DE FIL.
DÈS
18 HEURES
-30%
Pour téléphoner, profitez des communications à tarifs réduits.
Tarif Blanc : 30 % de réduction. Du lundi au vendredi de 18 h à 21 h 30.
Tarif Bleu : 50 % de réduction. Du lundi au vendredi de 6 h à 8 h et de 21 h 30 à 23 h. Le samedi de 6 h à 8 h et de 14 h à 23 h. Le dimanche de 6 h à 23 h.
Tarif Bleu Nuit : 65 % de réduction. Tous les jours de 23 h à 6 h.
Ces tarifs s'appliquent aux communications échangées à l'intérieur de la France métropolitaine et ne concernent pas les communications locales.
PTT
TELECOMMUNICATIONS

Exercise E **Imagine a suitable dialogue for the following situation:**

You are in Paris and wish to make a telephone call to Strasbourg in Alsace. You want to know whether the operator speaks any English and could help you if necessary. Explain briefly to him/her what the call is about.

Exercise F **Translate into English:**

A cinq heures, il avait quitté son bureau de Madison Avenue et, trois minutes plus tard, il retrouvait sa femme dans leur petit bar de la 45ᵉ Rue où elle était arrivée avant lui et où elle ne l'avait pas attendu pour commander un Martini. Il y avait peu d'habitués dans la pièce à peine éclairée. A vrai dire, il ne remarqua aucun visage de connaissance car, ce vendredi-là, avec plus de hâte encore que les autres vendredis, les gens se précipitaient vers les trains et les voitures qui les emmenaient à la mer ou à la campagne. Dans une heure, New York serait vide, avec seulement, dans les quartiers tranquilles, des hommes sans veston, des femmes aux jambes nues assis sur leur seuil.

Adapted from *Feux Rouges* Georges Simenon

Listening Comprehension

Listen to the following extracts, then choose the correct answer:

Section One: Where is the conversation taking place?

1 a dans une boulangerie.
b dans une boucherie.
c à la maison.
d dans un café.

2 a au bureau de poste.
b à la douane.
c à la gare.
d à l'agence de voyages.

3 a à l'aéroport
b dans un garage.
c à l'arrêt d'autobus.
d au bureau de renseignements.

4 a chez le dentiste.
b au restaurant.
c dans le cabinet du médecin.
d à la maternité.

5 a à la bibliothèque.
b au marché.
c dans un appartement.
d dans le jardin.

Section Two: Who is talking?

6 a le professeur de chimie et le directeur.
b le professeur et un de ses parents.
c le professeur et le parent d'une des élèves.
d un étudiant et un professeur.

7 a un bijoutier et un client.
b un coiffeur et son fils.
c un homme et son meilleur ami.
d deux voisins.

8 a un chauffeur de taxi et sa cliente.
b une dame et un mécanicien.
c une mère et ses enfants.
d un garagiste et une automobiliste.

9 a un porteur et des voyageurs.
b une vendeuse et des clients.
c une ouvreuse et des spectateurs.
d une caissière et des cambrioleurs.

10 **a** un pilote et une hôtesse de l'air.
b une dame et un agent de police.
c un agent et un touriste.
d un douanier et une espionne.

Section Three

11 Quand Chantal avait-elle décidé de changer de métier?
a il y avait deux ans.
b après avoir travaillé deux ans dans un grand magasin.
c dans deux ans.
d après deux années à Rouen.

12 Pourquoi voulait-elle faire cela?
a à cause de ses parents et de ses professeurs.
b parce qu'elle s'ennuyait.
c pour voir le monde.
d parce qu'elle avait arrêté ses études.

13 Ses parents et ses professeurs furent déçus
a quand elle les quitta.
b parce qu'elle n'était pas douée pour les études.
c car ils la croyaient capable de réussites scolaires.
d par le métier qu'elle choisit.

14 Après avoir quitté l'école Chantal
a n'était jamais retournée en classe.
b parlait assez bien l'anglais pour devenir hôtesse de l'air.
c était allée à un cours du soir pour apprendre l'anglais.
d était allée en Angleterre.

15 Chantal attendait
a dans une salle d'attente.
b dans le bureau d'une compagnie aérienne.
c le résultat d'un examen.
d dans un bureau en Normandie.

Section Four

16 Ce jour-là
a il tombait une petite averse.
b il faisait gris et triste.
c il faisait du brouillard.
d il pleuvait fort.

17 Marc voulait se dépêcher
a pour éviter les embouteillages.
b parce qu'il était en retard.
c pour prendre le bus avant les travailleurs de l'usine voisine.
d pour être sûr d'avoir une place dans l'autobus.

18 Comment Marc voyageait-il quand il faisait beau?
a à pied.
b en autobus.
c il faisait une partie du trajet à pied.
d on ne sait pas.

19 Après être arrivé au grand immeuble, Marc
a sortit à toute vitesse.
b monta lentement l'escalier.
c prit l'ascenseur pour ne pas être essoufflé.
d se dépêcha pour arriver chez lui.

20 Géraldine n'était pas là
a parce qu'elle était allée aider Marie-Claire.
b car elle avait des ennuis avec Marie-Claire.
c parce qu'un de ses enfants était malade.
d parce que Marie-Claire l'avait invitée à dîner.

See Grammar Section 8(d), 14(d), 16(b)

Seizième unité

Henri Boivin is looking through his guide book of Paris:

L'hôtel des Invalides fut construit sur l'ordre du roi Louis XIV, pour donner asile aux vieux soldats infirmes. En 1676, 6000 invalides s'installèrent dans leur hôtel dont la construction fut terminée en 1706.
En 1840, le corps de Napoléon Ier fut rapporté de Sainte-Hélène à Paris et mis dans l'église du Dôme.
Petit à petit, l'hôtel se transforma en musée de l'Armée et on y trouve maintenant la plus importante collection militaire du monde.

Avez-vous compris?

1 Par qui fut ordonnée la construction de l'hôtel des Invalides?
2 Pour qui fut-il construit?
3 En quelle année sa construction fut-elle terminée?
4 Qu'est-ce qui fut rapporté à Paris et mis aux Invalides en 1840?
5 Que trouve-t-on aux Invalides de nos jours?

La tour Eiffel est le bâtiment parisien le plus universellement connu. Beaucoup de protestations furent écrites contre sa construction. Elle fut construite pour l'Exposition Universelle de 1889. Avec ses 300 mètres, c'était alors le bâtiment le plus haut du monde. La tour se compose de 15000 pièces, dans lesquelles furent percés 7 millions de trous. On la repeint tous les sept ans. Il faut 45 tonnes de peinture et 20000 heures de travail.
Elle joua un rôle important dans l'histoire des communications. Une station radio-militaire fut installée en 1908. En 1957, le sommet fut finalement reconstruit et équipé des antennes de télévision.
La tour Eiffel fut célébrée par des peintres comme Dufy, Utrillo, par des poètes comme Aragon, Breton, des cinéastes . . . Elle fut pendant longtemps la première visite du voyageur qui venait à Paris, et chaque année, plus de 3 millions de curieux lui rendent encore visite.

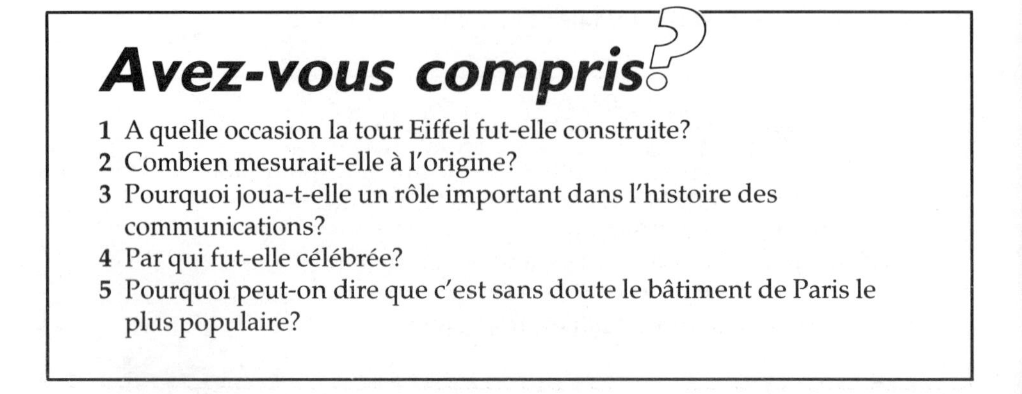

Avez-vous compris?

1 A quelle occasion la tour Eiffel fut-elle construite?
2 Combien mesurait-elle à l'origine?
3 Pourquoi joua-t-elle un rôle important dans l'histoire des communications?
4 Par qui fut-elle célébrée?
5 Pourquoi peut-on dire que c'est sans doute le bâtiment de Paris le plus populaire?

La construction de **l'Opéra** fut décidée pour remplacer celui qui avait brûlé en 1860, et où l'empereur Napoléon III aimait aller. Un concours fut organisé et 171 architectes y prirent part. Le gagnant, Charles Garnier, fut choisi à l'unanimité. La première pierre fut posée en 1862, mais il ne fut inauguré qu'en 1875 par Mac-Mahon, premier président de la IIIe République.
Des matériaux très coûteux comme le marbre et l'albâtre furent utilisés. Les marches de l'escalier d'honneur ont 10 mètres de large. La décoration crée une atmosphère de fête et de luxe.

Le plafond fut repeint en 1964 par Chagall. Il a pour thème neufs opéras et ballets célèbres comme La Flûte Enchantée de Mozart, Pelléas et Mélisande de Debussy, etc.

Avez-vous compris?

1 Qui voulut la construction d'un nouvel Opéra, et pourquoi?
2 Comment l'architecte Charles Garnier fut-il choisi?
3 Par qui l'Opéra fut-il inauguré?
4 Pourquoi la décoration de l'Opéra crée-t-elle une atmosphère de luxe?
5 Quand et par qui le plafond fut-il repeint?

La place de la Concorde fut choisie pour mettre une statue équestre du roi Louis XV, et elle fut dessinée par l'architecte Gabriel. La statue s'éleva au milieu de la place de 1763 à 1792, date à laquelle elle fut remplacée par une statue de la Liberté et une guillotine. Pendant la Révolution, 1119 personnes furent décapitées place de la Concorde; parmi elles, le roi Louis XVI, sa femme Marie-Antoinette, Charlotte Corday, Robespierre . . .
L'obélisque de Louqsor fut dressé au centre en 1836. Il provient du temple de Ramsès II, et fut offert au roi Louis-Philippe. Il mesure plus de 22 mètres et pèse 230 tonnes. Ses quatre faces sont recouvertes de hiéroglyphes célébrant les exploits de Ramsès II.
Le côté nord de la place s'ouvre sur la rue Royale où se trouve le célèbre restaurant Maxim's. Le côté ouest s'ouvre sur l'avenue des Champs-Elysées. A l'est se trouve le jardin des Tuileries le long duquel fut construite la rue de Rivoli et ses fameuses arcades, et au sud, on traverse la Seine par le pont de la Concorde.

Avez-vous compris?

1 Pourquoi cette place fut-elle choisie?
2 Qu'est-ce qui se passa en 1792?
3 Qu'arriva-t-il à 1119 personnes place de la Concorde pendant la Révolution?
4 Qu'est-ce qui se dresse maintenant sur la place?
5 Qu'y a-t-il au nord, au sud, à l'est et à l'ouest de la place?

A vous!

Somebody has muddled up the facts in this guidebook of Paris. Can you sort them out?

example: La tour Eiffel fut construite sous l'ordre du roi Louis XIV.
L'hôtel des Invalides fut construit sous l'ordre du roi Louis XIV.

1 L'hôtel des Invalides fut construit pour remplacer celui qui avait brûlé en 1860.

2 Le roi Louis-Philippe fut décapité place de la Concorde.
3 Les marches de la tour Eiffel ont 10 mètres de large.
4 Petit à petit, l'Opéra se transforma en musée de l'Armée.
5 La place de la Concorde fut dessinée par l'architecte Charles Garnier.
6 L'obélisque de Louqsor fut construit pour l'Exposition Universelle de 1889.
7 Le plafond de l'Opéra repeint par Chagall célèbre les exploits de Ramsès II.
8 L'obélisque de Louqsor joua un rôle important dans l'histoire des communications.
9 Des matériaux très coûteux comme le marbre et l'albâtre furent utilisés dans la construction de la tour Eiffel.
10 Le sommet de l'Opéra fut reconstruit et équipé des antennes de télévision en 1957.
11 En 1792, la tour Eiffel fut remplacée par une guillotine.
12 Beaucoup de protestations furent écrites contre la construction de l'Opéra.

Henri's reading is interrupted by an unexpected visit from his friend Martin, to whom he tries to show off his new knowledge:

Henri: Tiens, bonjour Martin. Quelle surprise! Entrez, entrez, ça va?
Martin: Bonjour Henri. Ça va merci, et vous? Je ne vous dérange pas, j'espère?
Henri: Mais pas du tout! Je suis en train de lire mon guide de Paris, pour m'instruire un peu, vous comprenez. Vous connaissez bien Paris, vous?
Martin: Je connais bien Paris, mais son histoire, les dates, les évènements historiques, pas du tout.
Henri: On apprend des choses très intéressantes. Je viens de lire, par exemple, que les Invalides ont été construits sur l'ordre du roi Louis XIV pour donner asile aux vieux soldats infirmes.
Martin: C'est le musée de l'Armée maintenant, et il y a le tombeau de Napoléon.
Henri: Oui, mais savez-vous en quelle année le corps de Napoléon a été rapporté à Paris?
Martin: Les dates, moi . . .
Henri: En 1840. Les dates sont

quelquefois intéressantes. Savez-vous que la construction de l'Opéra a été décidée en 1861 par l'empereur Napoléon III, mais que le théâtre n'a été inauguré qu'en 1875 par le président de la République Mac-Mahon?
Martin: Les gouvernements changent et les bâtiments restent.
Henri: Pas toujours! Notre bonne vieille tour Eiffel, elle a été construite en 1889 . . .
Martin: Pour l'Exposition Universelle.
Henri: C'est exact, mais si elle est encore là aujourd'hui, c'est grâce aux facilités qu'elle a apportées à la radio.
Martin: Imaginez Paris sans la tour Eiffel!

Henri: Et imaginez une guillotine au milieu de la place de la Concorde!
Martin: Vous inventez, là, Henri! Vous plaisantez!
Henri: Mais pas du tout. Sous la Révolution, la statue de Louis XV qui s'y trouvait a été remplacée par une guillotine, et plus de 1000 personnes y ont été décapitées. L'obélisque n'y est que depuis 1936.
Martin: Je n'ai jamais compris pourquoi nous avons un obélisque égyptien à Paris.
Henri: C'est un cadeau. Il a été offert au roi Louis-Philippe. Il provient du temple de Ramsès II.
Martin: Vous êtes vraiment très érudit maintenant, mon cher Henri. Mais dites-moi, vos connaissances sont-elles aussi profondes en ce qui concerne la fabrication du vin, et sa dégustation, bien entendu?

Avez-vous compris?

1 Why is Henri reading his guide book of Paris?
2 Does Martin know Paris really well?
3 What does he know about the Invalides?
4 What prompted his remark: 'Buildings remain, but governments come and go'?
5 Why is the Eiffel tower still in Paris today?
6 When does Martin think that Henri is joking?
7 What is Henri able to tell him about the obelisk?
8 What does Martin find more interesting than Paris?

A vous!

Now you tell a friend what you know about Paris. (Do *not* use the past historic.) Tell him/her:

That the Invalides were built to shelter wounded veterans.
That a lot of letters of protest were written against the building of the Eiffel tower, but that it was later celebrated by painters, poets and film-makers.
That a competition was organised to choose an architect for the Opera house and that the ceiling was re-painted in 1964 by Chagall.
That the Concorde square was chosen for a statue of king Louis XV, but that during the Revolution the statue was replaced by a statue of Liberty and a guillotine.
That the obelisk was erected in the centre in 1836.

Following Martin's suggestion, Henri has just fetched a good bottle of wine:

Henri: Une petite dégustation de Nuits-Saint-Georges, c'est une bonne idée ça, mon cher Martin!
Martin: Quelle couleur! Hmm, et quel bouquet!
Henri: Oui, c'est une bonne année. A

la vôtre, Martin!
Martin: A votre santé, Henri! Hmm . . .
Henri: Oui, c'est vraiment une bonne année!
Martin: Eh bien, racontez-moi donc le miracle du vin.
Henri: D'abord, on fait les vendanges, c'est-à-dire que l'on cueille le raisin, qu'on le met dans de grands paniers et, de nos jours, qu'on le transporte en général à la coopérative. Là, on le met dans un pressoir pour en faire sortir le jus.
Martin: Alors, écraser le raisin avec les pieds, en chantant «Joyeux Enfants de la Bourgogne», c'est fini!
Henri: Vous êtes un romantique, Martin! On fait fermenter le mélange de fruit et de jus en y ajoutant des produits chimiques. Enfin, on le met en bouteille, on le bouche et on colle les étiquettes.

Martin: Et on le boit.
Henri: Eh oui. Encore un verre?
Martin: Avec plaisir!

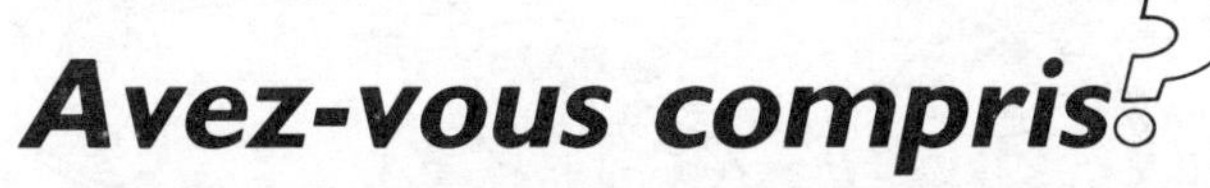

1 Qu'est-ce que Martin admire avant de déguster le vin?
2 Que dit-on avant de boire un verre avec des amis?
3 Que veut dire 'faire les vendanges'?
4 Où transporte-t-on le raisin en général de nos jours?
5 Où met-on le raisin pour en faire sortir le jus?
6 Pourquoi Henri dit-il que Martin est un romantique?
7 Que doit-on faire après avoir mis le vin en bouteille?
8 Qu'est-ce qui est le plus important pour Martin?

A vous!

Explain to a friend how to make a *'Mousse au chocolat'*:

Fill in the gaps with the following verbs. Use *'on'*:
AJOUTER (to add) BATTRE (to beat) CASSER (to break) FAIRE FONDRE (to melt) INCORPORER (to fold in) METTRE (to put) SEPARER (to separate)
Ingrédients: 4 œufs, 100 g de sucre en poudre, ½ verre de crème fraîche, 150 g de chocolat noir en tablette.

_______ doucement le chocolat dans 2 ou 3 cuillérées de café très fort. _______ les œufs et _______ les blancs et les jaunes. _______ les jaunes, _______ le sucre, le chocolat puis la crème fraîche. _______ les blancs d'œufs battus en neige très ferme. _______ au frigidaire plusieurs heures avant de servir.

EXERCISES

Exercise A **Try your skill at the following general knowledge quiz. Guess who or what is described:**

1 Etablissement public d'enseignement supérieur à Paris qui fut fondé en 1257 par Robert de Sorbon pour faciliter les études aux étudiants pauvres.
2 Fut découvert en Chine et apporté en Europe par des voyageurs portugais et hollandais. Il devint très populaire à Londres dès 1640.
3 Président des Etats-Unis qui fut assassiné à Dallas en 1963.
4 Utilisé à table pour ne pas se salir les doigts, elle fut inventée à Venise et introduite en France par le roi Henri III.
5 Née à Londres en 1926, fille de George VI, elle fut couronnée reine en 1953.
6 Ce gâteau fut inventé par le roi de Pologne Stanislas Leczinski qui eut l'idée d'arroser de rhum un gâteau appelé kugelhof, parce qu'il le trouvait trop sec.
7 Homme militaire et politique français qui, le 18 juin 1940, lança de Londres un appel à la Résistance, et fut élu président de la République en 1959.
8 Boisson à base de pommes qui fut fabriquée en Normandie à partir du douzième siècle par des moines.

Exercise B **Re-write the following sentences by using 'on' instead of the passive:**

example: Le singe échappé du zoo a été retrouvé ce matin.
On a retrouvé le singe échappé du zoo ce matin.

1 Ce manteau a été acheté dans un grand magasin.
2 Le repas a été pris à la cuisine.
3 Le chat abandonné a été trouvé dans la rue.
4 Fumer dans les bureaux a été interdit.
5 Cette histoire a été racontée cent fois.
6 Les gagnants ont été félicités.
7 Cette maison fut construite en deux mois.
8 La police fut appelée immédiatement.

Exercise C **Imagine that you are a policeman. Use the following notes to write your report:**

A suspicious noise was heard in an office.
A secretary called the police.
They arrived 5 minutes later.
The burglar was arrested and taken to the police station.
He was questioned for several hours.
He said that he was looking for a letter that he himself had sent.
The police went back to the office.
The letter was searched for and finally found, half burnt, in the ashtray.

Exercise D **Read the instructions and recipe on the packet, then answer the questions which follow:**

Sachet-Sauce
CUISO
En quelques minutes, la sauce italienne CUISO va mettre le soleil dans vos assiettes. Essayez-la sur vos viandes rôties et sur votre poisson, il n'y a rien de plus simple à faire!
.4 l.
On mesure 0.4 litre d'eau froide.
On verse le contenu du Sachet-Sauce CUISO dans une casserole. On mélange avec l'eau froide.
5mn.
On porte à ébullition en remuant. On laisse cuire 5 mn à feu doux sans cesser de remuer.
RECETTE: FILETS DE SOLE SAUCE ITALIENNE
Faites pocher les filets de sole. Mettez-les dans un plat chaud. Dans une casserole, versez 1/8 de litre de liquide de cuisson refroidi, 1/8 de litre de vin blanc sec et le contenu du Sachet-Sauce italienne. Portez à ébullition en remuant. laissez cuire 5mn. Nappez les filets de sole. Ajoutez du persil haché.
Ingrédients:
Amidon modifié, lactose, graisse végétale et animale, sel, poivre, extraits végétaux, champignons, ail, échalote, glutamate, sucre, condiments.
3 0227650 97079707
A consommer de préférence avant fin JUIN 93
Poids net: 50g

1. According to the text what will you get on your plates, as well as food, if you use the Italian-style sauce?
2. With what are you advised to use the sauce?
3. To make it up, how much water is used, and is it hot or cold?
4. How long does the mixture have to simmer?
5. What does one have to do before that stage?
6. What is the recipe for?
7. What do you first do with the fish?
8. What is the sauce made up with this time?
9. What is the finishing touch to this dish?
10. What other information is given to the consumers about the product?

Exercise E **Explain a simple recipe of your choice to a friend. Use *'on'*.**

Exercise F **Translate into English:**

Madame Roland demanda:
– Pierre n'est pas arrivé?
Son mari haussa les épaules:
– Non, mais tant pis, il est toujours en retard. Commençons sans lui.
Elle se tourna vers Jean:
– Tu devrais aller le chercher; ça le blesse quand on ne l'attend pas.
– Oui, maman, j'y vais.
Et le jeune homme sortit.
Il monta l'escalier, le cœur battant.
Quand il frappa à la porte, Pierre répondit:
– Entrez.
Il entra.
L'autre écrivait, penché sur sa table.
– Bonjour, dit Jean.
Pierre se leva.
– Bonjour.
Et ils se tendirent la main comme si rien ne s'était passé.
– Tu ne descends pas déjeuner?
– J'ai beaucoup de travail.
– On t'attend.
– Ah! Est-ce que notre mère est en bas?
– Oui, c'est même elle qui m'a envoyé te chercher.
– Alors je descends.

Adapted from *Pierre et Jean*
Guy de Maupassant

Reading Comprehension

Read the following story, then answer the questions in English:

Chantal habitait son nouvel appartement depuis plusieurs mois. Quelques semaines plus tôt, Laurent l'avait aidée à le repeindre. Elle avait fait des rideaux et des coussins pour la chambre et la salle de séjour, elle avait accroché des reproductions aux murs, elle avait mis une glace au-dessus de la cheminée, ainsi que des vases et des bibelots sur les tablettes des fenêtres. Elle était très satisfaite du résultat. Mais elle avait aussi besoin d'une étagère dans la cuisine, pour y mettre ses livres de recettes. Elle a donc emprunté un livre de menuiserie à la bibliothèque, car elle voulait la faire elle-même!
Tout d'abord, elle a dû acheter du matériel et des outils. Il lui fallait du bois, bien sûr, de la colle, mais aussi un mètre, c'est-à-dire une grande règle de métal, un marteau et des clous, une perceuse électrique pour faire les trous, des vis et un tournevis, une scie pour couper le bois et un rabot pour l'aplanir.
Naturellement, elle avait déjà de la peinture et des pinceaux. C'est son père qui lui a prêté la plupart des outils, mais elle a dû louer la perceuse électrique. Elle a suivi scrupuleusement les instructions du livre. N'ayant aucune expérience, il lui a fallu plusieurs soirées pour finir son étagère. Comme elle voulait surprendre Laurent, elle a refusé de sortir avec lui pendant toute une semaine, en utilisant différentes excuses. Un soir, elle devait faire ses devoirs d'anglais,

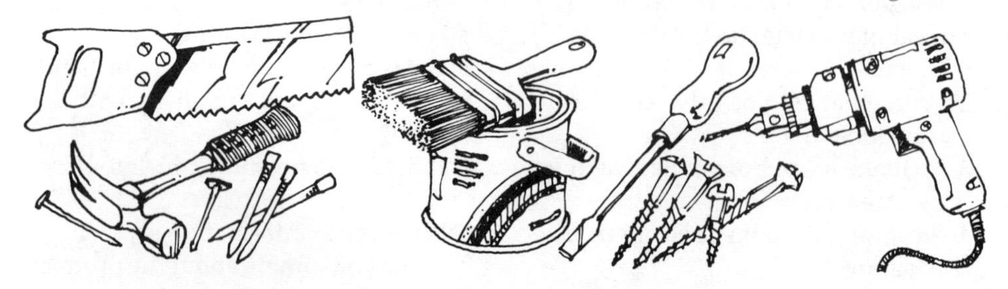

un jour elle avait un rhume, une autre fois, elle avait mal à la tête. Il a commencé à avoir des soupçons, le soir où elle a refusé d'aller dans un bon restaurant, en disant qu'elle était au régime. Il n'a rien dit, mais il se demandait bien pourquoi elle refusait systématiquement de le voir.
Enfin, un soir vers minuit, Chantal a pu mettre ses livres sur l'étagère. A sa grande surprise, elle ne lui est pas tombée sur la tête. Toute fière, elle a immédiatement téléphoné à Laurent:
– Viens vite, mon chéri, je t'offre le champagne! lui a-t-elle annoncé.
– Est-ce que tu as regardé l'heure? Je suis couché, moi. Pour être précis, je dormais quand tu as appelé, a-t-il répondu d'assez mauvaise humeur.
– Mais tu es réveillé maintenant. Viens vite, je veux te faire voir quelque chose, c'est une surprise! a-t-elle insisté.
– D'accord, j'arrive, parce que je suis curieux, que j'aime le champagne et aussi parce que ça fait une semaine que je ne t'ai pas vue. De plus, tu as de la chance, car c'est demain dimanche et que je pourrais faire la grasse matinée.

1 How had Laurent helped Chantal with her new flat?
2 How had she made it feel her own?
3 What did she need in the kitchen?
4 Why did she borrow a book on woodwork?
5 What materials did she need?
6 What tools did she need?
7 What did she already have?
8 Who lent her most of the tools?
9 Where did she get the electric drill from?
10 How did she go about making the shelf?
11 Why did it take her several evenings?
12 Why did she refuse to see Laurent?
13 What excuses did she use?
14 When did Laurent become suspicious?
15 What happened one evening at about midnight?
16 What was the first thing she did?
17 What did she tell him?
18 Why was he in a bad mood?
19 What arguments did she use to convince him?
20 Why did he finally accept her invitation?

See Grammar Section 17, 18

SUGGESTIONS FOR ROLE PLAY – UNITES 13–16

1 You had arranged to go somewhere with a friend. Unfortunately you are now unable to do so. Telephone him/her, explain why, apologise and try to make other arrangements.
2 Your car has broken down. You call a garage to ask for help. Explain exactly where you are, and give a description of your car, including the registration number.
3 You are going to tour France. Call a friend in Paris to let him/her know your whereabouts during that time, so that you can be reached easily.
4 You are planning a business trip to France. Call the firm to make an appointment. Arrange a date, time, and ask details about the location and means of transport.

5 Your French friend is curious about English food. Explain one of your recipes to him/her.
6 You are in France and wish to buy some presents to take back home for family and friends. Tell the assistant how much you want to spend, and ask for suggestions.
7 You have lost your wallet while at the museum. Go to the lost property office.
8 You've run out of money. Go to the post office and discuss with the clerk the best way to have some sent from home.

FAITES LE POINT! UNITES 13–16

In the following passages, use the past historic as the main narrative tense.

In this extract, adapted from *La serre* by Guy de Maupassant, a woman anxiously awaits the return of her husband. Give the correct form of the verb in brackets:

Elle (1) (attendre) cinq minutes, dix minutes, un quart d'heure. Ils l' (2) (tuer), sans doute. Elle (3) (appeler) Céleste, mais la maison entière (4) (rester) silencieuse.
La demie de minuit (5) (sonner). Son mari (6) (être) absent depuis quarante-cinq minutes. Elle ne le (7) (revoir) certainement plus! Elle (8) (tomber) à genoux en (9) (pleurer).
Deux coups légers contre la porte la (10) (faire) se lever d'un bond. Son mari l' (11) (appeler):
– (12) (Ouvrir) donc, c'est moi!

In this extract, adapted from *Maigret se fâche* by Georges Simenon, Maigret is gradually being persuaded to take on a murder case. Give the correct form of the verbs in brackets:

Elle le (13) (regarder) d'un air de défi.
– Vous (14) (être) la seule à soupçonner que cette mort (15) (pouvoir) ne pas être naturelle, (16) (dire)-il.
Cette fois, elle (17) (se lever).
– (18) (Ecouter) commissaire, vous (19) (avoir) la réputation d'être le policier le plus intelligent de France. Tout au moins, celui qui (20) (obtenir) les plus grands succès. (21) (S'habiller)! (22) (Faire) votre valise. Dans une demi-heure, je vous (23) (déposer) à la gare des Aubrais. Ce soir à sept heures, vous (24) (être) à l'Auberge de l'Ange. Chaque jour, vers midi, François (25) (aller) boire l'apéritif à l'Ange. D'habitude, il ne (26) (boire) pas, mais je lui en (27) (donner) l'ordre.
Elle (28) (faire) quelques pas vers le jardin, décidée sans doute à s'y promener en l' (29) (attendre).
– (30) (Se dépêcher)!

Dix-septième unité

La vie en plein air

A Read the following text carefully, then choose the right answer:

A l'origine, le rallye de Monte Carlo fut organisé pour attirer les riches automobilistes sur la Riviera pendant la mauvaise saison. Au début, les concurrents partaient de différents endroits de leur choix, en Europe, au mois de janvier et ils devaient conduire sur de mauvaises routes dans les dures conditions de l'hiver, pour arriver à Monte Carlo. La vitesse moyenne était alors très basse et les conducteurs pouvaient s'arrêter en chemin pour manger et se reposer.

Le gagnant du premier rallye, en 1911, fut Henri Rougier qui était parti de Paris. Sa vitesse moyenne fut de trente-deux kilomètres à l'heure. Ce fut un grand succès et l'année suivante l'un des concurrents partit même de Saint-Pétersbourg en Russie.

Le rallye fut interrompu par la première guerre mondiale et ne recommença qu'en 1924. Il devint alors beaucoup plus difficile. Ce sont les organisateurs qui choisirent les points de départ; ils sélectionnèrent par exemple l'Ecosse, l'Afrique du Nord et même le cercle artique. Arriver au but devint alors une véritable réussite. Petit à petit, les moteurs et les pneus furent améliorés, pour faire face aux différentes conditions rencontrées en chemin. Une vitesse minimum obligatoire fut aussi imposée, mais les voitures des années trente la dépassèrent facilement.

Les conditions atmosphériques restèrent la plus grande difficulté. En 1932, par exemple, tous les concurrents partis de Bucarest eurent tellement de neige, qu'il fallut utiliser des bœufs pour débloquer les voitures. En 1939, le rallye fut de nouveau interrompu par la guerre. Quand il recommença en 1949, deux cent trois voitures prirent le départ, de sept endroits différents d'Europe.

L'organisation du rallye fut récemment grandement simplifiée. Les résultats se décident généralement sur une douzaine d'étapes dans les Alpes: environ six cent quarante kilomètres de routes en lacets, verglassées, où les conditions sont très dures et où l'habileté du conducteur et les qualités de la voiture comptent plus que tout. Le rallye fut annulé en 1974 à cause de la crise du pétrole et des restrictions d'essence, mais il reste toujours très populaire aujourd'hui.

1 The Monte-Carlo Rally was first organised
  - **a** only for wealthy people.
  - **b** for people who lived in the South.
  - **c** to attract rich people to the coast in Winter.
  - **d** to attract poorer motorists to the coast in Winter.

2 The competitors
- **a** left from the same place.
- **b** could choose to leave from anywhere in the world.
- **c** had to choose in January.
- **d** left from wherever they wished in Europe.

3 The drive was
- **a** very hard although the roads were good.
- **b** fast despite the wintry conditions.
- **c** leisurely and pleasurable.
- **d** hard because of the weather and the roads.

4 The first rally
- **a** was a great success.
- **b** was won by someone who came from St Petersburg.
- **c** ended up in Paris.
- **d** was a disaster.

5 The original winner
- **a** was born in Paris.
- **b** set off from St Petersburg the following year.
- **c** drove at 32 mph.
- **d** did an average speed of 32 kilometres an hour.

6 The rally
- **a** stopped in 1914.
- **b** stopped in 1924.
- **c** became more difficult after 1924.
- **d** became easier after 1914.

7 After this date
- **a** everyone had to set off from the same point.
- **b** the organisers chose the points of departure.
- **c** the competitors had to set off from the Arctic Circle.
- **d** competitors from Scotland were not allowed.

8 As a result
- **a** tyres were improved.
- **b** the overall performance of the vehicles improved to meet the tougher conditions.
- **c** a maximum speed limit was imposed.
- **d** cars had to undergo rigorous checks.

9 The worst difficulty remained
- **a** the performance of the cars.
- **b** the roads.
- **c** the weather.
- **d** the minimum speed.

10 In 1932
- **a** oxen stopped cars from Bucharest setting off.
- **b** oxen had to be used to get the cars out of the snow.
- **c** snow stopped the competitors from completing the rally.
- **d** snow ploughs had to be used.

11 After a ten-year interval between 1939 and 1949 the Rally
- **a** had only 7 competitors.
- **b** started again with more competitors from 7 departure points outside Europe.
- **c** had about 200 entrants.
- **d** was restricted to Europeans.

12 Nowadays
- **a** the Rally only takes place in the Alps.
- **b** the Rally is about 640 kilometres long.
- **c** the skill of the driver is more important than the car.
- **d** the results are usually determined on the Alpine roads.

13 The Rally
- **a** was temporarily cancelled in 1974 because it was unpopular.
- **b** was finally terminated in 1974 to save petrol.
- **c** came to an end because it was unpopular.
- **d** was cancelled one year because of the oil shortage.

14 The Monte Carlo Rally
- **a** has continued without a break since 1911.
- **b** has only been cancelled once.
- **c** is still very popular.
- **d** has lost its popularity since the increase in oil prices.

B Look at the pictures carefully, then answer in French, using the expressions below and your own ideas where necessary:

Il y a quelques semaines
Par un beau matin d'été
Peu après le lever du soleil
En arrivant au champ de course
Une demi-heure plus tard
Le programme des courses
Peu avant le commencement de la course
Les yeux fixés sur le favori
Encourager
Crier «Vas-y!»
Fou(s) de joie
Pour fêter ça

Quand est-ce que Suzanne et Jules ont assisté à une course de chevaux?
Quand sont-ils partis?
Comment ont-ils voyagé?
Quel temps faisait-il?
Qu'est-ce que le gardien leur a indiqué?

Qu'est-ce qu'ils ont observé dans l'enclos?
Qu'est-ce qu'ils ont étudié avant de se décider?
Sur quel cheval ont-ils finalement parié?

Suzanne et Jules ont-ils regardé la course?
Qu'ont-ils fait pendant que les chevaux couraient?
Quel cheval a, le premier, passé le poteau d'arrivée?
Suzanne et Jules avaient-ils gagné?

Suzanne et Jules étaient-ils contents de leur journée?
Où sont-ils allés déjeuner?
Qu'ont-ils mangé? et bu?
Qu'ont-ils fait l'après-midi?

C Read the following text carefully, then answer the questions which follow:

Cette année-là, Philippe et Nicolas allèrent à la montagne pour la première fois de leur vie. Les sports d'hiver étaient leur cadeau de Noël. Ils n'étaient pas peu fiers de leur équipement tout neuf – sauf les skis qui avaient été loués sur place – anorak, mouffles, bonnet de couleurs vives et lunettes protectrices.
Ils s'étaient vite fait des amis pendant le voyage, mais ils avaient été déçus quand le car était arrivé dans le petit village alpin, car il faisait nuit et ils ne virent pas grand-chose. Mais le lendemain, quelle merveilleuse surprise! Il faisait un temps splendide et la neige étincelait sous le soleil matinal. Les pimpants petits chalets semblaient sourire; les montagnes aux alentours étaient ensevelies sous une épaisse couverture blanche; les branches des sapins ployaient sous le poids de la neige. Jamais Philippe et Nicolas n'avaient vu un tel spectacle.
Avec leurs nouveaux camarades ils firent un immense bonhomme de neige et se bombardèrent à coups de boules de neige en attendant leur première leçon de ski. Les skieurs expérimentés se dirigeaient par groupes vers le remonte-pente pour aller chercher plus haut des pistes plus difficiles. Philippe et Nicolas apprirent vite à se tenir sur les skis et le moniteur était très satisfait de ses élèves. Un jour ils décidèrent d'aller à la patinoire pour essayer le patin à glace. Au début ils eurent du mal à trouver leur équilibre mais bientôt ils tournaient sur la piste au son d'une musique entraînante. Ils s'amusèrent beaucoup malgré quelques chutes spectaculaires et restèrent muets d'admiration devant les patineurs qui faisaient sur la glace toutes sortes de figures élégantes. Ils aimaient aussi faire de la luge et descendre à toute allure en criant de bonheur.
Mais un matin qu'ils faisaient une descente en ski, Nicolas tomba et ne put se relever: il s'était cassé la jambe. Il rentra à la maison quelques jours plus tard, la jambe dans un plâtre sur lequel tous ses amis avaient inscrit leur nom. Malgré cet accident, Philippe et Nicolas décidèrent de retourner aux sports d'hiver le Noël suivant. Et puis Nicolas était bien content d'avoir quelques jours de vacances supplémentaires!

1 What did Philippe and Nicolas have as a Christmas present?
2 What did they have to hire?
3 Why were they disappointed when the coach arrived in the Alpine village?
4 Describe the scene they saw from their window the following morning.
5 What did they do while waiting for their first ski lesson?
6 What did the more experienced skiers do?
7 Why was the ski instructor pleased with his pupils?
8 What other sport did Philippe and Nicolas decide to try?
9 What did they find difficult at first?
10 Why did they admire the other skaters so much?
11 What other sport did they enjoy doing?
12 What happened to Nicolas while he was skiing one morning?
13 What did his friends write on the plaster?
14 What did Nicolas and Philippe decide to do in spite of the accident?
15 Why was Nicolas pleased?

D Write a dialogue in 140–150 words in French, based on the following summary:

Sylvie revient des sports d'hiver. Ses parents sont allés la chercher à la gare. Pendant le trajet en voiture ils lui demandent:

1 si elle a fait bon voyage.
2 l'heure du départ.
3 le temps qu'il a fait pendant les vacances.
4 si elle s'est bien amusée dans la journée/le soir.
5 si elle s'est fait des amis.
6 si elle aimerait retourner aux sports d'hiver.

E Read the following text carefully and answer the questions in French:

Météo – En France aujourd'hui
L'ensemble du pays restera sous l'influence d'un temps instable et frais, avec de nombreux passages nuageux accompagnés d'averses surtout dans la matinée.
Temps très variable avec vent de secteur ouest modéré sur le Nord du pays. Très nuageux avec pluie en Bretagne.
Sur les autres régions, le temps restera capricieux, les éclaircies devenant belles l'après-midi sur la côte atlantique, mais le ciel restant couvert dans le Massif Central et dans l'Est du pays. Des Pyrénées aux Alpes, beau temps ensoleillé avec cependant quelques orages en Corse.
Il fera plutôt frais et les températures resteront inférieures aux moyennes saisonnières.

1 Quel temps fera-t-il en général le matin?
2 D'où soufflera le vent dans le Nord?
3 Dans quelle région pleuvra-t-il beaucoup?
4 Y aura-t-il beaucoup de nuages sur la côte atlantique l'après-midi?
5 Y aura-t-il des éclaircies dans le Massif Central et dans l'Est?
6 Où fera-t-il beau?
7 Fera-t-il le même temps dans toutes les régions du Sud?
8 Les températures seront-elles normales pour la saison?

Now, using the symbols below, mark the weather map using the information given in the forecast:

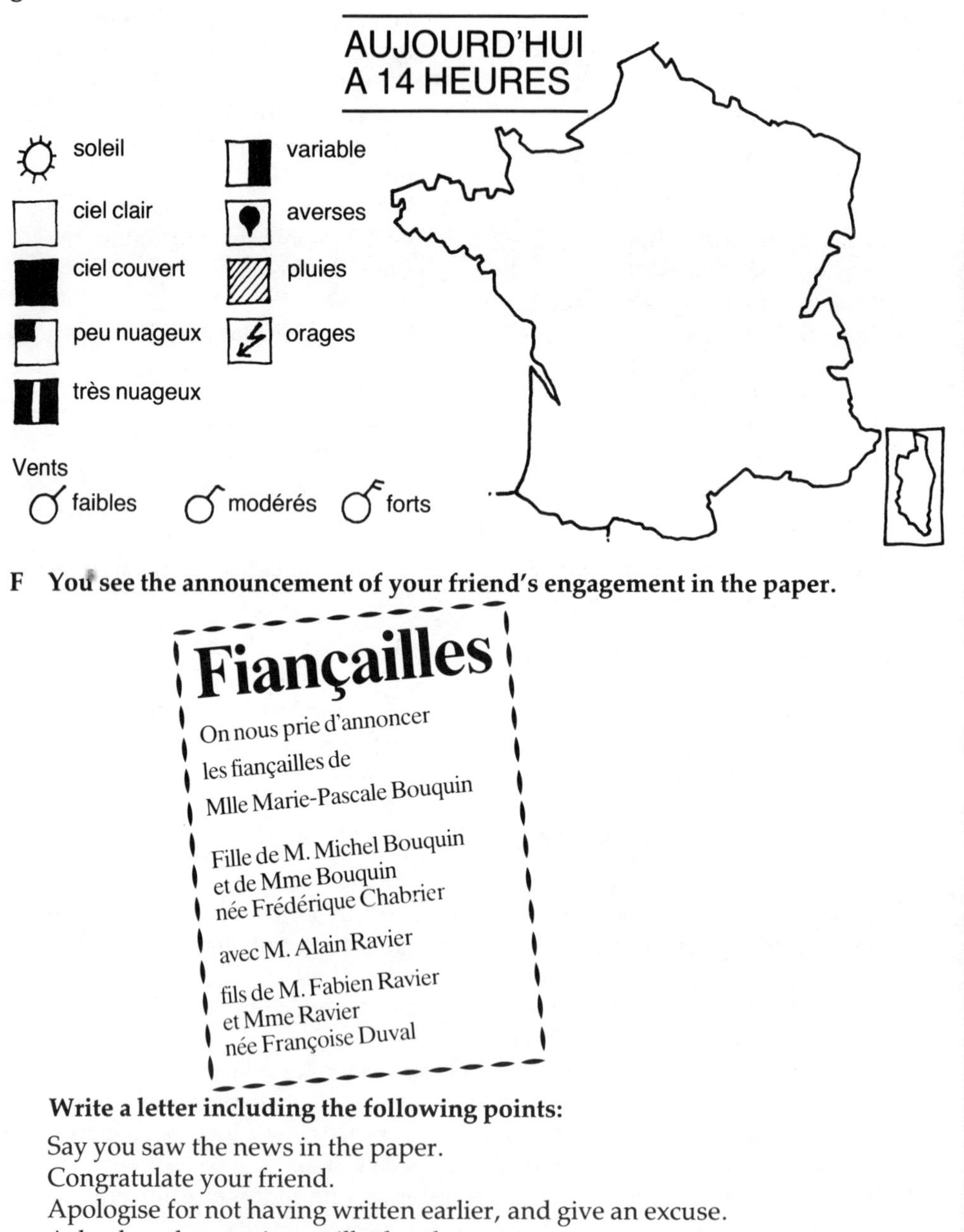

F **You see the announcement of your friend's engagement in the paper.**

Fiançailles

On nous prie d'annoncer
les fiançailles de
Mlle Marie-Pascale Bouquin

Fille de M. Michel Bouquin
et de Mme Bouquin
née Frédérique Chabrier

avec M. Alain Ravier

fils de M. Fabien Ravier
et Mme Ravier
née Françoise Duval

Write a letter including the following points:

Say you saw the news in the paper.
Congratulate your friend.
Apologise for not having written earlier, and give an excuse.
Ask when the marriage will take place.
Ask if they've planned their honeymoon yet.
Say you and your spouse had a bit of an argument about yours.
One of you wanted to go to London (give reasons), the other to an Alpine village (give reasons).
Say you finally decided to fly to Martinique.
Describe the places you visited and what you did.
Tell your friend you hope to see him/her soon.
End the letter.

G For oral practice . . .
(Questions are suggested in the Study Guide.)

H Listen to the passage, then answer the following questions in English:

Vocabulary: la chasse = *shooting* le casse-croûte = *snack* la musette = *haversack* le fusil = *gun* la cartouchière = *cartridge belt* le carnier = *game bag* le gibier = *game* le faisan = *pheasant* le lièvre = *hare* le perdrix = *partridge*

Section One

1 What day was it?
2 What shows that Louis had got up very early?
3 What did he put in his haversack?
4 What kind of dog was Médor?
5 Was Louis proud of his gun, cartridge belt and game bag, and why?
6 Why did he think particularly of the game bag?
7 Why did he pray to Saint Hubert?

Section Two

8 Why did his wife favour a hare?
9 What had Louis answered to the various requests of his family?
10 What did he do all morning?
11 What animals could he have killed?
12 What did he do at lunchtime?

Section Three

13 Why did Médor put his head on his master's lap?
14 What was Louis thinking at the time?
15 What did he decide to do in order not to disappoint his family?

16 Why did he choose to go to Voville?

17 What did he do when he got there?

18 How did he respond to his family's warm welcome?

For Further Practice . . .

1 Write a story in French, based on the pictures below, in about 120 words and in the past tense:

2 Vous allez faire un séjour à l'étranger avec un(e) ami(e). Racontez ce que vous avez l'intention d'y faire et comment vous allez voyager.

3 Vous venez de passer le week-end chez des amis qui habitent à la campagne. Racontez ce que vous avez fait.

4 Votre week-end au bord de la mer ne s'est pas passé comme vous l'aviez imaginé. Racontez pourquoi.

5 Vous faites du camping avec des amis. Racontez votre première journée et la première nuit passée sous la tente.

6 En vacances de Noël en montagne, vous avez eu un petit accident. Racontez-le dans une lettre à un(e) ami(e).

Dix-huitième unité

Le travail, c'est la santé?

A **Read the following passage carefully and answer the questions in French:**

Celle qui a vaincu les hommes

C'est un évènement sans précédent dans les annales du sport automobile. Pour la première fois, deux femmes ont arraché aux hommes les lauriers de la victoire dans le Tour de France. Les deux triomphatrices sont la brune Michèle Mouton, pilote, et sa fidèle coéquipière, navigatrice, la blonde Françoise Conconi. Longtemps Michèle avait dû se contenter d'arriver en deuxième place dans les compétitions, mais elle a enfin conquis le titre de meilleure femme pilote du monde. Pourtant, aussi dure au volant que ses rivaux masculins, Michèle, sa combinaison et son casque enlevés, redevient une jeune femme ravissante. Si elle n'hésite pas à plonger ses mains dans le cambouis, elle sait aussi passer des heures dans sa salle de bains pour se faire belle, elle aime les bijoux et les jolies robes, et elle se défend assez bien devant un fourneau, surtout pour préparer les plats de sa Provence comme la ratatouille ou le lapin à la tomate. C'est elle qui a entièrement décoré et meublé sa maison sur les remparts de Saint-Paul-de-Vence. Elle adore aussi faire de la broderie, comme son amie Françoise aime le tricot. Michèle ne se laisse pas griser par le succès. Pour cette championne qui vient d'infliger aux mâles une cuisante défaite, le sens de la vie ne se trouve pas dans les mécaniques. Son idéal est de fonder une famille. Les mouvements féministes ne l'intéressent pas du tout. «J'ai prouvé que dans un sport réservé jusque-là aux hommes, nous pouvons obtenir des résultats comparables aux leurs. Mais demain, je n'y penserai plus».
Michèle se sent très bien dans sa peau. Elle est femme et très contente de l'être. Elle pense qu'il est inutile de se demander si les femmes sont inférieures ou supérieures aux hommes, elles sont simplement différentes.

Adapted from *Paris Match* (6 October 1978)

1. Qu'est-ce que Michèle et Françoise ont fait?
2. Pourquoi cet évènement est-il sans précédent?
3. Quel titre Michèle a-t-elle conquis?
4. Pourquoi passe-t-elle des heures dans sa salle de bains?
5. Qu'est-ce qu'elle aime?
6. De quelle région vient-elle?
7. Quels plats aime-t-elle préparer?
8. Où habite-t-elle?
9. Que fait-elle quand elle a du temps libre?
10. Quel est son but dans la vie?
11. Que pense-t-elle des mouvements féministes?
12. Aimerait-elle être un homme?

B Translate both passages into English:

The owner of a 'pension'
Madame Kergaran avait quarante ans environ. Elle décidait toutes les questions d'un mot net et définitif. Sa demeure, toute étroite, n'ayant qu'une seule ouverture sur la rue, à chaque étage, avait l'air d'une échelle de fenêtres, ou même d'une tranche de maison en sandwich entre deux autres. La patronne habitait au premier avec sa bonne; on faisait la cuisine et on prenait les repas au second; quatre pensionnaires bretons logeaient au troisième et au quatrième. J'eus les deux pièces du cinquième.
Tous les jours, sans s'arrêter, madame Kergaran montait et descendait le petit escalier noir et entrait dix fois de suite dans chaque appartement, surveillait tout, regardait si les lits étaient bien faits, si les habits étaient bien brossés, si le service ne laissait rien à désirer. Enfin, elle soignait ses pensionnaires comme une mère, mieux qu'une mère.

Adapted from *La patronne* Guy de Maupassant

A police investigation
Midi venait de sonner, quand le brigadier Sénateur, suivi de son homme, frappa trois coups légers à la porte d'une petite maison isolée, à cinq cents mètres du village. Ils s'étaient collés contre le mur afin de n'être pas vus du dedans; et ils attendirent. Au bout d'une minute ou deux, comme personne ne répondait, le brigadier frappa de nouveau. Le logis semblait inhabité tant il était silencieux, mais le gendarme Lenient, annonça qu'on remuait à l'intérieur. Il n'avait point fini de parler que la porte était ouverte, et Sénateur avait devant lui une grosse fille très rouge.
Il entra.
– Je viens vous rendre visite, pour une petite enquête, dit-il.
Et il regardait autour de lui. Sur la table une assiette, un pot à cidre, un verre à moitié plein annonçaient un repas commencé. Et le gendarme cligna de l'œil à son chef.
– Ça sent bon, dit celui-ci.
– On jurerait du lapin, ajouta Lenient très gai.

Adapted from *Le Lapin* Guy de Maupassant

C Look at the pictures carefully and answer in French. Use your own ideas where necessary:

Pourquoi Paul est-il arrivé tôt au bureau ce matin-là?
Que faisait-il?
Qu'est-ce qu'il a remarqué en regardant par la fenêtre?
Quel bâtiment avait pris feu?

Est-ce qu'il a téléphoné aux pompiers?
Que leur a-t-il raconté?
Pourquoi Paul était-il si inquiet?

Pourquoi la pompe à incendie ne pouvait-elle pas avancer?
Est-ce que les pompiers ont fait marcher leur sirène?
Y a-t-il toujours des embouteillages aux heures d'affluence?

Pourquoi les pompiers ont-ils fait sortir les gens qui habitaient l'immeuble voisin? Où sont-ils allés?
Y avait-il quelqu'un à la fenêtre du troisième étage?
Pourquoi criait-il 'Au secours!'?

Pourquoi un des pompiers est-il monté à l'échelle?
Pourquoi le monsieur a-t-il fondu en larmes?
Qu'est-ce que le pompier lui a dit?
Est-ce que les deux hommes sont descendus tout de suite?

Est-ce que les pompiers ont réussi à éteindre le feu?
Est-ce qu'il y a eu une explosion après tout? Pourquoi le monsieur a-t-il serré la main à Paul?

D Monsieur Poisse went on an important business trip. Using a suitable past tense, help him write a report to his boss, in 140–150 words, using the information given below:

1 Voyage en voiture. Avant le départ, arrêt dans un garage pour essence, etc.
2 Difficultés à trouver le chemin. Pas de carte. Complètement perdu.
3 Plus tard, panne de voiture.
4 En retard au rendez-vous. Client absent.
5 Après bien des difficultés, autre rendez-vous pris pour le lendemain.
6 Soirée de monsieur Poisse dans une ville inconnue.

E Read the following job advertisements. For each one, find out:

1 What job is being advertised.
2 The qualifications and/or experience required.
3 The ideal age, sex and/or personality of the candidates.
4 What the companies offer in terms of salaries, opportunities etc.
5 How the candidates are advised to apply.

First ad:

Second ad:

Third ad:

Importante société
FOMATO
recrute
REPRESENTANTS(ES)
dynamiques et ambitieux : débutants
acceptés :libres immédiatement
Parfaite présentation, âge indifférent, voiture souhaitée,
pour vente articles de grande consommation
- Commisions très importantes
- Promotion CADRE possible rapidement
- Formation indispensable et continue par nos soins
Nombreux postes à pourvoir.
Ne pas écrire, ne pas téléphoner, SE PRESENTER
le lundi 10 et mardi 11 février
de 9 h à 12 h et de 14 h à 18 h
GRAND HOTEL St Laurent du Var Demander Société FOMATO

F Write a letter to a relative telling him/her you have changed your job. Include the following points:

– You are very happy.
– You earn more but work less.
– Unfortunately you sometimes have to work in the evenings.
– You have been promoted.
– You work for the same company for a different branch which is nearer.
– Say how you get there and how long it takes.
– Compare your office with the previous one and talk about your colleagues.
– Say what your boss is like, and that he is often away on business.
– End the letter in the appropriate way.

G For oral practice . . .
(Questions are suggested in the Study Guide.)

H Part One

Listen carefully to the interviews of two men and one woman about their jobs. For each one, find out:

Vocabulary: ambulant = *mobile* la tournée = *round* le filet = *net* gagner sa vie = *to earn one's living* j'ai la bougeotte (fam.) = *I can't keep still* le glaçon = *ice cube*

1 What their job is.
2 When they start and finish work.
3 What their job consists of.
4 Which days they don't work.
5 What they like about their job.
6 What they dislike about their job.

Part Two

Listen carefully to the following radio interview, then answer the questions in English:

Vocabulary: la carrière = *career* la tâche = *task, job*
fouiller = *to search* taper à la machine = *to type*
être de permanence = *to be on duty*
sur le terrain = *in the field*

Section One

1 Who are the guests of the programme 'Métier-Hebdo' every week?
2 How many women gendarmes (police officers) were there at the time of the interview?
3 Are their title and their uniforms different from those of their male colleagues?
4 Have they got different duties?
5 What kind of checks do they carry out?

Section Two

6 When does Sophie prefer to deal with women?
7 What aspect of the job does she not care for?
8 What happens every ten days, and why?
9 What does she have to do then?
10 Do they work alone or as a team?

Section Three

11 What is her favourite duty?
12 Why does the presenter congratulate her?
13 Why does he give a telephone number?
14 What number is that?
15 What will happen next?

For Further Practice . . .

1 Write a story in French based on the following pictures, in about 120 words, and in the past tense:

2 Imaginez l'interview d'une personne à propos de son métier.

3 Quels sont les avantages et les inconvénients de votre métier?

4 Vous êtes ménagère. Etes-vous satisfaite de votre sort?

5 Vous venez de commencer votre nouveau travail. Ecrivez à vos parents pour leur raconter votre première journée.

6 Ce que je ferais si je n'avais pas besoin de travailler.

Dix-neuvième unité

On n'est jamais si bien que chez soi!

A Read the following text carefully, then answer the questions in English. You are not expected to understand every word.

D'un coup de reins elle se releva, choquée d'avoir dormi tout habillée. Elle se déshabilla précipitamment, passa une chemise de nuit, s'enfonça dans le lit, s'obligea à fermer les yeux pour se donner le droit de s'éveiller en règle. Pour le principe elle réussit à s'endormir et à s'éveiller un peu avant dix heures comme elle en avait l'habitude le dimanche. Elle se leva, tira à moitié les rideaux, puis elle resta plantée devant une casserole d'eau en attendant l'ébullition, sa boîte de thé à la main.
La tasse de thé terminée, elle décida d'entrer en action et se précipita dans la cuisine. Celle-ci n'était séparée de la grande salle que par une tenture, et par une autre de la salle de bains qui la jouxtait. Il y avait un peu de vaisselle à laver, elle la lava. Puis les travaux s'enchaînèrent. Elle passa le carrelage au savon noir, l'évier à l'Ajax, briqua la salle de bains qui n'en avait aucun besoin puis revint dans la grande salle dont elle attaqua le parquet à l'aspirateur.
Se rappelant que sa poubelle était pleine elle la descendit en chemise de nuit. Plusieurs fois il lui était arrivé d'avoir été rencontrée, dans cette tenue. Quand elle tombait sur un voisin, elle cherchait à se faire excuser en prétendant que ne comptant pas sortir elle ne s'était pas habillée, ce qui l'obligeait à rester chez elle pendant le reste de la journée. Elle ne rencontra personne et rentra sans se presser.
Elle fit sa toilette ensuite, ce qui présentait l'inconvénient d'éclabousser un lieu qu'elle venait de fourbir. Mais elle tenait pour absurde de se laver avant d'avoir terminé les travaux salissants. Sa montre lui apprit qu'il était midi et elle se hâta de s'habiller et de se maquiller pour être prête à l'arrivée de sa nièce dont le train était entré en gare du Nord dix minutes plus tôt.
Puis elle découvrit que le lit n'était pas fait. Comme chaque dimanche, elle changea les draps, disposa deux oreillers au lieu d'un et mit un soin particulier à tirer les couvertures, à ajuster le dessus-de-lit.
Il lui arrivait parfois de fumer de très petits cigares, elle en alluma un.

Adapted from *Les dimanches de Mademoiselle Beaunon* Jacques Laurent

1 Why was Mademoiselle Beaunon shocked when she woke up?
2 What did she do after she got undressed?
3 What did she manage to do?
4 At what time did she usually wake up on Sundays?
5 What did she do first after she got up?
6 What did she drink?
7 How were the rooms in her flat divided?
8 What did she do in the kitchen?
9 Was the bathroom dirty?

10 What did she do in the main room?
11 Why did she go out in her nightie?
12 What excuse did she give when she happened to meet a neighbour?
13 What did this force her to do?
14 What was the disadvantage of washing after having cleaned the bathroom?
15 Why did she choose to do it that way round?
16 Why did she hurry to get dressed and put her make-up on?
17 What time did the train arrive at the Gare du Nord?
18 What unpleasant surprise awaited her?
19 What was she in the habit of doing every Sunday?
20 What did she do when everything was ready?

B Translate both passages into English:

– Eh bien, m'écriai-je, moi je peux vous dire que son père a beaucoup d'argent! Je suis entré dans la maison, et j'ai vu des meubles comme au musée Longchamp. Et un piano!
– Un piano? demanda la tante Rose. Ça serait bien la première fois qu'on en verrait un dans ces collines.
– Eh bien, moi je l'ai vu! Et tout ça c'est dans une salle à manger où il y a un tapis par terre qui est immense. Et puis, il y a une armoire formidable, qui s'appelle un «livigroub»!
– Comment? demanda Joseph, surpris.
– Un «livigroub».
– Qui t'a dit ça? demanda ma mère.
– La dame. Elle a dit: «Les verres sont dans le livigroub» . . . Et ils y étaient.
Mon père, les sourcils froncés, essayait de comprendre. Ma mère, qui ne savait pas grand-chose, mais qui devinait tout, dit timidement:
– C'est peut-être un mot anglais.
– J'y suis, s'écria Joseph. Un living-room! Ce n'était pas l'armoire, mais la salle où se trouvait l'armoire!
– C'est sûrement ça, dit l'oncle Jules, et c'est bien dommage. Parce qu'un «livigroub», ça m'intriguait, c'était poétique.

Adapted from *Le temps des secrets* Marcel Pagnol

Pour cent francs par an, la servante Félicité faisait la cuisine et le ménage, cousait, lavait, repassait, et resta fidèle à sa maîtresse, qui cependant n'était pas une personne agréable. Elle se levait dès l'aube, pour ne pas manquer la messe et travaillait jusqu'au soir sans interruption; puis, le dîner étant fini, la vaisselle en ordre et la porte bien fermée, elle s'endormait devant la cheminée.

En toute saison elle portait un mouchoir fixé dans le dos par une épingle, un bonnet lui cachant les cheveux, des bas gris, un jupon rouge et un tablier comme les infirmières d'hôpital. Son visage était maigre et sa voix aiguë. A vingt-cinq ans, on lui en donnait quarante.

Adapted from *Un cœur simple* Gustave Flaubert

C Look at the pictures carefully and answer in French. Use your own ideas where necessary:

Quand M. et Mme Dubal ont-ils décidé de refaire les peintures? Pourquoi?
Qui voulait repeindre le salon?

Où sont-ils allés? Pourquoi?
Qui a porté les pots de peinture?
Et les rouleaux de papier peint?
Est-ce qu'ils ont acheté autre chose?

Est-ce que les enfants des Dubal les ont aidé à vider les meubles? Qu'a fait le fils?
Leur fille, Colette, qu'a-t-elle mis par terre pour protéger le plancher?
Qu'est-ce que Mme Dubal a lavé?

Qui a peint le plafond avec un rouleau? Qu'a-t-il fait avec l'escabeau?
Pourquoi Mme Dubal s'est-elle servie d'un pinceau?
Combien de couches a-t-elle mises sur la porte? Les Dubal, ont-ils collé le papier peint avant de repeindre le salon?

Combien de temps leur a-t-il fallu pour refaire les peintures?
Où M. Dubal s'est-il installé pour admirer le résultat? Etait-il satisfait?
Mme Dubal avait-elle l'air content? Pourquoi?

Pourquoi Mme Dubal a-t-elle dû sortir?
Quel tissu a-t-elle choisi?
Pourquoi a-t-elle sorti sa machine à coudre?

D Read the advertisements for flats, and answer the questions which follow:

Côte d'Azur

289 000F*

2 pièces plein sud
terrasse
cuisine et salle d'eau équipées
vue sur la mer
accès direct à la plage

8 tennis - 2 piscines -
1 parcours de santé -
ping-pong - pétanque

SOLVAC

Existe également en 3 et 4 pièces
Pour vous décider, venez passer 2 jours à SOLVAC.
L'hébergement est gratuit pendant 2 nuits.
Cette offre est valable sous réserve des places disponibles.
Tél. (93) 28 75 17

* à partir de Prix 09.87

Bon pour une documentation gratuite.

A retourner à
SOLVAC
B.P. 46
06210 Mandelieu

Nom ____________
Adresse ____________
____
Tél. Dom. ____________
Tél. Bur. ____________

1 Are all the flats the same price?
2 What are the advantages of these flats?
3 What sports facilities can the owners avail themselves of?
4 What does the firm offer to attract clients?
5 What are the limitations?
6 What is the telephone code for that area?
7 What do the following mean: B.P.46. 06210 Mandelieu?
8 How does the firm try to ensure it can get in touch with you quickly?

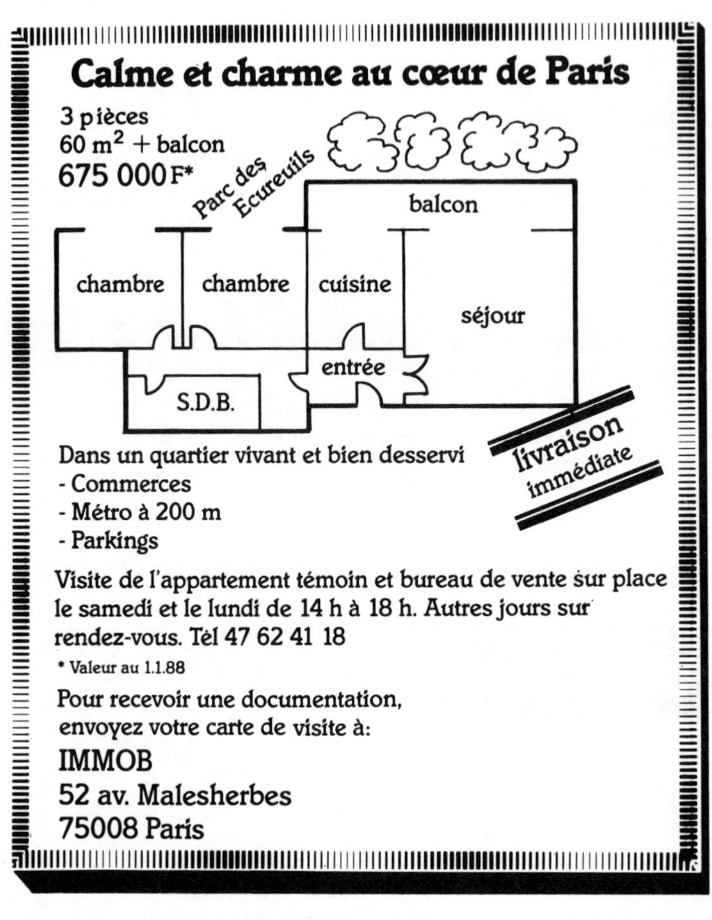

Calme et charme au cœur de Paris
3 pièces
60 m² + balcon
675 000 F*
Parc des Ecureuils
balcon
chambre
chambre
cuisine
séjour
entrée
S.D.B.
livraison immédiate
Dans un quartier vivant et bien desservi
- Commerces
- Métro à 200 m
- Parkings
Visite de l'appartement témoin et bureau de vente sur place le samedi et le lundi de 14 h à 18 h. Autres jours sur rendez-vous. Tél 47 62 41 18
* Valeur au 1.1.88
Pour recevoir une documentation, envoyez votre carte de visite à:
IMMOB
52 av. Malesherbes
75008 Paris

9 Since the hall, kitchen and bathroom are not included in the number of rooms in French advertisements, what does '3 pièces' refer to?
10 How does the firm cover any possible increase in the price?
11 In what way are these flats well-situated?
12 Is it possible to visit one at any time?
13 How soon could one move in?
14 Why isn't there a cut-out coupon for those who wish to receive more information?

E You are expecting a baby and need to move to a bigger flat. You put the following advertisement in the paper:

75 rue de la Liberté
GD LIVING + CHBRE
cuisine, salle de bains, w.c., 5e étage, asc., + cave, chauff. central. Garage, Balcon, vue exceptionnelle
LUXUEUSEMENT RENOVE
Visites sur rendez-vous tél.: 42 82 69 32

A potential buyer comes to visit your flat. Imagine your conversation, based on the information above. Write 140–150 words.

F Write a letter to your friend along the following lines:

Thank him/her for their letter and say it was nice of him/her to write.
Apologise for not replying a few weeks ago, and say you've been very busy at work and at home.
Say your parents-in-law visited you last weekend so you had to do the housework.
You got up early and did the chores (give details).
While you did the shopping your spouse began preparing lunch.
He/she discovered there were no potatoes, so had to make a green salad.
Say your mother-in-law was pleased as she's on a diet.
Say you both hope to have a visit from him/her soon.
End the letter.

G For oral practice . . .
(Questions are suggested in the Study Guide.)

H Listen to this passage adapted from *La Gloire de mon père* by Marcel Pagnol, then answer the following questions in English:

Vocabulary: le camion de déménagement = *removal van*
la charrette = *cart* le chariot = *cart* féérique = *fairy-like*

Section One

1. Who came to dinner one evening?
2. What sort of meal was it?
3. Why?
4. What did Jules think he was good at?
5. What were his two reasons against hiring a large vehicle?

Section Two

6 What would his own removal van carry?
7 What would it cost him?
8 What would that price also include?
9 Where did François live?
10 What did he do twice a week?

Section Three

11 Why was it convenient?
12 How much would it cost?
13 Will the family also travel on the cart?
14 Until what time did the conversation last?
15 That night, why did the narrator dream that he was shooting centipedes, grasshoppers and scorpions?

For Further Practice . . .

1 Write a story in French, based on the pictures below, in about 120 words, and in the past tense:

2 Vous êtes resté chez vous le week-end dernier. Qu'avez-vous fait?
3 Si vous pouviez faire construire la maison de vos rêves, comment serait-elle?
4 Vous êtes tous sortis hier soir. Décrivez les préparatifs de votre famille.
5 Faites à un(e) ami(e) la description de la villa que vous avez louée pour vos vacances.
6 Tout allait mal chez vous hier. Racontez cette mauvaise journée.

Vingtième unité

Les voyages forment la jeunesse

A Read the following text carefully, then answer the questions in English:

Petite histoire de l'aviation

Les hommes ont toujours rêvé de pouvoir s'élever dans le ciel et de voler comme les oiseaux, et il existe beaucoup de légendes à ce sujet. Déjà dans la mythologie grecque, on trouve la triste aventure d'Icare qui tenta vainement de s'échapper grâce à des ailes attachées par de la cire. Malheureusement, il s'approcha trop du soleil, la cire fondit, et il fut précipité dans la mer.

Il n'est donc pas surprenant, que les premiers projets dans ce domaine, montrent des machines qui avaient des ailes pouvant battre comme celles des oiseaux. Après avoir étudié ces derniers, Léonard de Vinci esquissa dès le quinzième siècle des dessins représentant une machine de ce genre. Il imagina aussi l'ancêtre de l'hélicoptère, et décrivit les principes du parachute.

Mais ce ne fut qu'en 1783, en France, que les premiers passagers s'élevèrent dans les airs, grâce à l'invention des frères Montgolfier: devant le roi Louis XIV et une grande foule de Parisiens, ils réussirent à faire monter, dans un ballon rempli d'air chaud, une chèvre, un coq et un canard.

Au début du dix-neuvième siècle, un Anglais, George Cayley, que l'on surnomma le père de l'aéronautique moderne, étudia la possibilité de construire des machines plus lourdes que l'air.

Petit à petit, dans tous les pays industrialisés, les hommes se lancèrent dans la construction d'appareils à voler plus ou moins invraisemblables.

Un grand nombre de ces tentatives se termina de façon tragique, mais à la fin du dix-neuvième siècle, le Français Clément Ader construisit le premier avion, et réussit le premier vol mécanique. C'est également lui qui donna le mot 'avion' à la langue française, car c'est ainsi qu'il avait baptisé sa première machine.

La deuxième réussite revient à l'Américain Orville Wright, en 1903: il exécuta un vol de douze secondes et parcourut une distance d'environ quarante mètres!
Le développement des avions augmenta alors à une vitesse prodigieuse, et dès 1909, Louis Blériot franchissait la Manche en avion, en trente-sept minutes, tandis qu'en 1927, Charles Lindbergh réussissait seul la traversée de l'océan Atlantique, de New-York à Paris, en trente-trois heures et demie. Sans doute le progrès de l'aéronautique fut-il accéléré par les exigences militaires des deux guerres mondiales. C'est ainsi que l'année 1939 vit le premier vol d'un avion à réaction en Allemagne. De nos jours, avec le supersonique Concorde qui permet d'aller de l'aéroport de Roissy à l'aéroport Kennedy en trois heures trente-cinq minutes, et avec les fusées qui permettent d'explorer d'autres planètes, les toutes premières machines nous semblent quelquefois ridicules. Mais n'oublions pas que deux sports soi-disant nouveaux sont maintenant très à la mode: ce ne sont, après tout, que des versions améliorées de l'invention d'Icare – le deltaplane et l'U.l.m.* Mais attention, c'est encore très dangereux!

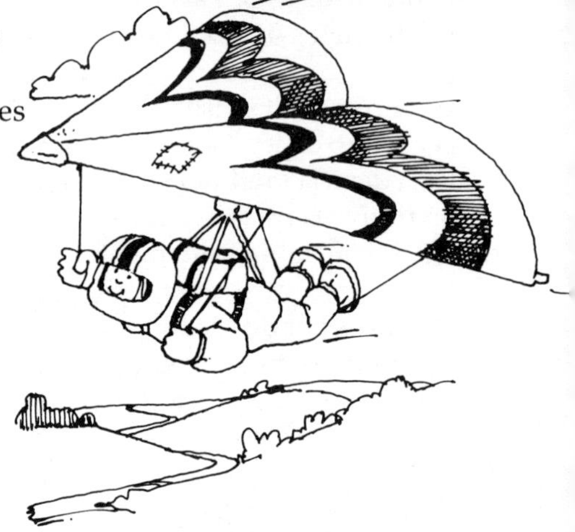

*Ultra léger motorisé.

1. What has always been man's dream?
2. Tell a legend which illustrates this dream.
3. What were Leonardo da Vinci's contributions to the design of flying machines?
4. What happened in 1783?
5. Who first made a serious study of heavier-than-air machines?
6. Who made the first powered flight?
7. What else did he do?
8. Describe Orville Wright's powered flight.
9. What was Louis Blériot's achievement?
10. How long did it take Lindbergh to fly from New-York to Paris?
11. Why did aircraft develop more rapidly during the two world wars?
12. Which country flew the first jet aircraft?
13. What is the latest in aeronautics?
14. What new sports are becoming very popular?
15. Why is it ironical?

B Translate into English:

Tel est le charme de l'Alsace: on y est à la fois chez soi et ailleurs. Chez soi parce que rien n'est plus français que le style de vie et la gastronomie de ce pays. Ailleurs parce que l'architecture et la langue nous sont agréablement étrangers.
Il ne faut surtout pas se presser en Alsace. Il faut avoir le temps de tout voir. De plus, les Alsaciens, courtois, un peu distants, n'aiment pas la

précipitation. Ils veulent aller à leur rythme, sauf dans les affaires et le commerce.
Bien des itinéraires sont possibles, mais de toute évidence il faut connaître Strasbourg, la capitale, siège du Conseil de l'Europe, de la Cour Européenne des Droits de l'Homme, lieu de réunion du Parlement européen.
Proche de la cathédrale, le quartier de la Petite-France est un charmant départ pour une promenade. Les maisons sont très blanches, très fleuries, très soignées. Il y a des canaux, des ponts, et les ruelles sont devenues piétonnes.
Le château des Rohan est à visiter, ainsi que le musée alsacien où l'on fait connaissance avec l'artisanat traditionnel, les meubles, les bois gravés, les dentelles et les broderies.
A midi sur les petites terrasses ensoleillés mais le soir surtout, allez dans les Winstubs boire du vin blanc et déguster des saucisses.

Adapted from 'Les charmes enivrants de l'Alsace' *BIBA* (September 1984)

C Look at the pictures carefully and answer in French. Use your own ideas where necessary:

Qu'est-ce que Paul et Angélique ont décidé de faire, par un beau matin ensoleillé?
A quelle heure sont-ils partis?
Où avaient-ils l'intention d'aller?

Qu'est-ce qui leur est arrivé deux heures plus tard?
Qu'a fait Paul?
Et Angélique, était-elle contente?

Est-ce que Paul a réussi à réparer la moto?
Qu'ont fait les deux jeunes gens?
Pendant combien de temps ont-ils dû marcher?

Où sont-ils arrivés?
Qu'est-ce qu'ils ont fait en y arrivant?
Comment ont-ils passé l'après-midi?

D Use the dialogue below to describe Madeleine and Gérard's Channel crossing in the form of a narrative in the third person, in 140–150 words:

– Bonjour Madeleine! Ça va? Vos vacances en Angleterre se sont bien passées?
– Tiens, bonjour Yvonne! Oui, Gérard et moi avons passé des vacances formidables, et nous avons eu de la chance car il a fait assez beau.
– Combien de temps y êtes-vous resté?
– Trois semaines en tout. Nous avons passé huit jours à Londres et quinze jours en Ecosse.
– Et vous n'avez pas eu trop de problèmes avec la langue, la conduite à gauche, l'argent . . .
– Pas du tout! Mais c'est en France que nous avons eu des problèmes, le jour du départ.
– Ah bon? Vous êtes tombés en panne?
– Pas du tout, mais c'était au moment où les pêcheurs français étaient en grève.
– Oui, je me souviens. Ils bloquaient tous les ports et empêchaient tous les bateaux d'entrer et de sortir.
– Le jour où nous devions embarquer, nous avons acheté le journal et nous avons lu, à notre grand soulagement, que le traffic avait enfin repris normalement sur la Manche.
– Juste à temps!
– Attends! Quand nous sommes arrivés à Boulogne, il y avait des embouteillages autour du port, et finalement la police nous a dit que nous devions aller en Belgique.
– En Belgique!
– Oui, à Zeebrugge. Un ferry était prévu pour dix heures du soir, mais naturellement il y avait beaucoup de monde dans notre situation, et en particulier beaucoup d'Anglais qui rentraient de vacances, presque tous avec des caravanes.
– Vous avez réussi à prendre le ferry?
– Finalement oui, mais pas celui de dix heures. Nous avons dû faire la queue comme les autres. Nous n'avons quitté Zeebrugge qu'à trois heures du matin, fatigués, sales et déprimés.
– Est-ce que vous avez dû repayer?
– Non, car c'était un ferry de la même compagnie.
– Et combien de temps a duré la traversée?
– Il faut environ cinq heures pour faire Zeebrugge–Douvres!
– Vous avez pu dormir?
– Pas beaucoup. Il y avait du va-et-vient, du bruit, trop de lumière, et les fauteuils n'étaient pas très confortables. N'oublie pas que c'était un ferry prévu pour une traversée de quatre-vingt-dix minutes!
– Comment avez-vous passé le temps?
– Nous avons mangé. Heureusement nous avions quelques provisions. Nous sommes allés prendre un verre. Nous avons fait le tour du bateau, mais ça n'a pas pris longtemps, nous avons un peu lu et nous avons bavardé avec d'autres passagers, des Anglais qui nous ont raconté leurs vacances.
– Ils étaient sympathiques?
– Très! Ils nous ont invités chez eux et nous avons passé un week-end formidable en leur compagnie.
– Tout est bien qui finit bien!

E Here are some notes and a sketch map of Strasbourg, where the Poireau family spent a week during their summer holidays. Write an account of where they stayed, how they spent their time and the places they visited. They had one day's bad weather.

> **Strasbourg**, capitale d'Alsace.
> Voir cathédrale (horloge astronomique), cité ancienne, la Petite France, château des Rohan, Ponts couverts, Hôtel de Ville. Barrage Vauban, Orangerie (concerts le soir), Musée l'Oeuvre Notre Dame, Musée Alsacien. Promenades sur l'Ill et les canaux. Visite du port autonome en vedette.
> Hôtels: *** Le Stendhal (a), *** Grand Hôtel du Cours (b), ** Select Hôtel (c), * La Meule (d), * Le Cheval Blanc (e), Rôtisserie vedette restaurant plein air (f).

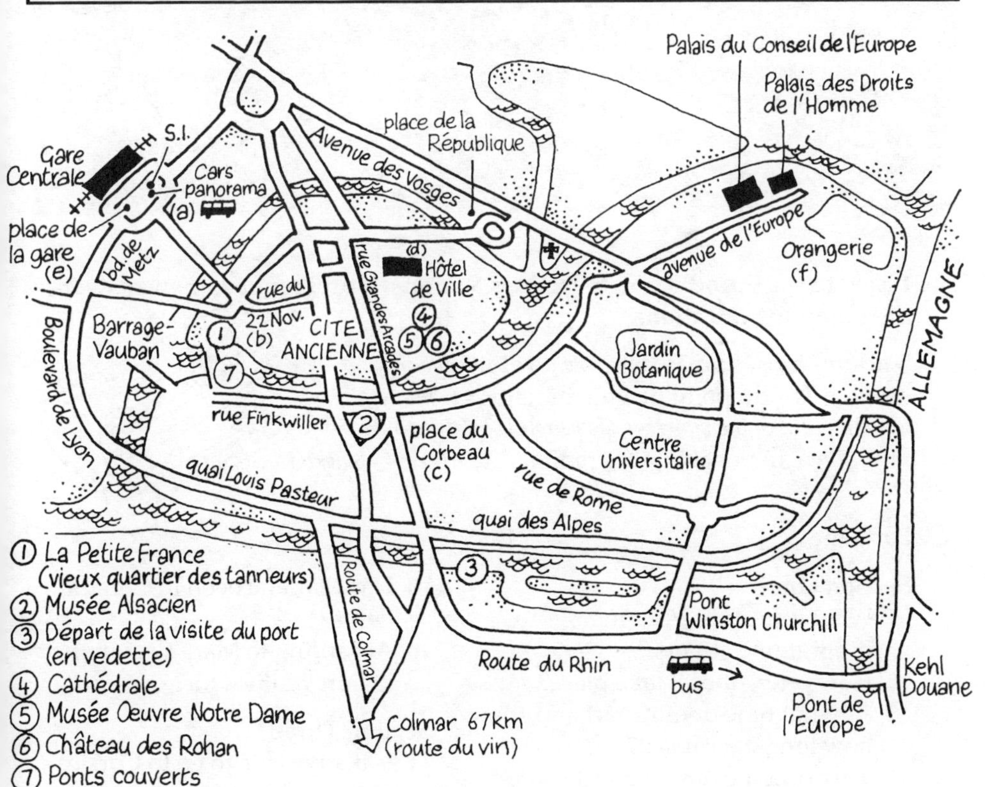

F Write a letter to a hotel in Cannes asking for more details. Include the following points:

The hotel has been recommended by friends who spent their holiday there 2 years ago.
You want to know the cost for the whole family, full board.
Say how many rooms you need (with bath etc.).
Ask if the hotel is far from the station as you will come by train.
Say how long, and when you want to stay at the resort.
Say you hope for a swift reply.

G For oral practice . . .
(Questions are suggested in the Study Guide.)

H Listen to the introduction to Jacques Vauquer's programme, then answer the following questions:

Vocabulary: les fanas (fam.). du vélo = *cycling enthusiasts* du point de vue humain = *from the human point of view/as regards people* à l'égard de = *regarding* incroyable = incredible le merle = *blackbird*

Part One

Section One

1 What is Jacques Vauquer's programme about?
2 How often does it take place?
3 At what time does it start and how long does it last?
4 Why does he have a guest with him?
5 Who is Marlène Poincet?

Section Two

6 How long was her tour of Corsica?
7 Why should one listen right to the end of the programme?
8 What should the listeners be ready to use?
9 Has Marlène been to Corsica before?
10 According to Marlène, what is Corsica ideal for?

Section Three

11 Is it advisable to go to Corsica for a seaside holiday? Why?
12 What can holidaymakers do inland?
13 Would you go to Corsica if you were interested in history and architecture? Why?
14 How do the Corsicans behave towards tourists?
15 What food and drink should one sample in Corsica?

Part Two

First, listen to the description of the tour of Corsica given in three sections. On the map below trace Marlène's route and mark in the mileage she covered every day:

Vocabulary: une étape = *a stage* flâner = *to stroll* un édifice = *building* longer la côte = *to follow the coast* le point de départ = *starting point* des ruines grecques et romaines = *Greek and Roman ruins* aménagé = *set up* tirer à sa fin = *to draw to its close*

Then, listen to the description of the tour once more and make brief notes in French on things to do and see in the various places mentioned (where applicable).

example: Calvi – visiter la forteresse.

Part Three

Now listen to the competition and do the quiz. Don't forget to address the postcard!

For Further Practice . . .

1 Write a story in French based on the pictures below, in about 120 words, and in the past tense:

2 Racontez un voyage à l'étranger.

3 Quand vous êtes allé en France pour la première fois, quelles ont été vos impressions?

4 Racontez un voyage en voiture pendant lequel vous avez eu quelques problèmes.

5 Vous partez en vacances avec un(e) ami(e). Vous préférez faire du camping, il/elle aime mieux rester à l'hôtel. Écrivez votre conversation.

6 Vous habitez au bord de la mer. Ecrivez à un(e) ami(e) l'invitant passer un week-end chez vous. Décrivez vos projets.

Grammar section

1 PERFECT TENSE WITH 'AVOIR'

This is a past tense which can translate several English forms.
example:

J'ai mangé *I have eaten*
I ate
I did eat

It is a compound tense formed with an **auxiliary verb** (generally **'avoir'**) conjugated in the present tense, and the **past participle** of the verb used. The regular past participles (corresponding to the English **-ed** form such as *opened, talked, walked,* etc.) are formed as follows:

Infinitive	**Past participle**
jou**er** (*to play*)	jou**é** (*played*)
chois**ir** (*to choose*)	chois**i** (*chosen*)
perd**re** (*to lose*)	perd**u** (*lost*)

example:
J'ai aidé ma mère. (*I helped my mother.*)
Nous avons bavardé. (*We chatted.*)
Les pommes de terre ont brûlé. (*The potatoes got burnt.*)
J'ai fini mes devoirs. (*I have finished my homework.*)
Avez-vous dormi jusqu'à midi? (*Did you sleep till midday?*)
Mon frère a perdu sa montre. (*My brother lost his watch.*)
Note that verbs ending in **-frir** and **-vrir** (souffrir, ouvrir, etc.) change to **-fert** and **-vert**, etc.).
Example:
J'ai ouvert une bonne bouteille. (*I opened a good bottle.*)

Prendre and verbs based on it (comprendre, apprendre, etc.) change to **pris** (compris, appris, etc.).

Example:
J'ai pris la tension de plusieurs malades. (*I took the blood pressure of several patients.*)

A number of verbs have **irregular past participles** which must be learnt by heart. The most common ones are:
avoir – *to have* (**eu**), boire – *to drink* (**bu**), conduire – *to drive* (**conduit**), connaître – *to know* (**connu**), courir – *to run* (**couru**), croire – *to believe* (**cru**), devoir – *to have to/must/to owe* (**dû**), dire – *to say/to tell* (**dit**), écrire – *to write* (**écrit**), être – *to be* (**été**), faire – *to do/to make* (**fait**), falloir – *to be necessary* (**fallu**), lire – *to read* (**lu**), mettre – *to put* (**mis**), plaire – *to please* (**plu**), pleuvoir – *to rain* (**plu**), pouvoir – *to be able to/can* (**pu**), recevoir – *to receive* (**reçu**), rire – *to laugh* (**ri**), savoir – *to know* (**su**), suivre – *to follow* (**suivi**), vivre – *to live* (**vécu**), voir – *to see* (**vu**), vouloir – *to want* (**voulu**).
Example:
Nous avons eu du homard. (*We had lobster.*)
J'ai eu mal à la tête. (*I had a headache.*)
Vous avez bien bu. (*You drank a lot.*)
J'ai dû rester au lit. (*I had to stay in bed.*)
J'ai écrit à Sylvie. (*I wrote to Sylvie.*)
J'ai été malade. (*I was ill.*)
Il a fait des piqûres. (*He gave some injections.*)
Elle a lu un rapport. (*She read a report.*)
J'ai mis une robe neuve. (*I put on a new dress.*)
Il a plu dimanche dernier. (*It rained last Sunday.*)
J'ai reçu beaucoup de cadeaux. (*I received a lot of presents.*)
Nous avons vu des éclairs. (*We saw some flashes of lightning.*)

2 PERFECT TENSE WITH 'ETRE'

Most verbs are conjugated with 'avoir'. The following list of verbs which are conjugated with 'être' must be learnt by heart. The majority work in pairs, so they are not too hard to remember. As most past participles are regular, we have only given the irregular ones:

aller – *to go*
venir – *to come* (venu)
arriver – *to arrive*
partir – *to leave/to depart*
naître – *to be born* (né)
mourir – *to die* (mort)
tomber – *to fall*

rester – *to stay*
entrer – *to enter/to come in*
sortir – *to go out*
monter – *to go up/to get on*
descendre – *to go down/to get off*
retourner – *to go back*
passer – *to go past/by/through*, etc.

Note that the verbs based on these (e.g. devenir – *to become*, renaître – *to be reborn*, etc.) behave in exactly the same way.
Example:
Les cambrioleurs sont arrivés en voiture. (*The burglars arrived by car.*)
Trois hommes sont descendus. (*Three men got out.*)
Le quatrième est resté au volant. (*The fourth one stayed at the wheel.*)
Ils sont entrés dans la banque. (*They went into the bank.*)
Ils sont partis à toute vitesse. (*They left at full speed.*)
Nous sommes allés au Syndicat d'Initiative. (*We went to the tourist office.*)
Jeanne d'Arc est née en 1412. (*Joan of Arc was born in 1412.*)
Marie Curie est morte en 1901. (*Marie Curie died in 1901.*)

Some of these verbs can be conjugated with 'avoir'. This happens when they have a direct object, in which case their meaning can change. Here are a few examples:

Sortir
Elle est sortie à huit heures. (*She went out at eight o'clock.*)
Elle a sorti un livre de son sac. (*She took a book out of her bag.*)

Monter
Ils sont montés dans le train à Rouen. (*They got on the train in Rouen.*)
Ils sont montés au septième étage. (*They went up to the seventh floor.*)
J'ai monté l'escalier avec difficulté. (*I went up the stairs with difficulty.*)
Il a monté la tente. (*He put up the tent.*)

Descendre
Nous sommes descendus du taxi devant le cinéma. (*We got out of the taxi in front of the cinema.*)
Elle a descendu l'escalier à toute vitesse. (*She came down the stairs at full speed.*)

Retourner
Je suis retourné en Corse. (*I went back to Corsica.*)
Elle a retourné la photo. (*She turned the photograph over.*)

Passer
Ils sont passés par Paris. (*They went via Paris.*)
Elle est passée devant l'église. (*She went/walked/drove, etc., past the church.*)
Elle a passé son permis de conduire. (*She took her driving test.*)
Nous avons passé un mois en Bretagne. (*We spent a month in Brittany.*)

As you have noticed from the examples, the past participles of the verbs conjugated with 'être' agree with the subject; like adjectives, they agree in number and gender, i.e. adding an 's' to mark the plural, and an 'e' to mark the feminine.

3 PERFECT TENSE OF REFLEXIVE VERBS

All verbs used reflexively are also conjugated with 'être'.
Example:
Il a lavé sa voiture. (He washed his car.)
But: Il s'est lavé en dix minutes. (*He washed in ten minutes.*)
Elle a réveillé son mari. (*She woke her husband up.*)
But: Elle s'est réveillée tôt. (*She woke up early.*)
Ils ont levé la tête. (*They looked up/raised their heads.*)
But: Ils se sont levés. (*They got up.*)
Je me suis couché vers minuit. (*I went to bed at about midnight.*)
Ils se sont baignés. (*They had a swim.*)
Tu t'es assis. (*You sat down.*)

As with all the verbs conjugated with 'être', the past participle of reflexive verbs agrees with the subject, unless the verb has a direct object, in which case the past participle behaves like those of verbs conjugated with 'avoir'.

Example:
La bouteille s'est cassée. (*The bottle broke/got broken.*)

But: Claire s'est cassé la jambe. (*Claire broke her leg.*)

4 MORE ABOUT THE PERFECT TENSE

a Negative sentences

Only the auxiliary verb ('avoir' or 'être') is put between the two negative words.
Example:
Vous **n'**avez **rien** fait. (*You did nothing/You didn't do anything.*)
Nous **n'**avons **pas** travaillé. (*We didn't work.*)

When a pronoun is used, as usual, it remains directly in front of the auxiliary verb.
Example:
Nous **ne** nous sommes **pas** disputés. (*We didn't argue.*)
Je **ne** lui ai **pas** répondu. (*I didn't answer her.*)

b Questions

The usual rules about making questions apply. When the inversion is used, as in English, only the auxiliary verb comes in front of the subject.
Example:
A quelle heure sont-ils entrés? (*At what time did they come in?*)
Avez-vous dormi jusqu'à midi? (*Did you sleep till midday?*)
Est-ce que vous avez regardé la télé? (*Did you watch the telly?*)
Avez-vous perdu quelque chose? (*Have you lost something?*)

When a pronoun is used, it remains in front of the auxiliary verb.
Example:
Pourquoi **vous** êtes-vous disputés? (*Why did you argue?*)
Lui a-t-elle parlé? (*Did she talk to him/her?*)

c Pronouns

Following the general rule, pronouns come directly before the verb, in this case, the auxiliary verb 'avoir' or 'être'. As mentioned above, this applies also in negative and interrogative sentences.
Example:
J'en ai pris deux fois. (*I took some twice – i.e. I had two helpings.*)
Ma sœur m'a parlé. (*My sister talked to me.*)
Je lui ai fait croire . . . (*I made him/her believe . . .*)

Although the past participle of a verb conjugated with 'avoir' generally remains unchanged, when the verb is **preceded by a direct object**, the past participle agrees with this object. This situation occurs for instance when the direct object comes in the form of a pronoun.
Example:
Simon a apporté une araignée. Il **l'**a **apportée** en classe. (*Simon brought a spider. He brought it to the classroom.*)
Ils ont trouvé des crapauds. Ils **les** ont **trouvés** dans le jardin. (*They found some toads. They found them in the garden.*)
Thomas a attrapé trois souris. Il **les** a **mises** dans sa poche. (*Thomas caught three mice. He put them in his pocket.*)

Note that in the last example, the pronunciation of the past participle is actually altered: 'mis' (the 's' is not sounded), 'mise' (the 's' is sounded). In most cases the agreement is not noticeable when speaking.

d Adverbs

Adverbs generally come after the auxiliary verb 'avoir' or 'être'.
Example:
Nous avons bien dormi. (*We slept well.*)
J'ai trop bu, j'ai trop chanté. (*I drank too much, I sang too much.*)
Le film a enfin commencé. (*The film finally started.*)
Nous nous sommes bien amusés. (*We enjoyed ourselves.*)
Tu t'es vite déshabillé. (*You undressed quickly.*)
Long adverbs such as *lentement* and *tranquillement* usually follow the past participle.
Example:
Il s'est habillé lentement. (*He got dressed slowly.*)

e Inversion after direct speech

This applies to all tenses, but is very commonly used with the perfect tense. After direct speech, the inversion must take place in French. As a result, the euphonic

't' is used rather extensively with the third person singular (il/elle).
Example:
Je ne sais pas laquelle choisir, a-t-elle soupiré. (*I don't know which one to choose, she sighed.*)
. . . a répondu Francine. (. . . *answered Francine.*)
. . . a-t-elle demandé. (. . . *she asked.*)
. . . a-t-il dit. (. . . *he said.*)

5 RELATIVE PRONOUNS

A relative pronoun introduces a subordinate clause which refers to persons, animals or things which have just been mentioned. The noun or sentence in question is called the antecedent. Relative pronouns translate into English as *'who'*, *'whom'*, *'whose'*, *'which'* and *'that'*.

a 'Qui'

When the antecedent is the **subject** of the verb in the relative clause, the relative pronoun is 'qui'.
Example:
Dijon est une ville **qui** est connue pour sa moutarde. (*Dijon is a town which is known for its mustard.*)
The antecedent 'ville' is the subject of 'est connue'.
La Bourgogne est une région **qui** produit de bons vins. (*Burgundy is a region which produces good wines.*)
The antecedent 'région' is the subject of 'produit'.

b 'Que'

When the antecedent is the **object** of the verb in the relative clause, the relative pronoun is 'que' or 'qu''.
Example:
Le camembert est le fromage **que** Claire préfère. (*Camembert is the cheese that Claire prefers.*)
The antecedent 'camembert' is the object of 'préfère', 'Claire' being the subject.
Le Nuits-Saint-Georges est le vin préféré d'Henri. C'est un vin **qu**'il adore. (*Nuits-Saint-Georges is Henri's favourite wine. It's a wine that he loves.*)
The antecedent 'vin' is the object of 'adore', 'il' (Henri) being the subject.

Note that the relative pronoun can never be omitted in French, whereas it is sometimes left out in English.
Example:
Camembert is the cheese Claire prefers.
It's a wine he loves.

Also note that, as we have seen, in the perfect tense, the past participle of a verb conjugated with 'avoir' remains unchanged unless there is a direct object before the verb, in which case the past participle agrees with it. This happens frequently in relative clauses as the direct object, being the antecedent, precedes the verb.
Example:
La robe que j'ai empruntée est à ma sœur. (*The dress that I borrowed is my sister's.*)
Les chaussures qu'il m'a prêtées sont trop grandes. (*The shoes he lent me are too big.*)

c 'Dont'

'Dont' translates the English *'whose'*, *'of whom'* and *'of which'*. It is used with verbs such as 'se servir de' (*to use*), 'avoir besoin de' (*to need*) and 'avoir envie de' (*to fancy*).
Example:
La girafe est un animal dont le cou est très long. (*The giraffe is an animal whose neck is very long.*)
Le médecin est la personne dont on a besoin quand on est malade. (*The GP is the person one needs when one is ill. Literally: the person of which one has need.*)
Un dictionnaire est un livre dont les traducteurs se servent souvent. (*A dictionary is a book translators often use. Literally: a book of which translators make use.*)
Le manteau dont elle a envie coûte trop cher. (*The coat she fancies is too expensive. Literally: the coat for which she has a fancy.*)

Note that 'dont' is always the first word in a relative clause.

d Prepositions

'qui' (whom) refers only to people.
Example:
C'est le couple à qui nous avons vendu la maison. (*This is the couple to whom we sold the house.*)
Les amis avec qui nous avons dîné. (*The friends with whom we had dinner.*)

For animals and things, and also for people, *'whom'/'which'* translates as follows:

lequel (masculine singular)	**laquelle** (feminine singular)
lesquels (masculine plural)	**lesquelles** (feminine plural)

Example:
Laquelle de ces deux maisons préférez-vous? (*Which of these two houses do you prefer?*)

When accompanied by the prepositions 'de' or 'à', the rules of the partitive must be followed.

With 'de': duquel, de laquelle, desquels, desquelles. (Although in this case, 'dont' would probably be used – see paragraph c above.)

With 'à': auquel, à laquelle, auxquels, auxquelles.
Example:
L'arbre auquel il a coupé les branches. (*The tree of which he cut the branches.*)
La lettre à laquelle j'ai répondu. (*The letter to which I answered.*)
Les touristes auxquels/à qui il montre la tour Eiffel. (*The tourists to whom he shows the Eiffel tower.*)

But it is straightforward with other prepositions.
Example:
Les lunettes avec lesquelles je regarde la télé. (*The glasses with which I watch TV.*)
Le chien sans lequel il s'ennuie. (*The dog without which he gets bored.*)
Les enfants pour lesquels/pour qui elle prépare un gâteau. (*The children for whom she is preparing a cake.*)

Note that 'où' is usually used for place and time (in preference to *'in which'*, *'on which'*, *'at which'*, etc.).
Example:
La maison où il habite n'a pas de jardin. (*The house in which he lives has no garden.*)
A l'heure où il arrive, il est trop tard. (*At the time when/at which he arrives, it is too late.*)
Le jour où il va partir. (*The day when/on which he will go.*)

e 'Ce qui', 'Ce que', 'Ce dont'

They translate *'what'* meaning *'that which'*. Here again, **'ce qui'** is used when it is the **subject**, and **'ce que'** or **'ce qu''** is used when it is the **object** of the relative clause.
Example:
Allons voir ce qui se passe. (*Let's go and see what's going on.*)
Je me demande ce qui va arriver. (*I wonder what will happen.*)
Je ne sais pas ce que Paul veut dire. (*I don't know what Paul means.*)
Savez-vous ce qu'elle a fait? (*Do you know what she did?*)

When the verb is followed by the preposition 'de', **'ce dont'** is used.
Example:
Nous ne savons pas ce dont vous avez besoin. (*We don't know what you need. Literally: what you have need of.*)
Il sait ce dont elle a peur. (*He knows what she is afraid of.*)

6 DEMONSTRATIVE PRONOUNS

a 'The one(s)/those'

'The one(s)/those' translate into French as follows:

celui (masculine singular)	**celle** (feminine singular)
ceux (masculine plural)	**celles** (feminine plural)

Example:
Celui qui a inventé le stéthoscope. (*The one who invented the stethoscope.*)
Ceux qui ont découvert le radium. (*The ones who discovered radium.*)
Celle que je préfère a un grand jardin. (*The one I prefer has a big garden.*)
Ce sont celles dont j'ai besoin. (*They are the ones I need.*)

See paragraph 5 for the use of 'qui', 'que' and 'dont'.

b 'This/that one' and 'these/those'

When having to differentiate between two similar things, **'-ci'** is used for the nearer, and **'-là'** for the one further away.
Example:
Je préfère celle-ci. (*I prefer this one.*)
Je veux celui-là. (*I want that one.*)

Nous détestons ceux-ci, mais nous aimons bien ceux-là. (*We hate these, but we quite like those.*)

Note that 'celui-ci/celle-ci', etc., can also be used to translate **'the latter'** instead of 'ce dernier/cette dernière', etc.
Example:
Paul et Jean ont parlé à Pierre. Celui-ci/Ce dernier n'a pas répondu. (*Paul and Jean spoke to Pierre. The latter didn't answer.*)

7 AVANT/APRES

'Avant' and 'après' are very easy to use if they are followed by a noun.
Example:
Avant le match. (*Before the match.*)
Après la classe. (*After the class.*)

But when they are followed by a verb, strict rules must be observed to keep the language clear and simple.

With **'avant'**, use the preposition **'de'**, followed of course by the **infinitive**, whatever form the English takes, even if there is a personal pronoun or a name. (They should only appear in the other clause in French.)
Example:
Avant de sortir, Paul a mis son manteau.
This is the only way to translate into French the following English sentences:
Before Paul went out, he put his coat on.
Before he went out, Paul put his coat on.
Before going out, Paul put his coat on.
Qu'a-t-elle fait avant de s'endormir? (*What did she do before falling/she fell asleep?*)
Vous vous êtes disputés avant de vous coucher. (*You had an argument before going/you went to bed.*)

Similarly, whatever form the English takes, always use **'après'** followed by the **perfect infinitive** to translate 'after'.

The perfect infinitive is formed by using the infinitive of the auxiliary verb ('avoir' or 'être') with the past participle of the verb.
Example:
Après avoir mangé au restaurant, Laurent et Chantal sont allés au cinéma.
This is the only way to translate the following:
After Laurent and Chantal had eaten at a restaurant, they went to the cinema.
After they had eaten at a restaurant, Laurent and Chantal went to the cinema.
After eating at a restaurant, Laurent and Chantal went to the cinema.
After having eaten at a restaurant, Laurent and Chantal went to the cinema.
Je suis sorti après avoir ramassé un collant. (*I went out after I had picked up a pair of tights.*)
Après s'être baignée, elle s'est reposée. (*After she'd had a swim, she had a rest.*)

So make sure to always remember **'avant de/d''** and **'après avoir/être'**. It is simple but generally quite different from the English structure. Don't be tempted to translate word for word.

8 IMPERFECT TENSE

a Formation

To form the imperfect tense, first get the **stem** by taking the 'nous' form of the present indicative and dropping the '-ons'.
Example:
envoyer (*to send*): nous envoyons → **envoy** . . .
choisir (*to choose*): nous choisissons → **choisiss** . . .
prendre (*to take*): nous prenons → **pren** . . .

Then, add the following **endings**:

Je ____ **ais**	Nous ____ **ions**
Tu ____ **ais**	Vous ____ **iez**
Il/Elle ____ **ait**	Ils/Elles ____ **aient**

Example:
j'envoyais (*I was sending*)
tu envoyais
il envoyait
nous envoyions
vous envoyiez
ils envoyaient

je choisissais (*I was choosing*)
tu choisissais
il choisissait
nous choisissions
vous choisissiez
ils choisissaient

je prenais (*I was taking*)
tu prenais
il prenait
nous prenions
vous preniez
ils prenaient

Note that, fortunately, the stem of many -er verbs is the same as the one used for the present indicative. (See Verb tables.)
Example:
porter (*to carry, to wear*): nous portons → **port** . . . → nous portions.

The only verb that does not follow the above rule is 'être' (*to be*). It must be learnt by heart, particularly as it is widely used in this tense:

j'étais	nous étions
tu étais	vous étiez
il/elle/c'était	ils/elles étaient

But as you can see, the endings are the same as for all the verbs. The only time the endings show any irregularities is with the verbs ending in '-cer' and '-ger', such as manger (*to eat*), nager (*to swim*), commencer (*to start*), etc. The 'nous' and 'vous' forms require neither the extra 'e' nor the cedilla (ç), as the 'g' or 'c' are in both cases followed directly by an 'i':

je mangeais
tu mangeais
il/elle mangeait
nous mangions
vous mangiez
ils/elles mangeaient

je commençais
tu commençais
il/elle commençait
nous commencions
vous commenciez
ils/elles commençaient

b *Uses*

This tense is used to express various ideas in the past.
It is the tense used for descriptions.
Example:
La plage était magnifique. (*The beach was gorgeous.*)
Il faisait beau, le ciel était bleu et il n'y avait pas un nuage. (*The weather was fine, the sky was blue and there wasn't a single cloud.*)

It is used to express an unfinished (at the time), continuous action. It can be translated by 'was/were _____ ing'. But beware, the English '-ing' form is not always used, even if it is understood.
Example:
Une femelle kangourou portait son petit dans sa poche. (*A female kangaroo was carrying her young in her pouch.*)
Des paons se promenaient majestueusement. (*Peacocks walked/were walking about majestically.*)
Des singes sautaient de branche en branche. (*Monkeys jumped/were jumping from branch to branch.*)

It is also the tense to express that something used to be done regularly. It is often accompanied by expressions such as 'tous les jours/chaque jour' (*every day*), 'toutes les semaines/chaque semaine' (*every week*), etc., 'quelquefois' (*sometimes*), 'de temps en temps' (*from time to time*), 'quand' (meaning '*whenever*'), 'souvent' (*often*), 'à chaque fois' (*every time*), 'souvent' (*often*), 'régulièrement' (*regularly*), 'rarement' (*rarely*), etc.
Example:
J'allais souvent à la piscine quand j'étais petit. (*I often used to go/went to the swimming pool when I was small.*)
Tous les matins je me levais de bonne heure. (*Every morning I used to get up/got up early.*)
Après le petit déjeuner, je retournais à la plage. (*After breakfast, I used to go back/went back to the beach.*)

As you can see, the idea of 'used to' may be only understood in English. Whether it is actually used or not, the imperfect tense is required in French.

c *Perfect* versus *imperfect*

When talking about what happened in the past it is often necessary to use both the perfect and the imperfect tenses. As we have seen, the **imperfect** expresses how things were (description), what used to happen (habit, repetition) and what was still going on at the time (unfinished action). The **perfect** expresses what took place, that is to say a single completed event. As a result, the latter is the tense

used when an event interrupts an action in progress.
Example:
Quand le professeur est entré, un élève dansait sur le bureau. (*When the teacher came in – interruption, a pupil was dancing on the desk – action in progress.*)
L'élève qui lisait a fermé son livre. (*The pupil who was reading – action in progress, shut his book – completed action interrupting the action in progress.*)
Le garçon qui dormait s'est réveillé. (*The boy who was sleeping – action in progress, woke up – completed action interrupting the action in progress.*)

The imperfect is also used with **'depuis'**.
Example:
J'habitais à Paris depuis deux ans quand j'ai décidé d'aller à l'étranger. (*I had been living in Paris for two years when I decided to go abroad.*)
Il travaillait depuis cinq minutes quand Paul a téléphoné. (*He had been working for five minutes when Paul telephoned.*)

It is also the tense used with **'venir de'**.
Example:
Elle venait de se lever quand Jean est arrivé. (*She had just got up when Jean arrived.*)
Nous venions de sortir quand il a commencé à pleuvoir. (*We had just gone out when it started to rain.*)

d Reported speech

This means that something is not said directly, but reported, repeated by another person. Reported speech generally follows a phrase such as *'He said that . . .'*, *'I told him that . . .'*, etc. A verb in the present tense will be used in the imperfect tense when direct speech is turned into reported speech.

Direct speech:
Elle a dit: «**Je vais** à Marseilles».
(*She said 'I am going to Marseilles'.*)
Reported speech:
Elle a dit qu'**elle allait** à Marseilles.
(*She said that she was going to Marseilles.*)
Direct speech:
J'ai répondu: «**Je suis** désolé!».
(*I answered: 'I am sorry!'.*)
Reported speech:
J'ai répondu que **j'étais** désolé.
(*I answered that I was sorry.*)
Direct speech:
J'ai dit: «Les gens **partent** en vacances».
(*I said 'People are going on holiday'.*)
Reported speech:
J'ai dit que les gens **partaient** en vacances.
(*I said that people were going on holiday.*)

Note that 'that' can sometimes be omitted in English, but never in French.
Example:
J'ai dit **que** j'étais désolé. (*I said I was sorry.*)

9 IL Y A

a When used in a past context, **'il y a'** translates the English **'ago'**. According to the meaning of the sentence, it can be used either with the perfect or with the imperfect tense.
Example:
J'ai commencé il y a deux mois. (*I started two months ago.*)
Il y a trois ans, j'habitais dans le Midi. (*Three years ago, I lived in the South of France.*)

Note that 'il y a' always comes before the expression of time, whereas 'ago' comes after.

b In its more common usage, 'il y a' (*there is/there are*) can of course also be used in the past. *'There was/there were'* is either **'il y a eu'** (perfect) or **'il y avait'** (imperfect).
Example:
Tout le monde écoutait la radio quand il y a eu une coupure de courant. (*Everybody was listening to the radio when there was a power cut.*)
Il y avait beaucoup de monde dans la pièce. (*There were a lot of people in the room.*)

10 FUTURE TENSE

a Formation

The **stem** is the full infinitive of the verb (donner, partir, choisir, etc.), except in the case of '-re' verbs when the 'e' must be dropped so that the stem ends in an 'r' (vendre → **vendr** . . ., prendre → **prendr** . . . etc.). To this stem, add the following **endings** (which happen to be those of the present indicative of 'avoir'):

J'_____**ai**	Nous _____**ons**
Tu _____**as**	Vous _____**ez**
Il/Elle _____**a**	Ils/Elles _____**ont**

Example:
jouer (*to play*)
je jouerai (*I'll play*)
tu joueras
il/elle jouera
nous jouerons
vous jouerez
ils/elles joueront

finir (*to finish*)
je finirai (*I'll finish*)
tu finiras
il/elle finira
nous finirons
vous finirez
ils/elles finiront

répondre (*to answer*)
je répondrai (*I'll answer*)
tu répondras
il/elle répondra
nous répondrons
vous répondrez
ils/elles répondront

b Irregularities

Verbs ending in **'-yer'** change their 'y' to an 'i', although verbs ending in '-ayer' can either retain the 'y' or change to 'i'. (To avoid confusion, it might be safer to always change the 'y' to 'i'.)
Example:
employer (*to employ*) → J'emploierai, tu emploieras, etc.
nettoyer (*to clean*) → Je nettoierai, tu nettoieras, etc.
ennuyer (*to annoy*), s'ennuyer (*to be bored*) → Je (m') ennuierai, etc.
essuyer (*to wipe*) → J'essuierai, tu essuieras, etc.
essayer (*to try*) → J'essayerai *or* J'essaierai, etc.
payer (*to pay*) → Je payerai *or* Je paierai, etc.

Verbs with a mute 'e' double the consonant or add a grave accent, and keep the same stem throughout the conjugation.
Example:

acheter (*to buy*)	jeter (*to throw*)
j'achèterai	je jetterai
tu achèteras	tu jetteras
il/elle achètera	il/elle jettera
nous achèterons	nous jetterons
vous achèterez	vous jetterez
ils/elles achèteront	ils/elles jetteront

appeler (*to call*)
j'appellerai
tu appelleras
il/elle appellera
nous appellerons
vous appellerez
ils/elles appelleront

But note that verbs with 'é' + consonant + 'er' retain the 'é' throughout the conjugation.
Example:
répéter (*to repeat*)
Je répéterai, tu répéteras, etc.
espérer (*to hope*)
J'espérerai, tu espéreras, etc.

You must learn the following irregular futures by heart because the stems change considerably (although, as usual, the endings remain the same):
aller (*to go*)
j'irai, tu iras, il/elle ira, etc.
apercevoir (*to get a glimpse of*)
j'apercevrai
(s') asseoir (*to sit down*)
je m'assoirai *or* je m'assiérai
avoir (*to have*)
j'aurai
courir (*to run*)
je courrai
cueillir (*to pick*)
je cueillerai
devoir (*must*)
je devrai
envoyer (*to send*)
j'enverrai
être (*to be*)
je serai
faire (*to do, to make*)
je ferai
il faut (*it is necessary, one must*)
il faudra
pleuvoir (*to rain*)
il pleuvra

pouvoir (*can*)
je pourrai
recevoir (*to receive*)
je recevrai
savoir (*to know*)
je saurai
tenir (*to hold*)
je tiendrai
il vaut mieux (*it is better*)
il vaudra mieux
venir (*to come*), **devenir** (*to become*), **revenir** (*to come back*)
je viendrai, je deviendrai, je reviendrai
voir (*to see*)
je verrai
vouloir (*to want*)
je voudrai

c Uses

This tense is used to translate the English 'shall' and 'will' when they express something which is going to happen.
Example:
Ils iront en vacances en Bretagne; ils boiront du cidre et ils mangeront des crêpes. (*They will go on holiday to Brittany; they'll drink cider and they'll eat pancakes.*)

Note that 'shall' and 'will' are often used in their contracted form '-'ll'. 'Aller' + infinitive is also frequently used in French to express the future, particularly the near future.
Example:
Je vais lui téléphoner tout de suite. (*I'll telephone him/her straight away.*)

Unlike English, in a future context, the future tense must be used in French after conjunctions of time such as **'quand'**, **'lorsque'** (*when*) and **'dès que'**, **'aussitôt que'** (*as soon as*).
Example:
Quand **je serai** en Alsace, je boirai beaucoup de bière. (*When **I am** in Alsace, I shall drink a lot of beer.*)
Les enfants iront à la plage dès qu'**ils arriveront**. (*The children will go to the beach as soon as **they arrive**.*)

It is frequent to find a condition expressed by **'si'** (*if*) linked with a sentence in the future tense. As in English, the clause starting with 'si' (if) is in the present tense.
Example:
S'il fait beau, je ferai de la voile. (*If the weather is fine, I'll go sailing.*)
Nous irons à l'étranger si nous avons assez d'argent. (*We shall go abroad if we have enough money.*)

When 'aller' (*to go*) is used in the future tense, it is usual to omit the pronoun 'y' (*there*), for sound's sake.
Example:
– Connaissez-vous Paris? (*Do you know Paris?*)
– Non, mais **j'irai** l'année prochaine. (*No, but **I'll go there** next year.*)

Finally, beware of the various meanings of 'shall' and 'will' in English. They don't necessarily express the idea of the future. 'Shall' may express *'Do I have to?'*, so you must use 'devoir'.
Example:
Shall I telephone her? (Dois-je lui téléphoner?)

'Will' may well express a request or a refusal, in which case you must use 'vouloir'.
Example:
Will you open the window, please. (Voulez-vous ouvrir la fenêtre, s'il vous plaît.)
I asked her to do it, but she won't. (Je lui ai demandé de le faire, mais elle ne veut pas.)

11 FUTURE PERFECT

This tense is formed by using the future tense of the auxiliary verb 'avoir' or 'être', and the past participle of the other verb.
Example:
J'aurai acheté. (*I shall have bought.*)
Il aura vu. (*He will have seen.*)
Vous serez arrivé. (*You will have arrived.*)

It is usually found after a conjunction of time.
Example:
Quand j'aurai acheté ma maison, je n'aurai plus d'argent. (*When I have bought my house, I'll have no money left.*)
Lorsqu'il aura vu Paul, il sera content. (*When he's seen Paul, he will be happy. Literally: when he will have seen Paul . . .*)

Note that after a conjunction of time, the future perfect is not used in English. All the rules of the perfect tense concerning past participle agreements, pronouns, negative and interrogative sentences, etc., apply to this tense – see paragraphs 1–4.

12 COMPARATIVES AND SUPERLATIVES

a What to use

To express the idea of 'more', **'plus'** is always used in French.
Example:
plus beau/belle/beaux/belles (*more beautiful*), plus vieux/vielle/vieux/vieilles (*older – literally: more old*).

'The most' is the same with the appropriate definite article in front.
Example:
le plus beau/la plus belle/les plus beaux/les plus belles (*the most beautiful*)
le plus vieux/la plus vieille/les plus vieux/les plus vieilles (the *oldest – literally: the most old*).

'Less' is rendered by **'moins'**.
Example:
moins haut (*less high*), moins profond (*less deep*).

'The least' is the same with the definite article in front.
Example:
le moins haut/la moins haute/les moins hauts/les moins hautes (*the least high*).

Note that 'moins' is used far more frequently in French than *'less'* is used in English.
Example:
L'Amérique est moins grande que l'Afrique (*Literally: America is less big than Africa. But in English one would prefer to say: America is not as big as Africa.*)

Equality expressed in English by *'as'* is rendered by **'aussi'**.
Example:
Est-ce que la France est aussi peuplée que le Royaume-Uni? (*Is France as populated as the United Kingdom?*)

Note that after a negative, **'si'** can be used instead of 'aussi'.
Example:
La Seine n'est pas aussi longue que la Loire *or* La Seine n'est pas si longue que la Loire. (*The river Seine is not as long as the river Loire.*)

'Than' and *'as'* are translated by **'que/qu''**.
Example:
Le désert du Sahara est plus grand que le désert de Gobi. (*The Sahara desert is larger than the Gobi desert.*)
La Sardaigne n'est pas aussi grande que la Sicile. (*Sardinia is not as big as Sicily.*)

b Adjectives

Don't forget that even used comparatively, the adjectives must agree in number and gender with the noun they qualify.
Example:
L'océan le plus profond. (*The deepest ocean.*) – Masculine singular.
La mer la plus profonde. (*The deepest sea.*) – Feminine singular.
Le plus haut col des Alpes. (*The highest pass in the Alps.*) – Masculine singular.
Les chutes Victoria sont plus hautes que les chutes du Niagara. (*The Victoria falls are higher than the Niagara falls.*) – Feminine plural.

There are, of course, some irregular comparatives and superlatives which must be learnt by heart.
Example:

Ordinary adjective	Comparative	Superlative
bon (*good*)	meilleur (*better*)	le meilleur (*the best*)
mauvais (*bad*)	plus mauvais *or* pire (*worse*)	le plus mauvais *or* le pire (*the worst*)

When the superlative is used, the adjective can come before or after the noun. When it follows the noun, the definite article must be repeated.
Example:
La plus grande île *or* L'île la plus grande. (*The largest island.*)
Le plus long fleuve *or* Le fleuve le plus long. (*The longest river.*)

c Adverbs

Adverbs can also be used in comparisons.
Example:
Il va au cinéma moins souvent que son frère. (*He doesn't go to the cinema as often as his brother. Literally: less often.*)
Les Anglais parlent plus lentement que les Français. (*English people speak more slowly than French people.*)

Make sure that you don't mix up adjectives and adverbs, particularly 'bon' (*good*) and 'bien' (*well*), as they have the same comparative and superlative in English, i.e. *'better'* and *'best'*. If you have to translate *'better'* or *'best'* into French, always ask yourself what part they play in the sentence, whether they qualify a noun (*adjective*) or a verb or an adjective (*adverb*).

	Comparative	Superlative
bon (*adjective*)	meilleur (*better*)	le meilleur (*the best*)
bien (*adverb*)	mieux (*better*)	le mieux (*best*)

Example:
Elisabeth travaille mieux (*adverb*) que Paul; elle a de meilleurs (*adjective*) résultats. (*Elizabeth works better than Paul; she has better results.*)

Another source of confusion is the adverb 'vite' (*quickly, fast*). There are two reasons for this. First of all, 'vite' doesn't end in '-ment' like most adverbs (the equivalent of '-ly' in English). Secondly, *'fast'* can equally be used as an adjective or an adverb in English. (*He has got a fast car* – adjective. *He runs fast* – adverb.) *'Quick'* and *'quickly'* are often used in comparisons, and mistakes are easily made.
Example:
Paul court plus vite (*adverb*) que sa sœur. (*Paul runs faster than his sister.*)
Paul est le garçon le plus rapide (*adjective*) de sa classe. (*Paul is the fastest boy in his class.*)

Another common adverb which behaves irregularly is 'beaucoup' (*much, many, a lot*).

	Comparative	Superlative
Beaucoup	plus (*more*)	le plus (*most*)

Example:
Ma fille travaille plus que mon fils. (*My daughter works more than my son.*)
C'est lui qui mange le plus. (*He's the one who eats most.*)

Note that *'much more'* translates literally as 'beaucoup plus'.
Example:
Il marche beaucoup plus lentement. (*He walks much more slowly.*)

This, of course, applies to adjectives as well.
Example:
Nous sommes beaucoup plus heureux maintenant. (*We are much happier now – Literally: much more happy.*)

d Others

The strong or emphatic pronoun is often used in comparisons.
Example:
Elle danse mieux que moi. (*She dances better than I do. Literally: than me.*)
Je patine moins bien que lui. (*I don't skate as well as he does. Literally: less well than.*)
Il est pire que nous. (*He is worse than we are. Literally: than us.*)

'Plus', 'moins' and 'aussi' followed by a noun are rendered thus:
Example:
Plus de monde. (*More people.*)
Moins d'argent. (*Less money.*)
Autant de liberté. (*As much freedom.*)
Autant d'élèves. (*As many pupils.*)

Before a number *'than'* is translated by 'de'.
Example:
Il y a plus de douze étudiants. (*There are more than twelve students.*)
C'est à moins de six kilomètres. (*It's less than six kilometres away.*)

'More and more' is translated by 'de plus en plus'.
Example:
Il va à Paris de plus en plus souvent. (*He goes to Paris more and more often.*)

13 POSSESSIVE PRONOUNS

The possessive pronouns translate English expressions such as *'mine'*, *'my own'*, *'my one(s)'*, *'yours'*, etc.

	Singular		Plural	
	Masculine	**Feminine**	**Masculine**	**Feminine**
Mine	le mien	la mienne	les miens	les miennes
Yours	le tien	la tienne	les tiens	les tiennes
His/hers/its	le sien	la sienne	les siens	les siennes
Ours	le nôtre	la nôtre	les nôtres	les nôtres
Yours	le vôtre	la vôtre	les vôtres	les vôtres
Theirs	le leur	la leur	les leurs	les leurs

Like the possessive adjectives ('mon', 'ma', 'mes', etc.), they agree in gender and number with the noun possessed, not the possessor.

Note that 'leur' doesn't take an 'e' in the feminine.
Example:
– Regarde **mon dessin**. (*Look at my drawing.*)
– **Le mien** est plus coloré. (*Mine is more colourful.*)
– Tu as vu **les dessins** de Simon? (*Have you seen Simon's drawings?*)
– Oui, **les siens** sont horribles! (*Yes, his are horrible!*)
– Où est **la clé** de Paul? (*Where is Paul's key?*)
– **La sienne** est sur la table, mais j'ai perdu **la mienne**. (*His is on the table, but I've lost mine.*)

The possessive pronouns are frequently used in comparisons.
Example:
Ma cravate coûte moins cher que la sienne. (*My tie is cheaper than his.*)
Notre maison est plus grande que la leur. (*Our house is bigger than theirs.*)

Note that possession can also be expressed by using 'être à' followed by the strong or emphatic pronoun.
Example:
– A qui est cette voiture? (*Whose car is this?*)
– Elle est à nous/C'est la nôtre. (*It's ours.*)
– Cette valise est à toi?/C'est ta valise? (*Is this your suitcase?*)
– Oui, elle est à moi./Oui, c'est la mienne. (*Yes, it's mine.*)

To translate *'a . . . of mine/yours'*, etc. you must use 'un(e) de mes/tes' etc., in French.
Example:
C'est une de mes clientes. (*She is a customer of mine. Literally: She is one of my customers.*)
C'est un de leurs amis. (*He is a friend of theirs. Literally: He is one of their friends.*)

14 THE CONDITIONAL

a This tense is formed by using the same stem as the future tense (see paragraph 10, including the list of irregular verbs) and by adding the same endings as the imperfect tense (see paragraph 8).
Example:

danser	**lire**	**aller**
je danserais (*I would dance*)	je lirais (*I would read*)	j'irais (*I would go*)
tu danserais	tu lirais	tu irais
il/elle danserait	il/elle lirait	il/elle irait
nous danserions	nous lirions	nous irions
vous danseriez	vous liriez	vous iriez
ils/elles danseraient	ils/elles liraient	ils/elles iraient

b The conditional is normally used to express *'would'*, and sometimes *'could'* and *'should'*.
Example:
Nous aimerions visiter la région. (*We would like to visit the district.*)
Je voudrais aller à la Martinique. (*I would like to go to Martinique.*)
Il ne pourrait pas y aller. (*He couldn't go/He wouldn't be able to go.*)
Vous devriez téléphoner. (*You should telephone.*)

But beware whenever you come across *'would'* in English, and think first of its meaning in the sentence before translating it into French, because it has got various uses in English which are rendered differently in French. If it means *'used to'*, then the imperfect tense must be used.
Example:
He would always come with me. (Il venait toujours avec moi.)

If it expresses volition (often a refusal), then 'vouloir' must be used.
Example:
They would never do their homework. (Ils ne voulaient jamais faire leurs devoirs.)

If it is a polite request, then use 'voulez-vous' ('veux-tu' if using the familiar form).
Example:
Would you follow me please? (Voulez-vous me suivre s'il vous plaît?)

c The conditional is most often found in conditional clauses, i.e. when the ideas expressed are hypothetical.
Example:
S'ils allaient à la Martinique, les Muller verraient Lucien et Josée. (*If they went to Martinique, the Mullers would see Lucien and Josée.*)
Vous visiteriez beaucoup d'endroits intéressants si vous veniez à Fort-de-France. (*You would visit a lot of interesting places if you came to Fort-de-France.*)

Be careful not to use the conditional tense in the clause starting with 'si' (= *'if'*). *'If'* + *'simple past'* is always translated by 'si' + 'imperfect'.
Example:
If I went (si j'allais), *if he ate* (s'il mangeait), *if she sung* (si elle chantait).

The conditional tense is used in the other clause. Note that 'si' followed by 'il/ils' becomes 's'', but remains in its full form before 'elle/elles'.

Do not confuse 'si = if' with 'si = yes', i.e. the emphatic 'yes' answering a negative question or statement.
Example:
– Vous n'êtes pas de Londres? (*You are not from London?*)
– Si, je suis de Londres. (*Yes, I am from London.*)

d One can also frequently come across the conditional tense in reported speech. A verb used in the future tense in direct speech will change to the conditional tense in reported speech.
Example:
Direct speech
Elle a dit: «S'il fait beau, nous irons à la plage.» (She said: *'If the weather is fine, we will go to the beach'.*)
Ils ont dit: «Quand nous irons à la Martinique, nous boirons du rhum.» (*They said: 'When we go to Martinique, we'll drink rum'.*)

Reported speech
Elle a dit que s'il faisait beau, nous irions à la plage. (*She said that if the weather was fine, we would go to the beach.*)
Ils ont dit que quand ils iraient à la Martinique, ils boiraient du rhum. (*They said that when they went to Martinique, they would drink rum.*)

Note that, unlike English, the future or the conditional must be used in French, when implied, after conjunctions of time such as 'quand/lorsque' (*when*), 'dès que/aussitôt que' (*as soon as*) etc. See previous example. (Quand ils iraient . . .)

15 THE PAST HISTORIC

a Formation

There are three basic types of past historic. All '-er' verbs behave in the same way.
Example:

chanter

je chant**ai** (*I sang*)	nous chant**âmes**
tu chant**as**	vous chant**âtes**
il/elle chant**a**	ils/elles chant**èrent**

The other verbs follow either the '-i' or the '-u' type.
'-ir', '-re' and some irregular verbs follow the '-i' type.
Example:

sortir

je sort**is** (*I went out*)	nous sort**îmes**
tu sort**is**	vous sort**îtes**
il/elle sort**it**	ils/elles sort**irent**

perdre

je perd**is** (*I lost*)	nous perd**îmes**
tu perd**is**	vous perd**îtes**
il/elle perd**it**	ils/elles perd**irent**

Many irregular verbs follow the '-u' type.
Example:

boire

je b**us** (*I drank*)	nous b**ûmes**
tu b**us**	vous b**ûtes**
il/elle b**ut**	ils/elles b**urent**

The past historic of common irregular verbs must be learnt by heart for two reasons. First, to know whether they are an '-i' or an '-u' type, and secondly, because some of them have got an irregular stem. Here are two lists to help you, but you will also find them in the verb table.

'-i' type:
(s')asseoir (*to sit*) il (s')assit
dire (*to say*) il dit
écrire (*to write*) il écrivit
faire (*to do, to make*) il fit
mettre (*to put*) il mit
prendre (*to take*) il prit
rire (*to laugh*) il rit
voir (*to see*) il vit

'-u' type:
avoir (*to have*) il eut
apercevoir (*to catch sight of*) il aperçut
recevoir (*to receive*) il reçut
boire (*to drink*) il but
connaître (*to know*) il connut
paraître (*to seem*) il parut
courir (*to run*) il courut
croire (*to believe*) il crut
devoir (*to have to, must*) il dut
être (*to be*) il fut
lire (*to read*) il lut
mourir (*to die*) il mourut
pleuvoir (*to rain*) il plut
pouvoir (*to be able to, can*) il put
savoir (*to know*) il sut
vivre (*to live*) il vécut
vouloir (*to want*) il voulut

Also refer to the verb tables for verbs ending in -cer, -ger.

'Venir' and 'tenir' do not follow any of these three types.
venir (*to come*)

je vins	nous vînmes
tu vins	vous vîntes
il/elle vint	ils/elles vinrent

tenir (*to hold*)

je tins	nous tînmes
tu tins	vous tîntes
il/elle tint	ils/elles tinrent

Note that many irregular past historic forms are similar to the past participle of the verb.
Example:
Prendre (*to take*), pris (*taken*), il prit (*he took*).
Connaître (*to know*), connu (*known*), il connut (*he knew*).

This is useful to remember, but it is not a rule, and there are some exceptions.
Example:
Voir (*to see*), vu (*seen*) *but* il vit (*he saw*).

b Use

The past historic corresponds to the English form *'he did'*, *'I said'*, *'we saw'*, etc. In its use, it is equivalent to the perfect tense.
Example:
il fit is equivalent to **il a fait** (*he did*), **je dis** to **j'ai dit** (*I said*), **nous vîmes** to **nous avons vu** (*we saw*), etc.

But nowadays, the tense has ceased to be used in everyday spoken French and is only used in written narratives. Therefore, in conversation and in letters, you must use the perfect tense.
This explains the fact that this tense is hardly ever used with the second persons ('tu' and 'vous').
When writing in the past, you can choose either the perfect tense or the past historic to recount single completed events, i.e. what happened, what people did or said. However, you should not switch from one tense to the other, you must be consistent. But if you have chosen the past historic, you **must** use the perfect tense if people are talking (i.e. in direct speech), as the past historic is only a written tense.
Example:
– Quand tu es allé rue de Turenne, es-tu revenu ici tout de suite? (– *When you went rue de Turenne, did you come straight back here?*)
Il rougit soudain, hésita un bon moment avant de répondre. (*He blushed suddenly, hesitated a long time before he answered.*)

If you need to describe an unfinished action in the past, then you must use the imperfect tense. (See paragraph 8c).
Example:
A ce moment-là, il avait les deux yeux ouverts. Il était donc complètement réveillé. Elle passa dans la pièce voisine, laissa la porte ouverte pendant le temps qu'elle téléphonait. (*At that moment, both his eyes were open. He was therefore wide awake. She went into the next room, left the door open while she was telephoning.*)

16 PLUPERFECT AND CONDITIONAL PERFECT

a These tenses are compound tenses based on the perfect tense, i.e. they are formed by using the auxiliary verb 'avoir' or 'être', and the past participle of the verb.
In the pluperfect tense, the auxiliary verb is conjugated in the imperfect.
Example:

écouter

j'avais écouté (*I had listened*)
tu avais écouté
il/elle avait écouté
nous avions écouté
vous aviez écouté
ils/elles avaient écouté

aller

j'étais allé(e) (*I had gone*)
tu étais allé(e)
il était allé
elle était allée
nous étions allé(e)s
vous étiez allé(e)(s)
ils étaient allés
elles étaient allées

se perdre

je m'étais perdu(e) (*I had got lost*)
tu t'étais perdu(e)
il s'était perdu
elle s'était perdue
nous nous étions perdu(e)s
vous vous étiez perdu(e)(s)
ils s'étaient perdus
elles s'étaient perdues

In the conditional perfect, the auxiliary verb is conjugated in the conditional.
Example:

écouter

j'aurais écouté (*I would have listened*)
tu aurais écouté
il/elle aurait écouté
nous aurions écouté
vous auriez écouté
ils/elles auraient écouté

aller

je serais allé(e) (*I would have gone*)
tu serais allé(e)
il serait allé
elle serait allée
nous serions allé(e)s
vous seriez allé(e)(s)
ils seraient allés
elles seraient allées

se perdre

je me serais perdu(e) (*I would have got lost*)
tu te serais perdu(e)
il se serait perdu
elle se serait perdue
nous nous serions perdu(e)s
vous vous seriez perdu(e)(s)
ils se seraient perdus
elles se seraient perdues

Note that all the rules of the perfect tense apply, i.e. agreements, negative sentences, use of pronouns, etc. (see paragraphs 1–5).

b The pluperfect is generally used to describe something which went on one step further back in the past.
Example:
Il a mis la cravate qu'elle avait achetée pour son anniversaire. (*He put on the tie that she had bought for his birthday.*)

The pluperfect and the conditional perfect are also used in a hypothetical context. In that case, the pluperfect is used in the clause starting with 'si' (= *if*). The conditional perfect is used in the other clause.
Example:
Ça ne serait pas arrivé si nous avions pris l'autoroute. (*It wouldn't have happened if we had used the motorway.*)
Si nous n'étions pas partis en retard, tu n'aurais pas conduit si vite. (*If we hadn't left late, you wouldn't have driven so fast.*)

The pluperfect is used in reported speech, when the perfect tense is used in direct speech.
Example:
Elle a dit: «J'ai oublié mes lunettes.» (*She said: 'I have forgotten my glasses'.*)
But: Elle a dit qu'elle avait oublié ses lunettes. (*She said that she had forgotten her glasses.*)

In the same way, the conditional perfect is used in reported speech when the future perfect is used in direct speech.
Example:
Il a dit «Nous partirons quand nous aurons fini». (*He said 'we will leave when we have finished'.*)
But:
Il a dit que nous partirions quand nous aurions fini. (*He said we would leave when we had finished.*)

C With **'depuis'** (= *for*), do not use the pluperfect but the imperfect tense, just as you use the present when the action is still going on, as opposed to the perfect.
Example:
Elle apprend l'anglais depuis six mois. (*She's been learning English for six months.*)
Elle apprenait l'anglais depuis six mois quand elle est allée en Angleterre. (*She had been learning English for six months when she went to England.*)

Also remember that *'has just'* is translated by the present of **'venir (de)'**, and that similarly, *'had just'* is translated by the imperfect of 'venir (de)'.
Example:
Ils viennent d'acheter une nouvelle voiture. (*They have just bought a new car.*)
Ils venaient d'acheter une nouvelle voiture quand ils ont eu un accident. (*They had just bought a new car when they had an accident.*)

17 THE PRESENT PARTICIPLE

a Formation

To form the present participle, take the 'nous' form of the verb in the present tense, drop the '-ons', and add '-ant' instead.
Example:
chanter –
nous chantons → chantant (*singing*)
manger –
nous mangeons → mangeant (*eating*)
choisir –
nous choisissons → choisissant (*choosing*)
partir –
nous partons → partant (*leaving*)
vendre –
nous vendons → vendant (*selling*)
prendre –
nous prenons → prenant (*taking*)
boire –
nous buvons → buvant (*drinking*)
voir –
nous voyons → voyant (*seeing*)

There are three exceptions:
avoir → ayant (*having*)
être → étant (*being*)
savoir → sachant (*knowing*)

b Uses

The present participle is generally used when two actions are taking place simultaneously. When used as a verb, it is invariable.
Example:
Une dame est entrée, portant un chapeau sur la tête. (*A lady came in, wearing a hat.*)
Voyant la queue, une autre dame est ressortie immédiatement. (*Seeing the queue, another lady came out again immediately.*)
Un jeune garçon est entré en courant. (*A young boy ran inside*—literally: *came in running.*)

It is often accompanied by **'en'**, which can be translated by *'while'*, *'on'*, *'in'*, or *'by'*.
Example:
Un vieux monsieur a fait tomber son portefeuille dans la boîte en y mettant une lettre. (*An old man dropped his wallet in the letter box while posting a letter.*)

'Tout en' is used for emphasis, particularly when the two actions seem contradictory or incompatible.
Example:
Elle m'a servi tout en bavardant avec une autre cliente. (*She served me while chatting to another customer.*)

'En' is not used when the actions are not simultaneous, generally when *'as a result'* is understood. This is also often the case with the form *'having done'*.
Example:
Entendant la voiture, elle est descendue et a mis son manteau. (*Hearing the car, she went downstairs and put her coat on.*)
Ayant découvert son erreur, il s'est alors aperçu qu'il avait oublié son argent. (*Having discovered his mistake, he then noticed that he had forgotten his money.*)

Note that *'having . . .'* is translated by 'étant. . .' if the verbs are conjugated with **'être'**.
Example:
Etant allé (*having gone*), étant arrivé (*having arrived*), s'étant couché (*having gone to bed*), m'étant levé (*having got up*), etc.

Also note that a verb in the present participle form can be used as an adjective, in which case it agrees in gender and number with the noun it qualifies.

Example:
Une histoire intéressante. (*An interesting story.*)
Ils sont charmants. (*They are charming.*)

c Other translations of the '-ing' form

Although the English translation of the present participle is the '-ing' form, the present participle is not an equivalent of the English gerund. Most of the time, the latter is rendered in French by the infinitive.
Example:
I hate ironing. (Je déteste repasser.)
She loves dancing. (Elle adore danser.)
They are afraid of answering. (Ils ont peur de répondre.)

The infinitive is also used after verbs of perception such as 'écouter', 'entendre', 'regarder', 'voir', etc.
Example:
I listened to him talking. (Je l'ai écouté parler.)
They saw him taking the bag. (Ils l'ont vu prendre le sac.)

All prepositions, except 'en', are followed in French by the infinitive.
Example:
Without answering (sans répondre), *after having taken* (après avoir pris), *before leaving* (avant de partir), etc.

For the translation of *'before'* and *'after'*, also see paragraph 7.

Descriptive words are translated by the French past participle.
Example:
They were sitting. (Ils étaient assis.)
She was lying. (Elle était couchée.)

Note that *'standing'* is translated by 'debout' which is invariable.
Example:
We were standing. (Nous étions debout.)

The English '-ing' form can also be simply the indication of an action in progress.
Example:
He was singing. (Il chantait.)

Remember that there is only one form in French to translate the two English present tenses.
Example:
I am working. (Je travaille.)
I work. (Je travaille.)

18 THE PASSIVE VOICE

The passive is as easily formed in French as in English. One uses the verb **'to be'/'être'** in any tense needed, followed by the past participle of the verb used as an adjective. In French, of course, the latter agrees in number and gender with the subject.
Example:
La tour Eiffel fut construite en 1889. (*The Eiffel tower was built in 1889.*)
Un concours fut organisé. (*A competition was organised.*)
Des matériaux coûteux furent utilisés. (*Expensive materials were used.*)
La statue du roi a été remplacée par une guillotine. (*The statue of the king was replaced by a guillotine.*)
Plus de mille personnes ont été décapitées. (*Over a thousand people were beheaded.*)
La maison sera finie à la fin du mois. (*The house will be finished at the end of the month.*)
La maison serait finie si les ouvriers n'étaient pas en grève. (*The house would be finished if the workers weren't on strike.*)
Elle était aimée de tous. (*She was loved by all.*)

The passive voice tends to be used far less in French than in English. When the agent is not mentioned, the active voice is used with **'on'**.
Example:
On cueille le raisin. (*The grapes are picked/One picks the grapes.*)
On met le vin en bouteille et on le bouche. (*The wine is bottled and corked/One bottles and corks the wine.*)

Note that English expressions such as *'He was asked'*, *'I was given'*, etc., cannot be put in the passive voice in French, because *'he'* and *'I'* would be indirect objects in the active (demander à, donner à). Only a direct object can become the subject of a sentence in the passive voice. In such cases, **'on'** must be used.
Example:
He was asked (On lui a demandé), *I was given* (On m'a donné).

Verb tables

Main groups of regular verbs

Infinitive	*Present participle*	*Past participle*	*Present tense*	*Future tense*	*Imperfect tense*	*Past historic*
chanter *to sing*	chantant	chanté	je chante tu chantes il chante nous chantons vous chantez ils chantent	je chanterai tu chanteras il chantera nous chanterons vous chanterez ils chanteront	je chantais tu chantais il chantait nous chantions vous chantiez ils chantaient	je chantai tu chantas il chanta nous chantâmes vous chantâtes ils chantèrent
perdre *to lose*	perdant	perdu	je perds tu perds il perd nous perdons vous perdez ils perdent	je perdrai tu perdras il perdra nous perdrons vous perdrez ils perdront	je perdais tu perdais il perdait nous perdions vous perdiez ils perdaient	je perdis tu perdis il perdit nous perdîmes vous perdîtes ils perdirent
finir *to finish*	finissant	fini	je finis tu finis il finit nous finissons vous finissez ils finissent	je finirai tu finiras il finira nous finirons vous finirez ils finiront	je finissais tu finissais il finissait nous finissions vous finissiez ils finissaient	je finis tu finis il finit nous finîmes vous finîtes ils finirent

Irregular verbs

Infinitive	*Present participle*	*Past participle*	*Present tense*	*Future tense*	*Imperfect tense*	*Past historic*
aller *to go*	allant	allé	je vais tu vas il va nous allons vous allez ils vont	j'irai	j'allais	j'allai

Infinitive	*Present participle*	*Past participle*	*Present tense*	*Future tense*	*Imperfect tense*	*Past historic*
appeler *to call*	appelant	appelé	j'appelle tu appelles il appelle nous appelons vous appelez ils appellent	j'appellerai	j'appelais	j'appelai
s'asseoir *to sit down*	s'asseyant *or* s'assoyant	assis	je m'assieds tu t'assieds il s'assied nous nous asseyons vous vous asseyez ils s'asseyent *or* je m'assois tu t'assois il s'assoit nous nous assoyons vous vous assoyez ils s'assoient	je m'assiérai *or* je m'assoirai	je m'asseyais *or* je m'assoyais	je m'assis
avoir *to have*	ayant	eu	j'ai tu as il a nous avons vous avez ils ont	j'aurai	j'avais	j'eus
battre *to beat*	battant	battu	je bats tu bats il bat nous battons vous battez ils battent	je battrai	je battais	je battis

boire *to drink*	buvant	bu	je bois tu bois il boit nous buvons vous buvez ils boivent	je boirai	je buvais	je bus
commencer *to start*	commençant	commencé	je commence tu commences il commence nous commençons vous commencez ils commencent	je commencerai	je commençais tu commençais il commençait nous commencions vous commenciez ils commençaient	je commençai tu commenças il commença nous commençâmes vous commençâtes ils commencèrent
conduire *to drive*	conduisant	conduit	je conduis tu conduis il conduit nous conduisons vous conduisez ils conduisent	je conduirai	je conduisais	je conduisis
connaître *to know*	connaissant	connu	je connais tu connais il connaît nous connaissons vous connaissez ils connaissent	je connaîtrai	je connaissais	je connus
coudre *to sew*	cousant	cousu	je couds tu couds il coud nous cousons vous cousez ils cousent	je coudrai	je cousais	je cousis
courir *to run*	courant	couru	je cours tu cours il court nous courons vous courez ils courent	je courrai	je courais	je courus

Infinitive	*Present participle*	*Past participle*	*Present tense*	*Future tense*	*Imperfect tense*	*Past historic*
craindre *to fear*	craignant	craint	je crains tu crains il craint nous craignons vous craignez ils craignent	je craindrai	je craignais	je craignis
croire *to believe*	croyant	cru	je crois tu crois il croit nous croyons vous croyez ils croient	je croirai	je croyais	je crus
cueillir *to pick*	cueillant	cueilli	je cueille tu cueilles il cueille nous cueillons vous cueillez ils cueillent	je cueillerai	je cueillais	je cueillis
découvrir *to discover*	découvrant	découvert	je découvre tu découvres il découvre nous découvrons vous découvrez ils découvrent	je découvrirai	je découvrais	je découvris
devoir *must/to have to*	devant	dû	je dois tu dois il doit nous devons vous devez ils doivent	je devrai	je devais	je dus

dire *to say*	disant	dit	je dis tu dis il dit nous disons vous dites ils disent	je dirai	je disais	je dis
dormir *to sleep*	dormant	dormi	je dors tu dors il dort nous dormons vous dormez ils dorment	je dormirai	je dormais	je dormis
écrire *to write*	écrivant	écrit	j'écris tu écris il écrit nous écrivons vous écrivez ils écrivent	j'écrirai	j'écrivais	j'écrivis
envoyer *to send*	envoyant	envoyé	j'envoie tu envoies il envoie nous envoyons vous envoyez ils envoient	j'enverrai	j'envoyais	j'envoyai
essayer *to try*	essayant	essayé	j'essaie/essaye tu essaies/essayes il essaie/essaye nous essayons vous essayez ils essaient/essayent	j'essaierai *or* j'essayerai	j'essayais	j'essayai
être *to be*	étant	été	je suis tu es il est nous sommes vous êtes ils sont	je serai	j'étais	je fus

Infinitive	*Present participle*	*Past participle*	*Present tense*	*Future tense*	*Imperfect tense*	*Past historic*
faire *to do/make*	faisant	fait	je fais tu fais il fait nous faisons vous faites ils font	je ferai	je faisais	je fis
falloir *to be necessary*		fallu	il faut	il faudra	il fallait	il fallut
jeter *to throw*	jetant	jeté	je jette tu jettes il jette nous jetons vous jetez ils jettent	je jetterai	je jetais	je jetai
lire *to read*	lisant	lu	je lis tu lis il lit nous lisons vous lisez ils lisent	je lirai	je lisais	je lus
manger *to eat*	mangeant	mangé	je mange tu manges il mange nous mangeons vous mangez ils mangent	je mangerai	je mangeais tu mangeais il mangeait nous mangions vous mangiez ils mangeaient	je mangeai tu mangeas il mangea nous mangeâmes vous mangeâtes ils mangèrent
mentir *to tell lies*	mentant	menti	je mens tu mens il ment nous mentons vous mentez ils mentent	je mentirai	je mentais	je mentis

mettre *to put*	mettant	mis	je mets tu mets il met nous mettons vous mettez ils mettent	je mettrai	je mettais	je mis
mourir *to die*	mourant	mort	je meurs tu meurs il meurt nous mourons vous mourez ils meurent	je mourrai	je mourais	je mourus
nager *to swim*	nageant	nagé	je nage tu nages il nage nous nageons vous nagez ils nagent	je nagerai	je nageais tu nageais il nageait nous nagions vous nagiez ils nageaient	je nageai tu nageas il nagea nous nageâmes vous nageâtes ils nagèrent
offrir *to offer*	offrant	offert	j'offre tu offres il offre nous offrons vous offrez ils offrent	j'offrirai	j'offrais	j'offris
ouvrir *to open*	ouvrant	ouvert	j'ouvre tu ouvres il ouvre nous ouvrons vous ouvrez ils ouvrent	j'ouvrirai	j'ouvrais	j'ouvris
partir *to leave*	partant	parti	je pars tu pars il part nous partons vous partez ils partent	je partirai	je partais	je partis

Infinitive	*Present participle*	*Past participle*	*Present tense*	*Future tense*	*Imperfect tense*	*Past historic*
plaire *to please*	plaisant	plu	je plais tu plais il plaît nous plaisons vous plaisez ils plaisent	je plairai	je plaisais	je plus
pleuvoir *to rain*	pleuvant	plu	il pleut	il pleuvra	il pleuvait	il plut
pouvoir *can/to be able to*	pouvant	pu	je peux (puis) tu peux il peut nous pouvons vous pouvez ils peuvent	je pourrai	je pouvais	je pus
prendre *to take*	prenant	pris	je prends tu prends il prend nous prenons vous prenez ils prennent	je prendrai	je prenais	je pris
recevoir *to receive*	recevant	reçu	je reçois tu reçois il reçoit nous recevons vous recevez ils reçoivent	je recevrai	je recevais	je reçus
rire *to laugh*	riant	ri	je ris tu ris il rit nous rions vous riez ils rient	je rirai	je riais tu riais il riait nous riions vous riiez ils riaient	je ris

savoir *to know*	sachant	su	je sais tu sais il sait nous savons vous savez ils savent	je saurai	je savais	je sus
sortir *to go out*	sortant	sorti	je sors tu sors il sort nous sortons vous sortez ils sortent	je sortirai	je sortais	je sortis
servir *to serve*	servant	servi	je sers tu sers il sert nous servons vous servez ils servent	je servirai	je servais	je servis
suivre *to follow*	suivant	suivi	je suis tu suis il suit nous suivons vous suivez ils suivent	je suivrai	je suivais	je suivis
se taire *to be(come) silent*	se taisant	tu	je me tais tu te tais il se tait nous nous taisons vous vous taisez ils se taisent	je me tairai	je me taisais	je me tus

Infinitive	*Present participle*	*Past participle*	*Present tense*	*Future tense*	*Imperfect tense*	*Past historic*
tenir *to hold*	tenant	tenu	je tiens tu tiens il tient nous tenons vous tenez ils tiennent	je tiendrai	je tenais	je tins tu tins il tint nous tînmes vous tîntes ils tinrent
venir *to come*	venant	venu	je viens tu viens il vient nous venons vous venez ils viennent	je viendrai	je venais	je vins tu vins il vint nous vînmes vous vîntes ils vinrent
vivre *to live*	vivant	vécu	je vis tu vis il vit nous vivons vous vivez ils vivent	je vivrai	je vivais	je vécus
voir *to see*	voyant	vu	je vois tu vois il voit nous voyons vous voyez ils voient	je verrai	je voyais	je vis
vouloir *to want*	voulant	voulu	je veux tu veux il veut nous voulons vous voulez ils veulent	je voudrai	je voulais	je voulus

Vocabulary

FRENCH–ENGLISH

abandonner *to abandon*
l'**abbaye** (f) *abbey*
aboyer *to bark*
l'**abri** (m) *shelter*
absolument pas! *certainly not!*
s'**abstenir** (de) *to abstain from, stay away from*
absurde *silly, absurd*
l'**accès** (m) *access*
accompagner *to accompany*
accueillir *to welcome*
l'**addition** (f) *bill*
admiratif *admiring*
l'**adulte** (m/f) *adult*
aéronautique *aeronautical*
l'**Afrique** (f) *Africa*
s'**affairer** *to concern oneself with/busy*
les **affaires** (f) *business;* **pour affaires** *on business*
l'**affluence** (f) **les heures d'affluence** *the rush hour*
l'**agence de voyages** (f) *travel agency*
agit: il s'____ de *it's a question of*
l'**agrandissement** (m) *extension*
agréer *to accept*
agricole *agricultural*
l'**aide** (f) *help*
aider *to help*
aigu(ë) *sharp*
l'**aiguilleur** (m) *signalman*
l'**aile** (f) *wing*
ailleurs *elsewhere;* **d'____** *besides*
l'**aîné** (m) *the elder*
ainsi *thus*
l'**air** (m) *air;* **____ conditionné** *air conditioning;* **grand ____** *open air;*
avoir l'air *to appear to*
ajouter *to add*
ajuster *to adjust*
l'**alarme** (f) *alarm*
l'**albâtre** (m) *alabaster*
alentour *around;* **aux ____s** *in the district*
l'**alerte** (f): **déclencher l'____** *to sound the alarm*
l'**allée** (f) path, drive
allumer *to light*
l'**allure** (f) *speed, pace;* **à toute ____** *at top speed*
l'**altitude** (f) *altitude*
l'**amabilité** (f) *friendliness*
ambitieux *ambitious*
l'**âme** (f) *soul*
améliorer *to improve*
amener *to bring*
l'**Amérique** (f) *America*
l'**amidon** (m) *starch*
l'**ampoule** (f) *blister*
s'**amuser** *to have a good time, to enjoy oneself*
l'**ananas** (m) *pineapple*
l'**ancêtre** (m) *ancestor*
les **annales** (f) *annals, records*
l'**annulation** (f.) *cancellation*
l'**anorak** (m) *anorak*
anormal *unusual, abnormal*
l'**antenne** (f) *aerial*
anticipé *anticipated, in advance*
apercevoir *to perceive, to catch a glimpse of, to see*
aplanir *to smooth*
l'**appareil** (m) *piece of equipment,* **l'____ photo** *camera*
l'**appartement** (m) *flat,* **l'____ témoin** *show flat*
l'**appel** (m) *call, appeal*
l'**appétit** *appetite;* **ouvrir l'____/mettre en ____** *to whet one's appetite*
applaudir *to applaud*
appliquer *to apply*
apporter *to bring (something)*
apprécier *to appreciate*
s'**approcher** (de) *to approach, to get near*
l'**appuie-tête** (m) *head-rest*
appuyer *to press, to lean on*
après *after;* **d'____** *according to*
l'**archiduc** (m) *archduke*
l'**architecte** (m) *architect*
l'**argent** (m) *money*
l'**argot** (m) *slang*
l'**arme** (f) *weapon*
l'**armoire** (f) *wardrobe, cupboard,* **l'____ normande** *Normandy wardrobe*
arracher *to seize, to tear off, to pull out*
l'**arrestation** (f) *arrest*
l'**arrêt** (m) *stop*
arrêter *to stop (something or*

someone); **s'____** *to stop (oneself, or on its own)*
les **arrhes** (f) *deposit*
arrière *behind*
l'**arrière-pays** (m) *hinterland*
arroser to water
l'**artisanat** (m) *arts and crafts*
l'**as** (m) *ace*
l'**ascenseur** (m) *lift*
l'**asile** (m) *home, shelter*
l'**aspect** (m) *aspect, view*
l'**aspirateur** (m) *vacuum cleaner*
assassiner *to assassinate*
l'**assiette** (f) *plate;* **ne pas être dans son ____** *to feel a bit off-colour*
assister à *to take part in, to attend*
assorti *matching*
assurer *to assure*
astronomique *astronomical*
l'**athlétisme** (m) *athletics*
Atlantique *Atlantic*
attacher *to attach, to tie*
atteindre *to reach*
attendre *to wait for*
l'**attente** (f): **dans l'____ d'une prompte réponse** *hoping for a swift reply*
atterrir *to land*
attirer *to draw, to attract*
attraper *to catch*
au-dessous (de) *underneath*
l'**aube** (f) *dawn*
l'**auberge** (f) *inn,* **l'____ de jeunesse** *youth hostel*
aucun *none;* **sans ____ doute** *without any doubt*
l'**auditeur** (m), l'**auditrice** (f) *listener*
l'**augmentation** (f) *increase, rise*
augmenter *to increase*
auparavant *previously*
aussi . . . que *as . . . as*
autant que *as much as*
l'**auto-stop** (m): **faire de l'____** *to hitch-hike*
l'**autorité** (f) *authority*
l'**autoroute** (f) *motorway*
autre *other*
l'**avance** (f) *advance;* **d'____** *beforehand*
avancer *to go forward*
avant *before*
avant-hier *the day before yesterday*
l'**avenir** (m) *future, prospects*
l'**aventure** (f) *adventure*
l'**averse** (f) *shower (of rain)*
aveugle *blind*
avide (de) *greedy (for)*
l'**avion** (m) *aeroplane;* **l'____ à réaction** *jet*
avis (m): **à votre ____** *in your opinion*
avouer *to admit, to avow*

la **baguette** *stick loaf*
la **baie** *bay*
se **baigner** *to have a swim*
la **baignoire** *bath*
le **bain: prendre un ____** *to have a bath*
baisser *to lower*
(se) **balancer** *to swing, to sway*
le **balcon** *balcony*
la **banane** *banana*
la **bande** *band;* **la ____ dessinée** *comic strip, strip cartoon*
le **banquier** *banker*
le **barrage** *dam, barrage*
la **barrière** *barrier, gate*
bas *low*
le **bas** *stocking*
la **base** *base;* **à ____ de** *based on*
le **bassin** *dock, pool*
le **bateau à moteur** *motorboat*
le **bâtiment** *building*
bâtir *to build*
battre *to beat, to flap;* **se ____** *to fight;* **____ en neige** *to whisk (egg whites)*
bavarder *to chat*
la **beauté** *beauty*
le **bec** *beak*
bercer *to rock, to sway*
besoin: avoir ____ de *to need*
la **bêtise** *stupidity, silly thing*
le **beurre** *butter*
les **bibelots** (m) *knick knack*
le **bibliothécaire** *librarian*
la **bibliothèque** *library*
bien *well;* **le ____** *good, wealth;* **____ entendu** *of course;* **c'est ____ fait pour toi** *serves you right*
le **bigoudi** *curler*
le **bijou** *jewel*
le **biniou** *Breton bagpipes*
la **bise** (fam) *kiss*
blesser *to wound*
le **bloc** *block*
se **blottir** *to huddle up, to nestle*
le **bois** *wood*
la **boîte** *box, tin;* **la ____ de nuit** *night club*
bombarder *to bombard, to shower*
le **bon** *coupon*
bon marché *cheap*
le **bond: se lever d'un ____** *to leap up*
bondir *to leap*
le **bonheur** *happiness*

le **bonnet** *hat, bonnet*
le **bord** *edge*
bordé de *edged with*
la **botte** *boot*
boucher *to stop up, to cork*
le **bouchon** *cap, stopper, cork*
la **boucle d'oreille** *earring*
bouclé *curly*
bouger *to move*
la **bouillabaisse** *type of fish stew*
les **boules** (f) *bowls*
bouleverser *to overwhelm, upset*
le **bouquet** *bouquet, smell of wine*
le **bourg** *small town*
bourrer *to stuff, to fill (a pipe)*
le **bout** *end, tip*
le **bouton** *knob, button*
brandir *to brandish*
la **brasserie** *brewery*
la **bride** *bridle;* **tourner ___** *to turn around*
le **brigadier** *police sergeant*
brillamment *brilliantly*
briller *to shine*
le **brin: le ___ d'herbe** *blade of grass*
la **brioche** *type of cake made with yeast*
briquer *to scrub down*
briser *to break*
la **broderie** *embroidery*
bronzer *to tan;* **se faire ___** *to sunbathe*
brossé *brushed*
la **brouette** *wheelbarrow*
le **brouillard** *fog*
le **bruit** *noise*
brûler *to burn*
le **bureau** *office;* **le ___ des objets trouvés** *lost property office;* **le ___ de vente** *sales office*

la **cabine** *cabin, kiosk*
les **cabinets** (m) *toilet*
(se) **cacher** *to hide (oneself)*
le **cachet** *tablet*
le **cadeau** *present*
le **cadre** *executive*
le **calendrier** *calendar*
la **calorie** *calorie*
le **calvaire** *wayside cross*
le/la **camarade** *friend, comrade*
le **cambouis** *dirty oil, grease*
cambrioler *to burgle*
le **cambrioleur** *burglar*
le **camion** *lorry*
le **campeur** *camper*
le **canal** *canal*
le **canard** *duck*
le **caniche** *poodle*
la **canne à sucre** *sugar cane*
la **cape** *cape*
le **capot** *bonnet of a car*
capricieux *changeable (weather), temperamental (person)*
le **car** *coach*
car *for*
la **caravane** *caravan*
caresser *to stroke, to caress*
la **carpe** *carp*
carré *square*
le **carreau** *(window)pane, tile*
le **carrelage** *tiling*
la **carrière** *career*
la **carte** *map, plan;* **la ___ de visite** *visiting card, business card;* **la ___ informatique** *data processing card*
le **cas** *case*
le **casque** *crash helmet*
casser *to break*
la **casserole** *saucepan*
la **cause: à ___ de** *because of*
la **cave** *cellar*
le **caveau** *small cellar, vault*

caverneux *hollow*
la **ceinture** *belt*
célèbre *famous*
céleste *heavenly*
célibataire *single, unmarried*
la **cendre** *ash*
le **cendrier** *ash-tray*
la **centaine** *hundred*
le **cercle artique** *arctic circle*
la **céréale** *cereal*
la **cerise** *cherry*
le **CES (Collège d'Enseignement Secondaire)** *secondary school*
chacun *each one*
le **chagrin** *sorrow*
la **chaise longue** *deckchair*
la **chaleur** *heat*
le **chameau** *camel*
le **champ** *field;* **le ___ de course** *race track*
chaque *each*
le **char** *cart, float*
la **charcuterie** *pork butchers, delicatessen*
chargé de *entrusted with*
le **chariot** *cart, trolley*
la **charité** *charity*
le **charme** *charm*
châtain *chestnut* (adj.)
le **château** *castle, chateau*
le **chauffage central** *central heating*
la **chaussure** *shoe*
le **chemin** *path, way;* **le ___ de fer** *railway*
la **cheminée** *fireplace, chimney, funnel (boat)*
le **chèque de voyage** *travellers' cheque;* **le ___ postal** *giro cheque*
le **chevalet** *easel*
la **chèvre** *goat*
chimique *chemical*
choisir *to choose*
le **choix** *choice*
choquer *to shock*
le **chou** *cabbage;* **mon**

___ *my darling*
la **choucroute** *sauerkraut, pickled cabbage*
le **chronomètre** *stopwatch;* **top ___** *start the clock*
chuchoter *to whisper*
la **chute** *fall*
ci-joint *enclosed*
le **cidre** *cider*
le **cimetière** *cemetery*
le/la **cinéaste** *film-maker*
circuler *to circulate, to run*
la **cire** *wax*
citer *to quote*
le **citron** *lemon*
la **civière** *stretcher*
la **claque** *slap*
le **client** *client*
cligner *to blink;* **___ de l'œil** *to wink*
la **cloche** *bell*
la **clôture** *fence*
le **clou** *nail*
le **cocotier** *coconut palm*
le **cœur** *heart*
le **coffre** *boot (of a car)*
la **coiffe** *headdress*
la **coiffure** *hairstyle*
le **col** *pass*
la **colère** *anger*
le **collant** *tights*
la **colle** *glue*
la **collection** *collection;* **faire ___ de** *to collect*
le/la **collègue** *colleague*
coller *to stick*
le **collier** *necklace*
la **colline** *hill*
la **colonie de vacances** *holiday camp for children*
combattre *to combat, to fight*
la **combinaison** *one-piece suit, boiler suit, jump suit*
commander *to order*
commencer *to begin*
commun *common, mutual*
le **compartiment** *compartment*
comporter *to consist of, to include*
composé de *made up of*
composer *to make up*
compris *included*
la **comptabilité** *accounts*
compte: se rendre ___ de *to realise*
compter *to count*
le **comte** *count*
le **concours** *competition*
conçu *designed, conceived*
le **concurrent** *competitor*
condamner *to condemn*
la **condition: à ___ de** *on condition that*
conduire *to lead, to drive*
la **confiance** *confidence;* **faire ___ à** *to rely on, to have confidence in*
le **congélateur** *freezer*
connu(e) *known*
conquérir *to conquer*
le **conseil** *advice, council*
conserver *to conserve, to keep*
consommer *to consume*
le **contenu** *contents*
contrarié *upset, annoyed*
contrarier *to annoy, to frustrate*
le **contrôle** *check*
convaincre *to convince*
convenablement *suitably, properly*
la **coopérative** *cooperative*
le **copain** *chum, mate*
le **coq** *cock*
le **coquillage** *shell*
la **cornemuse** *bagpipes*
le **corps** *body*
le/la **correspondant(e)** *penfriend, person you are telephoning*
la **côte** *coast*
le **côté** *side,* **à ___** *next door*
le **cou** *neck*
la **couche** *coat (of paint)*
se **coucher** *to go to bed*
coudre *to sew*
la **couleur** *colour*
le **coup** *blow;* **le ___ d'œil** *glance;* **le ___ de fil/téléphone** *telephone call*
couper *to cut*
la **coupure (de courant)** *(power) cut*
la **cour** *court, courtyard*
courant *current;* **au ___** *in the know*
courir *to run*
couronner *to crown*
le **courrier** *post*
le **cours** *class, lesson, course, rate*
la **course** *race*
les **courses** (f) *shopping*
court *short*
courtois *courteous*
le **coussin** *cushion*
coûter *to cost*
coûteux *costly*
couvert *covered, overcast*
la **couverture** *cover, blanket*
le **crapaud** *toad*
la **cravate** *tie*
la **créature** *creature*
créole *creole*
la **crêpe** *pancake*
la **crêperie** *pancake restaurant*
la **crique** *creek*
croire *to believe*
cru *raw*
le **crustacé** *shellfish*
cueillir *to pick*
la **cuiller (cuillère)** *spoon*
la **cuillerée** *spoonful;* **la ___ à soupe** *tablespoonful*

le **cuir** *leather*
cuire: faire ___ *to cook*
cuisant *sharp, stinging*
la **cuisine aménagée** *fitted kitchen*
la **cuisinière** *cooker*
cuisson: le jus de ___ *stock*
la **culture** *culture, cultivation*
curieux *curious, nosy*
le **cygne** *swan*

le **dauphin** *dolphin*
se **débarrasser de** *to get rid of*
débloquer *to unblock*
le **début** *beginning*
le **débutant** *beginner*
décapiter *to behead*
décoller *to take off (of a plane)*
découvrir *to discover*
décrocher (téléphone) *to pick up (phone)*
déçu *disappointed*
dédié à *dedicated to*
défendre *to defend*
le **défi** *challenge*
le **défilé** *procession*
définitif *final, decisive*
dégivrant *defrosting*
dégouliner *to drip, trickle*
déguster *to sample, to taste*
dehors *outside*
déjà *already, ever*
déjeuner *to have lunch*
le **délai** *delay*
le **deltaplane** *hang glider*
demander *to ask (for);* **se ___** *to wonder*
déménager *to move house*
la **demeure** *dwelling*
la **dentelle** *lace*
la **dépanneuse** *breakdown lorry*
dépenser *to spend*
déplacer *to move*
le **dépliant** *leaflet*
déposer *to drop off, give a lift*
déprimé *depressed*
depuis *for, since*
déranger *to disturb*
descendre *to go down, to get out of, to get off;* **___ à l'hotel** *to go to a hotel*
le **désert** *desert*
le **désespoir** *despair*
la **déshydratation** *dehydration*
désolé *sorry*
le **désordre** *disorder, mess*
le **dessert** *dessert*
desservi *served*
le **dessin** *drawing, design;* **le ___ animé** *cartoon*
dessiner *to draw*
dessous *underneath*
le **dessus-de-lit** *bed-spread*
le **destinataire** *recipient*
détailler *to look over, to detail*
le **détecteur** *detector*
détenu *detained*
le **détournement** *hi-jacking*
détruire *to destroy*
le **développement** *development*
devenir to become
deviner *to guess*
la **devise** *motto, catch phrase;* **les ___ étrangères** *foreign currency*
devoir *to have to (must)*
les **devoirs** (m) *homework*
le **diable** *devil*
la **difficulté** *difficulty*
dilapider *to waste away*
diriger *to direct, to conduct*
se **diriger vers** *to make for*
la **disparition** *disappearance*
disponible *available*
disposition: avoir à sa ___ *to have at one's disposal*
se **disputer** *to argue*
distingué *distinguished*
diviser *to divide*
le **documentaire** *documentary*
la **documentation** *literature, information*
le **doigt** *finger*
le **domaine** *domain*
dommage: c'est ___! *it's a shame!*
donner sur *to overlook*
dorer *to make golden*
dormir *to sleep*
le **dos** *back*
doté *endowed with*
la **douane** *customs*
le **douanier** *customs officer*
doubler *to overtake*
la **douche** *shower*
doué *gifted*
dur *hard*
la **durée** *duration, length*
durer *to last*

l'ébullition (f) *boiling*
l'échalote (f) shallot
l'échange (m) *exchange*
s'échapper (de) *to escape (from)*
l'échelle (f) *ladder*
éclabousser *to splash*
l'éclair (m) *flash of lightning*
l'éclaircie (f) *clear period*
éclairer *to light up*
éclater *to break out, to burst*
l'école (f) *school;* **faire l'___ buissonnière** *to play truant*

l'**économie** (f) *economy*
écouter *to listen (to)*
écraser *to crush*
s'**écrier** *to exclaim*
écrire *to write*
l'**édition** (f) *publishing*
effectivement *indeed*
élargir *to widen*
électronique *electronic*
l'**éléphant** (m) *elephant*
l'**élève** (m/f) *pupil*
élever *to bring up;* **s'____** *to rise up*
éloigné *far*
embarquer *to embark*
embrasser *to kiss*
émettre *to emit*
l'**émission** (f) *broadcast, programme*
emménager *to move in*
emmener *to take (someone)*
émotif (-ve) *emotional*
empêcher (de) *to prevent (from)*
l'**empereur** (m) *emperor*
l'**emplacement** *space*
l'**employé(e)** *employee*
emporter *to take (something) away*
s'**empresser** *to fuss over;* **s'____ de** *to hasten, to lose no time*
emprunter *to borrow*
en plus de *in addition to*
s'**enchaîner** *to follow one another*
enchanté *delighted*
enchanteur (m)/**enchanteresse** (f) *enchanting*
l'**enclos** (m) *enclosure*
encore *again, still*
s'**endormir** *to fall asleep*
l'**endroit** (m) *place*
énervé *upset, tense*
enfoncer *to stick, to push in, to break down (door);* **s'____** *to bury oneself*
s'**enfuir** *to flee*
l'**engagement** (m): **sans ____** *without obligation*
enivrant *intoxicating*
l'**ennui** (m) *boredom;* **avoir des ____s** *to have problems*
s'**ennuyer** *to be bored*
ennuyeux *annoying, boring*
l'**enquête** (f) *enquiry, survey, investigation*
ensablé *sandy, covered with sand*
l'**enseignement** (m) *teaching*
enseigner *to teach*
ensemble *together;* **l' ____** (m) *the whole thing*
enseveli *buried*
ensoleillé *sunny*
entendre *to hear*
l'**entente** (f) *agreement*
entier *whole*
entourer *to surround*
l'**entracte** (m) *interval*
entraîner *to drag, to bring about*
s'**entraîner** *to train*
entre *between*
entre-temps *meanwhile*
l'**entrée** (f) *entrance, starter*
l'**entretien** (m) *upkeep, maintenance*
entrouvrir *to half open*
l'**envie** (f): **avoir ____ de** *to want to*
environ *about;* **les ____** *the surroundings*
envoyer *to send*
épais *thick*
l'**épaule** (f) *shoulder*
épeler *to spell*
l'**épingle** (f) *pin*
épouser *to marry*
épouvantable *dreadful, appalling*
épouvanté *appalled, terror-stricken*
l'**époux** (m)/**épouse** (f) *spouse*
l'**éprouvette** (f) *test tube*
épuisé *exhausted*
équestre *equestrian, of horses;* **la randonnée ____** *pony trekking*
l'**équilibre** (m) *balance*
l'**équipage** (m) *crew*
équipé *equipped*
l'**équipe** (f) *team*
l'**équitation** (f) *horse riding*
érudit *learned*
l'**escabeau** (m) *stepladder*
l'**escargot** (m) *snail*
l'**espadrille** (f) *type of canvas shoe*
espagnol *Spanish*
l'**espèce** (f) *kind, species*
l'**esprit** (m) *spirit, mind*
esquisser *to sketch*
essayer *to try*
l'**essence** (f) *petrol*
essoufflé *out of breath*
l'**essuie-glace** (m) *windscreen wiper*
l'**est** (m) *east*
l'**estivant** (m) *holidaymaker*
l'**étable** (f) *cowshed*
l'**établissement** (m) *establishment*
l'**étage** (m) *floor, storey*
l'**étagère** (f) *shelf*
l'**étang** (m) *pool, pond*
l'**étape** (f) *stage*
les **Etats-Unis** (m) *United States*
l'**été** *summer*
éteindre *to turn off, to put out, to switch off*

étendre *to hang out (of washing), to spread out*
étinceler *to sparkle*
l'**étiquette** (f) *label*
l'**étonnement** (m) *surprise*
s'**étonner** *to be surprised*
l'**étranger** (m) *stranger, foreigner*; **à l'___** *abroad*
étroit *narrow, tight*
les **études** (f) *studies*
s'**évanouir** *to faint*
s'**éveiller** *to wake*
l'**évènement** (m) *event*
l'**évidence** (f) *evidence*
évident *obvious*
l'**évier** (m) *sink*
exercer *to exercise, to carry out*
l'**exigence** (f) *requirement, demand*
expliquer *to explain*
l'**exportation** (f) *export, exporting*
l'**exposition** (f) *exhibition*
l'**extérieur** (m) *exterior, outside*
l'**extrait** (m) *extract*

la **fabrication** *making, production, manufacture*
fabriquer *to make*
face: en ___ (de) *opposite*; **d'en ___** *opposite* (adj.) **faire ___ à** *to face up to*
se **fâcher** *to get angry*
la **facture** *bill*
la **faculté** *faculty*
faible *weak, sparse*
la **faiblesse** *weakness*
faire la vaisselle *to do the washing-up*
la **falaise** *cliff*
falloir *to be necessary*
familial *home*
la **famille** *family, relations*
la **fantaisie** *fantasy, fancy*
la **farce** *practical joke*
farci *stuffed*
la **farine** *flour*
faut: (falloir) il ___ *it is necessary*, **il faudra** *it will be necessary*
la **faute** *fault, mistake*
le **fauteuil** *armchair, reclining seat*
favori/favorite *favourite*
favoriser *to favour*
féliciter *to congratulate*
la **femme de chambre** *chambermaid*
le **fer** *iron*
la **ferme** *farm*
fermer *to close*
la **fermeture** *closing*
le **fermier** *farmer*
la **fête** *feast, holiday, celebration*; **la ___ folklorique** *folk festival*
le **feu** *fire*
la **feuille** *leaf*
le **feuilleton** *serial*
le **feutre** *felt*
les **fiançailles** (f) *engagement*
la **fiche** *form*
fidèle *faithful*
fier *proud*
la **fierté** *pride*
se **figurer** *to imagine*: **figurez-vous** *believe it or not*
le **film policier** *thriller (film)*
le **filtre** *filter*
la **fin** *end*
fin *fine*
financier *financial*
finir *to finish*
le **flageolet** *flageolet, type of small kidney bean*
le **flamant rose** *flamingo*
le **fleuve** *river*
le **foie** *liver*
la **foire** *fair*
la **folie** *folly, madness*
le **fond** *back, bottom, background*
fondant *melting*
fonder *to found, to start*
fondre *to melt*; **___ en larmes** *to burst into tears*
la **fontaine** *fountain*
la **force** *strength*
la **forêt** *forest*
la **forme: en pleine ___** *on top form*
fort *strong*; **___ bien** *very good*
la **forteresse** *fortress*
fou *wild, mad*
fouiller *to search, to dig into*
la **foule** *crowd*
le **four** *oven*; **le ___ à micro-ondes** *micro-wave oven*
fourchu *forked*
le **fourneau** *furnace, fire*
la **framboise** *raspberry*
franchir *to cross, to get over*
la **fraude** *smuggling*; **passer en ___** *to smuggle*
le **frein** *brake*; **le ___ à disque** *disc brake*
les **fruits de mer** (m) *seafood*
fuir *to flee, to avoid*
la **fuite** *escape, leak*
la **fumée** *smoke*
fumer *to smoke*
fumeurs/non fumeurs *smoking/non-smoking (compartments)*
la **fusée** *rocket*

le **gagnant** *winner*
le **galet** *pebble*
le **galop** *gallop*
le **gant** *glove*
garanti *guaranteed*
garder *to look after, to watch, to keep*; **de garde** *on duty*
le **gardien** *attendant, guard, watchman*
se **garer** *to park*
le **gars** *lad, chap*
la **gastronomie** *gastronomy, food*

gâté *spoilt*
la **gazelle** *gazelle*
la **gelée** *jelly*
le **générique** *credit titles*
le **genou** *knee*
le **genre** *kind, type*
les **gens** (m) *people*
la **gentillesse** *kindness*
la **géographie** *geography*
le **geste** *gesture, sign, movement*
le **gigot d'agneau** *leg of lamb*
la **girafe** *giraffe*
la **glace** *mirror, ice cream*
gourmand *greedy*
le **goût** *taste*
goûter *to taste*
grâce à *thanks to*
la **graine** *seed*
la **graisse** *fat, grease*
(se) **gratter** *to scratch (oneself)*
gratuit *free (of charge)*
gravé *engraved, carved*
gravir *to climb*
le **grenier** *attic*
la **grenouille** *frog*
le **grès** *sandstone*
la **grève** *strike*
la **grille** *grid, gate*
griller *to grill*
la **grimace** *grimace*
grimper *to climb*
gris *grey*
griser *to intoxicate, to go to one's head*
gronder *to rumble (thunder), scold*
la **groseille: ___ rouge** *redcurrant;* **___ verte** *gooseberry*
grossir *to put on weight*
le **groupe** *group*
la **grue** *crane*
la **guerre** *war*
le **guichet** *ticket office, counter*

l'**habileté** (f) *skill*
habiller *to dress;* **s'___** *to get dressed*
l'**habit** (m) *dress, outfit;* **les ___s** *clothes*
l'**habitant** (m) *inhabitant*
l'**habitude** (f) *custom, habit;* **comme d'___** *as usual*
l'**habitué** (m) *regular*
s'**habituer(à)** *to get used to*
hacher *to chop*
la **halte** *stop, break*
le **hasard** *chance;* **au ___** *at random;* **par ___** *by chance*
la **hâte** *haste*
le **haut** *top;* **en ___** *at the top;* **___** les mains! *Hands up!*
la **hauteur** *height*
hebdomadaire *weekly*
l'**hébergement** (m) *lodging, accommodation*
l'**hélicoptère** (m) *helicopter*
l'**herbe** (f) *grass*
l'**histoire** (f) *story, history*
l'**hiver** (m) *winter*
le **homard** *lobster*
l'**honneur** (m) *honour*
la **honte** *shame*
l'**horloge** (f) *clock*
l'**horreur** (f): **avoir ___ de** *to hate*
l'**hôte** (m) *host, landlord, guest*
l'**hôtelier (-ière)** (m/f) *hotel owner*
l'**hôtesse** (f) *hostess*
la **hotte aspirante** *cooker hood*
le **hublot** *porthole, window*
l'**huile** (f) *oil*
humain *human*
humaniste *humanistic*
hurler *to scream*

il y a *ago; there is/are*
l'**île** (f) *island*
l'**immeuble** (m) *block of flats, building*
l'**impératrice** (f) *empress*
l'**imperméable** (m) *raincoat*
l'**importance** (f) *importance*
inauguré *inaugurated*
l'**incendie** (m) *fire*
inclus *inclusive*
l'**inconnu(e)** *stranger*
l'**inconvénient** (m) *disadvantage*
incorporé *incorporated*
indiquer *to indicate, to show*
industrialisé *industrialised*
l'**industriel** (m) *industrialist*
inférieur *lower, inferior*
infirme *infirm*
l'**infirmier(-ière)** (m/f) *nurse*
infliger *to inflict*
l'**inondation** (f) *flood*
inquiet *worried*
s'**inquiéter** *to worry*
s'**inscrire** *to enrol, join*
installé *installed*
installer *to install;* **s'___** *to settle*
intéressant *interesting*
s'**intéresser à** *to be interested in*
l'**intérieur** (m) *inside, interior*
l'**interlocuteur (-trice)** *speaker, person one's speaking to*
interroger *to question*
interrompre *to interrupt*
intriguer *to intrigue*
inutile *useless, needless*
l'**itinéraire** (m) *itinerary*

jaillir *rise up from, out of*
la **jambe** *leg*
la **jetée** *jetty*
jeter *to throw;* **___ un coup d'œil** *to glance*
le **jeu** *game*
le **jogging** *jogging*
la **joie** *joy*
jouer gros *to play for high stakes*
jouxter *to adjoin*
les **jumeaux,** (m)/**jumelles** (f) *twins*
les **jumelles** (f) *binoculars*
le **jupon** *petticoat*
jurer *to swear*
le **jus** *juice;* **le ___ de cuisson** *stock*

le **kangourou** *kangaroo*
klaxonner *to hoot, to sound your horn*

le **lac** *lake*
le **lacet** *shoelace;* **route en ___** *road with hairpin bends*
le **lâche** *coward*
laisser *to let, to allow*
lancer *to throw*
la **langue** *language*
le **lapin** *rabbit;* **mon ___** *my darling*
le **large** *open sea*
large *wide*
les **lauriers** (m) *laurels*
laver *to wash*
la **laverie automatique** *launderette*
le **lave-glace** *windscreen washer*
le **lave-vaisselle** *dish-washer*
la **légende** *legend*
léger *light*
le **lendemain** *following day*
lequel, laquelle *which one*
lesquels, lesquelles *which ones*

se **lever** *to get up*
la **lèvre** *lip*
le **lézard** *lizard*
le **lieu** *place;* **avoir ___** *to take place;* **au ___ de** *instead of*
la **ligne** *figure*
la **limite** *limit*
le **linge** *washing, linen*
la **liste** *list*
la **localité** *locality*
la **location** *reserving, hiring*
loger *to house, live (dwell)*
le **logis** *abode*
louer *to hire, to rent*
la **luge** *toboggan, sledge*
la **lumière** *light*
la **lune** *moon*
la **lunette arrière** *rear window*
le **luxe** *luxury*
luxueusement *luxuriously*
luxueux *luxury* (adj.)

le **maçon** *mason*
la **madeleine** *type of small cake*
le **magnétoscope** *video recorder*
maigre *thin*
maigrir *to get thin*
le **maillot de bain** *bathing costume*
la **maîtresse** *mistress*
maîtriser *to master*
le **mal** *evil;* **avoir du ___ à** *to have difficulty in;* **avoir ___ à la gorge** *to have a sore throat;* **___ à la tête** *headache*
la **malchance** *bad luck*
malentendant *hard of hearing*
la **Manche** *the English channel*
le **mandarin** *Mandarin Chinese*
le **mandat** *money order*

la **manie** *mania*
manquer *to miss, to lack*
le **manteau** *coat*
manufacturier *manufacturing*
le **marbre** *marble*
le **marchand de couleurs** *ironmonger*
le **marché** *bargain, deal, market, shopping*
la **marche** *step;* **mettre en ___** *to start*
marcher *to walk, to work (of machines)*
le **marin-pêcheur** *fisherman*
la **marque** *mark*
le **marteau** *hammer*
masqué *masked*
la **maternité** *maternity hospital*
la **matière** *subject, matter*
la **matinée** *morning;* **faire la grasse ___** *to have a lie-in*
la **matraque** *truncheon*
les **mécaniques** (m) *machinery*
méchant *unkind, wicked;* **chien ___** *beware of the dog*
le **médicament** *medicine*
médiéval *mediaeval*
la **méditation** *meditation*
le **mégalithe** *megalith*
le **mélange** *mixture*
mêler *to mix*
le **melon** *melon;* **le chapeau ___** *bowler hat*
la **mémoire** *memory;* **mettre en ___** *to store*
menacer *to threaten*
le **ménage** *housework*
mener *to lead*
le **menteur** *liar*
le **menu** *menu*
la **menuiserie** *woodwork*

mériter *to deserve*
merveilleux *marvellous*
la **messe** *mass*
mesure: être en ___ de *to be able to*
mesurer *to measure*
la **météo** *weather forecast*
le **mètre** *metre; ruler*
mettre *to put (on);* **___ au courant** *to inform*
se **mettre à** *to begin to*
les **meubles** (m) *furniture;* **en meublé** *in furnished rooms*
le **micro-ordinateur** *micro-computer*
le **miel** *honey*
le **milieu** *middle;* **au beau ___** *right in the middle*
militaire *military*
mince *slim*
la **mini-chaîne Hi-Fi** *Hi-Fi system*
le **ministère** *ministry*
minuit (m) *midnight*
la **misère** *poverty*
la **mobylette** *moped*
la **mode** *fashion;* **à la ___ de** *in the style of*
modéré *moderate*
moindre *least*
le **moine** *monk*
moins *less*
moins de *less than*
la **moitié** *half*
le **monceau** *pile, heap*
le **monde** *world*
mondial *worldwide*
mondialement *universally*
le **moniteur** *instructor*
la **monnaie** *change*
la **montagne** *mountain*
le **montant** *total*
la **montre digitale** *digital watch*
montrer *to show*
se **moquer (de)** *to make fun of*
la **moquette** *fitted carpet*
le **morceau** *piece*
mordre *to bite*
mort *dead;* **la ___** *death*
le **mot** *word*
le **moteur** *engine*
la **moto** *motorbike*
le **mouchoir** *handkerchief*
la **mouette** *seagull*
la **moufle** *mitten*
mouillé *wet*
la **moutarde** *mustard*
moyen *middle, average;* **en moyenne** *on average;* **avoir les ___** *to be able to afford*
les **moyens** (m) *the means*
le **Moyen Age** *the Middle Ages*
moyenâgeux *from the Middle Ages*
multicolore *many-coloured*
les **munitions** (f) *ammunition*
le **mur** *wall*
le **musée** *museum*

nager *to swim*
nain *dwarf*
naître *to be born*
napper *to coat*
la **natalité** *birth*
le/la **navigateur (-trice)** *navigator*
le **navire** *ship*
né *born*
néanmoins nevertheless
la **neige** *snow;* **battu en ___** *whisked (of egg whites)*
net *neat, tidy, distinct*
nettoyer *to clean*
neuf *brand new*
nier *to deny*
les **noces** (f) *wedding*
Noël (m) *Christmas*
noir *black;* **chocolate ___** *plain/dark chocolate*
nombreux (**-euse**) *numerous*
nommer *to name*
non plus *neither, either*
la **norme** *norm, standard*
noter *to note*
la **nourriture** *food*
nouveau *new;* **de ___** *again*
la **nouvelle** *news item*
(se) **noyer** *to drown (oneself)*
nu *naked, bare;* **nu-pieds/pieds nus** *barefoot*
le **nuage** *cloud*
nuageux *cloudy*
la **nuit** *night;* **faire ___** *to be dark*
la **nuitée** *night stay*
numéroter *to number*

obéir *to obey*
obligé *obliged;* **être ___ (de)** *to be forced to*
obliger *to force, to oblige*
obtenir *to obtain*
occupé *engaged, busy*
s'**occuper de** *to take care of, to be busy with*
l'**océan** (m) *ocean*
l'**œillet** (m) *carnation*
l'**œuf** (m) *egg*
l'**œuvre** (f) *work (of art, charity)*
offrir *to offer, to give (a present)*
l'**oie** (f) *goose*
l'**ombre** (f) *shade, shadow*
l'**opérateur** (m) *operator*
or *now*
l'**or** (m) *gold*
l'**orage** (m) *storm*
l'**orchestre** (m) *orchestra*
ordinaire *ordinary*
l'**ordinateur** (m) *computer;* **l'___ familial** *home computer*
l'**ordonnance** (f)

prescription
ordonner *to order*
l'**ordre** (m) *order*
l'**oreiller** (m) *pillow*
l'**origine** (f) *origin*
l'**orphelin** (m) *orphan*
oser *to dare*
l'**otage** (m) *hostage*
oublier *to forget*
l'**ouest** (m) *west*
l'**outil** (m) *tool*
l'**ouverture** (f) *opening*
l'**ouvreuse** (f) *usherette*
l'**ouvrier** *manual worker*
ouvrir *to open*
ovale *oval*

Pacifique *Pacific*
la **paire** *pair*
paisiblement *peacefully*
le **palais** *palace*; **le ___ de justice** *law court*
le **palier** *landing*
la **pancarte** *sign, notice*
le **panier** *basket*
la **panne** *breakdown*; **tomber en ___** *to have a breakdown*
la **pantoufle** *slipper*
le **paon** *peacock*
le **papier peint** *wallpaper*
les **Pâques** (f) *Easter*
le **paquet** *packet, parcel*
le **parachute** *parachute*
le **paradis** *paradise*
le **parc** *park*
le **parcours** *distance covered, route*; **le ___ de santé** *keep-fit obstacle course*
le **pardessus** *overcoat*
le **pare-brise** *windscreen*
parfait *perfect*
le **parfum** *perfume*
parier *to bet, to wager*
le **parlement** *parliament*
parmi *among*
la **parole** *word*; **tenir ___** *to keep your word*
le **parquet** *parquet flooring*
parsemer *to scatter*
la **part** *part*; **quelque ___** *somewhere*; **à ___** *apart from*; **c'est de la ___ de qui?** *who is calling?/on whose behalf?*; **d'autre ___** *on the other hand*
partager *to share*
partir *to set off*; **à ___ de** *starting from*
parvenir à *to come through*; **faire ___** *to send on*
le **pas** *footstep*
le **passage** *passage, passing through, going by*
le **passager** *passenger*
le **passant** *passer-by*
passer *to spend, to pass (time)*; **et j'en passe!** *and others I won't mention!*; **___ en fraude** *to smuggle in*
passionné *impassioned*; **être ___ de** *to have a passion for*
la **pâte** *dough, cake mixture*
pâteux *pasty, thick*
le **patin** *skate, skating*
la **patinoire** *skating rink*
la **pâtisserie** *cake shop, cake or pastry-making*
le/la **patron(-ne)** *boss, owner*
la **patte** *paw, leg*
la **paupière** *eyelid*
le **pavé** *paving stone*
le **paysage** *countryside*
le **paysan** *peasant*
la **peau** *skin*
pêcher *to fish*
le **pêcheur** *fisherman*
pédestre: la randonnée ___ *ramble*
peine: à ___ *scarcely*
la **peinture** *paint*; **faire les ___s** *to decorate*
penser *to think*
le/la **pensionnaire** *lodger, boarder*
la **Pentecôte** *Whitsun*
percé *pierced*
la **perceuse** *drill*
le **perchoir** *perch*
perdre *to lose*; **se ___** *to get lost*
la **perle** *pearl*
la **permanente** *perm*
permettre (de) *to allow (to)*
le **permis** *licence*
le **perroquet** *parrot*
le **persil** *parsley*
persillé *with parsley*
la **personnalité** *personality*
la **personne** *person*
pesamment *heavily*
peser *to weigh*
la **pétanque** *bowls*
le **pétrole** *crude oil*
peuplé *populated*
la **pièce** *room*
la **pièce montée** *special cake made of choux pastry for weddings, christenings, etc.*
le **pied** *foot*; **___s nus** *barefoot*
le **piège** *trap, trick*
la **pierre** *stone*
piétonne: rue ___ *road for pedestrians only*
le **pilote** *pilot*
la **pilule** *pill*
pimpant *trim*
le **pinceau** *paintbrush*
la **pincée** *pinch*
le **pingouin** *penguin*
le **pique-nique** *picnic*
la **piqûre** *injection*
pire *worse*
la **piscine** *swimming pool*

la **piste** *track, trail*
pittoresque *picturesque*
la **pivoine** *peony*
la **place** *room, space;* **___ assise** *reserved seat;* **___ d'orchestre** *stalls*
le **plafond** *ceiling*
la **plage** *beach*
plaisanter *to joke*
le **plan: au premier ___** *in the foreground*
la **planche à voile** *sailboard;* **faire de la ___** *to windsurf/sailboard*
le **plancher** *floor*
la **planète** *planet*
la **plante** *plant*
planté *planted, stuck*
plat *flat;* **à ___ ventre** *on one's stomach*
le **plat** *meal, dish;* **le ___ (cuisiné) à emporter** *takeaway meal*
le **plâtre** *plaster*
plein *full;* **en ___ hiver** *right in the middle of winter;* **faire le ___** *to fill up (with petrol)*
pleurer *to cry*
pleuvoir *to rain*
la **plongée sous-marine** *deep-sea diving*
plonger *to dive*
ployer *to bend, to sag*
la **pluie** *rain*
plus *more*
plusieurs *several*
plutôt *rather*
la **poche** *pocket*
pocher *to poach*
poétique *poetic*
le **poids** *weight*
poignarder *to stab*
le **poing** *fist;* **dormir à ___s fermés** *to sleep soundly*
le **point** *point, stage;* **au ___** *to the mark*
la **pointe** *point;* **sur la ___ des pieds** *on tip-toe*
la **police judiciaire** *CID*
poliment *politely*
la **pomme de pin** *pine cone*
la **pompe** *pump;* **___ à incendie** *fire engine*
le **pompier** *fireman*
le **pompiste** *petrol pump attendant*
le **porcelet** *piglet*
le **porte-bagages** *luggage rack*
le **porte-parole** *spokesman*
le **portefeuille** *wallet*
le **portemanteau** *coat hook*
la **portière** *car door*
le **porto** *port (wine)*
poser *to place;* **___ une question** *to ask a question*
posséder *to possess, own*
la **poste** *post office*
le **poste** *post, point, extension;* **___ de conduite** *driving position*
le **pot** *pot, jug*
le **poteau** *post,* **le ___ d'arrivée** *winning post*
la **poubelle** *dustbin*
le **poumon** *lung;* **à pleins ___** *at the top of (your) voice*
la **poussette** *pushchair*
le **pourboire** *tip*
la **poursuite** *pursuit, chase*
la **précaution** *precaution, care*
précipitamment *hurriedly*
la **précipitation** *rush*
se **précipiter** *to rush*
prématuré *premature*
première: en ___ *first class*
le **préparatif** *preparation*
prendre *to take;* **___ part à** *to take part in*
prescrit *prescribed*
presque *almost*
pressé *in a hurry*
se **presser** *to hurry*
le **pressoir** *press*
prestigieux *well thought of, prestigious*
prêt *ready*
la **prétention** *pretension*
prêter *to lend*
prévu *forecast, predicted*
prier *to ask, to beg*
la **prière** *prayer*
primaire *primary*
le **principe** *principle*
le **prisonnier** *prisoner*
le **problème** *problem*
proche *near*
produire *to produce*
le **produit** *product*
profiter (de) *to take advantage (of)*
profond *deep*
la **profondeur** *depths*
le **projet** *plan, project*
se **promener** *to have a walk*
le **promoteur** *(property) developer*
prononcer *to pronounce, to say*
propre *clean, own;* **sa ___ maison** *his own house*
prospecter *to prospect*
protéger *to protect*
la **protestation** *protest*
prouver *to prove*
provenir de *to come from*
la **province** *the provinces*
les **provisions** (f) *provisions, stores*
la **proximité** *proximity;* **à ___** *nearby*
puissant *powerful*
la **puissance** *power, strength*
le **puits** *well*
punir *to punish*

le **quai** *platform, quay*
quand même *even*

so, all the same
le **quartier** *district*
quelconque *some (or other), any (whatever)*
quelque *some*
queue: faire la ___ *to queue*
quitter *to leave*
quotidien *daily*

le **rabot** *plane (tool)*
raccrocher *to hang up (of telephone)*
raconter *to tell*
radin *mean*
radiophonique *radio* (adj.)
ramasser *to pick up*
la **rançon** *ransom*
la **randonnée** *excursion;* **___ pédestre** *ramble,* **___ equestre** *pony trekking*
le **rang** *row*
ranger *to tidy, to arrange*
se **ranger** *to park, to berth*
rapide *fast*
se **rappeler** *to recall*
le **rapport** *report*
rapporter *to bring back*
se **rapprocher** *to get near*
se **raser** *to shave*
la **ratatouille** *ratatouille (type of vegetable stew)*
rater *to miss, fail*
ravissant *delightful*
la **rayure** *stripe*
se **réaliser** *to come true*
la **recette** *recipe*
recevoir *to receive*
réchauffer *to reheat;* **se ___** *to warm oneself*
recommandé *registered*
recommander *to recommend*
le **réconfort** *comfort*
reconnaissant *grateful*
reconnaître *to recognise*
rectangulaire *rectangular*
la **redevance** *fee, licence*
réduit *reduced*
réfléchir *to reflect, to think*
refléter *to reflect*
le **réflexe** *reflex*
regarder *to look at*
la **régate** *regatta*
le **régime** *diet*
régional *regional*
réglable *adjustable*
la **règle** *rule*
régulier *regular*
le **rein** *kidney;* **donner un coup de ___s pour se relever** *to heave oneself up*
la **reine** *queen*
le **relais** *coach inn*
la **religieuse** *cake made with choux pastry*
remarquer *to notice*
le **remboursement** *refund*
rembourser *to reimburse*
le **remède** *remedy*
les **remerciements** (m) *thanks*
remettre en état *to restore*
rémois *of Rheims*
le **remonte-pente** *ski lift*
remonter *to go back to*
les **remparts** (m) *ramparts*
remplacer *to replace*
remplir *to fill (in)*
remuer *to stir*
la **rencontre** *meeting*
le **rendez-vous** *appointment, date*
se **rendre (à)** *to go (to)*
le **renfort: en ___** *as reinforcements*
renommé *renowned*
rénové *renovated*
les **renseignements** (m) *information*
rentrer *to return, to bring in*
renverser *to knock over, to overturn*
réparer *to repair*
repartir *to set off again*
le **repas** *meal*
le **repassage** *ironing*
repasser *to iron*
la **répétition** *rehearsal*
répondre *to answer, to reply*
la **réponse** *reply*
se **reposer** *to rest*
le **représentant** *representative*
la **reproduction** *print*
reproduire *to reproduce*
la **réserve: sous ___ de** *subject to*
réserver *to reserve*
le **réservoir** *tank*
respecter *to respect, to observe*
respirer *to breathe*
ressembler (à) *to resemble, to look (like)*
la **ressource hôtelière** *hotel resources*
le **résultat** *result*
retourner *to return, to go back*
se **retourner** *to turn around*
le **rétroviseur** *rear mirror*
la **réunion** *meeting*
réussir *to succeed*
la **réussite** *success*
le **rêve** *dream*
(se) **réveiller** *to wake up (oneself)*
revenir *to return, to come back*
le **rhum** *rum*
le **rhume** *cold*
ricaner *to snigger*
les **richesses** (f) *riches, wealth*
le **rideau** *curtain*
ridicule *ridiculous, silly*
rien *nothing;* **___ ne va plus!** *no more bets!*
la **rive** *bank, shore*

le **riz** *rice*
la **robe** *dress*
le **robinet** *tap*
le **robot ménager** *food processor*
le **rocher** *rock*
roman *Romanesque*
le **rond** *ring, circle*
le **ronflement** *snoring*
le **rôti** *roast*
le **rosbif** *roast beef*
la **rosée** *dew*
rotin: le fauteuil de ___ *wicker armchair*
la **roue** *wheel*
rougir *to blush*
le **rouleau** *roller*
rouler *to drive*
le **Royaume-Uni** *United Kingdom*
la **ruelle** *little street*
le **ruisseau** *stream*
ruminer *to think (over)*
le **rythme** *rhythm*

le **sable** *sand*
le **sac** *bag*
saisonnier *seasonal*
salir *to dirty*
la **salle** *room;* **___ d'attente** *waiting room;* **___ de séjour** *living room*
le **salon** *drawing room, lounge*
la **salutation** *greeting*
le **sandwich** *sandwich*
sans *without;* **___ doute** *probably*
la **santé** *health*
le **sapin** *fir tree*
le **saucier** *sauce maker*
la **saucisse** *sausage*
sauf *except*
sauter *to jump*
sauvage *wild*
sauver *to save*
se **sauver** *to escape*
le **savoir** *knowledge*
la **scie** *saw*
les **sciences naturelles** (f) *biology*
scolaire *school* (adj.)
la **séance** *session*
sec/sèche *dry*
sécher *to dry*
le **séchoir** *dryer*
le **secours: au ___!** *help!*
le/la **secrétaire** *secretary*
le **secteur** *sector, quarter (direction of wind)*
la **sécurité** *security, safety*
le **seigneur** *lord*
le **séjour** *stay*
le **sel** *salt*
sélectionner *to select*
selon *according to*
sembler *to seem*
le **sens** *direction;* **dans le ___ de la marche** *facing the engine*
le **sentiment** *feeling*
sentir *to smell, to feel*
la **série** *series*
sérieux *serious;* **prendre au ___** *to take seriously*
serpenter *to wind*
serrer la main à *to shake someone's hand*
le/la **servant(e)** *servant*
le **serveur/la serveuse** *waiter/waitress*
le **service** *service, section*
servir *to serve;* **___ de** *to serve as;* **se ___ de** *to make use of*
le **seuil** *threshold*
sévère *strict*
le **short** *shorts*
le **siège** *seat*
signer *to sign*
le **singe** *monkey*
sinon *if not, otherwise*
le **slip** *pants*
la **société** *society*
la **sœur** *sister;* **la bonne ___** *nun*
soi-disant *supposedly, so-called*
soigné *cared for, well looked after, tidy*
soigner *to look after, to care for*
la **soirée** *evening*
le **sol** *floor, ground*
les **soldes** (m) *sales*
le **soleil** *sun;* **attraper un coup de ___** *to get sunburnt*
sombre *dark*
le **sommet** *top, summit*
le **somnifère** *sleeping pill*
la **somnolence** *sleepiness*
sonner *to ring (for)*
la **sonnette** *bell*
sonore *sonorous, noisy*
le **sort** *lot (in life)*
sortir *to go out*
le **sou** *sou (small coin no longer in use)*
le **souffle** *breath*
souffler *to blow*
souhaiter *to hope, to wish*
le **soulagement** *relief*
le **soupçon** *suspicion*
soupirer *to sigh*
souple *supple*
le **sourcil** *eyebrow;* **froncer les ___s** *to frown*
le **sourd-muet** *deaf-mute*
le **sourire** *smile*
la **souris** *mouse*
sous réserve *on condition*
le **sous-titre** *sub-title*
se **souvenir (de)** *to remember*
la **spéléologie** *pot-holing*
sportif *sporty*
le/la **standardiste** *operator*
la **station balnéaire** *seaside resort*
la **station thermale** *spa*
la **sténo-dactylo(graphe)** *shorthand typist*
le **store** *blind, awning*
studieux *studious*
subtil *subtle*
le **sucre** *sugar;* **___ en poudre** *granulated sugar*
le **sud** *south*
suffire *to be enough*

suggérer *to suggest*
suis: j'y ___! *I have it!*
la **suite** *continuation;* **de ___** *in succession*
suivre *to follow*
le **sujet** *subject*
la **superficie** *surface area*
supérieur *higher, superior*
le **supplément** *supplement, extra to pay*
supplémentaire *extra*
supporter *to bear*
surnommer *to nickname*
surprenant *surprising*
surtout *above all*
surveiller *to watch over, keep an eye on*

le **tableau** *picture;* **le ___ noir** *blackboard;* **le ___ de bord** *dashboard*
la **tablette: ___ de chocolat** *chocolate bar;* **___ de fenêtre** *window sill*
le **tablier** *apron*
la **tâche** *task*
la **taille** *size, height, waist, cutting, pruning*
tandis que *while*
tant de *so much, so many*
la **tapisserie** *tapestry;* **la ___ de la reine Mathilde** *Bayeux Tapestry*
tarder *to delay, to be long*
le **tarif** *price rate*
le **tas** *heap, pile*
tassé *piled up*
le **taux** *rate*
la **taxe de séjour** *visitor's tax*
technique *technical*
le **teint** *complexion*
teinté *tinted*
téléphoner en PCV *to reverse charges*
le **téléspectateur/la téléspectatrice** *viewer*
le **téléviseur couleur** *colour TV set*
tellement *much, so much*
le **témoin** *witness*
la **tempête** *storm*
le **temps: à ___ partiel** *part-time;* **de ___ en ___** *from time to time*
tendre *tender*
tendu *held out, stretched*
tenir *to hold;* **se ___ (debout)** *to stand*
la **tension: prendre la ___ (de)** *to take the blood pressure*
la **tentative** *attempt*
tenter *to tempt, to try*
la **tenture** *door curtain*
la **tenue** *dress, appearance*
terminer *to finish*
la **terrasse** *terrace*
la **tête** *head*
tiède *lukewarm*
tiens! *look!, well!*
tirer *to draw, to pull*
le **tissu** *material*
le **titre** *title*
la **toile** *canvas*
le **toit** *roof;* **le ___ ouvrant** *sun roof*
le **tombeau** *tomb*
tomber *to fall;* **___ amoureux de** *to fall in love with;* **___ sur** *to come across*
la **tonne** *ton*
le **tonnerre** *thunder*
le **toucan** *toucan*
la **touffe** *clump*
la **tour** *tour*
le **tour** *turn*
touristique *tourist* (adj.), *touristy*
tourner *to turn*
le **tournevis** *screwdriver*
tout *all;* **___ à fait** *completely;* **pas du ___** *not at all;* **___ de suite** *immediately*
le **traducteur/la traductrice** *translator*
le **trajet** *short journey*
la **tranche** *slice*
tranquille *quiet*
transformer *to transform*
le **transistor** *transistor (radio)*
transmettre *to transmit*
trapu *stocky*
la **traversée** *crossing*
traverser *to cross*
tremper *to soak*
le **tricot** *knitting, knitted jumper or cardigan*
la **tripe** *tripe*
triste *sad*
la **trompe** *trunk (of elephant)*
se **tromper** *to make a mistake*
le **trottoir** *pavement*
le **trou** *hole*
se **troubler** *to become flustered*
le **troupeau** *herd*
se **trouver** *to be situated*
la **truite** *trout*
le **tube** *tube*
tuer *to kill*

l'**ultra léger motorisé** (m) *microlite*
unanimité: à ___ *unanimously*
unique: enfant ___ *only child*
l'**usine** (f) *factory*
utiliser *to use*

le **va-et-vient** *coming and going*
les **vacances** (f) *holidays*
vaincre *to conquer*
vaincu *conquered, defeated*
vainement *in vain*

la **vaisselle** *crockery, washing-up*
valable *valid*
le **vallon** *small valley*
valoir *to be worth;* **il vaut mieux** *it is better;* **il vaudra/voudrait mieux** *it will/would be better*
varié *mixed, various*
la **vedette** *launch, patrol boat; film star*
végétal *vegetable* (adj.)
la **veille** *the day before*
le **vélo** *bicycle*
le **velours** *velvet*
les **vendanges** (f) *harvest (of grapes)*
vendre *to sell*
le **vent** *wind*
la **vente** *sale;* **___ exclusive** *on sale only*
le **ventre** *stomach;* **à plat ___** *on one's stomach*
verglassé *icy*
vérifier *to check*
la **vérité** *truth*
le **verre** *glass*
verser *to pour;* **il pleut à verse** *it's pouring with rain*
le **vestibule** *hall*
le **veston** *man's jacket*
les **vêtements** (m) *clothes*
la **viande** *meat*
le **vice** *vice*
vider *to empty*
le **vieillissement** *aging*
le **vignoble** *vineyard*
le **virage** *bend, turn*
la **vis** *screw*
le **visage** *face*
visiter; est à ___ *must be visited*
la **vitamine** *vitamin*
la **vitesse** *speed, gear;* **à toute ___** *at top speed*
la **vitre** *pane (of glass), window (pane)*
vivant *lively*
vivement *quickly, briskly*
vivre *to live*
la **voile** *sail*
voir *to see*
voisin *neighbouring*
la **voix** *voice*
le **vol** *flight, theft*
le **volant** *steering-wheel*
le **volcan** *volcano*
voler *to fly, to steal*
la **volière** *aviary*
voltiger *to fly about, flit*
la **vue** *view*

le **walk-man** *walk-man*

zoologique *zoological*

ENGLISH–FRENCH

to **abandon** *abandonner*
abbey *l'abbaye* (f)
about *environ*
abroad *à l'étranger*
to **abstain from** *s'abstenir de*
to **accept** *accepter, agréer*
access *l'accès* (m)
to **accompany** *accompagner*
according to *d'après*
accounts *la comptabilité*
ace *l'as* (m)
to **admit** *avouer, admettre*
adult *l'adulte* (m/f)
advance *l'avance* (f)
adventure *l'aventure* (f)
advice *le conseil*
aerial *l'antenne* (f)
aeronautical *aéronautique*
aeroplane *l'avion* (m)
after *après*
again *encore*
ago *il y a*
agreement *l'entente* (f); **to be in ___** *être d'accord*
agricultural *agricole*
air *l'air* (m)
air conditioning *air conditionné*
alarm *l'alarme* (f); **___ clock** *le réveil*
already *déjà*
altitude *l'altitude* (f)
ambitious *ambitieux*
ancestor *l'ancêtre* (m)
anger *la colère*
angry *en colère;* **to get ___** *se fâcher*
to **annoy** *contrarier*
annoying *ennuyeux, agaçant*
anorak *l'anorak* (m)
to **answer** *répondre*
apart from *à part*
to **appear** *apparaître;* **to ___ to** *avoir l'air de*
to **applaud** *applaudir*
to **apply** *appliquer*
appointment *le rendez-vous*
to **appreciate** *apprécier*
to **approach** *s'approcher (de)*
apron *le tablier*
architect *l'architecte* (m)
arctic circle *le cercle artique*
area: surface area *la superficie*

to **argue** *se disputer*
armchair *le fauteuil*
around *alentour*
arts and crafts *l'artisanat* (m)
as much as *autant que*
as usual *comme d'habitude*
as . . . as *aussi . . . que*
ash *la cendre*
ash-tray *le cendrier*
to **ask a question** *poser une question*
to **ask for** *demander*
to **ask (to beg)** *prier*
to **assure** *assurer*
astronomical *astronomique*
athletics *l'athlétisme* (m)
to **attach** *attacher*
attempt *la tentative*
attendant *le gardien*; **petrol pump ___** *le pompiste*
authority *l'autorité* (f)
available *disponible*
average *moyen*

baby *le bébé*
back *le dos*; **___ of the class** *le fond de la classe*
bag *le sac*
balance *l'équilibre* (m)
balcony *le balcon*
banana *la banane*
bank *la banque*, **river ___** *la rive*
banker *le banquier*
barefoot *nu-pieds, pieds nus*
bargain (deal) *le marché*
to **bark** *aboyer*
barrier *la barrière*
base *la base*
basket *le panier*
bath *la baignoire, le bain*
bathing costume *le maillot de bain*
bay *la baie*
beach *la plage*
to **bear** *supporter*
to **beat** *battre*
beauty *la beauté*
because *parce que*; **___ of** *à cause de*
to **become** *devenir*
bedspread *le dessus-de-lit*
before *avant*
beforehand *d'avance*
to **begin to** *commencer à, se mettre à*
beginner *le débutant*
beginning *le début*
behind *derrière, à l'arrière*
to **believe** *croire*
bell *la cloche*
belt *la ceinture*
bend *le virage*
besides *d'ailleurs*
to **bet** *parier*
better *meilleur* (adj.), *mieux* (adv.)
between *entre*
bill *l'addition* (f), *la facture*
binoculars *les jumelles* (f)
birthday *l'anniversaire* (m)
to **bite** *mordre*
blackboard *le tableau (noir)*
blind *aveugle*; **(awning)** *le store*
to **blink** *cligner*
blister *l'ampoule* (f)
block of flats *l'immeuble* (m)
blood pressure *la tension*
blow *le coup*
to **blow** *souffler*
to **blush** *rougir*
body *le corps*
bonnet (of a car) *le capot*
boot *la botte*; **(of a car)** *le coffre*
boredom *l'ennui* (m)
born *né*; **to be born** *naître*
to **borrow** *emprunter*
boss (owner) *le/la patron(-ne)*; **(superior)** *patron, chef*
bowls *la pétanque, les boules* (f)
box *la boîte*
brake *le frein*
to **break** *casser, briser*
breakdown *la panne*
breath *le souffle*
to **breathe** *respirer*
brewery *la brasserie*
briefcase *la serviette*
brilliantly *brillamment*
to **bring** *amener, apporter*; **___ back** *rapporter*; **___ up** *élever*
broadcast *l'émission* (f)
to **brush** *brosser*
to **build** *bâtir, construire*
building *le bâtiment*
burglar *le cambrioleur*
to **burgle** *cambrioler*
buried *enseveli, enterré*
to **burn** *brûler*
to **burst** *éclater*; **to ___ into tears** *fondre en larmes*
business *les affaires* (f); **___ man** *l'homme* (m) *d'affaires*
butterfly *le papillon*

cake shop *la pâtisserie*
calendar *le calendrier*
call *l'appel* (m)
to **call** *appeler*; **to be ___ed** *s'appeler*
calorie *la calorie*
camel *le chameau*
canal *le canal*
to **cancel** *annuler*
canvas *la toile*
cape *la cape*
car door *la portière*
caravan *la caravane*

career *la carrière*
carnation *l'œillet* (m)
cartoon *le dessin animé*
case *le cas*
castle *le château*
to **catch** *attraper*
cathedral *la cathédrale*
ceiling *le plafond*
to **celebrate** *fêter*
cellar *la cave*
cemetery *le cimetière*
central heating *le chauffage central*
cereal *la céréale*
ceremony *la cérémonie*
chance *le hasard*; **by ___** *par hasard*
change *la monnaie*
changeable *capricieux, changeant*
charity *la charité*
charm *le charme*
to **chat** *bavarder*
cheap *bon marché*
to **check** *vérifier, contrôler*
cherry *la cerise*
Chinese *chinois*
choice *le choix*
to **choose** *choisir*
Christmas *Noël* (m)
chum *le copain, la copine*
cider *le cidre*
class *le cours, la classe*
clean *propre*
to **clean** *nettoyer*
client *le client*
cliff *la falaise*
to **climb** *grimper*; **___ up** *gravir*
clock *l'horloge* (f), *la pendule*
to **close** *fermer*
closing *la fermeture*
clothes *les vêtements* (m)
cloud *le nuage*
cloudy *nuageux*
coach *le car, l'autocar*
coast *la côte*
coat *le manteau*; **___ of paint** *la couche de peinture*
coat hook *le portemanteau*
cock *le coq*
coconut palm *le cocotier*
cold *le rhume*
colleague *le/la collègue*
to **collect** *faire collection de*
collection *la collection*
colour *la couleur*
colour TV set *le téléviseur couleur*
to **come** *venir*; **to ___ from** *venir/provenir* de; **to ___ true** *se réaliser*
comfort *le réconfort*
comic strip *la bande dessinée*
coming and going *le va-et-vient*
common *commun*
compartment *le compartiment*
competition *le concours*
competitor *le concurrent*
completely *tout à fait*
complexion *le teint*
computer *l'ordinateur* (m)
to **condemn** *condamner*
confidence *la confiance*
to **congratulate** *féliciter*
to **consume** *consommer*
contents *le contenu*
continuation *la suite*
to **convince** *convaincre*
cooker *la cuisinière*; **___ hood** *la hotte aspirante*
cool *frais/fraîche*
cooperative *la coopérative*
cork *le bouchon*
to **cost** *coûter*
council *le conseil*
costly *coûteux*
to **count** *compter*
countryside *le paysage*
coupon *le bon, le coupon*
course: race ___ *le champ de course*
court *la cour*
courteous *courtois*
courtyard *la cour*
cover *la couverture*
to **cover** *couvrir*
cowardly *lâche*
cowshed *l'étable* (f)
crane *la grue*
crash helmet *le casque*
creature *la créature*
creek *la crique*
crew (plane, ship) *l'équipage* (m)
crockery *la vaisselle*
to **cross** *traverser*
crossing *la traversée*
crowd *la foule*
crude oil *le pétrole*
to **crush** *écraser*
to **cry** *pleurer*
cupboard *le placard*
curious *curieux*
current *courant*
curtain *le rideau*
cushion *le coussin*
customs *la douane*; **___ officer** *le douanier*
to **cut** *couper*

daily *quotidien*
dam *le barrage*
to **dare** *oser*
dark *sombre*
dashboard *le tableau de bord*
data processing card *la carte informatique*
dawn *l'aube* (f), *l'aurore* (f)
day *le jour*; **the ___ before** *la veille*; **the ___ before yesterday**

avant-hier
dead *mort*
deaf-mute *le sourd-muet*
deckchair *la chaise longue*
to **decorate** *faire les peintures*
deep *profond*
deep-sea diving *la plongée sous-marine*
to **defend** *défendre*
to **defrost** *dégivrer*
dehydration *la déshydratation*
delay *le délai*
to **delay** *tarder*
delighted *enchanté*
delicatessen *la charcuterie*
delightful *ravissant*
to **deny** *nier*
deposit *les arrhes* (f)
depressed *déprimé*
depth *la profondeur*
desert *le désert*
to **deserve** *mériter*
dessert *le dessert*
to **destroy** *détruire*
detained *détenu*
development *le développement*
devil *le diable*
diet *le régime*
difficulty *la difficulté*
digital *digital*
to **direct** *diriger*
direction *le sens*
dirty *sale*
to **dirty** *salir*
disadvantage *l'inconvénient* (m)
to **disappear** *disparaître*
disappearance *la disparition*
disappointed *déçu*
to **discover** *découvrir*
dish *le plat*
dish-washer *le lave-vaisselle*
distinguished *distingué*
district *le quartier*
to **disturb** *déranger*
to **dive** *plonger*
to **divide** *diviser*
to **do** *faire*
dock *le bassin*
docker *le docker*
documentary *le documentaire*
dog *le chien*
to **draw** *tirer*; **to ___ attention** *attirer l'attention*; **to ___ a picture** *dessiner*
drawer *le tiroir*
drawing *le dessin*
drawing room *le salon*
dream *le rêve*
dress *la robe*
to **dress: get dressed** *(s')habiller*
to **drink** *boire*
to **drive** *conduire, rouler*
to **drown** *(se) noyer*
dry *sec, sèche*
to **dry** *sécher*
duck *le canard*
duration *la durée*
dustbin *la poubelle*
duty *le devoir*
dwelling *la demeure*

each *chaque* (adj.), *chacun* (pron.)
to **earn** *gagner*
earring *la boucle d'oreille*
east *l'est* (m)
Easter *Pâques* (f, pl)
economy *l'économie* (f)
edge *le bord*
electronic *électronique*
elegant *élégant*
elephant *l'éléphant* (m)
elsewhere *ailleurs*
to **embark** *(s')embarquer*
embroidery *la broderie*
emperor *l'empereur* (m)
employee *l'employé(e)*
empty *vide*
to **empty** *vider*
enclosed *ci-joint*
end *la fin*
engaged *occupé, fiancé*
engagement *les fiançailles* (f, pl)
engine *le moteur*
to **enjoy (oneself)** *s'amuser*; **to ___ a week together** *passer une semaine agréable ensemble*
enough *assez*; **to be ___** *suffire*
enquiry *l'enquête* (f)
entrance *l'entrée* (f)
equipped *équipé*
to **escape (from)** *s'échapper (de)*
escape *la fuite*
establishment *l'établissement* (m)
event *l'évènement* (m)
evidence *l'évidence* (f), *la preuve*
evil *le mal*
except *sauf*
exchange *l'échange* (m)
to **exclaim** *s'écrier*
excursion *la randonnée, l'excursion* (f)
executive *le cadre*
to **exercise** *(s')exercer*
exhausted *épuisé*
exhibition *l'exposition* (f)
to **explain** *expliquer*
export *l'exportation* (f)
extension *l'agrandissement* (m); **telephone ___** *le poste*
exterior *l'extérieur* (m)
extra *supplémentaire*
extract *l'extrait* (m)
eyebrow *le sourcil*
eyelid *la paupière*

face *le visage*
factory *l'usine* (f)
faculty *la faculté*
to **faint** *s'évanouir*
fair *la foire*

faithful *fidèle*
fall *la chute*
to **fall** *tomber*; **to ___ asleep** *s'endormir*; **to ___ in love with** *tomber amoureux de*
family *la famille*
famous *célèbre*
fantasy *la fantaisie*
far *éloigné*; **___ from** *loin de*
farmer *le fermier*
fashion *la mode*
fast *rapide*
fat *gras, gros*
fault *la faute*
to **favour** *favoriser*
favourite *favori/favorite*
feeling *le sentiment*
felt *le feutre*
fence *la clôture*
field *le champ*
to **fight** *se battre*
to **fill (in)** *remplir*
to **fill up (with petrol)** *faire le plein*
film-maker *le/la cinéaste*
filter *le filtre*
final *final, définitif*
fine *fin*
finger *le doigt*
to **finish** *finir, terminer*
fir tree *le sapin*
fire *le feu, l'incendie* (m); **___ engine** *la pompe à incendie*; **___ man** *le pompier*
fish *le poisson*
to **fish** *pêcher*
fisherman *le pêcheur*
fist *le poing*
fitted carpet *la moquette*; **___ kitchen** *la cuisine aménagée*
flan *la tarte*
flash of lightning *l'éclair* (m)
flat *l'appartement*
to **flee** *s'enfuir*
flight *le vol*
flood *l'inondation* (f)
floor *le plancher, le sol*; **on the ___** *par terre*; **___ (storey)** *l'étage* (m)
to **fly** *voler*
fog *le brouillard*
to **follow** *suivre*
following day *le lendemain*
folly (madness) *la folie*
food *la nourriture*; **___ processor** *le robot ménager*
foot *le pied*; **___ step** *le pas*
for *car*; **(since)** *depuis*
to **force** *obliger*; **to be forced (to)** *être obligé (de)*
forecast (weather) *la météo*
foreign currency *la devise étrangère*
forest *la forêt*
to **forget** *oublier*
form *la fiche*
fortunately *heureusement*
to **found** *fonder*
fountain *la fontaine*
free *libre* **(of charge)** *gratuit*
freezer *le congélateur*
friend *l'ami(e)*; **(comrade)** *le/la camarade*
friendly *sympathique*
frog *la grenouille*
to **frown** *froncer les sourcils*
full *plein*; **___ board** *la pension complète*
furniture *les meubles* (m)
future *l'avenir* (m)

game *le jeu*
gastronomy *la gastronomie*
gear (of car) *la vitesse*
geography *la géographie*
gesture *le geste*
to **get: to ___ over (an obstacle)** *franchir*; **to ___ up** *se lever*
giraffe *la girafe*
glance *le coup d'œil*
to **glance** *jeter un coup d'œil*
glove *le gant*
glue *la colle*
to **go** *aller*; **to ___ back** *retourner*; **to ___ down** *descendre*, **(of currency)** *baisser*; **to ___ forward** *avancer*; **to ___ out** *sortir*; **to ___ to bed** *se coucher*; **to ___ to** *se rendre à*
goat *la chèvre*
good *le bien*
goose *l'oie* (f)
grass *l'herbe* (f)
grateful *reconnaissant*
greedy *gourmand*; **___ (for)** *avide (de)*
greeting *la salutation*
grey *gris*
to **grill** *griller*
group *le groupe*
guaranteed *garanti*
guard *le gardien*
to **guess** *deviner*

habit *l'habitude* (f)
hairstyle *la coiffure*
half *la moitié*
to **half open** *entrouvrir*
hall *le vestibule*
handkerchief *le mouchoir*
hang glider *le deltaplane*
to **hang** *pendre*; **to ___ out** *étendre*; **to ___ up (of telephone)** *raccrocher*
happiness *le bonheur*
hard *dur*
harvest (of grapes) *les vendanges* (f)
haste *la hâte*

hat *le chapeau*
to **hate** *avoir horreur de*
to **have** *avoir*; **to ___ a breakdown** *tomber en panne*; **to ___ a good time, to enjoy oneself** *s'amuser*; **to ___ to (must)** *devoir*
headache: to have a ___ *avoir mal à la téte*
head-rest *l'appuie-tête* (m)
headdress *la coiffe*
health *la santé*
heap *le tas*
to **hear** *entendre*
heart *le cœur*
heat *la chaleur*
heavy *lourd*
height *la hauteur*
helicopter *l'hélicoptère* (m)
help *l'aide* (f), *le secours*; **help!** *au secours! à l'aide!*
to **help** *aider*
herd *le troupeau*
hi-jacking *le détournement*
to **hide** *(se) cacher*
hill *la colline*
hinterland *l'arrière-pays* (m)
to **hire** *louer*
history *l'histoire* (f)
to **hitch-hike** *faire de l'auto-stop*
to **hold** *tenir*; **to ___ out (stretch)** *tendre*
hole *le trou*
holidays *les vacances* (f)
home: at home *à la maison, chez . . .*; **___ computer** *l'ordinateur familial*; **___ (shelter)** *l'asile* (m)
homework *les devoirs* (m)
honey *le miel*
honeymoon *la lune de miel; le voyage de noces*
honour *l'honneur* (m)
to **hoot** *klaxonner*
to **hope** *souhaiter*
horse riding *l'équitation* (f)
hostage *l'otage* (m)
hostess *l'hôtesse* (f)
housework *le ménage*
to **huddle up** *se blottir*
human *humain*
hurriedly *précipitamment*
to **hurry** *se presser, se dépêcher*; **to be in a ___** *être pressé*

icy *glacial*; **(of road)** *verglassé*
importance *l'importance* (f)
to **improve** *améliorer*
to **inaugurate** *inaugurer*
included *(y) compris*
increase *l'augmentation* (f)
to **increase** *augmenter*
to **indicate** *indiquer*
industrialised *industrialisé*
industrialist *l'industriel* (m)
infirm *infirme*
to **inflict** *infliger*
information *les renseignements* (m)
inhabitant *l'habitant* (m)
injection *la piqûre*
inn *l'auberge* (f)
inside *à l'intérieur (de)*
to **install** *installer*
instructor *le moniteur*
interesting *intéressant*; **to be interested in** *s'intéresser à*
to **interrupt** *interrompre*
interval *l'entracte* (m)
iron *le fer à repasser*
to **iron** *repasser*
ironing *le repassage*
ironmonger *le marchand de couleurs*
island *l'île* (f)
itinerary *l'itinéraire* (m)

jacket *la veste*
jeans *le jean, le blue-jean*
jelly *la gelée*
jetty *la jetée*
jewel *le bijou*
jogging *le jogging*
joke *la plaisanterie*; **practical ___** *la farce*
to **joke** *plaisanter*
joy *la joie*
juice *le jus*
to **jump** *sauter*

kangaroo *le kangourou*
to **keep** *garder, conserver*; **to ___ your word** *tenir parole*
kidney *le rein*
to **kill** *tuer*
kind (type) *le genre*
kind *gentil*
kindness *la gentillesse*
kiss *la bise* (fam), *le baiser*
to **kiss** *embrasser*
knee *le genou*
to **knit** *tricoter*; **knitting** *le tricot*
knob *le bouton*
to **knock over** *renverser*
to **know** *connaître, savoir*
knowledge *le savoir*
known *connu*; **well ___** *célèbre*

label *l'étiquette* (f)
lace *la dentelle*
ladder *l'échelle* (f)
lamb *l'agneau* (m)
to **land** *atterrir*
to **last** *durer*
to **lead** *mener, conduire*
leaf *la feuille*

leaflet *le dépliant*
leak *la fuite*
to **leap** *bondir*
leather *le cuir*
to **leave** *quitter*, **(to set off):** *partir*
leg *la jambe;* **___ of lamb** *le gigot d'agneau*
lesson *le cours*
letter *la lettre*
librarian *le/la bibliothécaire*
library *la bibliothèque*
light *la lumière*
to **light: put the ___ on** *allumer;* **___ up** *éclairer*
to **listen (to)** *écouter*
listener *l'auditeur* (m), *l'auditrice* (f)
liver *le foie*
lobster *le homard*
to **look after** *soigner, garder, s'occuper de*
lord *le seigneur*
lorry *le camion*
to **lose** *perdre*
lost property office *le bureau des objets trouvés*
lounge *le salon*
low *bas*
lower *inférieur*
to **lower** *baisser*
luck *la chance;* **to be lucky** *avoir de la chance*
luggage rack *le porte-bagages*
lunch *le déjeuner;* **to have ___** *déjeuner*
lung *le poumon*
luxury *le luxe*

to **make** *faire;* **to ___ a mistake** *se tromper*
make-up *maquillage* (m); **to put on ___** *se maquiller*
to **make up (invent)** *inventer*
manufacture *la fabrication*
to **manufacture** *fabriquer*
many *beaucoup (de);* **so ___** *tellement (de), tant (de)*
many-coloured *multicolore*
marble *le marbre*
mark *la marque*
to **marry** *épouser, se marier avec*
marvellous *merveilleux*
mass *la messe*
matching *assorti*
material *le tissu*
maternity hospital *la maternité*
meal *le repas*
mean *avare, radin* (fam)
meanwhile *entre-temps*
to **measure** *mesurer*
meat *la viande;* **cooked ___** *la charcuterie*
medicine *le médicament*
to **meet** *rencontrer*
meeting *la rencontre, la réunion*
melon *le melon*
to **melt** *fondre*
memory *la mémoire*
menu *le menu*
mess *le désordre;* **in a ___** *en désordre*
metre *le mètre*
micro-computer *le micro-ordinateur*
micro-wave oven *le four à micro-ondes*
microlite *ultra léger motorisé*
middle *le milieu;* **in the ___** *au milieu*
military *militaire*
ministry *le ministère*
to **mix** *mélanger*
mixed *varié, mélangé*
mixture *le mélange*
moderate *modéré*
money *l'argent* (m)
monk *le moine*
monkey *le singe*
moped *la mobylette*
more *plus*
mother-in-law *la belle-mère*
motorbike *la moto*
motorboat *le bateau à moteur*
motorway *l'autoroute* (f)
mountain *la montagne*
mouse *la souris*
to **move** *bouger;* **(something)** *déplacer;* **to ___ (house)** *déménager;* **to ___ in** *emménager*
much *beaucoup (de);* **so ___** *tellement (de), tant (de)*
museum *le musée*
mustard *la moutarde*

naked *nu*
to **name** *nommer*
narrow *étroit*
near *près (de);* **to get ___** *(se) rapprocher (de)*
nearby *à proximité (de), par ici*
neat *net*
necessary *nécessaire;* **it is ___** *il faut*
neck *le cou*
to **need** *avoir besoin de*
neighbour *le voisin*
new *nouveau;* **brand ___** *neuf*
newly issued *de la nouvelle série*
news *les informations (f);* **___ item** *la nouvelle*
next to *à côté (de)*
to **nickname** *surnommer*
night club *la boîte de nuit*
to **note** *noter*
nothing *rien*
to **notice** *remarquer*
now *maintenant*

to **number** *numéroter*
numerous *nombreux*
nun *la bonne sœur*
nurse *l'infirmier (-ière)* (m/f)

to **obey** *obéir*
obligation *l'engagement* (m); **without** ___ *sans engagement*
obliged *obligé*
to **obtain** *obtenir*
ocean *l'océan* (m)
of course *bien entendu, bien sûr*
to **offer** *offrir*
office *le bureau*
oil *l'huile* (f)
open *ouvert;* ___ **air** *le grand air;* ___ **sea** *le large*
to **open** *ouvrir*
opening *l'ouverture* (f)
operator *l'opérateur (-trice)* (m,f); **switchboard** ___ *le/la standardiste*
opinion *l'avis* (m); **in my** ___ *à mon avis*
opposite *en face (de)*
orchestra *l'orchestre* (m)
order *l'ordre* (m), *la commande*
to **order** *commander*
ordinary *ordinaire*
origin *l'origine* (f)
orphan *l'orphelin* (m)
other *autre*
otherwise *sinon*
outside *dehors*
oval *ovale*
oven *le four*
overcast *couvert*
overcoat *le pardessus*
to **overlook** *donner sur*
to **overtake** *doubler*

packet *le paquet*
paint *la peinture*
paintbrush *le pinceau*
pair *la paire*
palace *le palais*
pancake *la crêpe*
pane (of glass) *la vitre*
pants *le slip*
parachute *le parachute*
paradise *le paradis*
parents-in-law *les beaux-parents*
park *le parc*
to **park** *se ranger, se garer*
parliament *le parlement*
parrot *le perroquet*
parsley *le persil*
part *la part*
part-time *à temps partiel, à mi-temps*
pass (mountain) *le col*
passenger *le passager*
passer-by *le passant*
patience *la patience;* **to lose (your)** ___ *perdre patience*
paw *la patte*
peaceful *paisible*
peacock *le paon*
pearl *la perle*
peasant *le paysan*
pebble *le galet*
penfriend *le correspondant*
penguin *le pingouin*
people *les gens* (m)
to **perceive** *apercevoir*
perfect *parfait*
perfume *le parfum*
perm *la permanente*
person *la personne*
personality *la personnalité*
petrol *l'essence* (f)
to **pick** *cueillir;* **to** ___ **up** *ramasser*
picnic *le pique-nique*
picture *le tableau*
picturesque *pittoresque*
pill *la pilule*
pillow *l'oreiller* (m)
pilot *le pilote*
pin *l'épingle* (f)
pine cone *la pomme de pin*
pineapple *l'ananas* (m)
place *l'endroit* (m), *le lieu*
to **place** *poser*
plan *le projet*
planet *la planète*
plant *la plante*
plate *l'assiette* (f)
platform *le quai*
to **play** *jouer;* **to** ___ **cards** *jouer aux cartes;* **to** ___ **the piano** *jouer du piano*
to **please** *plaire (à)*
to **poach** *pocher*
pocket *la poche*
poetic *poétique*
policeman *l'agent (m) de police, le policier;* **police station** *le commissariat de police*
politely *poliment*
poodle *le caniche*
poor *pauvre*
populated *peuplé*
port *le port*
porthole *le hublot*
to **possess** *posséder*
post *le courrier;* ___ **office** *la poste*
postal order *le mandat*
pot *le pot*
pot-holing *la spéléologie*
to **pour** *verser;* **to** ___ **with rain** *pleuvoir à verse*
poverty *la misère, la pauvreté*
power cut *la coupure de courant*
powerful *puissant*
to **prefer** *préférer*
premature *prématuré*
preparation *la préparation;* ___**s** *les préparatifs*
prescription *l'ordonnance* (f)

present *le cadeau;* **to give a ___ (to)** *offrir un cadeau (à)*
to **press** *appuyer*
to **prevent (from)** *empêcher (de)*
previously *auparavant*
price *le prix*
pride *la fierté*
principle *le principe*
prisoner *le prisonnier*
problem *le problème, l'ennui* (m); **to have ___s** *avoir des ennuis*
procession *le défilé*
to **produce** *produire*
product *le produit*
programme (broadcast) *l'émission* (f)
to **promote** *promouvoir;* **promoted** *promu*
to **protect** *protéger*
to **protest** *protester*
proud *fier*
to **prove** *prouver*
publishing *l'édition* (f)
pump *la pompe*
pump attendant *le pompiste*
to **punish** *punir*
pupil *l'élève* (m/f)
pushchair *la poussette*
to **put** *mettre;* **to ___ away** *ranger;* **to ___ on** *mettre;* **to ___ on weight** *grossir*

to **quarrel** *se disputer*
queen *la reine*
to **queue** *faire la queue*
to **question** *interroger*
quiet *tranquille, calme*
to **quote** *citer*

race *la course*
radio *la radio*
radio (adj.) *radiophonique*
railway *le chemin de fer;* **___ worker** *cheminot*
rain *la pluie;* **___ coat** *l'imperméable* (m), *le manteau de pluie*
to **rain** *pleuvoir*
random: at ___ *au hasard*
ransom *la rançon*
raspberry *la framboise*
rate *le taux;* **(of exchange)** *le cours*
rather *plutôt*
raw *cru*
to **read** *lire*
ready *prêt*
to **realise** *se rendre compte*
rear: ___ mirror *le rétroviseur;* **___ window** *la lunette arrière*
to **receive** *recevoir*
recipe *la recette*
recipient *le destinataire*
to **recognise** *reconnaître*
to **recommend** *recommander*
recorded: ___ delivery *en recommandé*
rectangular *rectangulaire*
reduced *réduit*
to **reflect** *refléter,* **(to think)** *réfléchir*
reflex *le réflexe*
regatta *la régate*
regional *régional*
regular *régulier*
rehearsal *la répétition*
relations *la famille*
relief *le soulagement*
remedy *le remède*
to **remember** *se souvenir (de), se rappeler*
renowned *renommé*
to **rent** *louer*
rental *la location*
to **repair** *réparer*
to **replace** *remplacer*
reply *la réponse*
to **reply** *répondre*
report *le rapport*
representative *le représentant*
to **reproduce** *reproduire*
to **resemble** *ressembler (à)*
to **reserve** *réserver*
to **respect** *respecter*
to **rest** *se reposer*
restaurant *le restaurant*
to **restore** *restaurer, remettre en état*
result *le résultat*
to **return** *rentrer, revenir*
to **reverse charges** *téléphoner en PCV*
rhythm *le rythme*
rice *le riz*
rich *riche*
rid: to get ___ of *se débarrasser de*
ridiculous *ridicule*
right *la droite;* **the ___ form** *la bonne fiche;* **the ___ one** *le/la bon(ne)*
ring *la bague;* **(circle)** *le cercle, le rond*
to **ring (for)** *sonner*
river *le fleuve, la rivière*
roast *le rôti*
rock *le rocher, le roc*
to **rock** *bercer*
rocket *la fusée*
roller *le rouleau*
roof *le toit*
room *la pièce;* **(space)** *la place*
row *le rang*
rule *la règle*
to **run** *courir;* **to ___ away** *s'enfuir*
to **rush** *se précipiter*

sad *triste*
sail *la voile*
sailboard *la planche à voile*
sale *la vente;* **on ___ only** *vente exclusive*
sales *les soldes* (m);

____girl *la vendeuse*
sand *le sable*
sandal *la sandale*
sandwich *le sandwich*
saucepan *la casserole*
sausage *la saucisse*
scarcely *à peine*
to **scatter** *parsemer*
school *l'école* (f)
school (adj.) *scolaire*
to **scratch** *(se)gratter*
to **scream** *hurler*
seafood *les fruits de mer* (m)
to **search** *fouiller*
seaside resort *la station balnéaire*
seasonal *saisonnier*
seat *le siège, la place assise*
secretary *le/la secrétaire*
sector *le secteur*
security *la sécurité*
to **see** *voir*
seed *la graine*
to **seem** *sembler, avoir l'air*
to **select** *sélectionner*
to **sell** *vendre*
to **send** *envoyer*
serial *le feuilleton*
series *la série*
serious *sérieux, grave*
to **serve** *servir*
service *le service*
session *la séance*
to **set off** *partir*
to **settle** *s'installer*
several *plusieurs*
to **sew** *coudre*
shade (shadow) *l'ombre* (f)
to **shake someone's hand** *serrer la main à quelqu'un*
shallot *l'échalote* (f)
shame *la honte*; **it's a ____!** *c'est dommage!*
to **share** *partager*
to **shave** *(se)raser*
shell *le coquillage*; **____fish** *le crustacé*
ship *le navire, le bateau*
shirt *la chemise*
to **shock** *choquer*
shoe *la chaussure*
shopping *les courses* (f)
shorthand *la sténo(graphie)*
shorts *le short*
shoulder *l'épaule* (f)
to **show** *montrer*
shower *la douche*; **(of rain)** *l'averse* (f)
to **sigh** *soupirer*
sign *la pancarte*
to **sign** *signer*
silk *la soie*
silly *stupide, bête*
single (unmarried) *célibataire*
sink *l'évier* (m)
sister *la sœur*
situated: to be ____ *se trouver*
size *la taille*
to **skate** *patiner*
skating rink *la patinoire*
to **ski** *faire du ski*
ski lift *le remonte-pente*
skin *la peau*
skirt *la jupe*
slang *l'argot* (m)
sledge *la luge*
to **sleep** *dormir*; **to fall asleep** *s'endormir*
sleeping pill *le somnifère*
slice *la tranche*
slim *mince*
slipper *la pantoufle, le chausson*
to **smell** *sentir*
smile *le sourire*
smoke *la fumée*
to **smoke** *fumer*
to **smuggle in** *passer en fraude*
snail *l'escargot* (m)
to **snore** *ronfler*
so-called *soi-disant*
to **soak** *tremper*
society *la société*
some *quelque*; **____where** *quelque part*; **____one** *quelqu'un*; **____thing** *quelque chose*; **____times** *quelquefois*
sorrow *le chagrin*
sorry *désolé*
soul *l'âme* (f)
south *le sud*
spa *la station thermale*
to **sparkle** *étinceler*
sparkling (drink) *pétillant, gazeux*
speed *la vitesse*
to **spell** *épeler*
to **spend (time)** *passer*; **(money)** *dépenser*
to **splash** *éclabousser*
splendid *splendide*
to **spoil** *gâter*
spokesman *le porte-parole*
spoon *la cuiller (cuillère)*
sporty *sportif*
spouse *l'époux/l'épouse*
square *carré*
stage *l'étape* (f)
stalls *les places* (f) *d'orchestre*
stamp *le timbre*
to **stand** *être/se tenir debout*; **to ____ up** *se lever*
star *l'étoile* (f)
starting from *à partir de*
stay *le séjour*
steak *le bifteck, le steak*
steering-wheel *le volant*
step *la marche*
stepladder *l'escabeau* (m)
stick loaf *la baguette*
to **stick (to push in)** *enfoncer*; **(glue)** *coller*
still *encore*
to **stir** *remuer*
stocking *le bas*
stone *la pierre*
stop (break) *la halte*
to **stop** *(s')arrêter*; **to**

___ **up** *boucher*
to **store (of computers)** *mettre en mémoire*
storm *l'orage* (m)
story *l'histoire* (f)
straight away *tout de suite, immédiatement*
stranger *l'inconnu(e);* **(foreigner)** *l'étranger* (m)
stream *le ruisseau*
strength *la force*
stretcher *la civière*
strict *sévère, strict*
strike *la grève*
stripe *la rayure*
to **stroke** *caresser*
strong *fort*
to **stuff** *bourrer;* **(culinary)** *farcir*
sub-title *le sous-titre*
subject *le sujet;* **(matter)** *la matière*
to **succeed** *réussir*
success *la réussite*
sugar cane *la canne à sucre*
suit (man's) *le costume,* **(woman's)** *le tailleur*
summer *l'été* (m)
sun *le soleil;* **to get ___burnt** *attraper un coup de soleil;* **to get ___tanned** *(se faire) bronzer;* **___ roof** *le toit ouvrant*
to **sunbathe** *se faire bronzer, prendre un bain de soleil*
sunny *ensoleillé*
supple *souple*
surprise *la surprise;* **to be surprised** *s'étonner, être étonné*
surprising *surprenant*
to **surround** *entourer*
suspicion *le soupçon*
suspicious *suspect*
swan *le cygne*
to **swear** *jurer*
to **swim** *se baigner, nager*
swimming pool *la piscine*
to **swing** *(se)balancer*

tablet *le cachet*
to **take** *prendre;* **(someone somewhere)** *emmener;* **to ___ (something) away** *emporter;* **to ___ advantage of** *profiter (de);* **to ___ care of** *s'occuper de;* **to ___ off (of a plane)** *décoller,* **(of a garment, shoes)** *enlever, retirer;* **to ___ part in** *prendre part (à), assister (à);* **to ___ place** *avoir lieu*
to **tan** *bronzer*
tank *le réservoir*
tap *le robinet*
tariff *le tarif*
task *la tâche*
taste *le goût*
to **taste** *goûter*
to **teach** *enseigner*
teaching *l'enseignement* (m)
team *l'équipe* (f)
technical *technique*
telephone call *le coup de téléphone, le coup de fil*
to **tell** *dire;* **(a story)** *raconter*
to **tempt** *tenter*
tender *tendre*
terrace *la terrasse*
test tube *l'éprouvette* (f)
to **thank** *remercier*
thanks to *grâce à*
elder *l'aîné* (m)
time *le temps, l'heure* (f), *la fois;* **from ___ to ___** *de temps en temps*
theft *le vol*
thick *épais*
thin *maigre;* **to get ___** *maigrir*
to **think** *penser*
to **threaten** *menacer*
threshold *le seuil, le pas de la porte*
thriller (film) *le film policier*
to **throw** *jeter, lancer*
thunderclap *le coup de tonnerre* (m)
thunderstorm *l'orage* (m)
thus *ainsi*
ticket office *le guichet*
tidy *soigné, rangé*
to **tidy** *ranger*
tie *la cravate*
to **tie** *attacher*
tight *étroit*
tights *le collant*
tiling *le carrelage*
tin *la boîte*
tinted *teinté*
tip *le pourboire*
tip-toe *la pointe des pieds*
title *le titre*
toad *le crapaud*
together *ensemble*
toilet *les toilettes* (f), *les cabinets* (m)
top *le sommet, le haut;* **at the ___** *en haut;* **at the ___ of (your) voice** *à pleins poumons;* **at ___ speed** *à toute allure*
tour *le tour*
tourist *le/la touriste*
town hall *la mairie, l'hôtel de ville*
toy *le jouet*
track *la piste*
to **train** *s'entraîner*
to **transform** *transformer*
transistor (radio) *le transistor*
translator *le traducteur/la traductrice*
to **transmit** *transmettre*
trap *le piège*
travel agency *l'agence de voyages* (f)
travellers' cheque *le chèque de voyage*
trolley *le chariot*
trout *la truite*
to **try** *essayer, tenter*

tube *le tube*
turn *le tour*
to **turn** *tourner*; **to ___ off (to put out)** *éteindre*
twins *les jumeaux*, (m) *les jumelles* (f)
to **type** *taper à la machine*
typing *la dactylo(graphie)*

under *sous*
unfortunately *malheureusement*
universally *mondialement*
upkeep *l'entretien* (m)
upset *contrarié*; **(tense)** *énervé*
to **use** *utiliser, se servir de*; **to get used to** *s'habituer à*
useless *inutile*
usherette *l'ouvreuse* (f)

to **vacuum** *passer l'aspirateur* (m)
valid *valable*
vase *le vase*
vegetable *le légume*
velvet *le velours*
very *très*
video recorder *le magnétoscope*
view *la vue, l'aspect* (m)
viewer *le téléspectateur/la téléspectatrice*
vineyard *le vignoble*
vitamin *la vitamine*
voice *la voix*
volcano *le volcan*

waist *la taille*
to **wait for** *attendre*
waiter *le serveur*
waiting room *la salle d'attente*
to **wake up** *(se) réveiller*
to **wake** *(s')éveiller*
walk *la promenade*; **to have a ___** *se promener, faire une promenade*
walk-man *le walk-man*
wallpaper *le papier peint*
to **want** *vouloir*
war *la guerre*
wardrobe *l'armoire* (f)
to **wash** *(se) laver*; **to ___ up** *faire la vaisselle*
washing *la lessive*
watch *la montre*
watchman *le gardien*
to **watch over** *surveiller*
to **water** *arroser*
wax *la cire*
weak *faible*
weakness *la faiblesse*
weapon *l'arme* (f)
weather forecast *la météo*
wedding *le mariage*
weekly *hebdomadaire*
to **weigh** *peser*
to **welcome** *accueillir*
well (adv) *bien*
well *le puits*
west *l'ouest* (m)
wheel *la roue*
wheelbarrow *la brouette*
which one(s) *lequel, laquelle, lesquels, lesquelles*
while *tandis que*
to **whisper** *chuchoter*
whole *entier*
wicked *méchant*
wide *large*
to **widen** *(s')élargir*
wild *sauvage*; **(mad)** *fou/folle*
to **win** *gagner*
wind *le vent*
to **wind** *serpenter*
windscreen *le pare-brise*; **___ washer** *le lave-glace*; **___ wiper** *l'essuie-glace* (m)
wing *l'aile* (f)
to **wink** *cligner de l'œil*
winner *le gagnant*
winter *l'hiver* (m)
to **wish** *souhaiter*
without *sans*
witness *le témoin*
to **wonder** *se demander*
wood *le bois*
word *le mot, la parole*
work *le travail*
to **work** *travailler*
worker *travailleur*; **manual ___** *l'ouvrier/l'ouvrière*
world *le monde*
worldwide *mondial*
worried *inquiet*
to **worry** *(s')inquiéter*
worse *pire*
worth: to be worth *valoir*
to **wound** *blesser*
to **write** *écrire*

youth *la jeunesse*; **___ hostel** *l'auberge* (f) *de jeunesse*

zoo *le jardin/parc zoologique, le zoo*
zoological *zoologique*

Study Guide

Première unité

Avez-vous compris? (p. 5)

1 He did the washing-up, but he broke a glass.
2 Nothing.
3 His brother lost his watch, his sister bought a dress and his dog bit the postman.
4 He slept till midday.
5 He played football with friends.
6 He listened to the records of his favourite group.
7 Because he was watching television.
8 She ate in a restaurant.
9 Because she telephoned a friend and her potatoes got burnt while she chatted with her.

Avez-vous compris? (p. 6)

1 Because he drank and sang too much.
2 She got a lot of presents, put on a new dress and went to a restaurant with some friends.
3 Because she didn't hear the alarm.
4 She read a report and opened some letters.
5 They had a storm and got very frightened. As a result, they didn't catch a lot of fish.
6 He gave some injections and took the blood pressure of several patients.
7 No. Antoine went to the cinema and Dominique wrote to Sylvie.
8 It rained.

Avez-vous compris? (p. 8)

1 She was sick, had a headache, had to stay in bed and couldn't eat anything all day.
2 Her liver.
3 She should be on a diet.
4 Her daughter's wedding.
5 Splendid.
6 Lobster, sole, leg of lamb with flageolet and French beans, wedding cake.
7 White wine with the fish, red with the meat and champagne with the cake.
8 She is greedy.

Exercises

Exercise A
L'année dernière, à Paris, nous *avons eu* de la chance, parce que nous *avons trouvé* un bon hôtel.

Nous *avons visité* le Louvre, nous *avons vu* la tour Eiffel et nous *avons fait* un tour en bateau sur la Seine. Nous *avons entendu* les cloches de Notre-Dame. Nous *avons pris* le métro.

Il *n'a pas plu* une seule fois. Un soir, nous *avons été* au cinéma et nous *n'avons rien compris*!

Exercise B
– J'ai été au restaurant avec ma femme pour fêter mon anniversaire.
– Oui excellente. Nous avons très bien mangé.
– Pour commencer nous avons pris du homard tous les deux.
– J'ai mangé un bifteck et ma femme a choisi du poisson.
– J'ai bu une bouteille de Nuits-Saint-Georges et ma femme a bu une bouteille de Muscadet.
– Nous avons choisi la tarte aux fruits, puis nous avons pris du café et après nous avons bu une bouteille de champagne.
– Heureusement, le restaurant est à côté de chez nous.
– J'ai oublié! Mais le lendemain matin ma femme et moi avons eu mal à la tête!

Exercise C
1 Ils n'ont pas joué avec les voisins.
2 Paul n'a pas aidé Marie.
3 Philippe n'a pas attendu Henri.
4 Les jumeaux n'ont pas mangé.
5 Le bébé n'a pas dormi.

6 Charlotte n'a pas fini ses devoirs.
7 Le chien a cassé le vase chinois.
8 Et j'ai perdu patience!

Exercise D

Qu'avez-vous fait dimanche dernier?/ Qu'est-ce que vous avez fait . . .?
Avez-vous joué au tennis avec la victime?/ Est-ce que vous avez joué . . .?
Avez-vous perdu ou gagné?/Est-ce que vous avez perdu ou gagné?
Avez-vous déjeuné ensemble après?/Est-ce que vous avez déjeuné . . .?
Avez-vous choisi le restaurant?/Est-ce que vous avez choisi . . .?
Avez-vous reçu un coup de téléphone pendant le repas?/Est-ce que vous avez reçu . . .?
Avez-vous répondu?/Est-ce que vous avez répondu?
Qui vous a appelé et pourquoi?/Qui est-ce qui vous a appelé . . .?

Exercise E

Alain: Bonjour Jean, comment vas-tu?
Jean: Comme ci comme ça, et toi?
Alain: Ecoute. J'ai essayé de te téléphoner vendredi soir.
Jean: Ah bon! J'ai été chez Michelle. Elle m'a invité à dîner.
Alain: Tu as de la chance! Qu'est-ce que vous avez/Qu'avez-vous mangé?
Jean: Michelle a préparé des soles meunières et moi j'ai apporté une bouteille de bordeaux blanc.
Alain: Formidable! Et tu as passé la soirée avec elle?
Jean: Ah oui bien sûr, mais nous avons décidé d'aller au cinéma pour voir un film anglais qui passe au Rex.
Alain: Est-ce que vous avez/Avez-vous fait la queue longtemps?
Jean: Naturellement. Il y avait beaucoup de monde.
Alain: Avez-vous/Est-ce que vous avez vu des amis là-bas?
Jean: Ah oui nous en avons rencontré plusieurs, surtout ceux qui étudient l'anglais!

Picture composition

Suggested answers

La semaine dernière, Marie a fait la lessive. Elle a lavé des vêtements – des chemises, des pull-overs, des pantalons et une robe. Elle a étendu son linge à midi. Il a séché très vite parce qu'il a fait beau. Elle a rentré son linge deux heures plus tard.

Elle a commencé à faire son repassage. En premier, elle a repassé les chemises de son mari. Soudain le téléphone a sonné. Elle a laissé son travail et elle a répondu.

Micheline, une amie, a téléphoné à Marie. Les deux femmes ont bavardé un quart d'heure et Marie a complètement oublié son repassage.

Tout à coup, elle a senti une odeur de brûlé. Elle a raccroché brusquement. Le dos de la chemise a brûlé, mais la maison n'a pas brûlé, heureusement!

Marie a vite acheté une autre chemise semblable pour cacher la vérité à son mari.

Listening comprehension

Hier midi, Monsieur et Madame Lechat ont mangé au restaurant. Oui, je sais, vous vous étonnez! Pourquoi ont-ils mangé au restaurant en milieu de semaine? Eh bien, c'est tout simple. Je vais vous expliquer.

Comme d'habitude, Madame Lechat a préparé le petit déjeuner à sept heures et demie. Puis elle a appelé son mari qui, comme d'habitude, a lu le journal pendant le petit déjeuner.

Madame Lechat lui a demandé: «As-tu bien dormi? Vas-tu rentrer à la maison pour déjeuner?»

Son mari a répondu automatiquement: «Oui chérie!», sans même lever la tête.

Comme d'habitude après le petit déjeuner, il a fumé une cigarette. Comme d'habitude, Madame Lechat a dit: «Pouah! Que ces cigarettes sentent mauvais! Tu devrais bien t'arrêter de fumer!» Et Monsieur Lechat a répondu distraitement: «Tu as raison, chérie.»

Après le départ de son mari pour le travail, Madame Lechat a fait le ménage et la vaisselle. Ensuite elle a pris une douche et elle est allée faire les courses. En chemin, elle a rencontré une voisine avec laquelle elle a bavardé un bon moment. Puis elle a acheté de la viande, des légumes, du fromage et du vin pour le déjeuner.

En rentrant chez elle, elle a tout de suite commencé à préparer le repas, tout en écoutant les informations à la radio. Comme d'habitude, les nouvelles n'étaient pas très bonnes: «Le gouvernement a annoncé une nouvelle augmentation du prix du pain et . . .». «Mon Dieu!» s'est écriée madame Lechat, «j'ai oublié le pain!».

Elle a vite mis son plat sur le feu, à tout petit gaz, et elle a couru à la boulangerie qui n'était qu'à quelques minutes de chez elle. Mais la boulangère est une femme bavarde et Madame Lechat aussi. Et quand cette dernière a été de retour à la maison, le déjeuner était brûlé et son mari était très en colère.

Voilà pourquoi les Lechat ont mangé au restaurant hier midi.

Note: Play the passage through twice, three times if the students experience difficulty.

1 b, **2** a, **3** c, **4** b, **5** a, **6** c, **7** a, **8** c, **9** b, **10** b, **11** c, **12** b.

Deuxième unité

Avez-vous compris? (p. 13)

1 Dijon.
2 La région de Chablis.
3 Nuits-Saint-Georges.
4 Le bœuf bourguignon.
5 La Côte d'Or.
6 Le Nuits-Saint-Georges.
7 Le porcelet à la gelée et le jambon persillé.
8 Bonne table, bons vins!

Avez-vous compris? (p. 17)

1 Le palais de justice, la cathédrale, le Gros-Horloge.
2 Elle préfère le Gros Horloge et la cathédrale.
3 Elle se sert souvent de la sauce normande.
4 Elle adore les soles de Dieppe et les crustacés.
5 Les tripes à la mode de Caen.
6 Le calvados.
7 Le camembert, le livarot, le pont-l'évêque.
8 Le fromage de chèvre.
9 Non. En général elle passe ses vacances en France.
10 C'est la Normandie qu'elle aime le mieux.

Avez-vous compris? (p. 18)

1 Celle qui a un grand jardin.
2 Celle qui est grande et confortable.
3 Le bouquet de fleurs sauvages.
4 Parce que l'autre chien est trop gros et qu'il lui fait peur.
5 Les fruits exotiques.

Exercises

Exercise A

1 Oiseau, **2** Chapeau, **3** Chien, **4** Devoirs, **5** Poisson, **6** Thé, **7** Viande, **8** Montre.

Exercise B

1 C'est un homme qui travaille dans une boucherie.
2 C'est une femme qui travaille dans un magasin.
3 C'est une femme qui travaille dans un avion.
4 C'est un homme qui travaille sur un bateau.
5 C'est un homme qui travaille dans un casino.
6 C'est une femme qui travaille dans un bureau.
7 C'est une femme qui travaille dans un cinéma.
8 C'est une femme qui travaille dans un hôpital.

Exercise C

1 Oui, c'est Colette *que* je vais voir demain.
2 Oui, c'est Sylvie *qui* va épouser Patrick.
3 Oui, c'est Patrick *que* Sylvie a épousé.
4 Oui, c'est cette clé-là *dont* j'ai besoin.
5 Oui, c'est ma mère *qui* veut voir ce film.
6 Oui, c'est une Renault *que* je vais acheter.
7 Oui, c'est Paris *qu'*elle voudrait voir.
8 Oui, c'est une glace *dont* j'ai envie.

Exercise D

– Laquelle préfères-tu?
– Lequel préfères-tu?
– Lesquels préfères-tu?
– Lequel de ces jouets veux-tu pour ton anniversaire?

Exercise E

– Celle-là.
– Celle qui coûte trois cents francs.
– Celles qui sont en soie.
– Celle qui est en cuir.
– Oui celui-ci n'est pas mal.
– Un costume fait sur mesure naturellement/bien sûr!

Exercise F (suggested answer)

Tout d'abord, Madame Dupré a fait sa toilette. Puis elle a pris son petit déjeuner.

Elle a bu du café et elle a mangé du pain, du beurre et de la confiture. Ensuite elle a dit «au revoir» à son amie et elle a pris l'autobus pour aller en ville. Après cela, elle a pris le téléphérique jusqu'au fort de la Bastille qu'elle a visité. Elle a rencontré une amie et elles ont déjeuné au café Isère entre midi et une heure et demie. Elles ont beaucoup bavardé. L'après-midi elles ont fait des courses. Puis, vers six heures, elle a repris le bus pour rentrer. Le soir elle a dîné à huit heures.

Listening comprehension (1)

Section One

Homme: Au voleur! Au voleur! Monsieur l'agent, on vient de me voler mon portefeuille.
Agent: Vous avez vu la personne qui l'a pris?
Homme: Ah oui, c'est une vieille dame habillée en noir.
Agent: Mais laquelle? Il y en a plusieurs ici devant l'église.
Homme: La voilà! Celle-là. Celle qui part à bicyclette. Suivez-la! Arrêtez-la!

Section Two

Homme: Pardon monsieur l'agent, pour aller à la mairie s'il vous plaît?
Agent: Eh bien, allez tout droit jusqu'au croisement, prenez la première à gauche puis la deuxième à droite, et puis encore la deuxième à droite! Continuez jusqu'aux feux et vous verrez la mairie devant vous.
Homme: Donc première à gauche, deuxième à droite, encore à droite.
Agent: Oui c'est ça.
Homme: Dites donc, il n'y a pas de chemin plus court? Je suis pressé.
Agent: Mais non monsieur, je regrette.
Homme: Tant pis, je vais être en retard. C'est embêtant, car je suis témoin au mariage de ma nièce.

Note: The students should hear each conversation twice. Play the tape through again if they experience difficulty.

1 Stop thief!
2 Wallet.
3 He had seen the person who took it.
4 Yes, it was an old woman dressed in black.
5 There were several in front of the church.
6 Setting off on a bicycle.
7 Follow her and arrest/stop her.
8 To the town hall.
9 Go straight on to the crossroads.
10 Because he was in a hurry.
11 His niece.
12 He was a witness.

Listening comprehension (2)

Section One

Julie Poirot: Bonjour Monsieur.
L'inspecteur: Bonjour Madame, je fais une enquête sur le cambriolage qui a eu lieu au sixième lundi soir. Vous avez entendu quelque chose?
Julie Poirot: Ah oui monsieur l'inspecteur, entrez s'il vous plaît. Nous avons quelque chose à vous dire.
L'inspecteur: Pardon madame, vous vous appelez comment?
Julie Poirot: Julie Poirot.
L'inspecteur: Et vous habitez ici depuis longtemps?
Julie Poirot: Depuis la mort de mon mari, il y a deux ans. J'ai vendu notre grande maison, et j'ai acheté ce petit appartement. J'ai dû faire des économies vous savez!

Section Two

L'inspecteur: Vous êtes donc seule ici?
Julie Poirot: Non, mon amie Lucile et moi, nous partageons l'appartement. En fait, c'est à elle que vous devez parler . . .
Lucile Lucarne: C'est toi qui m'a appelée, Julie?
Julie Poirot: Ah te voilà Lucile, je te présente l'inspecteur . . .
L'inspecteur: Couperin.
Lucile Lucarne: Enchantée . . .
L'inspecteur: Alors, laquelle de vous a quelque chose à me raconter?
Lucile Lucarne: C'est moi qui ai vu l'homme.
L'inspecteur: Lequel?
Lucile Lucarne: Celui qui a cambriolé l'appartement de Monsieur Bodin au sixième.
L'inspecteur: Très très bien, décrivez-le-moi s'il vous plaît.
Lucile Lucarne: Je regrette monsieur, je ne peux pas.
L'inspecteur: Comment ça, vous ne pouvez pas?
Lucile Lucarne: Je suis un peu myope, et je ne portais pas mes lunettes ce soir-là!

Note: Play the passage straight through once. The second time, stop at the end of each section to allow the students to write down their answers. Then, play the passage straight through a third time.

Section One

1 A burglary.
2 Monday night.
3 If they heard anything.
4 2 years, since her husband's death.
5 In a big house.

Section Two

6 Her friend Lucile Lucarne.
7 That she saw the man committing the burglary.
8 The sixth.
9 To describe the criminal.
10 She is short-sighted and wasn't wearing her glasses that night.

For extra practice . . .

If you wish to practise the demonstrative and relative pronouns further, you can use flashcards of similar things or people and ask the students which one they prefer, e.g. *je préfère celui-ci, je préfère celui qui porte une cravate, je préfère celles qui sont dans le vase jaune.*

Troisième unité

Avez-vous compris? (p. 23)

1 Ils ont fumé aux cabinets.
2 Simon n'a jamais fumé.
3 Thomas dit qu'il a fumé un gros cigare.
4 Thomas dit qu'il a déjà été au casino.
5 Pendant les vacances, avec un copain.
6 Il a joué.
7 Il a gagné beaucoup d'argent – un million.
8 Non, ils ne le croient pas.

Avez-vous compris? (p. 25)

1 Il a trouvé un lézard.
2 Il l'a trouvé sous une pierre dans la cour.
3 Il a apporté une araignée.
4 Il l'a trouvée dans la baignoire.
5 Ils ont trouvé deux crapauds.
6 Ils les ont trouvés dans le jardin.
7 Il a attrapé trois souris blanches.
8 Ils les a mises dans sa poche.

Avez-vous compris? (p. 26)

1 Il a bu un café.
2 Au lait, avec du sucre.
3 Il n'a rien dit.
4 Il a fait des ronds.
5 Il les a mises dans le cendrier.
6 Parce qu'il pleuvait.
7 Elle a pris sa tête dans sa main et elle a pleuré.
8 Parce que l'homme est sorti sans une parole et sans la regarder.

Avez-vous compris? (p. 26)

1 It was opened and shut again.
2 Someone sat on it and someone knocked it over.
3 Somebody stroked it.
4 Someone bit into it.
5 Someone read it.
6 Running.
7 Crossing it.
8 No, somebody is jumping into it.
9 Somebody died.

Exercises

Exercise A

1 Ils *l'*ont *regardée.*
2 Elle *en* a *acheté.*
3 Il *l'*a *mise.*
4 Nous ne *l'*avons pas *attendue.*
5 Elle *les* a *punis.*
6 Vous *leur* avez *répondu.*
7 Je *l'*ai *prise.*
8 *Lui* as-tu *demandé* l'heure?
9 Les enfants m'*en* ont *demandé.*
10 Je *les* ai *reçues.*

Exercise B

1 Je les ai déjà faits.
2 Je lui ai téléphoné hier.
3 Je l'ai réparé ce matin.
4 Je l'ai lavée avant-hier.
5 Je lui ai parlé avant le cours.
6 Je les ai postées hier.
7 Je les ai prises le mois dernier.
8 Je les ai vus hier soir.

Exercise C (suggested answer)
- Avez-vous visité le Louvre?
- Je l'ai visité avant-hier.
- Avez-vous fait un tour en bateau sur la Seine?
- J'ai fait un tour sur la Seine il y a trois jours.
- Avez-vous été à l'Opéra?
- J'y ai été hier soir.
- Avez-vous mangé au restaurant?
- J'y ai mangé tous les soirs.
- Avez-vous vu les grands magasins?
- Je les ai vus la semaine dernière.
- Avez-vous photographié la tour Eiffel?
- Je l'ai photographiée du car.
- Avez-vous acheté vos cartes postales?
- Je les ai achetées le premier jour!

Exercise D
Il a mis le sucre dans la tasse de café et a tourné avec la petite cuiller.
Il a allumé une cigarette et a fait des ronds avec la fumée.
Il a bu le café.
Il a ouvert une lettre et l'a lue.
Il a appelé le garçon et a payé, sans une parole/sans un mot/sans parler.
Il s'est levé et a mis son manteau de pluie/imperméable. Il a traversé la salle/la pièce, a renversé une chaise, a ouvert la porte et il est parti sous la pluie.

Exercise E
Deauville, le 2 mars . . .
Chère Suzanne,
J'ai été au mariage d'Anne la semaine dernière.
La cérémonie a été splendide et le repas a été somptueux. Nous avons mangé du gigot d'agneau et nous avons bu du champagne.
J'ai enfin décidé d'emprunter une robe/un complet avec des chaussures assorties, car d'habitude je porte un blue-jean, un chemisier/une chemise et des sandales chez moi/à la maison. Malheureusement les chaussures que ma sœur/mon frère m'a prêtées étaient trop petites pour moi. J'ai dû les retirer/enlever pendant la cérémonie et je les ai laissées sous ma chaise. Plus tard je n'ai pas pu les remettre et j'ai dû sortir de la mairie nu-pieds/pieds nus!
J'espère te revoir bientôt.
Bien amicalement,/Amitiés,

Reading comprehension

1 c, **2** b, **3** a, **4** c, **5** b, **6** c, **7** b, **8** c, **9** b, **10** c.

Dictation

Chère *Madeleine*,/
Je t'écris ce petit mot/pour te raconter/ce que j'ai fait/la semaine dernière./Vendredi dernier/j'ai déménagé./ Quelle journée!/ D'abord/j'ai perdu les clés (clefs)/du nouvel appartement./ Je les ai cherchées partout/ et je les ai finalement trouvées/ dans ma voiture./ Samedi, j'ai été en ville/ pour choisir des meubles./ J'ai acheté une commode/que j'ai mise dans ma chambre,/et deux fauteuils pour le salon./
Dimanche, j'ai dormi jusqu'à midi./ Je t'ai téléphoné l'après-midi/mais tu n'as pas répondu./ Ecris ou téléphone bientôt/ pour me donner de tes nouvelles./ Mon nouveau numéro est/le 896 40 73./

Quatrième unité

Avez-vous compris? (p. 30)

1 Ils sont arrivés en voiture.
2 Trois hommes sont descendus de voiture.
3 Le quatrième est resté au volant.
4 Ils sont entrés dans la banque vers onze heures et demie.
5 Ils en sont sortis environ dix minutes plus tard.
6 Non, l'un d'eux est allé à la poste.
7 Non, il est monté à bicyclette.
8 Parce qu'il n'est pas James Bond.

Avez-vous compris? (p. 32)

1 She wants to know if she is at the right counter to change money.
2 The rate of exchange of the pound Sterling because she wants to change some traveller's cheques.
3 He uses a computer.
4 The franc has gone down.
5 He didn't understand why she could speak French fluently and without an accent.
6 For the Easter holidays.
7 244 francs.

8 A French loaf, some cheese and cooked meat for a picnic.
9 By coach.
10 A good appetite and a nice holiday.

Avez-vous compris? (p. 34)

1 Ils y sont arrivés sans difficultés. Ils ont fait de l'auto-stop.
2 Parce qu'ils ont dû marcher entre Dieppe et Etretat pendant plusieurs kilomètres.
3 Il a fait très beau toute la journée.
4 Ils ont campé dans un champ.
5 Jean-Pierre a monté la tente.
6 Pour griller des saucisses.
7 Ils ont bien dormi, mais ils ont eu un peu froid.
8 Parce qu'ils viennent d'y prendre le petit déjeuner.

Avez-vous compris? (p. 35)

1 Il y a des falaises splendides, mais il n'y a qu'une plage de galets.
2 Ils ont fait une promenade et ont ramassé des coquillages.
3 Il a voulu boire du calvados.
4 Non, Jean-Pierre l'en a empêché.
5 Ils ont rencontré des Anglais.
6 Ils ont surtout parlé par gestes.
7 Ils ont traversé le pont de Tancarville.
8 Il est suspendu au-dessus de l'estuaire de la Seine.
9 Pour aller à la messe de Pâques.
10 Il a plu toute la journée.

Avez-vous compris? (p. 36)

1 C'est Colette qui a répondu.
2 Ils sont arrivés à Coutances.
3 Ils ont couché à l'auberge de jeunesse.
4 Jean-Pierre a fait la vaisselle et Paul a épluché les pommes de terre.
5 Ils sont allés à Bayeux.
6 Parce qu'il y a la tapisserie de la reine Mathilde.
7 Pour voir Omaha beach, une des plages du débarquement.
8 Des cimetières militaires.
9 Ils ont l'intention d'aller jusqu'au Mont-Saint-Michel.
10 Il n'a plus de monnaie.

Exercises

Exercise A

– Je suis rentrée/revenue hier. Je suis allée dans le Midi et il a fait très beau.
– J'y suis allée avec une amie.
– Nous sommes restées deux semaines.
– C'est trop cher, nous avons campé/fait du camping.
– Nous sommes allées à la plage tous les jours et nous sommes sorties tous les soirs.
– Je suis très contente et je veux y retourner l'année prochaine/l'an prochain.

Exercise B

Oui, ils *sont revenus* . . . Ils *ont passé* de très bonnes vacances . . . Ils *ont campé* et ils *ont couché* dans des auberges de jeunesse . . . Ils *ont fait* du stop . . . Oui, ils *ont vu* les falaises d'Etretat, ils y *ont rencontré* des Anglais très sympas . . . Ils *ont parlé* par gestes! . . . Oui, ils *ont traversé* le pont de Tancarville . . . Ils *sont allés* à la messe à la cathédrale de Lisieux . . . Ils *sont passés* par Caen . . . Ils *ont visité* Bayeux . . . Bien sûr, ils *ont vu* la tapisserie de la reine Mathilde et plusieurs plages du débarquement . . . Ils *sont allés* jusqu'au Mont-Saint-Michel . . . En tout, ils *sont partis* une semaine . . . Ils *sont rentrés* à la maison avant-hier . . .

Exercise C (suggested answers)

Agent: Bonjour monsieur. C'est vous qui avez téléphoné à propos d'un cambriolage?
Vous: Oui, c'est moi.
Agent: Qu'est-ce que vous avez vu ou entendu?
Vous: Ils sont arrivés vers onze heures. J'ai entendu la voiture.
Agent: Quelle voiture?
Vous: Une Jaguar, je crois.
Agent: Combien de personnes sont arrivées?
Vous: Je ne sais pas, mais deux hommes sont repartis dans la voiture, avec une femme au volant.
Agent: A quelle heure?
Vous: Environ un quart d'heure plus tard.
Agent: Dans quelle direction sont-ils allés?
Vous: Ils sont partis vers la rivière, à toute vitesse. J'ai immédiatement téléphoné à la police.
Agent: Vos voisins sont sortis ce soir?
Vous: Non, ils sont en vacances. Ils sont allés en Espagne pour deux semaines, mais je n'ai pas leur adresse.
Agent: Je vous remercie, monsieur. Au revoir.

Exercise D

1 Children in hotels.
2 Up to 2 children under 15 years of age, sleeping in their parents' bedroom.
3 Breakfast for the under-15s.
4 A lot: eggs, cheese, ham, cereal, bread, croissants, fruit juice, milk and chocolate.
5 One meal, tax and service.
6 Three courses, starter, main course and sweet.
7 Children are spoilt and parents are satisfied.
8 Go and see for yourself.
9 Have tea and dance to a real orchestra.
10 3 pm.
11 Its comfortable rooms and good food.
12 Swimming, tennis, golf and horse riding.

Exercise E

Yesterday, Francine went round the shops to buy a dress in the sales. She spent all day looking at and trying on clothes. She saw so many pretty things! Finally, she hesitated between two dresses.
– I really don't know which one to choose, she sighed.
– Take both, suggested the shop assistant, they are not expensive.
– It's true. Why not! Francine answered.
But unfortunately, in the evening, she could not buy her train ticket to go home.
– Can you lend me a little money? she asked a policeman.
– I am not a banker, he said in a severe tone. I hope that you are joking, he continued with a smile.

Fortunately, Francine was very lucky. At the station, she met a colleague who lent her fifty francs.

Picture composition

Suggested answer

1 Nicole et Daniel sont partis un beau jour d'été. Ils ont dit «au revoir» à leur mère. Ils ont voyagé en vélo. Sur leur porte-bagages, ils ont emporté leur matériel de camping.
2 Tout à coup il a commencé à pleuvoir. Ils sont enfin arrivés à un croisement près de leur destination. Ils ont dû choisir entre la plage, le camping et le centre-ville.
3 Ils ont finalement décidé d'aller en ville. Ils ont passé la nuit à l'hôtel. Ils en sont repartis le lendemain matin de bonne heure. Avant de quitter la ville, ils ont acheté à manger.
4 Ils ont pris la direction du terrain de camping. Ils y sont arrivés en fin de matinée. En arrivant, ils ont vu la plage et la mer.
5 Ils ont trouvé de la place sans difficultés. Ils ont monté la tente. Ensuite, Daniel a préparé à manger: il a fait griller des saucisses. Il ne l'a pas fait avec plaisir parce que Nicole ne l'a pas aidé. Elle est restée couchée sur la plage.
6 Il a fait très beau toute la journée et Nicole a attrapé un coup de soleil. Elle a mis de la crème dessus. Daniel a ri et il a dit à Nicole: «C'est bien fait pour toi!»

Listening comprehension (I)

Section One

Cambrioleur: – Haut les mains!
– Restez là. Que personne ne bouge!
– Toi là-bas, au fond, approche-toi! Dépêche-toi hein! Je n'ai pas de temps à perdre!
– Mets tous les billets dans mon sac!
– Et toi ma petite, n'appuie surtout pas sur la sonnette d'alarme. Je suis armé.
– Bon! Et maintenant écoutez bien messieurs-dames. Mettez-vous à plat ventre, doucement, doucement.
– Très bien! Restez comme ça dix minutes pendant que je me sauve.

Section Two

Femme: – Info-déjeuner. Un jeune homme a échappé à la police ce matin à Grasse après avoir cambriolé la boutique, 'Modes et Merveilles'. Ayant fait semblant de mettre un élégant costume en velours rose, il a raflé le contenu de la caisse, c'est-à-dire 7000 francs – puis il est sorti, et il s'est enfui au volant de la voiture de la propriétaire du magasin.

Note: The students should hear each conversation/narrative twice. Play the tape through again if they experience difficulty.

Section One

1 Stick their hands up.
2 Stay there and not move.

3 Come forward.
4 Hurry because there was no time to lose.
5 Notes, bag.
6 Press the alarm bell.
7 Lie flat on their tummies.
8 10 minutes, got away/made off.

Section Two

9 A robbery.
10 Yes.
11 A clothes shop.
12 Try on a smart pink velvet suit.
13 7000 francs.
14 In the shop owner's car.

Listening comprehension (2)

Il y a deux semaines, ma femme et moi avons organisé une petite soirée. Nous avons demandé à tous les invités de venir déguisés en personnes célèbres, soit une personnalité politique ou un acteur de notre époque, soit un personnage historique. La plupart des gens sont venus en voiture, mais quelques uns ont pris le métro ou ont fait le trajet à pied. Les amis qui habitent dans la même rue ont décidé de fabriquer leurs costumes en papier crépon. Quel désastre! Il a commencé à pleuvoir juste après leur départ et ils sont arrivés chez nous tout mouillés. Ils sont entrés dans notre salon, à moitié déshabillés, des taches multicolores au cou, aux bras et sur le visage. Finalement, nous avons dû leur prêter des vêtements!

Un de mes collègues a voulu devenir le général de Gaulle, mais il n'a qu'un petit nez retroussé, alors il est allé acheter un faux nez. Comme il a eu des difficultés à le faire tenir, il a décidé de le coller. Malheureusement, il a choisi une colle forte, et le lendemain il n'a pas pu l'enlever. Il a passé toute la journée à mettre le nez dans un bol d'eau chaude, sans succès. Ses enfants se sont moqués de lui, en répétant: «Oui, mon général! Non, mon général!». Il a dû aller à l'hôpital pour le faire enlever!

Nos amis d'Ivry ont pris le métro. La femme a de la chance, car elle ressemble un peu à la princesse de Galles, et elle a donc pensé en profiter. Elle a mis un tailleur élégant, un joli chapeau et surtout une perruque blonde. Pendant tout le voyage, une petite fille l'a regardée fixement. Quand elle est descendue, la petite fille l'a poursuivie, et, en anglais, elle lui a demandé un autographe!

Note: Play the passage through twice, three times if the students experience difficulty.

1 Two weeks ago.
2 Famous people, past or present.
3 By car.
4 They live in the same road
5 It rained and they arrived all stained and half undressed. The hosts had to lend them some clothes.
6 The colleague has a short turned-up nose.
7 He stuck the false nose on with strong glue and couldn't get it off.
8 No. While he tried to remove it by sticking it in a bowl of hot water, they made fun of him, saying: 'Yes general! No general!'.
9 They used the underground.
10 Because she looks a bit like the Princess of Wales.
11 With a smart suit, a pretty hat and a blond wig.
12 A little girl asked her for an autograph, in English.

Faites le point! (Unités 1–4)

1 L'année dernière, pour aller en vacances, j'*ai vendu* tous mes bijoux. Alors j'*ai pu* aller à l'hôtel, et j'*ai mangé* au restaurant midi et soir. Naturellement, j'*ai beaucoup grossi*. J'*ai visité* la région et j'*ai perdu* mon chemin plusieurs fois. Je *n'ai pas dormi* jusqu'à midi tous les jours.

J'ai *écrit* beaucoup de cartes postales. Il n'a pas *plu* et je n'ai pas *ouvert* mon parapluie une seule fois. J'ai *pris* beaucoup de photos.

2 **a** lequel/celui, **b** dont, **c** que, **d** dont, **e** qui, **f** dont, **g** lesquels/ceux-ci, **h** qui.

3 **a** mises, **b** que/trouvées, **c** vues, **d** rendus, **e** qui/vendu/veut.

4 Quand elle *est allée* en Normandie, elle *a fait* du camping. Elle *a monté* sa tente toute seule. Elle *a eu* de la chance, car il *a fait* très beau. Elle *est arrivée* début juin, et elle *est restée* trois semaines. Elle *a attrapé* des ampoules parce ce qu'elle a beaucoup *marché*. Mais elle *a passé* de très bonnes vacances, et elle *a pleuré* quand elle *est rentrée* chez elle.

Cinquième unité

Avez-vous compris? (p. 44)

1 They went to a restaurant and then to the cinema.
2 First, a documentary about the chateaux of the Loire, then, a new detective film, the latest case of the famous chief superintendent Muguet.
3 They ate an ice cream.
4 She got up early and had a swim.
5 He got up and went to the swimming pool because he was worried.
6 Her body.
7 She dived in, fainted and drowned, because she had taken too many sleeping pills.
8 Some marks round his wife's neck.
9 Very upset.
10 The famous chief superintendent Muguet.

Avez-vous compris? (p. 45)

1 Yes, at about midnight.
2 At ten o'clock.
3 She took some sleeping pills.
4 She went for a swim.
5 Six months.
6 Soon after they met, on May 18th.
7 They had an argument.
8 He was told by the chambermaid who overheard it.
9 Because he suspected that she had a lover.
10 They met under the pine trees, then they had an enjoyable swim.
11 He got angry.
12 He picked up a pair of tights.
13 He went to the swimming pool.
14 He ran away.
15 No, her husband strangled her.

Exercises

Exercise A

– Alors, Jean et Anna Belle se sont disputés avant de se coucher/d'aller au lit?
– Dis-moi Chantal, qu'a fait Jean/qu'est-ce que Jean a fait après s'être levé?
– Qu'a fait Jean/Qu'est-ce que Jean a fait après avoir vu les amants?
– L'a-t-il ramassé/Est-ce qu'il l'a ramassé avant de sortir de la chambre?
– L'amant s'est-il enfui/Est-ce que l'amant s'est enfui après avoir vu Jean?
– Jean a-t-il plongé/Est-ce que Jean a plongé dans la piscine immédiatement/tout de suite?
– Oui, j'y suis allée avec Jean-Pierre.

Exercise B

Nous nous sommes rencontrés par hasard
Sur la plage.
D'abord nous nous sommes regardés furtivement
Puis un jour nous nous sommes décidés à nous parler.
Nous avons bavardé, nous avons ri
Nous nous sommes baignés ensemble
Nous avons plongé dans la mer
Et nous nous sommes amusés
Comme des enfants.
Nous nous sommes bronzés au soleil
Et nous nous sommes endormis sur le sable chaud.
Le soir nous nous sommes promenés
La main dans la main
Puis nous nous sommes dit 'au revoir'
Tendrement
A la fin des vacances.

Exercise C (suggested answer)

Le week-end dernier, je suis allé chez des amis à la campagne. Je suis parti en voiture le vendredi soir. Quand je suis arrivé, ils ont ouvert une bouteille de vin et nous avons beaucoup bavardé. Nous nous sommes couchés très tard. Le lendemain matin, je me suis réveillé à dix heures. J'ai pris mon petit déjeuner, puis je me suis lavé et habillé et nous sommes tous partis en ville. A l'heure du déjeuner, nous avons mangé un sandwich dans un café. Nous sommes rentrés vers six heures. Avant de sortir le soir, je me suis changé. Nous sommes allés au cinéma, puis au restaurant. Nous nous sommes bien amusés. Dimanche matin, nous nous sommes levés à midi. Nous avons pris un petit déjeuner à l'anglaise, puis nous nous sommes promenés dans les bois. Il a fait très beau. Malheureusement, le soir j'ai dû dire au revoir à mes amis et rentrer chez moi.

Exercise D

1 10.05 Channel 1.
2 The presenters of the keep-fit programme.
3 A shoulder of lamb.

4 11.05. Walt Disney cartoons.
5 Every week – so that you can eat better and cut down on your spending.
6 What you can do with a home computer costing less than 5000 francs.
7 Preventing accidents in the home. The health of children world wide.
8 Marlène Poincet.
9 The deaf and dumb.
10 Points of view.
11 A *série* is a series, and a *feuilleton* is a serial.
12 Game for a Laugh.
13 An amateur musician. It's a series of recorded rehearsals, followed by the final performance.
14 A tennis tournament.
15 Pets. How to choose them and how to look after them.
16 A mountain range in the Sahara. They had to travel 1500 km by car on sandy tracks and then 500 km on camels.
17 A chat show.
18 Louise and Leo are two childhood friends orphaned since the mysterious disappearance of their fathers. A property developer is in the process of transforming the area and does all he can to get hold of their property. They refuse to sell and defend themselves thanks to their scientific knowledge.
19 Channel 1: 1 pm, 8 pm, 11.05 pm.
Channel 2: 9 pm.
Channel 3: 10.05 pm.
20 Henry Moore.

Reading comprehension

First

1 Their holiday in Paris.
2 Yes, very much.
3 To fetch a glass of water.
4 He had forgotten to put his glasses on and he walked into the wrong bedroom.
5 No, they are twins, but Antoine was born first.
6 She was frightened and screamed.
7 He ran out of the room.
8 He went back to bed, picked up his glasses and put them on his brother's bed to make Guillaume believe that Antoine was the culprit.
9 A postcard to say that she has accepted his invitation and will arrive the following Saturday to spend a week in Ajaccio.
10 He intends to fetch her from the airport wearing Dominique's glasses.

Now

Suggested answer:
Un matin, Dominique s'est réveillé très tôt. Il s'est levé, habillé et il est allé dans la salle de bain chercher un verre d'eau. Malheureusement, il a oublié de mettre ses lunettes et en revenant, il s'est trompé de chambre. Il est entré dans la chambre de Sylvie. Il s'est assis sur son lit et Sylvie, épouvantée, s'est mise à crier à pleins poumons. Quand il s'est rendu compte de son erreur, il est sorti de sa chambre en courant. En revenant dans la sienne, il s'est vite déshabillé et il s'est recouché. Il a ramassé ses lunettes et les a mises sur mon lit pour faire croire à Guillaume que c'était moi qui avais fait toutes ces bêtises.

Dictation

Assise à la terrasse d'un café/j'ai aperçu,/ de l'autre côté de la rue,/ un jeune homme/ devant la vitrine d'une bijouterie./ Après avoir regardé sa montre,/ il est entré dans la boutique./ Quelques minutes plus tard,/ une jeune femme est arrivée/ à bicyclette./ Elle s'est arrêtée/ devant le même magasin./ Quand le jeune homme est sorti,/ il lui a donné un paquet/ avant de prendre la direction/ de la gare./ A ce moment-là,/ le propriétaire de la bijouterie/ s'est lui aussi précipité/ dans la rue./ Il a regardé/ à droite et à gauche,/ et après avoir vu / le jeune homme/ il l'a suivi./ La jeune femme s'est dépêchée/de pédaler/ dans la direction opposée.

Sixième unité

Avez-vous compris? (p. 53)

1 Elles étaient au parc zoologique de Clères.
2 Il faisait beau et chaud.
3 Il était bleu et il n'y avait pas de nuages.
4 Ils se tenaient sur une patte.
5 Ils se promenaient majestueusement.
6 Elles sautaient et bondissaient.
7 Une femelle kangourou portait son petit dans sa poche.

8 Ils mangeaient des fruits et des graines.
9 Les autres sautaient de branche en branche, se grattaient ou se disputaient.
10 Non, elles avaient très soif.
11 Elle avait mal aux pieds.
12 Elle voulait voir les oiseaux exotiques dans les volières tropicales.

Avez-vous compris? (p. 54)

1 Il est à 22 kilomètres de Rouen, à 105 kilomètres de Beauvais et à 158 kilomètres de Paris.
2 C'est Dieppe.
3 Parce qu'il y a un service régulier de trains et de cars.
4 Il est fermé 3 ou 4 mois l'hiver.
5 Oui, il est ouvert tous les jours.
6 De 9 heures à 18 ou 19 heures.
7 Il est fermé de 12 heures à 13 heures 30.
8 Il est interdit de donner de la nourriture aux animaux et de cueillir les fleurs.

Exercises

Exercise A

a
1 The previous year on the 12th of June.
2 Four hours, from 8 to 12 pm.
3 It went up by 15%.
4 To the fact that people couldn't watch television.

b
1 Je regardais la télévision.
2 Je me lavais les cheveux.
3 Je prenais un bain.
4 Elle bavardait.
5 Il était au cabaret.
6 Nous écrivions des cartes postales.
7 Nous étions au restaurant/mangions/dînions.
8 Ils se promenaient.
9 Il fumait la pipe.
10 Elle lisait le journal.

Exercise B (suggested answer)

Quand je n'avais pas d'enfants, je travaillais et j'avais beaucoup d'argent. J'achetais beaucoup de vêtements. Je mangeais souvent au restaurant. J'allais en vacances à l'étranger, et l'hiver, je faisais du ski. Je sortais tous les soirs et je rentrais tard. Le dimanche, je restais au lit jusqu'à midi. Je ne regardais presque jamais la télévision. Maintenant, je ne la regarde pas non plus, parce que je suis très fatiguée et que je m'endors devant!

Exercise C

Il y avait beaucoup d'animaux, mais il préférait les chevaux.
L'école était dans un village à trois kilomètres et il y allait à bicyclette/ en vélo.

Après l'école, il aidait son père et son grand-père parce qu'il y avait toujours beaucoup de choses à faire.

Tous les dimanches des cousins venaient déjeuner. Sa grand-mère faisait un gros gâteau et ils s'amusaient tous bien.

Le soir, ils écoutaient la radio ou ses grands-parents raconter des histoires.

L'été, avec ses amis, il allait au cinéma ou danser à la ville voisine/la plus proche.

Exercise D (suggested answer)

1 Des enfants jouaient au ballon, d'autres faisaient des châteaux de sable. Des jeunes femmes prenaient des bains de soleil/se faisaient bronzer. Un garçon nageait, un vieux couple dormait dans des chaises longues. Un jeune homme vendait des glaces. Des enfants mangeaient des glaces; d'autres cherchaient des coquillages ou pêchaient. Il faisait beau, le soleil brillait et des mouettes volaient dans le ciel clair.
2 Dans un coin de la pièce, un homme servait à boire. Une femme passait un plat de sandwichs. Plusieurs personnes étaient assises et bavardaient. Un homme qui portait une barbe fumait la pipe. A l'autre bout de la pièce, une jeune fille passait des disques et beaucoup de jeunes dansaient. Le voisin du dessous, en pyjama, donnait des coups au plafond et criait: «Arrêtez ce bruit ou j'appelle la police!»

Exercise E

He left every evening at the same time, exactly six minutes before eight o'clock. His house, with two or three others, was built on the cliff and, on coming out, he could see at his feet the sea, the long jetty in the harbour and, more to the left, the docks and the town of Dieppe. As it was the middle of winter, the landscape, at that time, was only made up of lights. At two minutes to eight, he was walking opposite the harbour. At one minute to, he started to climb the iron ladder leading to his perch.

He was a signalman. Unlike other signalmen, his box was right in the heart of town. This was because his station was not a real station, but a harbour. The ships arriving from England twice a day, at one o'clock and at midnight, lined up alongside the quay. The express train from Paris, leaving the ordinary station, at the other end of Dieppe, crossed the roads like a tramway and stopped a few yards away from the ship.

Reading comprehension

1 In a hotel in Sainte-Anne, which is on the southern coast of the island.
2 He used to get up early and go for a swim before breakfast.
3 Because the beach was deserted and quiet and he loved to listen to the sea.
4 It was a beautiful white sandy beach lined with coconut trees.
5 He went back to the beach to swim and sunbathe.
6 Of an indescribable blue and usually cloudless.
7 At the hotel.
8 Fish or shellfish dishes.
9 Pineapples because he loves them and they are plentiful in Martinique, and bananas because they melted in your mouth like honey.
10 No, he visited other parts of the island.
11 The island of Dominica.
12 The volcanic eruption of Mont Pelée destroyed the town of Saint-Pierre and surrounding villages.
13 The Pagerie museum dedicated to Josephine who was to become empress of France, the rum distillery in Gros Morne and Fort-de-France, the capital city.
14 He used to paint and try and capture its animation and colour.
15 Yes, the sale of several of his paintings covered the cost of his holiday.

Septième unité

Avez-vous compris? (p. 61)

1 Because some of the pupils were difficult.
2 Two years ago.
3 In Greece.
4 It was too hot.
5 History and geography.
6 Only three weeks.
7 She hates the provinces.
8 Negative: it is difficult to get a teaching job there, everything is expensive.
9 Her class was due to start in five minutes' time.
10 Some pupils of the school. The heat in Greece in summer. The town she lives in. Her flat. Living in the provinces. The cost of living in Paris. The fact that her Paris friends are snobbish. Her new colleagues.

Avez-vous compris? (p. 63)

1 Faux	5 Vrai	9 Vrai
2 Vrai	6 Vrai	10 Faux
3 Faux	7 Faux	
4 Vrai	8 Faux	

Exercises

Exercise A

Quand il *était* en vacances, il se *levait* tard. Après le petit déjeuner, il *partait* en voiture pour visiter les environs. Un jour, il *a perdu* les clés de la voiture et il *a fait* de l'auto-stop pour rentrer à l'hôtel.

En général, le midi, il *mangeait* dans un bon restaurant, et il *choisissait* les spécialités de la région. Mais un jour, il *a oublié* son argent, et il *a dû* faire la vaisselle.

Comme il *faisait* toujours très beau, il *sortait* en chemise, en short et en sandales. Un jour qu'il *se promenait* loin du village où *était* son hôtel, il y *a eu* un violent orage et il *est rentré* trempé. Il *a attrapé* un rhume et il *a passé* la fin de ses vacances au lit.

Exercise B

Il y a six ans, il est allé faire du ski dans les Alpes. Il s'est cassé la jambe et a attrapé un rhume.

Il y a cinq ans, il a eu un accident de voiture en France.

Il y a quatre ans, ses enfants ont été malades en Grèce.

Il y a trois ans, il a attrapé des coups de soleil dans le Midi.

Il y a deux ans, en Italie, quelqu'un a volé son argent et son passeport.

L'année dernière/L'an dernier, il n'a pas pu partir/aller en vacances parce que les dockers étaient en grève.

Cette année il n'a pas encore de projets de vacances.

Exercise C (suggested answer)

C'était une belle journée ensoleillée. Beaucoup de gens se promenaient dans la rue. Tout le monde portait des vêtements légers. Il y avait des enfants dans des poussettes. Quelques-uns dormaient, d'autres pleuraient. Des gens bavardaient, d'autres se disputaient. Des vendeurs criaient, les passants regardaient la marchandise. Certains achetaient des fruits et des légumes, d'autres de la viande ou du poisson, d'autres des vêtements.

Tout à coup, un gros nuage noir est arrivé. Il y a eu des éclairs. Le tonnerre a grondé et la pluie s'est mise à tomber. Les gens se sont arrêtés de bavarder. Certains sont entrés dans des magasins. Quelques-uns ont ouvert un parapluie ou ont mis un imperméable/manteau de pluie. Ceux qui n'en avaient pas sont rentrés trempés. Les vendeurs ont couvert leurs marchandises ou les ont rangées.

Exercise D

1 True	**6** True	**11** False
2 False	**7** True	**12** True
3 False	**8** False	**13** True
4 True	**9** False	**14** True
5 False	**10** True	**15** False

Exercise E

Last year, I went to the South of France with a friend who did not speak a word of French and who had never set foot in France. We stayed in a hotel in Cannes, not far from the harbour that I love. Nearly every day we used to go swimming and sunbathing on the beach, but we also went for trips in the neighbourhood.

One beautiful sunny afternoon, we went for a walk in the hills surrounding the town. There, there are lots of villas, each one more beautiful than the last. Suddenly, my friend said to me: 'These villas are gorgeous, but I don't understand why they all have the same name.' I was very surprised: 'What do you mean, they all have the same name?' 'Well, yes' he answered, pointing to a little sign on a door, 'they are all called "Chien méchant" (Beware of the dog)'.

Picture comprehension

1 b, **2** b, **3** a, **4** c, **5** c, **6** c, **7** b, **8** c, **9** b, **10** a, **11** c, **12** a, **13** c, **14** c, **15** a, **16** c, **17** b, **18** a.

Listening comprehension (1)

Section One

Réceptionniste: Qu'y a-t-il pour votre service, monsieur?

M. Déveine: J'ai réservé une chambre la semaine dernière.

Réceptionniste: A quel nom?

M. Déveine: Déveine, François.

Réceptionniste: Voyons . . . Debnet, Dubreuil . . . Je suis désolée, monsieur, il n'y a pas de chambre au nom de Déveine réservée pour ce soir.

M. Déveine: Vous êtes sûre? Ça alors, je n'y comprends rien! C'est ma secrétaire qui a téléphoné.

Section Two

Réceptionniste: Vous êtes venu assister à la conférence?

M. Déveine: Non, je suis ici pour affaires.

Réceptionniste: En ce cas, je regrette monsieur, mais je n'ai qu'une seule chambre à vous offrir.

M. Déveine: Le principal, c'est d'avoir un lit pour la nuit.

Réceptionniste: L'inconvénient, c'est qu'elle se trouve au treizième étage, j'espère que vous n'êtes pas superstitieux.

M. Déveine: Pas du tout! Et puis, il y a un ascenseur, n'est-ce pas?

Réceptionniste: Bien sûr, monsieur.

Note: Play the passage straight through once. The second time, stop at the end of each section to allow the students to write down their answers. Then, play the passage straight through a third time.

Section One

1 Can I help you?
2 That he had reserved a room the previous week.
3 No.
4 Because his secretary had telephoned.

Section Two

5 If he had come for the conference.
6 No, he was on business.
7 It was on the 13th floor.
8 He was not superstitious and there was a lift.

Listening comprehension (2)

Section One

Monsieur Déveine a enfin retrouvé du

travail, mais il n'a pas eu de chance, la première fois qu'il est allé en déplacement pour ses affaires. Il a eu beaucoup de problèmes à l'hôtel où il est descendu.

Le premier soir, il a invité un client très important à dîner au restaurant de l'hôtel et il a été très déçu car, malgré le prix, le repas a été un vrai désastre: la viande était dure, le pain rassis et le service très lent. C'est en partie pour cette raison que le client n'a pas passé de commande à Monsieur Déveine qui a décidé de prendre, à l'avenir, tous ses repas au restaurant self-service du coin.

Section Two

En fait, pendant tout son séjour, le service a laissé à désirer. Un matin, on a oublié de le réveiller, une autre fois, le café est arrivé froid, un autre jour, on a oublié le beurre et le sucre.

Et la chambre était loin d'être agréable: sombre et bruyante car elle était près de l'ascenseur. Un soir, notre pauvre Déveine a pris une douche froide car la chaudière ne marchait pas. C'est comme ça qu'il a attrapé un rhume!

Et le jour où il avait son rendez-vous le plus important, il est arrivé une heure en retard. Savez-vous pourquoi? Eh bien, ce matin-là, Monsieur Déveine, dont la chambre était au treizième étage, a pris l'ascenseur, comme d'habitude.

Section Three

Il a appuyé sur le bouton pour le rez-de-chaussée, l'ascenseur a commencé à descendre, mais tout à coup, il s'est arrêté et notre ami Déveine s'est retrouvé coincé entre deux étages. Naturellement, il a tout de suite actionné le signal d'alarme, mais il a dû attendre qu'on répare la panne pour pouvoir sortir de sa prison. Pour tout arranger, le gérant de l'hôtel n'était pas un homme très aimable. Il ne lui a pas dit «bonjour» une seule fois. Et si la femme de chambre était très jolie, avec ses cheveux roux, ses yeux verts et ses taches de rousseur, Monsieur Déveine ne l'a pas remarquée: il préfère les blondes!

Note: Play the passage straight through once. The second time, stop at the end of each section to allow the students to write down their answers. Then, play the passage straight through a third time.

Section One

1 Because the hotel where he stayed was not very good.
2 Although it was expensive, it was a disaster: the meat was tough, the bread was stale and the service was very slow.
3 Yes, because the very important client he had invited did not place an order with him.
4 He decided to use the local self-service restaurant.

Section Two

5 No, it left a lot to be desired.
6 It was dark and noisy because it was next to the lift.
7 Because the boiler had broken down and he had a cold shower.
8 Because his room was on the 13th floor.

Section Three

9 Because the lift broke down and he was stuck between two floors.
10 He never said 'good morning' to Mr Deveine.
11 Very pretty, with red hair, green eyes and freckles.
12 Because he prefers blondes.

For extra practice . . .

The pictures of the kidnapping could be re-used for oral practice.

Huitième unité

Avez-vous compris? (p. 70)

1 The information desk.
2 On the right, next to the waiting room.
3 She always travels by car.
4 Because her chauffeur was ill.
5 No, she feels sorry for herself and says that no-one can be trusted nowadays.

Avez-vous compris? (p. 71)

1 To Marseilles.
2 The same evening.
3 No, she thought it was very late.
4 No, that was too early.
5 A return ticket.
6 First class.

Avez-vous compris? (p. 72)

1 To reserve a couchette.
2 They were all booked.
3 Reserve a seat.
4 First class, near the window and facing the engine.
5 No smoking.
6 Because she hadn't bought her ticket.
7 Because people were going on holiday.
8 Because she was going to Marseilles on business.

Avez-vous compris? (p. 73)

1 Il appelle sa femme «mon chou» et elle l'appelle «mon gros lapin».
2 Comme ci, comme ça.
3 Il répond qu'il a eu une cliente difficile.
4 Oui, elle lui dit: «Raconte!».
5 Elle voulait louer une couchette dans le train du soir pour Marseille.
6 Toutes les couchettes étaient déja réservées.
7 Elle voulait une place en première, près d'une fenêtre et dans le sens de la marche.
8 Parce que sinon elle était malade.
9 Elle avait besoin de son billet.
10 Parce qu'il y avait la queue au guichet.
11 Parce que les gens partaient en vacances et qu'elle allait à Marseille pour affaires.
12 Parce que son chauffeur était malade.

Exercises

Exercise A

1 Evron.
2 Versailles-Chantiers.
3 First class passengers.
4 It is a special train (Train Corail).
5 It has a play area, nappy-changing facilities and a bottle warmer.
6 Every day, except Sundays and Bank Holidays.
7 Yes.
8 No.
9 Generally, just over 3 hours.
10 The 'Armor' gets to Rennes in 3 hours 4 minutes and runs on Saturdays. The 'Goéland' from 17.03 gets to Rennes in exactly 3 hours and doesn't run on Saturdays.

Exercise B

- Oui, il y a un train à 11 heures 49 et un autre à 11 heures 55.
- A 12 heures 54 et à 13 heures 42 respectivement.
- Oui madame, mais seulement en première classe.
- Il y a aussi un bar.
- Vous pouvez manger avant de partir.
- Oui madame.
- De rien/A votre service! Au revoir madame.

Exercise C

Sylvie a dit qu'elle n'était pas née à Grasse mais qu'elle y habitait depuis quinze ans maintenant. Qu'elle aimait beaucoup cette région. Qu'elle travaillait dans une usine de parfum. Qu'elle commençait à huit heures du matin. Que le midi les employés avaient deux heures pour déjeuner et que quand il faisait beau, elle allait à la plage avec des collègues. Qu'ils se baignaient et mangeaient des sandwichs. Que le soir, elle finissait à six heures et demie. Que l'hiver, elle rentrait directement chez elle et qu'elle regardait la télévision, mais que l'été elle sortait presque tous les soirs.

Exercise D (suggested answer)

Rouen, le 2 juillet 19..

Chère Marie-Claire,
J'ai été très heureuse de recevoir ta lettre hier matin. Après avoir entendu à la radio que les cheminots étaient en grève, j'étais très inquiète, mais heureusement tu es rentrée sans problèmes.

Quelle semaine agréable nous avons passé ensemble! Et notre week-end au bord de la mer a été formidable. Nous avons eu de la chance car il a fait très beau et nous avons pu nous faire bronzer, nous baigner et pique-niquer.

J'ai rencontré Françoise lundi dernier. Nous avons déjeuné dans mon restaurant favori/préféré – celui qui est en face de la mairie. Françoise a enfin déménagé et elle va te téléphoner bientôt.
Amicalement/Amitiés,
Sylvie.

Reading comprehension

1 b, **2** c, **3** d, **4** e, **5** b, **6** d, **7** c, **8** b, **9** d, **10** b, **11** a.

Dictation

Savez-vous ce que voulait / cette vieille femme? / Eh bien, d'abord, / elle a dit / qu'elle voulait aller à Paris. / Puis, / quand je lui ai demandé / si elle voulait / un aller simple / ou un aller et retour, / elle ne savait pas. / Finalement, / elle a décidé d'acheter / un aller et retour, / et m'a demandé de lui réserver / une place assise / dans un compartiment de première classe. / Je lui ai dit / qu'elle devait aller / au bureau de location, / alors elle s'est mise en colère. / Puis, elle a cherché / son porte-monnaie dans son sac / et a découvert / qu'elle l'avait perdu. / Je lui ai indiqué / le bureau des objets trouvés / et elle y est allée / à toute vitesse.

Faites le point! (Unités 5–8)

1 Dimanche dernier, Paul et Paulette *sont allés* au bord de la mer. Ils *se sont réveillés* de bonne heure et *se sont levés* tout de suite. Ils *sont montés* dans le train à huit heures. Pendant le voyage, Paulette *a lu* et Paul *s'est endormi*. Il *s'est réveillé* cinq minutes avant d'arriver. Ils *sont descendus* du train et *sont allés* prendre un café au buffet de la gare. Tout à coup, il *s'est mis* à pleuvoir. Finalement, ils *ont repris* le train et *sont rentrés* à la maison.

2 Dimanche dernier, *nous sommes allés* au bord de la mer. *Nous nous sommes réveillés* de bonne heure et *(nous) nous sommes levés* tout de suite. *Nous sommes* montés dans le train à huit heures. Pendant le voyage, Paulette *a lu* et *je me suis endormi*. *Je me suis réveillé* cinq minutes avant d'arriver. *Nous sommes descendus* du train et *sommes allés* prendre un café au buffet de la gare. Tout à coup, *il s'est mis* à pleuvoir. Finalement, *nous avons repris* le train et *sommes rentrés* à la maison.

3 Quand j'*étais* célibataire, je *menais* une vie très agréable. J'*habitais* chez mes parents. Ma mère *lavait* mes vêtements et *faisait* le ménage dans ma chambre. Elle me *préparait* des repas délicieux. Je *sortais* presque tous les soirs avec des amis et nous *allions* au café ou au cinéma. Le samedi soir en particulier, je *rentrais* très tard, et le dimanche matin, je *restais* au lit jusqu'à midi.
Maintenant, je suis mariée, et c'est moi qui *fais* le ménage et qui *prépare* les repas!

4 Samedi dernier, Paul et Paulette *ont décidé* d'aller au cinéma, parce que c'*était* l'anniversaire de Paulette. Mais avant, ils *sont allés* dîner au restaurant. Ils *se sont changés* avant de sortir; Paulette *a mis* une robe élégante, et Paul *a mis* une cravate. Comme il *pleuvait*, ils *ont pris* la voiture. Au restaurant, qui *était* très chic, ils *ont bien bu* et *bien mangé*, et après le repas, ils *étaient* très gais. Quand ils *sont arrivés* au cinéma, il *était* tard et il y *avait* la queue. Alors, comme Paulette *se sentait* très fatiguée, ils *sont rentrés* se coucher.

5 a Lundi dernier, Paul et Paulette étaient très fatigués.
b Ils n'ont pas entendu le réveil.
c Ils se sont levés tard.
d Ils n'ont pas pris de petit déjeuner.
e Ils se sont lavés, mais Paul ne s'est pas rasé et Paulette ne s'est pas maquillée.
f Ils sont arrivés au travail à l'heure tous les deux.
g Le midi/A l'heure du déjeuner, comme il faisait beau, Paulette s'est promenée/a fait une promenade.
h Paul est allé au/dans un café et a bu une bière bien fraîche.
i Le soir, ils ont mangé au restaurant, mais ils sont rentrés (à la maison) tôt/de bonne heure.
j Ils sont allés au lit/se sont couchés à dix heures et ils se sont endormis immédiatement/tout de suite.

Neuvième unité

Avez-vous compris? (p. 81)

1 Ils vont dans une agence de voyages parce qu'ils ne savent pas exactement où aller en vacances cet été.
2 Ils préfèrent rester en France.
3 Ils ne veulent pas aller au bord de la mer parce qu'il y a toujours trop de monde l'été.
4 Laurent préfère l'Alsace à l'Auvergne parce qu'en Alsace il y a du bon vin.
5 Ils leur donne quelques dépliants.

Avez-vous compris? (p. 84)

1 By train, because Chantal doesn't like

long journeys by car.
2 They will go to Strasbourg because it's the capital of Alsace, and there are a lot of interesting things to see there.
3 A brewery.
4 So that they can travel around and follow the 'wine road'.
5 The mediaeval houses and old churches.
6 That's when the regional wine fair of Alsace takes place.
7 Sauerkraut, white wine and beer.
8 They'll go on walks in the mountains and forests, and maybe even ride.
9 Chantal will take a lot of photos and Laurent will go trout fishing.
10 It can cater for their different tastes.

Exercises

Exercise A

Vous: Où *irez*-vous cet été?
Laurent: Nous *irons* en Alsace.
Vous: Pourquoi l'Alsace?
Laurent: Je *pourrai* boire beaucoup de vin, et je *visiterai une brasserie.*
Chantal: Je *visiterai* beaucoup d'endroits historiques.
Vous: *Ferez*-vous du camping?
Chantal: Non, nous *descendrons* à l'hôtel.
Vous: Comment *voyagerez*-vous?
Laurent: Nous *prendrons* le train jusqu'à Strasbourg, puis nous *louerons* une voiture.
Vous: Que *verrez*-vous en Alsace?
Laurent: Nous *verrons* des vignobles.
Chantal: Nous *verrons* aussi des maisons médiévales, de vieilles églises, des fêtes folkloriques . . .
Vous: Que *ferez*-vous?
Laurent: Je *boirai* du vin et de la bière, je *mangerai* de la choucroute et j'*irai* aussi à la pêche à la truite.
Chantal: Et moi, je *ferai* de longues promenades et je *prendrai* beaucoup de photos.
Vous: Eh bien merci, et bonnes vacances!

Exercise B

Demain à huit heures je mangerai du poisson frais.
A neuf heures je boirai du lait tiède.
A dix heures j'irai faire une promenade dans le jardin.
J'attraperai une souris.
A une heure je ferai ma toilette.
A deux heures j'irai dans le jardin du voisin.
A six heures je mangerai du foie.
Le soir je dormirai et je rêverai à de belles chattes.

Exercise C

Oui mon ami Paul et moi nous resterons en Angleterre.

Non, nous voulons (tous les deux) visiter les villes de Salisbury et de Winchester.

Nous verrons les belles cathédrales et de vieilles maisons, et nous ferons de longues promenades.

Non, les hôtels coûtent trop cher. Nous passerons quelques jours dans une auberge de jeunesse.

Oui, après y être restés quelques jours nous irons au bord de la mer.

S'il fait beau nous nous baignerons et nous nous reposerons sur la plage.

Exercise D

Je vérifierai mon passeport.
J'achèterai des chèques de voyage.
Je réserverai une place dans le train.
Je ferai ma valise.
J'emporterai un imperméable.
Je descendrai dans un bon hôtel. Je réserverai une chambre avec douche et WC.
Je louerai une voiture.
Je ne ferai pas d'auto-stop.
Je ne perdrai pas mon temps sur la plage.
Je n'irai pas au casino.
Je te téléphonerai ou je t'écrirai une carte postale.

Reading comprehension

1 Those reflecting all human knowledge.
2 In August every year.
3 People who don't like touristy places.
4 Wander in groups from one cellar or restaurant to another looking for white wine and sauerkraut.
5 There are so many fine things to see there.
6 Walk through the old parts of the town noticing any unusual architectural features.
7 Because it's pink.
8 A small well-looked-after, well-preserved town dating from the Middle Ages.
9 The courtyards, fountains and wells.
10 To let himself be tempted by it, as there are plenty of places to stay.
11 It's an old manufacturing town with a modern functional appearance.

12 The railway museum and the national car museum.
13 It's an agricultural region.
14 Pretty farms and little restaurants.
15 A route winding along the valleys where you can find places to eat carp.

Listening comprehension (*I*)

Section One

Avant le bulletin spécial météo-vacances, voici quelques pages de publicité.
Soin-Nature
Pour les peaux sensibles et délicates, parce que rien n'est trop doux pour vous, pour votre peau.
Soin-Nature
Garanti sans parfum ni colorant.
Soin-Nature
Nettoiera votre peau en douceur, et la laissera fraîche et souple.
Choisissez *Soin-Nature* aujourd'hui, demain, toujours.
Essayez les produits de beauté *Soin-Nature*. Vous verrez, vous en serez ravie!

Section Two

Eau, eau, eau, eau *Sidi*!
Si vous partez au Maroc, en Algérie, en Tunisie . . . Eau *Sidi* . . . L'eau pétillante naturelle, l'eau minérale subtile.
Eau *Sidi* . . . Vous la dégusterez à petites gorgées . . . Eau *Sidi* . . . Vous la trouverez meilleure que le champagne quand vous aurez vraiment soif.
Eau *Sidi* . . . Ne l'oubliez pas!

Section Three

Vous voulez partir demain, mais votre voiture est en panne?
Alors contactez *L-A-M, Location-Auto-Minute*.
Vous pourrez traverser l'Europe au volant de la toute dernière Petita-turbo avec *L-A-M*.
Pour seulement 150 francs par jour.
L-A-M, toujours à votre service!

Section Four

Et voici Marcel Brel avec le bulletin spécial météo-vacances.

Chers auditeurs, bonjour! Et bonjour en particulier aux estivants qui se préparent à partir en vacances aujourd'hui. Malheureusement, vous n'avez pas de chance au point de vue météo. Eh oui, comme vous l'avez déjà deviné, il y aura des averses un peu partout, même dans le Midi, et elles seront particulièrement fortes en Bretagne. Il y aura aussi quelques chutes de neige en montagne, mais rassurez-vous, seulement au-dessus de 2000 mètres. Vent de secteur nord-nord-ouest, donc il fera très frais le long de la côte normande.

Section Five

Si vous partez en fin de semaine, vous aurez plus de chance. Le temps s'améliorera à partir de jeudi. Il y aura des éclaircies sur la côte atlantique et du soleil dans le Midi.

Aujourd'hui, les températures minimales seront comprises entre 6 et 10 degrés. Les maximums atteindront 12 à 16 degrés sur la moitié nord, 16 à 19 degrés sur la moitié sud du pays.

Au revoir, et bonnes vacances!

Note: Play each section of the tape through twice, three times if the students experience difficulty. Pause after each section for the students to complete their answers.

Section One

1 Sensitive, delicate.
2 Perfume, colouring agent.
3 Fresh, supple/soft.
4 Try, delighted with them.

Section Two

5 In Algeria, in Tunisia.
6 A sparkling mineral water.
7 You are thirsty.

Section Three

8 *L-A-M*, car-hire.
9 Cross Europe.
10 150 francs a day.

Section Four

11 Because of the weather; there will be showers everywhere.
12 In Brittany.
13 In the mountains, above 2000 metres.
14 Very cool on the coast.
15 North north-west.

Section Five

16 Because the weather will improve.
17 On the Atlantic coast.
18 Sunny.
19 Between 12° and 16°C.
20 Between 16° and 19°C.

Listening comprehension (2)

Projets de Vacances

Enquêteur: Pardon madame, vous avez déjà fait vos projets de vacances?
Femme: Oui, nous avons décidé de passer nos vacances en Normandie cette année. Nous descendrons dans un petit hôtel à Caen et nous y resterons huit jours.
Enquêteur: Pourquoi la Normandie?
Femme: Eh bien, je suis d'origine normande!
Enquêteur: Eh que ferez-vous quand vous serez en Normandie?
Femme: Nous aimons beaucoup visiter les villes historiques avec des maisons typiques, de vieux bâtiments, alors nous verrons probablement les deux abbayes à Caen par exemple.
Enquêteur: Irez-vous à Bayeux?
Femme: Pour voir la fameuse tapisserie de la reine Mathilde? Sans aucun doute!

Enquêteur: Mademoiselle, s'il vous plaît?
Jeune fille: Monsieur?
Enquêteur: Si cela ne vous dérange pas, j'aimerais vous poser quelques questions à propos de vos vacances.
Jeune fille: Mes vacances?
Enquêteur: Oui vous partirez bien en vacances cet été?
Jeune fille: Ah oui, c'est déjà décidé, j'irai en Corse.
Enquêteur: Pourquoi la Corse?
Jeune fille: L'idée me plaît c'est tout, et en plus j'adore la mer et le soleil.
Enquêteur: Et que ferez-vous là-bas?
Jeune fille: Je me baignerai, je ferai de la plongée sous-marine, de la voile, je ferai des randonnées à cheval . . .
Enquêteur: Vous êtes donc sportive?
Jeune fille: Oui, j'adore le sport.
Enquêteur: Et dites-moi, descendrez-vous dans un hôtel?
Jeune fille: Absolument pas! Je ferai du camping ou bien je dormirai en plein air sur la plage!
Enquêteur: Et vous passerez combien de temps en Corse?
Jeune fille: Oh, je ne sais pas exactement, cinq ou six semaines.

Enquêteur: Monsieur, permettez-moi de vous poser quelques questions à propos des vacances.
Homme: Avec plaisir! Allez-y monsieur!
Enquêteur: Vous avez déjà fait des projets?
Homme: Ah oui bien sûr, je resterai ici.
Enquêteur: Comment!
Homme: Je resterai ici, comme d'habitude.
Enquêteur: Vous passerez vos vacances chez vous?
Homme: Oui c'est ça.
Enquêteur: Et vous ne vous ennuierez pas?
Homme: Ah non pas du tout!
Enquêteur: Que ferez-vous donc?
Homme: Je me lèverai tard, je lirai le journal en fumant la pipe, j'irai au petit café du coin et j'y passerai toute la journée à boire, à jouer aux cartes et à bavarder avec des amis.
Enquêteur: Combien de temps serez-vous en vacances?
Homme: Un mois. Fin août ce sera fini, malheureusement.
Enquêteur: Comment ça?
Homme: Le 31 août, ma femme rentrera à la maison!

Note: Play each dialogue through twice, three times if the students experience difficulty.

	Lieu de vacances	Raisons de ce choix	Durée du séjour	Type de logement	Distractions
Femme	Normandie	Elle est normande	8 jours	Petit hôtel	Visiter les villes historiques, voir les monuments et la tapisserie à Bayeux
Jeune fille	Corse	L'idée lui plaît, elle adore la mer et le soleil	5 ou 6 semaines	Camping ou en plein air	Se baigner, faire de la voile, de la plongée sous-marine, des randonnées à cheval
Homme	Chez lui/A la maison	Sa femme est en vacances	Un mois		Fumer la pipe, aller au café, lire le journal, boire, jouer aux cartes, bavarder

Dixième unité

Avez-vous compris? (p. 90)

1 To Brittany.
2 No they won't.
3 They'll go camping.
4 Round the coast, probably in South Finistère.
5 Swim, sun-bathe, play bowls and ball.
6 Sailing, tennis and horse-riding.
7 Go fishing.
8 No they'll go to restaurants.
9 Fish, shell-fish, pancakes.
10 Wayside crosses, megaliths, folk festivals with people wearing local costumes and lace head-dresses, and playing bagpipes.
11 A month.
12 Because she'll miss them while they're away.

Exercises

Exercise A

1 Si elle change de coiffure elle aura l'impression de changer de personnalité. Elle sortira souvent et elle verra beaucoup d'amis.
2 Ils feront de nouvelles connaissances. Ils iront probablement à l'étranger. Ils auront une bonne surprise le 7.
3 Elles ne seront pas dans leur assiette. Un vieux rêve se réalisera. Elles mangeront un peu trop.
4 Notre vie familiale s'améliorera beaucoup. Nous aurons des satisfactions professionnelles. Nous serons un peu fatigués à la fin du mois.
5 Tu voudras voir du changement. Alors tu jetteras tes vieux vêtements et tu achèteras peut-être une nouvelle voiture.

Exercise B (suggested answer)

1 Je ne resterai pas seul avec elle. J'inviterai beaucoup d'amis chez moi, et nous sortirons souvent.
2 Je voyagerai en Europe pour rencontrer tous les hommes politiques importants. Je serai interviewé à la télévision. Je rencontrerai des gens qui sont en chômage.
3 Je descendrai de la voiture. Je vérifierai les pneus. J'ouvrirai le capot et je regarderai le moteur. Enfin je téléphonerai au garage.
4 Je me lèverai tard. Je recevrai plusieurs cadeaux et des cartes. Je sortirai le soir avec des amis.
5 J'appellerai la police. Je chercherai partout pour savoir ce que les cambrioleurs auront pris.
6 J'emprunterai une échelle. Je monterai, et j'entrerai dans la maison par une fenêtre que je laisse toujours ouverte.
7 Je mettrai de la farine dans une terrine. Je creuserai un puits au centre et j'y casserai un œuf. J'ajouterai une pincée de sel, un peu d'huile, du lait et je travaillerai la pâte. Je ferai chauffer un peu de beurre dans une poêle puis j'y coulerai une petite couche de pâte. Quand les crêpes seront cuites je les servirai chaudes.
8 Je ferai les courses, je rentrerai chez moi préparer les repas. Je passerai l'aspirateur et je ferai la lessive.
9 Je resterai au lit tard. Je bricolerai toute la matinée. Après le déjeuner je m'endormirai devant la télé.
10 Je parlerai français. Je visiterai des endroits historiques. Je boirai du vin et je mangerai des spécialités de la région.

Exercise C (suggested answer)

Cher Henri,
J'étais très content de recevoir de tes nouvelles, et de savoir que tu vas mieux maintenant. Je t'écris pour t'inviter à passer quelques jours chez moi. J'ai des vacances à prendre à la fin du mois, et je serai très content de te revoir.

Nous pourrons d'abord aller à Londres, où nous visiterons les musées à South Kensington ou la tour de Londres, que tu n'as pas encore vue. Le soir nous irons au théâtre pour voir une nouvelle pièce, ou au restaurant pour manger des spécialités anglaises comme le rosbif. Si tu es trop fatigué nous rentrerons tôt, nous prendrons un petit repas chez nous, et nous boirons de la bière anglaise que tu aimes tant!

Si tu en as envie, nous pourrons visiter des châteaux célèbres aux environs de Londres, par exemple le château de Windsor ou le palais de Hampton Court. Mais si tu préfères rester à la maison nous pourrons bavarder et bricoler un peu!
En espérant te revoir bientôt,
Bien amicalement,
Albert

Exercise D (suggested answer)

Le week-end prochain je serai très occupée car des amis nous rendront visite. Samedi matin, je me lèverai tôt, vers 7 heures, je m'habillerai et je prendrai mon petit déjeuner avant de sortir faire les courses. En rentrant je préparerai le repas pendant que mon mari passera l'aspirateur. Nos amis arriveront à midi, et après avoir bu l'apéritif, nous déjeunerons. L'après-midi, nous ferons la vaisselle puis nous nous promènerons dans le parc ou dans les bois. Le soir, nous ferons un bon dîner et nous boirons du vin. Nous passerons la soirée à bavarder et à jouer aux cartes. Nous nous coucherons sans doute tard.

Le dimanche matin, nous ferons tous la grasse matinée. Après avoir bu une tasse de café, nous irons jouer au squash. Ensuite nous irons écouter du jazz avant de retourner à la maison. Après le déjeuner nous prendrons encore un café, puis nos amis feront leur valise et partiront. Après leur départ, nous rangerons la maison et nous nous reposerons. Le week-end sera presque fini!

Exercise E

1 France-Radio and the TV weekly.
2 A villa worth 500,000F in a seaside resort of your choice.
3 A cooker, cooker-hood and dishwasher.
4 No, they will also get a video-recorder.
5 A home computer.
6 A million francs.
7 Five questions, one every day, except at weekends, repeated three times a day.
8 You need to collect the grids so that you can fill in your answers. In the fifth week you copy all your answers onto a final grid, and answer an extra question.
9 It is the final date for entry.
10 A Petita car, hi-fi systems, microwave ovens, food-processors, cameras, walkmen, transistor radios and digital quartz watches.

Reading comprehension

1 Il y a quelques mois Chantal a déménagé.
2 Elle habite un petit appartement de quatre pièces.
3 Parce que l'appartement n'est pas très propre.
4 Non, Laurent va l'aider à refaire les peintures.
5 Elle a choisi la Pentecôte parce que c'est un long week-end.
6 Elle devra acheter de la peinture et du papier peint.
7 Elle choisira du papier à fleurs pour sa chambre, et du papier à rayures pour la salle de séjour.
8 Elle aura besoin aussi de pinceaux, d'un rouleau et de colle.
9 Ils commenceront par la chambre à coucher.
10 Ils videront les meubles et ils les mettront dans la salle de séjour et sur le palier.
11 Ils protégeront le sol avec des journaux.
12 Ils laveront le plafond avant de le peindre.
13 Ils iront manger au restaurant à cause du désordre dans l'appartement.
14 L'appartement sera transformé.
15 Ils attendront le week-end suivant avec impatience, pour pouvoir se reposer.
16 Elle achètera du tissu pour faire des rideaux.
17 Elle fera un nouveau dessus-de-lit.
18 Ils décideront de se marier et ils déménageront.

Dictation

– Que ferez-vous / quand vous serez / à la retraite? / a demandé Madame *Leblanc*./
– Nous avons décidé / de partir en vacances, / a répondu sa voisine./
– C'est une bonne idée. / Et où irez-vous, / à la campagne, / au bord de la mer?/

La voisine a soupiré / avant de répondre. / Madame Leblanc était tellement curieuse, / et elle posait toujours / beaucoup de questions./
– Nous irons d'abord en *Vendée*. / Nous resterons sur la côte / pendant huit jours / puis nous continuerons / jusqu'à *Saintes*./
– Saintes! / s'est exclamé Madame Leblanc. / Quelle coïncidence! / J'ai des parents là-bas. / Je vous donnerai leur adresse. / Je l'ai écrite / quelque part. / Ils seront enchantés / de faire votre connaissance./

Onzième unité

Avez-vous compris? (p. 97)

1 She's a librarian from Reims, called Miss Persiaux.
2 No, the Pacific Ocean is deeper.
3 The Victoria falls are 130 metres high.
4 In Switzerland.
5 The Sahara Desert.
6 No, the Loire is the longest river in France.
7 The largest French island.
8 It's the biggest lake in the world, and it lies between Canada and the United States.
9 China, with over 800 million inhabitants.
10 France is bigger than the United Kingdom, but is less populated.
11 No, mandarin Chinese spoken by 600 million people.
12 She did well, with eleven out of twenty, and won 1100 francs.

Avez-vous compris? (p. 98)

1 Their drawings.
2 There is more colour in it; Annette's is rather sad-looking.
3 She doesn't know yet.
4 She thinks they're really horrible.
5 Because it has lace on it.
6 She's very strict.
7 She's much nicer.

Avez-vous compris? (p. 99)

1 Annette does.
2 She has better results than her brother.
3 No he doesn't.
4 He goes out a lot now he's at secondary school and does a lot of sport.
5 He's very good at athletics. He can run the fastest and jump the highest.
6 He trains regularly even though he's very fast.
7 Because she doesn't like being competitive.
8 Not very. She thinks up her menus during the sessions.
9 The meditation.
10 Because she can't talk.

Exercises

Exercise A

1 La Martinique est moins grande que la Guadeloupe.
2 La Guadeloupe est moins peuplée que la Martinique.
3 Il y a plus d'habitants à Fort-de-France qu'à Pointe-à-Pitre.
4 La Martinique est plus près de l'équateur que la Guadeloupe.
5 Il fait aussi chaud à la Guadeloupe qu'à la Martinique.
6 La Guadeloupe produit plus de sucre que la Martinique.
7 La Guadeloupe exporte moins de bananes que la Martinique.
8 La Montagne Pelée est moins haute que La Soufrière.

Exercise B (suggested answer)

Les cheveux de Catherine sont plus longs que ceux de Paule.

Nadine a les cheveux les plus courts.

Nadine est plus mince et plus jeune que Catherine.

Paule est plus âgée que Nadine et Catherine. Elle est la plus grosse. Elle a les pieds les plus grands et elle porte les chaussures les plus lourdes.

La jupe de Catherine est plus longue que celle de Nadine.

La veste de Nadine est plus courte que celle de Catherine.

Les boucles d'oreille de Nadine sont plus grandes que celles de Catherine.

Paule porte les vêtements les moins élégants.

Catherine est plus jolie que Paule, mais Nadine est la plus jolie.

Exercise C

– Oh, le mien ne travaille pas beaucoup.
– Les siens sont aussi très bons.
– La sienne est très bonne je pense.
– Les leurs sont d'origines variées, mais je les trouve tous très sympathiques.
– Les nôtres ne sont pas parfaits, mais nous les aimons beaucoup.

Exercise D (suggested answer)

Ma sœur est plus jeune et plus jolie que moi. Elle est plus grande et plus mince, et elle a de beaux yeux, bleus comme le ciel. Elle a les cheveux plus longs et plus blonds que les miens, qui sont plutôt châtains et bouclés. Quand nous étions à l'école, j'étais plus studieuse qu'elle, mais c'est elle qui avait toujours les meilleurs résultats. Plus tard elle avait beaucoup plus de petits amis que moi, et elle sortait plus souvent le soir.

Eh bien maintenant c'est la même histoire! Ma sœur a un meilleur emploi que moi; elle travaille moins et elle gagne plus d'argent par mois. Sa voiture est plus neuve et plus confortable que la mienne. Mon appartement est vieux et petit. Le sien est grand avec une cuisine ultramoderne. Elle achète plus de vêtements, qui sont évidemment plus chers et plus élégants que les miens. Elle part en vacances plus souvent et elle descend dans les hôtels les plus chers.

Mais malgré tout cela j'ai vraiment de la chance. Mon fiancé est plus beau, plus riche et plus intelligent que le sien. Enfin je suis plus heureuse que ma sœur.

Exercise E

1 Sun, wind, cold, pollution, heat, air conditioning.
2 Keep your skin from becoming dehydrated, and stop premature ageing.
3 Plant extracts, ultra-violet filters and vitamins.
4 In test tubes, never on animals.
5 At a chemist's.
6 To one who wants to spend as little time as possible in the kitchen.
7 A freezer and an oven.
8 There are small ones, big ones, rectangular ones, squares, round and oval ones.
9 You can take them straight out of the freezer and put them in the oven or microwave.
10 You only need to use one set of dishes for everything.
11 In department stores and hardware shops.
12 Check the taps and gas, put out cigarettes and lock the door.
13 Burglary, gas leaks, fire, flooding.
14 The electronic system identifies the problem and alerts 'Check', who take immediate action.
15 All the time.

Listening comprehension

Section One

Quand j'étais jeune, je passais presque toutes mes grandes vacances en Vendée, sur la côte atlantique, avec mes cousins dont les parents avaient une grande villa à La Tranche-sur-Mer. Nous passions pratiquement toute la journée sur la plage qui était à deux pas de la maison. Il y avait des tas de choses à faire: nous nous baignions bien sûr, nous faisions de la voile, nous jouions au ballon et quelquefois nous faisions des châteaux de sable pour amuser les plus petits.

Mes cousins avaient un chien, un beau berger allemand très affectueux qui s'appelait Rollo et qui adorait notre compagnie. Il nous suivait partout.

Section Two

Une année, nous avions alors entre quatorze et dix-sept ans, une fête foraine s'est installée sur la place de la ville. Il y avait des manèges, des autos tamponneuses, des stands de tir et des vendeurs de barbe à papa. Naturellement nous avions tous envie d'y aller, mais ma tante nous l'a formellement interdit. Comme d'habitude cependant nous avons eu la permission d'aller à la plage. C'est alors que j'ai eu une idée: je suis sorti et mes cousins m'ont passé nos vêtements par une fenêtre derrière la villa. Je suis allé les cacher et nous sommes tous partis en maillot de bain, suivis de Rollo, et en nous retenant de rire devant mon oncle et ma tante.

Mais cette fois, au lieu d'aller à la plage, nous nous sommes changés et nous avons caché nos maillots de bain. Nous avons malheureusement dû chasser Rollo avec une pierre parce qu'il voulait nous suivre.

Section Three

Nous avons passé un excellent après-midi, mais de retour de la fête foraine, une mauvaise surprise nous attendait: quand nous avons voulu remettre nos maillots de bain, nous avons découvert qu'ils avaient disparu.

Bien entendu, en rentrant, nous avons dû dire la vérité et nous avons tous été punis car ma tante était très en colère. Elle nous a privés de dessert et comble de malchance, ce soir-là c'était de la mousse au chocolat!

Mais le lendemain nous avons tous bien ri quand mon oncle nous a raconté que c'était Rollo qui avait rapporté nos maillots de bain à la maison. Je ne sais toujours pas si c'était une farce, une vengeance ou simplement un service qu'il pensait nous rendre.

Note: Play the passage straight through once. The second time, stop at the end of each section to allow the students to write down their answers. Then, play the passage straight through a third time.

Section One

1 On the Atlantic coast in Vendée, with his cousins.
2 Very close, a stone's throw away.
3 Swimming, sailing, playing ball, making sand castles for the little ones.
4 To his cousins.
5 Because he loved their company.

Section Two

6 Because the narrator's aunt had forbidden it.
7 They pretended they were going to the beach.
8 The boy went out first and his cousins passed him the clothes through a window at the back.
9 Their bathing costumes.
10 With a stone.

Section Three

11 Their bathing costumes had disappeared.
12 Because otherwise they couldn't explain why they were wearing their ordinary clothes.
13 They weren't allowed to have any chocolate mousse for supper.
14 He had brought all the bathing costumes back to the house.
15 It was a joke, revenge, or he was just trying to help.

Douzième unité

Avez-vous compris? (p. 105)

1 They could visit a lot of interesting places and buy souvenirs and unusual presents for their friends.
2 Diamant, with its beach stretching for 4 kilometres.
3 Rest on the beach while the children try sailboarding and water skiing. They might even do some underwater diving.
4 Sugar cane and pineapples.
5 Visit a rum distillery.
6 Take photographs of the little fishing villages.
7 Have a good time at cabarets, night clubs and discos.
8 She hopes her letter will persuade the Mullers to come, and looks forward to their reply.
9 A map and some photos.

Avez-vous compris? (p. 106)

1 *Faux.* Elle voudrait des renseignements sur les hôtels en Vendée.
2 *Faux.* Elle cherche un hôtel genre pension de famille, qui ne coûte pas cher.
3 *Vrai.* Elle demande une liste d'hôtels.
4 *Vrai.* Elle voudrait aussi des renseignements sur les endroits intéressants.
5 *Vrai.* Ils aimeraient faire quelques excursions.
6 *Vrai.* Ils sont quatre dans la famille.
7 *Faux.* Si. Elle envoie un timbre pour la réponse.
8 *Faux.* Si. Elle a besoin des renseignements immédiatement.

Avez-vous compris? (p. 107)

1 *True.* **2** *False.* **3** *False.* **4** *False.* **5** *False.* **6** *False.* **7** *True.* **8** *False.*

Exercises

Exercise A

Si vous veniez en Alsace . . .
Vous visiteriez Strasbourg, la capitale, puis vous loueriez une voiture et vous descendriez jusqu'à Colmar où vous verriez de vieilles maisons typiques.

Vous boiriez de la bière, vous mangeriez de la choucroute, vous pourriez même visiter une brasserie.

Vous feriez des randonnées en montagne et en forêt. Vous prendriez beaucoup de photos. Vous iriez à la pêche à la truite.

En un mot vous passeriez de bonnes vacances!

Exercise B

Je ferais du camping, je ferais de la voile, je ferais des randonnées à cheval, je mangerais des crêpes, j'écouterais du biniou, j'écrirais des cartes postales, je jouerais au tennis, je me reposerais sur la plage – je me bronzerais au soleil et je me baignerais, je visiterais des calvaires, je verrais des mégalithes et enfin j'irais à la pêche!

Exercise C (suggested answer)

. . . nous ne comprendrions pas toujours la réponse!

Nous irions d'abord à Londres où nous garerions la voiture dans un grand parking. Nous prendrions le métro et le bus – un de ces bus rouges célèbres – d'où nous regarderions le panorama. Nous verrions le palais de Buckingham et la place Trafalgar et nous prendrions beaucoup de photos.

Nous irions aussi à Stratford où nous verrions la maison de Shakespeare, son école et des chaumières typiques de la région. Si nous avions le temps nous irions au théâtre voir une des célèbres pièces de Shakespeare.

Si nous avions encore quelques jours de vacances, nous irions en Ecosse. Nous visiterions les belles montagnes et les lacs profonds, et nous y ferions des randonnées à pied et à cheval. Nous verrions peut-être le monstre du Loch Ness. Qui sait? Le soir nous irions à une fête folklorique où nous danserions et écouterions de la cornemuse tout en buvant un bon whisky.

Ah si seulement nous avions du temps et de l'argent . . .

Exercise D

Monsieur,

Votre hôtel m'a été recommandé par le *Syndicat d'Initiative* de votre ville.

Je vous serais *reconnaissante* de me donner vos prix de *pension complète* pour ma famille, c'est-à-dire mon mari et moi-même et nos deux enfants âgés de 7 et 11 ans.

Il nous *faudrait* deux chambres dont une *au moins* avec salle de bains ou douche. J'*aimerais* aussi savoir si le petit déjeuner est *compris*. *Pourriez*-vous également me dire si la plage est loin de l'hôtel.

Nous *viendrions* à La Tranche pour deux semaines en août, de préférence au début du mois.

Dans l'attente d'une prompte *réponse*, veuillez agréer, Monsieur, l'expression de mes sentiments distingués.

Exercise E (suggested answer)

Monsieur,

Votre hôtel m'a été recommandé par le Syndicat d'Initiative de votre ville.

Je vous serais reconnaissant de me donner vos prix pour ma famille, c'est-à-dire ma femme et moi-même et nos deux garçons, âgés de 9 et 12 ans.

Il nous faut deux chambres dont une avec salle de bains ou douche. Je voudrais aussi savoir si le petit déjeuner est compris.

Nous viendrions à Strasbourg pour deux semaines en septembre, de préférence au début du mois.

Dans l'attente d'une prompte réponse, veuillez agréer, Monsieur, l'expression de mes sentiments distingués.

John Newman

Exercise F

1 It stores information on drugs prescribed and lets you know if the effects of certain products taken simultaneously are dangerous.
2 No, it's free.
3 Only at the ones equipped.
4 It gives out a beep when your medicine is due.
5 You can only use it up to six times a day.
6 It's also a watch.
7 An electronic perm.
8 The hairdresser can adapt the perm to suit your hair exactly.
9 Someone who takes jogging seriously. You can check the length of time, distance run, average speed and calories burnt up!
10 If your eyelids droop for too long an alarm will wake you up.

Listening comprehension

Section One

C'est mercredi après-midi; Paul et Elisabeth ne sont donc pas à l'école. Mais aujourd'hui il pleut et les enfants s'ennuient. Ils sont seuls à la maison et ne savent quoi faire. Ni l'un ni l'autre n'ont envie de faire leurs devoirs.

– Si c'était le premier avril, et si nous étions à l'école, je saurais quoi faire pour rire un peu, dit Elisabeth.
– Quoi donc? demande Paul.
– Eh bien je ferais une farce à toutes les filles que je n'aime pas dans ma classe.
– Comment?
– D'abord je préparerais des étiquettes où j'écrirais des choses comme: «Promotion: 1F,20 le kilo», ou bien «Frais jusqu'au 2 avril», ou encore «Soldé, fin de série». J'attacherais chaque étiquette avec un fil à une pince à linge et quand une de mes victimes serait occupée je fixerais discrètement l'étiquette dans son dos.

Section Two

- Dis donc, c'est une bonne idée ça, dit Paul admiratif. Il réfléchit quelques minutes puis il dit enfin:
- Moi aussi j'ai trouvé quelque chose: si c'était le 1er avril et s'il pleuvait comme aujourd'hui, je ferais une farce à maman.
- Raconte! dit Elisabeth.
- C'est très facile. Je monterais au grenier pour aller chercher quelques décorations de Noël comme les guirlandes et les étoiles. Dans des morceaux de tissu de différentes couleurs je découperais des fleurs et des papillons. Je crois que je t'emprunterais aussi quelques rubans . . .
- Et que ferais-tu avec tout ça? demande Elisabeth, de plus en plus impatiente.
- Tu ne devineras jamais!
- Eh bien, dis-moi! s'écrie Elisabeth.

Section Three

- J'attacherais toutes ces décorations à l'extrémité des baleines du parapluie de maman, puis je les rentrerais soigneusement à l'intérieur du parapluie, je fermerais ce dernier et je le remettrais à sa place habituelle. Maman prendrait son parapluie avant de sortir et quand elle l'ouvrirait dans la rue elle serait entourée de décorations de toutes sortes. Elle serait bien étonnée, et les autres passants la regarderaient avec curiosité.
- Je me demande bien si elle rirait ou si elle se mettrait en colère?
- Essayons l'année prochaine – J'espère qu'il pleuvra le 1er avril!

Note: Play the passage straight through once. The second time, stop at the end of each section to allow the students to write down their answers. Then, play the passage straight through a third time.

Section 1

1 d, **2** a, **3** d, **4** e, **5** c.

Section 2

6 a, **7** b, **8** d, **9** a, **10** d.

Section 3

11 b, **12** a, **13** a, **14** b, **15** a.

Faites le point! (Unités 9–12)

1 Quand je *serai* grande, j'*irai* en France pour étudier la médecine, comme mon père. Après de longues années d'études, je *reviendrai* à la Martinique pour y exercer ma profession. Mais si je *me marie* avec un homme riche, je *ne travaillerai pas*!

2 Cet été, ils *iront* en vacances en Bretagne. Ils *feront* du camping. Colette *essaiera* de faire du cheval, et Claude *ira* à la pêche. Ils *mangeront* souvent au restaurant et ils *verront* probablement une fête folklorique. J'espère qu'ils *enverront* des cartes postales.

3 – Où irez-vous en vacances cet été?
– Quand y serez-vous?
– Que ferez-vous pendant la journée?
– Resterez-vous à l'hôtel le soir?
– Aurez-vous le temps d'apprendre l'espagnol?

4 – Vous connaissez Monsieur Lachance?
– Oui, c'est l'industriel qui a les usines *les plus* modernes de la région.
– Elles sont certainement *plus* grandes et *plus* propres que celles de Monsieur Déveine!
– Pauvre Monsieur Déveine! Ses ouvriers sont *moins* contents que ceux de Monsieur Lachance; ils sont toujours en grève.
– Et la secrétaire de Monsieur Lachance, vous la connaissez?
– Oui, je l'ai vue. Elle est grande et mince, elle a de grands yeux bruns . . .
– Alors elle est certainement *plus* jolie que celle de Monsieur Déveine.
– Quel âge a-t-elle?
– Environ vingt-cinq ans.
– La secrétaire de Monsieur Déveine est beaucoup *moins* jeune, elle a plus de cinquante ans!

5 a Oui, les miens sont finis, et les tiens?
b Oui, et vous, avez-vous rencontré les vôtres?
c Le sien est celui qui est sur la table.
d J'ai trouvé mes chaussures, mais je n'ai pas trouvé les leurs.
e Oui, mais je préfère la nôtre, elle est plus grande.

6 a Nous irions au cinéma.
b Il travaillerait.
c Ils achèteraient un sandwich.
d Je serais très content/heureux.
e Elle deviendrait secrétaire bilingue.
f Je verrais mieux.
g Ils voyageraient beaucoup.
h Tu saurais/Vous sauriez où aller.

7 a Nous *irions* plus vite si nous *prenions* l'avion.

b Je *serais* plus gai s'il y *avait* du soleil.
c Si vous y *alliez* en automne il *pleuvrait* beaucoup.
d Si c'*était* plus intéressant nous *viendrions* plus souvent.
e Elle *irait* chez le dentiste si elle *avait* mal aux dents.
f S'il *mettait* des lunettes il *verrait* les détails.
g Si tu *arrivais* en avance tu *devrais* attendre.
h Nous *pourrions* visiter la ville si nous nous *levions* tôt.

For extra practice . . .

Suggest that students write for information to the Syndicat d' Initiative of their choice.

Treizième unité

Avez-vous compris? (p. 115)

1 She shut the blinds, made sure that her husband didn't need anything, then went out on tip-toe.
2 Sleeping deeply.
3 She did the washing up and tidied the kitchen.
4 Because she had left her knitting/knitted jumper or cardigan behind.
5 She turned the knob carefully and went in on tip-toe.
6 She thought he was talking in his sleep.
7 How she would spend two and a half million francs in five months.
8 At the races.
9 If there had been any races in the Paris area the previous Tuesday.
10 He had both eyes open, and had completely woken up.
11 Very short. The employee had the information off pat.
12 He was sound asleep again and was snoring.

Exercises

Exercise A

1 G, **2** L, **3** D, **4** I, **5** E, **6** K, **7** B, **8** F, **9** A, **10** J, **11** H, **12** C.

Exercise B

1 Non, il venait d'arriver.
2 Il lui dit deux fois de s'asseoir.
3 Il referma la porte, tourna deux ou trois fois autour du jeune homme et lui jeta des coups d'œil curieux.
4 Il voulait faire une carrière comme celle de Maigret.
5 Non, son père était employé de banque.
6 Non, il avait des sœurs.
7 Il avait vingt-quatre ans.
8 Non, il voulait d'abord assurer sa situation.
9 Non, il habitait avec sa plus jeune sœur Germaine.
10 Elle avait dix-huit ans et travaillait dans une maison d'édition rue du Bac.
11 Elle faisait la cuisine pour faire des économies.
12 Quand Maigret lui demanda s'il était revenu tout de suite de la rue de Turenne.
13 Parce qu'il avait découvert quelque chose.
14 Il y alla en taxi.
15 Il raconta/dit à Germaine ce qu'il avait découvert./Il mit Germaine au courant de ce qu'il avait découvert.

Exercise C

Mrs Maigret had just gone to bed when he came in on tip-toe. As he was getting undressed in the dark, so as not to wake her, she asked him:
– What about the hat?
– It was indeed bought by Countess Panetti.
– Did you see her?
– No, but she's about 75.
He went to bed in a bad mood, or preoccupied, and it was still raining when he woke up, then he cut himself shaving.
– Are you carrying on with your inquiry? he asked his wife, who was getting his breakfast in her curlers.
– Should I be doing anything else? she inquired seriously.
– I don't know. Now that you've begun.

Exercise D

Then he rang for the office boy.
– Tell me Emile, did anyone come in while I was with the chief/boss.
– No-one sir/chief.
He searched his pockets again, those of his waistcoat, his trousers. He looked like a fat man annoyed, and going round in circles like that made him hot.

He went into the inspectors' office

where there was nobody. No pipe. He knocked on the chief's door. The latter had just gone out. He went in but he knew beforehand that his pipe wasn't there, that he'd been smoking another one when he had come in about half past six to chat about the business in hand and also about his imminent departure for the country.

Reading comprehension

1 It was wide, furnished with chairs, armchairs and coat racks. It widened out into a foyer with an office on the left and a bar on the right.
2 He had his bowler hat on his lap and was staring patiently ahead.
3 The Englishman's raincoat coming out of the shadows.
4 She was just finishing writing out a bill.
5 She recognised his footsteps.
6 No he didn't, he was walking looking down at the ground.
7 No he wasn't, but he tried to hide his feelings.
8 Yes. He got up, stretched out his hand and said 'Pleased to meet you'.
9 He preferred that to going out in the town in the fog.
10 It was grey and miserable, and had the same magazines as a dentist's waiting room on the table.
11 'Are you surprised to see me?'
12 They were the same age.
13 Because he was full of self-confidence.
14 Because he often took it into his head to make a trip to the continent.
15 He said nothing and didn't seem to want to take part in the conversation. He just kept looking sadly at the visitor, with his hands crossed over his knee.

Picture composition

Suggested answer

Il faisait noir et la lune brillait dans le ciel. La voiture était garée devant une grande maison dans un quartier chic. L'homme prit une échelle sur le toit de la voiture. Il portait un sac sur le dos.

Il mit l'échelle contre le mur de la maison. Il grimpa jusqu'au premier étage. Il cassa le carreau d'une fenêtre pour entrer dans la maison.

Quand la voisine entendit le cambrioleur, elle téléphona à la police. Peu de temps après, la police arriva en voiture. Un policier enfonça la porte pour entrer dans la maison.

Pendant ce temps-là le cambrioleur essayait de s'enfuir par le jardin. Celui-ci était très sombre, car de grands arbres cachaient la lune. Il y avait une piscine au milieu. Le cambrioleur ne la vit pas, et il tomba dedans en criant à pleins poumons!

Dictation

Et, son chapeau à la main, / il se dirigea tranquillement / vers la porte. / Il l'ouvrit, / sortit sans se retourner. / Dehors, / une silhouette s'éloignait vivement, / et il eut le temps / de reconnaître *Jean-Claude*, / le fils aîné, / qui avait dû se tenir / pendant toute cette conversation / sous la fenêtre ouverte / et qui avait entendu./

Il contourna à son tour la villa, / et, dans l'allée principale, / croisa deux hommes / qu'il ne connaissait pas encore./

L'un d'eux était petit, / trapu, / avec un cou énorme / et de grosses mains. / Monsieur *Campois* sans doute, / car il ressemblait / à la description que *Jeanne* / lui en avait faite / la veille au soir. / L'autre, / qui devait être son petit-fils, / était un grand garçon / au visage ouvert./

Tous deux le regardèrent / avec un certain étonnement. / Il se dirigeait paisiblement / vers la grille. / Puis tous deux / se retournèrent sur lui, / s'arrêtèrent même / pour l'observer.

Adapted from *Maigret se fâche* (G. Simenon)

Quatorzième unité

Avez-vous compris? (p. 121)

1 They buy ordinary petrol (two star) and fill up the tank.
2 She asks him to check the oil and water.
3 Because she doesn't know how to open the bonnet.
4 She hasn't had the car very long.
5 The windscreen.

Avez-vous compris? (p. 123)

1 Madame Brède était au volant.
2 Elle voulait prendre l'autoroute.
3 Ils étaient en retard parce que Monsieur Brède ne pouvait pas se décider à choisir une cravate.
4 Non elle ne roulait pas trop vite. Elle respectait la limite de vitesse.
5 Parce que l'idiot en face d'elle avait doublé dans le virage et qu'elle avait donné un coup de volant à droite.
6 Non, elle a son permis depuis un mois.
7 Il lui faut de l'expérience pour s'améliorer.
8 Non il n'est pas un automobiliste parfait.
9 Une fille en short qui faisait du stop a détourné son attention.
10 Tout le monde a ses moments d'inattention.

Exercises

Exercise A

1 C, **2** D, **3** J, **4** A, **5** H, **6** E, **7** B, **8** I, **9** F, **10** G.

Exercise B

1 Vous auriez laissé le volant à votre mère si vous m'aviez écouté.
2 Si tu avais pris l'autoroute, l'accident ne serait pas arrivé.
3 Si nous étions partis à l'heure, elle n'aurait pas conduit si vite.
4 Elle n'aurait pas donné un coup de volant à droite, s'il n'avait pas doublé dans le virage.
5 Si je n'avais pas dit que le feu était rouge, vous seriez passé.
6 S'il s'était décidé rapidement à choisir une cravate, ils n'auraient pas été en retard.
7 S'il s'était levé plus tôt, il aurait eu plus de temps pour choisir une cravate.
8 Si Madame Brède avait eu plus d'expérience, ses réflexes auraient été meilleurs.
9 Si on n'avait pas donné le permis à Madame Brède, elle n'aurait pas pu conduire.
10 Si la jeune fille n'avait pas fait de stop, il aurait vu le feu.

Exercise C

Si j'avais entendu le réveil, je n'aurais pas été en retard.
Si mon ami Henri n'avait pas téléphoné, le pain grillé n'aurait pas brûlé.
Si la voiture n'était pas tombée en panne, je serais arrivé à l'heure.
Si ma secrétaire avait été au bureau, j'aurais pu travailler comme d'habitude.
Si les ouvriers avaient été en grève, je serais rentré à la maison!

Exercise D (suggested answer)

Si j'étais allé à la Martinique pour les vacances . . .
– j'aurais visité Diamant et sa belle plage.
– j'aurais fait du ski nautique et de la planche à voile.
– je serais allé dans des cabarets ou des discothèques le soir.
– j'aurais mangé des ananas et j'aurais bu du rhum.
– j'aurais pris beaucoup de photos.

Si ma voiture était tombée en panne ce matin . . .
– j'aurais ouvert le capot.
– j'aurais regardé le moteur.
– j'aurais vérifié l'huile et l'essence.
– j'aurais téléphoné au garagiste, et enfin j'aurais laissé la voiture et j'aurais pris le bus.

Si j'avais trop mangé et trop bu hier soir . . .
– je me serais réveillé tard.
– je me serais levé péniblement.
– je me serais probablement coupé la joue en me rasant.
– j'aurais bu un café noir on un jus d'orange, mais je n'aurais rien mangé.

Si j'avais participé à un jeu radiophonique . . .
– j'aurais eu peur.
– j'aurais répondu aux questions.
– j'aurais peut-être oublié quelque chose.
– j'aurais fait plusieurs erreurs.
– j'aurais gagné de l'argent.

Si j'avais eu de la chance hier . . .
– je serais arrivé(e) au bureau à l'heure.
– Tout le monde aurait été aimable.
– j'aurais ramassé une pièce de 10 francs dans la rue.
– j'aurais été invité(e) à dîner le soir.
– un(e) amié(e) m'aurait donné un cadeau.
– j'aurais gagné le gros lot.

Si j'avais gagné beaucoup d'argent . . .
– j'aurais acheté une voiture neuve et j'aurais vendu la mienne.
– je serais sorti(e) tout de suite acheter des cadeaux pour mes enfants.
– j'aurais réservé une chambre dans un des hôtels les plus luxueux du Japon.
– j'y serais allé(e) en Concorde.

Exercise E

He was wearing a grey overcoat, a grey felt hat, leather gloves, and he was smoking a cigarette. Maloin couldn't distinguish the other details. The men in the team, the customs officers, the employees were taking care of the travellers who were crossing the gangway. Alone, Maloin made out a shadow standing in the front of the ship, and at that very moment the shadow was throwing something on the quay.

Fifty metres from the crowd a suitcase had just got past the barriers and the stranger from the town was holding it, still smoking. He could have gone off but he stayed there like any traveller who is waiting for a friend.

– What can they have smuggled? wondered Maloin. Not for a moment did the idea occur to him to denounce the two strangers one of whom was still invisible. It wasn't his business. If he had gone to England he would have smuggled too, tobacco or alcohol, because it's the custom.

Exercise F

1 Mother-in-law liked it because of the elegant line and general comfort, his wife liked it because of its practical aspects and his children because of the easy gear changes and light steering. The man himself liked it because it was economical.
2 The bank manager, because he is a bit stingy.
3 Velvet.
4 Carpeting.
5 Tinted.
6 Having a sun roof.
7 It's adjustable from inside.
8 There is just one key for everything.
9 Yes, from the driving position.
10 It has a rear screen heater, with an electric wiper and washer.
11 Because of the four independent wheels and disc brakes.
12 The EEC norms.
13 An econometer.
14 Six years.
15 As the Petita-Super is such a wonderful car, it has made everyone agree for once.

Reading comprehension

1 Gambling.
2 Land, furniture and jewels, and finally his castle.
3 His castle.
4 His first child was due to be born.
5 He ought never to have left the castle on such an important day or given in to his weakness. He ought to have stopped in time.
6 Because he possessed it already.
7 A heap of gold.
8 He decided that with the pile of gold he and his wife could start a new life.
9 The count would have a heap of gold in exchange for the first living creature born in the castle that night.
10 At dawn.
11 He wanted to find out if any other creature had been born before his son.
12 She took her child tenderly into her arms and began to rock him.
13 Sitting on a large gold block.
14 A pink piglet.
15 He turned the gold into stone.

Listening comprehension (I)

1 *Client:* Deux cafés, deux cognacs et l'addition, s'il vous plaît.
2 *Jeune garçon:* Regarde, il nage bien mieux que moi.
Fillette: Peut-être, mais il ne sait pas plonger, lui!
3 *Touriste:* Nous venons d'arriver dans votre ville. Pouvez-vous nous indiquer les endroits intéressants à visiter dans la région?
4 *Pharmacienne:* Vous désirez?
Client: Je voudrais de l'aspirine, s'il vous plaît.
Pharmacienne: Et avec ça?
Client: C'est tout, merci.
5 *Patron:* Mademoiselle, apportez-moi le rapport Marcus et appelez Monsieur Roche de la Société Dubreuil, s'il vous plaît.
Secrétaire: Tout de suite, monsieur.
6 *Voix de femme:* Les voyageurs à destination de Londres sont priés de se rendre à la porte numéro 12 pour embarquement immédiat.
7 *Première dame:* Tu aimes ce tableau?
Deuxième dame: Les couleurs sont jolies, mais qu'est-ce qu'il représente?
Première dame: Je ne sais pas, c'est de l'abstrait.
8 *Jeune garçon:* Où vas-tu?
Fillette: Je vais voir les petits cochons qui viennent de naître.

9 *Homme:* Avez-vous des livres anglais?
Bibliothécaire: Bien sûr, monsieur. Ils sont au fond à gauche, sur les rayons du haut.
10 *Hôtesse de l'air:* Mesdames et messieurs, nous allons atterrir dans quelques instants. Nous vous prions de bien vouloir attacher vos ceintures et d'éteindre vos cigarettes. Merci.
11 *Professeur:* Taisez-vous, Josse. Non seulement vous ne faites jamais vos devoirs, mais vous n'arrêtez pas de bavarder!
12 *Femme:* J'ai laissé mon parapluie dans l'autobus, hier matin.
Employé: Comment est-il?
Femme: Il est rouge avec des petites fleurs blanches.

Note: This series of short dialogues should only be played once, but you may wish to use the pause button to give the students more time.

1 c, **2** a, **3** b, **4** d, **5** a, **6** c, **7** a, **8** c, **9** d, **10** b, **11** d, **12** a.

Listening comprehension (2)

Passant: Pardon madame, pour aller place Dagobert s'il vous plaît? Je cherche La Société Bonheur et fils.
Madame Dupont: Place Dagobert . . . eh bien vous prenez la rue de la Liberté qui est juste en face.
Passant: C'est celle qui a les deux cafés l'un en face de l'autre?
Madame Dupont: Oui c'est ça. Continuez tout droit jusqu'aux feux . . . juste après le croisement vous verrez une banque à gauche et un supermarché à droite. Continuez jusqu'au deuxième croisement et puis tournez à gauche . . . vous passerez devant l'église Saint Jacques qui est au coin de la rue Charles de Gaulle.
Passant: Donc je continue tout droit rue de la Liberté et je prends . . .
Madame Dupont: La deuxième à gauche, c'est-à-dire la rue Charles de Gaulle.
Passant: Et après?
Madame Dupont: Vous arriverez place Dagobert quelques minutes plus tard . . . C'est bien la Société Bonheur et fils que vous cherchez?
Passant: Oui, c'est ça.
Madame Dupont: Elle se trouve à droite. Vous passerez devant une bijouterie, et vous la trouverez juste à côté d'une boulangerie-pâtisserie.
Passant: Merci madame, au revoir madame.

Note: Play the tape through twice, three times if the students experience difficulty.

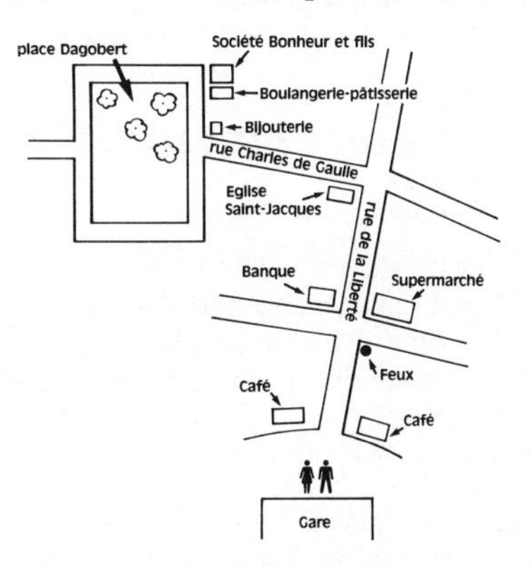

For extra practice . . .

Ask your students: *Qu'auriez-vous fait aujourd'hui / ce matin / cet après-midi / ce soir, si vous n'étiez pas venu au cours de français?*

Quinzième unité

Avez-vous compris? (p. 131)

1 One franc 70 for a postcard and 2 francs 40 for a letter.
2 Her English pen-friend collects them.
3 A parcel.
4 Because it was only a small gift – a book of recipes from Normandy.
5 For the customs.

Avez-vous compris? (p. 133)

1 A money order.
2 A form for an international one.
3 Because she had forgotten her glasses.
4 Because there was no-one waiting.
5 To spell it because he didn't speak a word of English.
6 The clerk didn't know.
7 She also wanted to send a telegram and make a telephone call.

8 No, she had to go to counter 3 for the telegram and to counter 4 for the telephone call.
9 Reversing the charges to the United States.
10 She found the system complicated and the clerk unpleasant.

Avez-vous compris? (p. 134)

1 Parce qu'il pleuvait à verse.
2 Elle est ressortie immédiatement.
3 Elle a dit que c'était une honte.
4 Il y a aussi fait tomber son portefeuille.
5 Un jeune garçon, qui est entré en courant, l'a renversée.
6 Non.
7 Pendant vingt minutes.
8 Il avait oublié son argent.
9 Ils étaient énervés et peu aimables.
10 Parce que c'était bientôt l'heure de la fermeture.

Avez-vous compris? (p. 135)

1 In Boston, USA.
2 Mrs Wheelbarrow.
3 No, the clerk could speak a little English.
4 Yes, Mrs Juverre got her call a few minutes later.

Avez-vous compris? (p. 136)

1 Extension 174.
2 Mr Durant.
3 Société Lachance & Fils, i.e. Lachance & Son Ltd.
4 P.-D.G., i.e. Président-directeur général, i.e. Chairman and managing director.

Avez-vous compris? (p. 136)

1 Accounts.
2 Because the line was engaged.
3 Because it was very urgent.

Exercises

Exercise A

Il a dit . . .
1 qu'ils avaient beaucoup d'argent.
2 que sa fille était malade.
3 que Chantal et Laurent apprenaient l'anglais.
4 qu'il lisait *Le Monde*.
5 que Madame Brède mangeait trop.
6 qu'il fallait partir de bonne heure.
7 que Henri Boivin adorait son chat.
8 que vous aviez peur.
9 qu'il ferait froid demain.
10 qu'il avait vu le Président de la République.
11 qu'ils iraient en vacances en Italie.
12 que tu aurais 18 ans le mois prochain.

Exercise B

– C'est combien pour envoyer une lettre en Angleterre?
– Et une carte postale?
– Je voudrais dix timbres à un franc soixante-dix et un timbre à deux francs quarante.
– Avez-vous de nouveaux timbres, j'en fais collection?
– Je voudrais aussi envoyer un paquet en recommandé.
– Non, pour la France. J'ai la bonne fiche?
– Je dois appeler Londres en PCV.
– Très bien. Ça fait combien en tout?

Exercise C

1 *Portant* un bas sur la tête, le cambrioleur est entré dans la maison.
2 *Entendant* un bruit anormal, Madame Laval a réveillé son mari.
3 *Tenant* chacun une brosse à cheveux à la main, le couple est descendu.
4 *Sortant* un revolver de sa poche, le cambrioleur leur a dit de lever les bras.
5 *Sachant* qu'ils n'avaient aucune chance, les Laval ont obéi.
6 *Etant* très émotive, Madame Laval s'est évanouie.
7 *Ayant* pris tous les bijoux de Madame Laval, le cambrioleur est parti.
8 *Décrochant* le téléphone, Monsieur Laval a appelé la police.

Exercise D

1 The bill, not telephone calls.
2 No.
3 Between 11 pm and 6 am.
4 50% from 6 am to 11 pm, 65% from 11 pm to 6 am.
5 Full rate Monday to Friday. Blue rate on Sunday and after 2 pm on Saturday.
6 The blue rate (50% reduction).

7 Monday to Friday from 6 pm to 9.30 pm.
8 The rates do not refer to local calls.

Exercise E (suggested answer)

Vous: Bonjour monsieur. Je voudrais téléphoner à Strasbourg en PCV, s'il vous plaît.
Employé: Oui. Quel est le nom de votre correspondant?
Vous: Je ne comprends pas «correspondant». Parlez-vous anglais?
Employé: Je ne parle pas un mot d'anglais, je suis désolé! Quel est le nom de la personne que vous voulez appeler?
Vous: Ah, je comprends! Il s'appelle Michel Prince. Je dois l'appeler pour lui dire que j'arriverai demain soir. J'espère qu'il pourra venir me chercher à la gare.
Employé: Et quel est son numéro?
Vous: C'est le 85 02 31.
Employé: Bien, attendez un instant, je vous prie.

Exercise F

At five o'clock he had left his office in Madison Avenue and three minutes later, he was meeting his wife in their little bar on 45th Street where she had arrived before him and where she hadn't waited for him to order a Martini. There were few regulars in the dimly lit room. In fact, he didn't notice any familiar faces, for, that Friday, with even more haste than on the other Fridays, people were rushing towards the trains and the cars which were taking them to the seaside or to the country. In an hour's time, New York would be empty, with only, in the quiet districts, men without their jackets on, and women with bare legs sitting on their doorsteps.

Listening comprehension

Section One

1 Deux croissants, une baguette et une tarte aux prunes, s'il vous plaît.
2 Et je voudrais envoyer un mandat à ma fille qui habite en Angleterre.
3 De quel quai part le train pour Grasse?
4 Elle a mal à la gorge, et pourtant elle ne manque pas d'appétit.
5 Une livre de tomates et une demi-livre de champignons, s'il vous plaît.

Section Two

6 – Est-ce que ma fille fait des progrès en mathématiques?
– Malheureusement elle n'est pas très forte en mathématiques, mais elle a de bonnes notes en chimie.
7 – Vous désirez?
– Je cherche un cadeau pour ma femme, quelque chose en or, un collier ou des boucles d'oreilles, peut-être.
8 – Vous désirez, madame?
– Faites le plein, et vérifiez la pression des pneus, s'il vous plaît.
9 – Vos billets, messieurs-dames . . . Vos places sont au troisième rang à droite, juste au milieu du théâtre.
– Merci mademoiselle.
10 – On m'a volé mon passeport!
– Oui madame. Asseyez-vous. Nom, prénom, adresse . . .

Note: Sections one and two should be played once only.

Section Three

Pendant qu'elle attendait son tour, *Chantal* fumait cigarette sur cigarette. Elle repensa à ce qui l'avait amenée là:
Comme elle s'ennuyait à mourir dans son grand magasin depuis plusieurs années, elle avait décidé, deux ans plus tôt, de tenter une nouvelle carrière. Malheureusement, quand elle était très jeune, elle n'aimait pas l'école, et elle avait arrêté ses études à l'âge de seize ans, au grand désespoir de ses parents et de ses professeurs qui savaient qu'elle était douée, pour aller travailler comme vendeuse à Rouen. Elle n'avait jamais voulu reprendre ses études, sauf quand elle avait décidé, ou plutôt essayé de devenir hôtesse de l'air. Mais elle ne parlait pas assez bien l'anglais. C'est alors qu'elle s'était inscrite dans un cours du soir. Elle avait étudié très sérieusement, et en deux ans elle avait fait beaucoup de progrès. Et c'est pourquoi elle se trouvait de nouveau dans le bureau d'Air Normandie, nerveuse comme une jeune fille juste avant son premier rendez-vous!

Section Four

Il pleuvait à verse, et les grosses gouttes tombaient tristement sur le trottoir. *Marc* jeta un coup d'œil autour de lui avant de quitter l'abri de l'usine. Il était six heures dix, et s'il se dépêchait, il aurait juste le temps d'atteindre l'arrêt d'autobus avant l'arrivée de la foule qui sortirait de l'usine voisine dans quelques minutes. L'autobus était plein de gens dont les parapluies et les imperméables dégoulinaient. Marc fit tout le trajet en autobus, comme d'habitude quand il faisait mauvais, et descendit à l'église Saint-Jacques qui se trouvait à deux pas de chez lui. Il ouvrit la porte du grand immeuble, salua la concierge et monta l'escalier à toute vitesse. Il s'arrêta, essoufflé, devant la porte de son appartement, et chercha la clé dans la poche de sa veste.

À l'intérieur, tout était tranquille, et il n'y avait aucun mouvement. Marc, étonné, entra dans le salon et remarqua un papier sur la table. Il lut:

«Chéri, désolée de t'abandonner ce soir, mais *Marie-Claire* a des ennuis avec le petit. Ne m'attends pas pour dîner. Fais-toi une omelette. *Géraldine*.»

Marc soupira et se dirigea vers le réfrigérateur.

Note: Play sections three and four separately, two or three times.

Section One
1 a, **2** a, **3** d, **4** c, **5** b.

Section Two
6 c, **7** a, **8** d, **9** c, **10** b.

Section Three
11 a, **12** b, **13** c, **14** c, **15** b.

Section Four
16 d, **17** c, **18** d, **19** d, **20** a.

For extra practice . . .

Spell out some words/names for the students to write down and dictate some telephone numbers, particularly as the French do not give the digits separately (e.g. 42.82.32.64).

You can also get your students to spell out things for the rest of the class.

Seizième unité

Avez-vous compris? (p. 141)

1 Elle fut ordonnée par le roi Louis XIV.
2 Il fut construit pour les vieux soldats infirmes.
3 Elle fut terminée en 1706.
4 Le corps de Napoléon fut mis aux Invalides en 1840.
5 On y trouve la plus importante collection militaire du monde.

Avez-vous compris? (p. 142)

1 Elle fut construite pour l'Exposition Universelle de 1889.
2 Elle mesurait 300 mètres.
3 Parce qu'une station radio-militaire fut installée en 1908 et qu'en 1957, le sommet fut équipé des antennes de télévision.
4 Elle fut célébrée par des peintres, des poètes, des cinéastes.
5 Parce que chaque année, plus de 3 millions de curieux lui rendent visite.

Avez-vous compris? (p. 143)

1 L'empereur Napoléon III voulut la construction d'un nouvel Opéra pour remplacer celui qui avait brûlé en 1860.
2 Un concours fut organisé et il fut choisi à l'unanimité.
3 Il fut inauguré par Mac-Mahon, premier président de la IIIe République.
4 Des matériaux coûteux furent utilisés. Les marches de l'escalier d'honneur ont dix mètres de large.
5 Il fut repeint par Chagall en 1964.

Avez-vous compris? (p. 144)

1 Elle fut choisie pour y mettre une statue équestre du roi Louis XV.
2 Elle fut remplacée par une statue de la Liberté et une guillotine.
3 Elles furent décapitées.
4 L'obélisque de Louqsor s'y dresse maintenant.
5 Il y a au nord la rue Royale où se trouve le célèbre restaurant Maxim's, au sud, la Seine et le pont de la Concorde, à l'est, le jardin des Tuileries et la rue de Rivoli, et à l'ouest, l'avenue des Champs-Elysées.

Avez-vous compris? (p. 146)

1 To try and improve his general knowledge.
2 He knows Paris well, but not its history.
3 That it is the Army Museum and that Napoleon's tomb is there.

4 The fact that the building of the Opera was decided by an emperor, but the theatre was finally inaugurated by a president of the Republic.
5 Because it was used for radio transmission.
6 When Henri says that there used to be a guillotine in the middle of the Concorde Square.
7 It has been there since 1936. It comes from the temple of Rameses the Great and was given to king Louis-Philippe.
8 Wine making and drinking.

Avez-vous compris? (p. 147)

1 Il admire sa couleur et son bouquet.
2 On dit «A la vôtre!» ou «A votre santé!».
3 «Faire les vendanges» veut dire cueillir le raisin et le mettre dans de grands paniers.
4 On le transporte à la coopérative.
5 On le met dans un pressoir.
6 Il regrette le temps où on écrasait le raisin avec les pieds en chantant.
7 On doit le boucher et coller les étiquettes.
8 Boire le vin.

Exercises

Exercise A

1 La Sorbonne
2 Le thé
3 John Kennedy
4 La fourchette
5 Elizabeth II
6 Le baba au rhum
7 Charles de Gaulle
8 Le cidre

Exercise B

1 On a acheté ce manteau dans un grand magasin.
2 On a pris le repas à la cuisine.
3 On a trouvé le chat abandonné dans la rue.
4 On a interdit de fumer dans les bureaux.
5 On a raconté cette historie cent fois.
6 On a félicité les gagnants.
7 On construisit cette maison en deux mois.
8 On appela immédiatement la police.

Exercise C

On a entendu un bruit suspect dans un bureau. Une secrétaire a appelé la police. Elle est arrivée 5 minutes plus tard. On a arrêté le cambrioleur et on l'a emmené / Le cambrioleur a été arrêté et emmené au commissariat de police. On l'a interrogé / Il a été interrogé pendant plusieurs heures. Il a dit qu'il cherchait une lettre qu'il avait envoyée lui-même. La police est retournée dans le bureau. On a cherché la lettre et on l'a finalement trouvée, à moitié brûlée, dans le cendrier.

Exercise D

1 Sun.
2 Roast meat or fish.
3 ¼ litre of cold water.
4 5 minutes.
5 Put the contents of the packet in a saucepan, mix with the water and bring to the boil.
6 Filet sole with Italian sauce.
7 Poach it.
8 ⅛ litre of fish stock and ⅛ litre of dry white wine.
9 Chopped parsley.
10 The list of ingredients and a 'consume by' date.

Exercise E (suggested answer)

Pour faire des madeleines, il faut: 200 g de farine, 3 œufs, 150 g de sucre en poudre, 125 g de beurre, 1 pincée de sel, 1 cuillerée à soupe de jus de citron. On travaille les œufs avec le sucre, on ajoute la farine, puis le beurre fondu et le jus de citron. On beurre des moules à madeleines, on les remplit de pâte et on fait cuire à four moyen 20 à 25 minutes.

Exercise F

Mrs Roland asked:
– Hasn't Pierre arrived?
Her husband shrugged his shoulders.
– No, but never mind, he is always late. Let's start without him.
She turned to Jean.
– You should go and fetch him; he gets hurt when we don't wait for him.
– Yes, mother, I will go.
And the young man went out.
He went upstairs, with a pounding heart. When he knocked on the door, Pierre answered:
– Come in.
He went in.
The other was writing, leaning over the table.
– Hello, said Jean.
Pierre got up.
– Hello.
– They each held out their hand as if nothing had happened.
– Aren't you coming down for lunch?
– I have a lot of work.
– You are expected.
– Ah! Is our mother downstairs?

– Yes, she even sent me to fetch you.
– I am coming down then.

Reading comprehension

1 He had helped her decorate it.
2 She had made some curtains and cushions, hung some prints, put a mirror above the fireplace, and knick-knacks and vases on the window-sills.
3 A shelf on which to put her cookery books.
4 She wanted to make the shelf herself.
5 Wood, glue, nails, screws and paint.
6 A ruler, a hammer, an electric drill, a screwdriver, a saw and a plane.
7 Paint and paintbrushes.
8 Her father.
9 She hired it.
10 She followed the instructions in the book scrupulously.
11 Because she had no experience.
12 Because she wanted to surprise him.
13 Her English homework, a cold, a headache.
14 When she refused to go to a good restaurant and said that she was on a diet.
15 Chantal was able to put her books on the shelf.
16 She telephoned Laurent.
17 She told him to come for a glass of champagne.
18 She had woken him up.
19 That he was now awake and that she had a surprise for him.
20 Because he was curious, he liked champagne, he hadn't seen her for a week and the next day was a Sunday, so he could have a lie in.

Faites le point! (Unités 13–16)

Elle (1) *attendit* cinq minutes, dix minutes, un quart d'heure. Ils l' (2) *avaient tué*, sans doute. Elle (3) *appela* Céleste, mais la maison entière (4) *resta* silencieuse.

La demie de minuit (5) *sonna*. Son mari (6) *était* absent depuis quarante-cinq minutes. Elle ne le (7) *reverrait* certainement plus! Elle (8) *tomba* à genoux en (9) *pleurant*.

Deux coups légers contre la porte la (10) *firent* se lever d'un bond. Son mari l'(11) *appelait*:
– (12) *Ouvre* donc, c'est moi!

Elle le (13) *regarda* d'un air de défi.
– Vous (14) *êtes* la seule à soupçonner que cette mort (15) *pourrait* ne pas être naturelle, (16) *dit*-il.

Cette fois, elle (17) *se leva*.
– (18) *Ecoutez* commissaire, vous (19) *avez* la réputation d'être le policier le plus intelligent de France. Tout au moins, celui qui (20) *obtient* les plus grands succès. (21) *Habillez-vous*! (22) *Faites* votre valise. Dans une demi-heure, je vous (23) *déposerai* à la gare des Aubrais. Ce soir à sept heures, vous (24) *serez* à l'Auberge de l'Ange. Chaque jour, vers midi, François (25) *va* boire l'apéritif à l'Ange. D'habitude, il ne (26) *boit* pas, mais je lui en (27) *ai donné* l'ordre.

Elle (28) *fit* quelques pas vers le jardin, décidée sans doute à s'y promener en l'(29) *attendant*.
– (30) *Dépêchez-vous*!

Dix-septième unité

Exercise A

1 c, **2** d, **3** c, **4** a, **5** d, **6** c, **7** b, **8** b, **9** c, **10** b, **11** c, **12** d, **13** d, **14** c.

Exercise B

Suggested answer

Il y a quelques semaines, Suzanne et Jules ont assisté à une course de chevaux.
Ils sont partis par un beau matin d'été.
Il faisait très beau, le soleil brillait.
Ils ont voyagé en voiture.
En arrivant au champ de course, le gardien leur a indiqué une place au parking.

Une demi-heure plus tard, ils ont observé les chevaux dans l'enclos.
Avant de se décider, ils ont étudié le programme des courses.
Ils ont finalement parié sur le cheval numéro 3, peu avant le commencement de la course.

Suzanne et Jules ont regardé la course. Pendant que les chevaux couraient, ils avaient les yeux fixés sur le favori. Ils l'ont encouragé en criant: «Vas-y Milord!».

C'est Milord, le numéro 3, qui a le premier passé le poteau d'arrivée. Suzanne et Jules avaient gagné.

Ils étaient fous de joie. Pour fêter ça, ils sont allés déjeuner au restaurant.

Ils ont mangé les choses les plus chères sur le menu et ils ont bu du champagne.

L'après-midi, ils sont retournés au champ de course, ils ont parié sur un cheval qui est arrivé dernier, et ils ont perdu tout l'argent qui leur restait!

Exercise C

1 A winter sports holiday.
2 Just skis.
3 It was dark and they couldn't see anything.
4 The little chalets looked as if they were smiling. The mountains around were buried in snow, and the pine branches were weighed down with it.
5 Made a large snowman and had a snowball fight.
6 Went towards the ski lift to reach more difficult slopes.
7 Because they managed to stand on their skis quickly.
8 Skating.
9 Keeping their balance.
10 Because they could do all sorts of elegant figures on the ice.
11 Tobogganing.
12 He fell and broke his leg.
13 Their names.
14 Come back the following Christmas.
15 He had a few extra days holiday.

Exercise D

Suggested answer

- Alors, Sylvie, as-tu fait bon voyage?
- Oui, excellent. J'avais une place près de la fenêtre et dans le sens de la marche.
- A quelle heure es-tu partie ce matin?
- Le train est parti à 8 heures, mais nous avons dû quitter l'hôtel à 7 heures.
- As-tu eu beau temps?
- Oui, nous avons eu de la neige et du soleil tous les jours. C'était parfait!
- Est-ce que tu t'es bien amusée?
- Oui. Tous les matins j'ai fait du ski et l'après-midi, du ski, du patin à glace ou de la luge.
- Et le soir, as-tu regardé la télévision?
- Certainement pas! Nous avons bavardé, dansé, chanté. Une fois j'ai joué aux cartes, un soir nous sommes allés à la discothèque, un autre soir au cinéma.
- Alors tu t'es fait des amis?
- Oui, en particulier Marie-Laure et Florence. Elles sont très sympas. Je les ai invitées à venir passer un week-end à la maison.
- Bonne idée. Mais dis-moi, aimerais-tu retourner aux sports d'hiver?
- Oh oui, j'aimerais bien y aller à Pâques!

Exercise E

1 Le temps restera instable avec des nuages et des averses.
2 De l'ouest.
3 En Bretagne.
4 Non, il y aura de belles éclaircies.
5 Non, le ciel restera couvert.
6 Des Pyrénées aux Alpes.
7 Non, il y aura des orages en Corse.
8 Non, elles seront inférieures aux moyennes saisonnières.

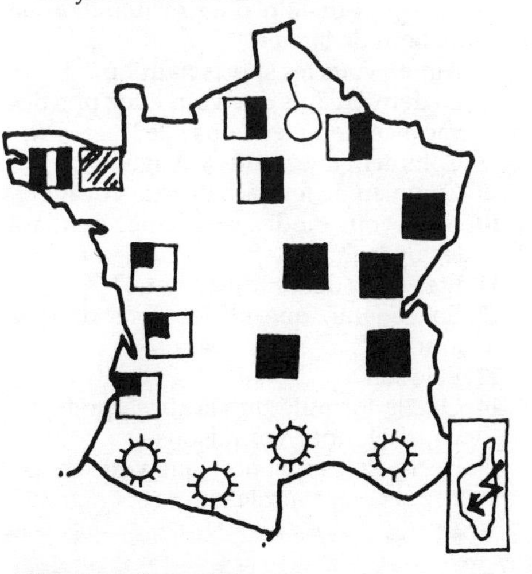

Exercise F

Suggested answer

Rouen, le 8 avril 19..

Chère Marie-Pascale,

J'ai lu l'annonce de tes fiançailles dans le journal – félicitations! Je suis désolée de ne pas t'avoir écrit plus tôt, mais ma mère a été malade, et j'ai dû la soigner. Quand est-ce que le mariage aura lieu?

Avez-vous déjà fait des projets de voyage de noces? Tu sais, Richard et moi nous nous sommes un peu disputés à ce sujet! Richard voulait aller à Londres pour visiter la tour de Londres, Big Ben, Westminster etc. Moi, j'aurais préféré descendre dans un petit hôtel dans les Alpes où nous aurions pu faire du ski, de la luge, du patin à glace. Mais malheureusement Richard n'est pas du tout sportif!

Finalement nous nous sommes décidés à prendre l'avion pour la Martinique. Nous avons visité d'abord les beaux sites pittoresques de l'île, mais nous avons passé la plupart du temps sur la plage. J'ai fait de la planche à voile et de la plongée sous-marine, et Richard a pris des bains de soleil. C'était formidable!
En espérant te revoir bientôt,
Je t'embrasse,
Patricia

Exercise G

1 Cette photo a-t-elle été prise à la campagne, à la mer ou à la montagne?
2 Voyez-vous un parapluie sur la plage? Pourquoi?
3 Que font les enfants sur la plage?
4 Que font les gens dans la mer?
5 Que peut-on faire d'autre quand on est au bord de la mer?
6 Aimez-vous les sports nautiques?
7 La dernière fois que vous avez pris des vacances, où êtes-vous allé?
8 Comment avez-vous voyagé?
9 Combien de temps a duré le voyage?
10 Avez-vous eu des problèmes pendant le voyage?
11 Etes-vous descendu à l'hôtel?
12 En général, que faisiez-vous dans la journée?
13 Et le soir?
14 Quelle formule de vacances préférez-vous? Donnez vos raisons.
15 Décrivez les vacances que vous choisiriez si vous aviez le temps et l'argent.

Exercise H

Section One

C'était la fin de l'été. C'était le jour de l'ouverture de la chasse. Louis s'était levé de bonne heure, il faisait encore nuit et toute la famille dormait paisiblement. La veille au soir, sa femme lui avait préparé un bon casse-croûte qu'il mit dans sa musette, ainsi qu'une bonne bouteille de vin rouge. Son chien, le fidèle Médor, attendait le moment du départ avec impatience. Louis n'était pas peu fier de son beau fusil tout neuf, de sa cartouchière et de son carnier qui, espérait-il, serait plein de gibier à la fin de la journée. Mais pour plus de sûreté, avant de partir, il fit une petite prière à Saint Hubert, le patron des chasseurs, car il avait promis de rapporter le déjeuner du lendemain à sa famille.

Section Two

«Je veux manger du faisan», avait dit l'un. «Moi du lapin», avait dit un autre. Sa femme avait manifesté sa préférence pour un lièvre, en vue de faire un pâté. «Ne vous en faites pas, il y en aura pour tous les goûts» avait-il répondu, très sûr de lui.

Louis partit donc à l'aube. La campagne était encore couverte de rosée. Tout était calme et la journée promettait d'être belle. Il marcha à travers champs et dans les bois toute la matinée. Une compagnie de perdrix s' envola sous son nez, mais il n'eut pas même le temps de tirer. Il vit plusieurs lapins s'enfuir devant lui, mais il les rata à chaque fois.

A midi, Louis s'arrêta pour manger et se reposer un peu. Il était fatigué et quelque peu découragé de son échec, mais il se dit qu'il avait encore bien le temps de tuer quelque chose. Après une petite sieste en compagnie de Médor, il se remit en marche, surveillant ciel et terre, à l'affût du moindre bruit et du moindre mouvement. Mais, à chaque fois qu'il voyait un animal, il était déjà trop tard.

Section Three

Vers les quatre heures de l'après-midi, Louis s'assit sur un tronc d'arbre et s'écria: «Saint-Hubert, Saint-Hubert, pourquoi m'as-tu abandonné?». Le fidèle Médor, devinant l'angoisse de son maître, posa sa tête sur ses genoux. Louis le caressa pensivement. Il se demandait comment il pourrait sauver la face devant sa famille.

«Eurêka!» dit-il tout à coup «je vais tricher un peu, mais je ne vais pas les décevoir. Il y aura quelque chose dans mon carnier ce soir. Debout Médor. En route pour Voville!». Voville était une petite ville à quelques kilomètres de là et où Louis n'était pas très connu. En arrivant, il alla directement chez le marchand de volaille et de gibier où il acheta le plus gros lièvre du magasin.

En rentrant à la maison, il fut accueilli par les cris de joie et les félicitations de toute la famille. Il répondit modestement que tout l'honneur en revenait à Médor dont la queue frétillait d'orgueil et de plaisir. Ce n'est certainement pas lui qui trahirait son maître!

Note: Play the passage straight through

once. The second time, stop at the end of each section to allow the students to write down their answers. Then, play the passage straight through a third time.

Section One

1 The first day of the hunting season.
2 It was still dark and his family were still asleep.
3 The food his wife had prepared the night before and a good bottle of red wine.
4 Faithful.
5 Yes, because they were brand new.
6 He hoped it would be full at the end of the day.
7 Because he is the patron saint of hunters and Louis, who did not entirely trust his own skill, had promised to provide lunch for the following day.

Section Two

8 Because she intended to make a pâté.
9 That he would satisfy everybody.
10 He walked across fields and roads.
11 Some partridges and rabbits.
12 He had lunch and a nap.

Section Three

13 Because he knew his master was unhappy.
14 How he could save face in front of his family.
15 To cheat a little.
16 Because he was not well known there.
17 He went to the poultry and game shop and bought the biggest hare there was.
18 Modestly. He said it was all Médor's doing.

Dictation

Ils partirent, / sac à dos, / un peu après le lever du jour. / Ils furent surpris / de rencontrer / des couches de brouillard froid. / Ils arrivèrent assez vite au carrefour, / et prirent le chemin de droite / qui menait à la grande route. / Ils marchaient en silence, / pensant à l'aventure qui les attendait./

Bientôt ils feraient de l'auto-stop. / Avec un peu de chance, / ils pourraient arriver à *Calais* / de bonne heure, / embarquer immédiatement / et débarquer en *Angleterre* le soir même./

– A quoi penses-tu? / demanda *Jacques* en se tournant vers son frère./

– J'espère qu'il fera plus beau / là-bas qu'ici. / Je n'aime pas le camping / quand il fait mauvais / et s'il pleut / nous ne pourrons pas / faire griller de saucisses. / Nous n'avons pas les moyens / d'aller au restaurant, / et je n'aime pas les conserves!

Dix-huitième unité

Exercise A

1 Elles ont arraché aux hommes la victoire dans le Tour de France (automobile.)
2 C'est la première fois que les femmes arrivent en première place.
3 Elle a conquis le titre de meilleure femme pilote du monde.
4 Elle passe des heures dans la salle de bains pour se faire belle.
5 Elle aime les bijoux et les jolies robes.
6 Elle vient de Provence.
7 Elle aime préparer la ratatouille et le lapin à la tomate.
8 Elle habite une maison sur les remparts de Saint-Paul-de-Vence.
9 Elle fait de la broderie.
10 Elle aimerait fonder une famille/avoir des enfants.
11 Les mouvements féministes ne l'intéressent pas du tout.
12 Non, elle est très contente d'être une femme.

Exercise B

1 Mrs Kergaran was about forty. She decided everything with one plain conclusive word. Her dwelling which was quite narrow, having only one opening onto the street on each floor, looked like a ladder of windows, or even a slice of house in a sandwich between two others.

The owner lived on the first floor with her maid. On the second the cooking was done and meals were taken. Four Bretons lodged on the third and fourth. I had the two rooms on the fifth floor.

Every day without stopping Mrs Kergaren went up and down the little black staircase and went into each flat ten times in succession, watched over everything, saw if the beds had been made properly/well, if the clothes had been well brushed, if the service left anything to be desired. In short, she looked after her lodgers like a mother, better than a mother.

2 Twelve o'clock had just struck when, Sénateur the police sergeant followed by his man gave three light taps at the door of an isolated house five hundred metres from the village. They had stuck themselves against the wall so as not to be seen from inside and they waited. After a minute or two, as no one answered, the sergeant knocked again. The abode seemed uninhabited it was so quiet, but the gendarme Lenient announced that someone was moving around inside. He hadn't finished speaking when the door opened and Sénateur had in front of him a very red fat girl. He went in.
– I have come to see you for a little investigation, he said. And he looked round him. On the table a plate, a cider jug, a glass half-full announced a meal already begun. The gendarme winked at his boss.
– That smells good, said the latter.
– One could have sworn it was rabbit, added Lenient gaily.

Exercise C

Suggested answer

Ce jour-là Paul est arrivé tôt au bureau parce qu'il avait beaucoup de travail à faire.

Il écrivait un rapport.

En regardant par la fenêtre il a remarqué de la fumée noire.

Une usine de produits chimiques avait pris feu.

Il a tout de suite téléphoné aux pompiers.

Il leur a raconté que le bâtiment d'en face avait pris feu.

Paul était inquiet parce qu'il y avait des produits chimiques dedans.

Malheureusement la pompe à incendie ne pouvait pas avancer à cause d'un embouteillage. Les pompiers ont fait marcher leur sirêne sans arrêt.

Dans les villes où il y a beaucoup de circulation et des rues étroites, il y a toujours des embouteillages aux heures d'affluence.

Les pompiers ont fait sortir les gens qui habitaient l'immeuble voisin parce qu'ils avaient peur d'une explosion. Ils sont allés dans une école un peu plus loin.

Il y avait aussi un homme à la fenêtre du troisième étage de l'usine. Il criait «au secours» parce qu'il ne pouvait pas descendre.

Un des pompiers est monté à l'échelle pour le faire descendre.

Le monsieur, soulagé, a fondu en larmes parce qu'il avait eu très peur.

Le pompier lui a dit «Ne vous inquiétez pas!», et les deux hommes sont descendus tout de suite.

Les pompiers ont réussi à éteindre le feu. Il n'y a pas eu d'explosion après tout et personne n'a été blessé.

Le monsieur a serré la main à Paul parce qu'il lui avait sauvé la vie.

Exercise D

Suggested answer

J'ai décidé de voyager en voiture. Alors avant le départ je suis allé au garage pour faire le plein d'essence et pour vérifier les pneus.

Malheureusement j'ai eu des difficultés à trouver le chemin, car on ne m'avait pas envoyé de carte. Donc je me suis complètement perdu. Plus tard la voiture est tombée en panne.

J'ai ouvert le capot et j'ai regardé le moteur mais je n'ai rien pu toucher parce que je portais mon costume neuf. J'ai dû faire de l'auto-stop. J'ai eu de la chance, parce qu'une voiture s'est arrêtée tout de suite, mais j'ai été très en retard au rendez-vous, et quand je suis arrivé, le client était parti.

Après bien des difficultés j'ai trouvé l'adresse du client, et j'ai pris un autre rendez-vous pour le lendemain. J'ai passé la soirée tout seul. Après avoir dîné à l'hôtel, je suis allé au cinéma. Heureusement, j'ai rencontré mon client sans aucune difficulté et finalement il nous a passé une commande de cinq mille pots de peinture rouge.

Exercise E

First ad

1 Secretary.
2 Excellent shorthand and typing, perfect spoken and written English, some computer knowledge desirable.
3 Young female.
4 Permanent job with prospects. First year salary of 110,000 francs.
5 Send letter with CV and photo to agency, who will forward.

Second ad

1 Salesperson.
2 Knowledge of supermarket and self-service stores; able to sell on the telephone; knowledge of fresh foods or fruit and vegetables.
3 Male or female.
4 Starting salary 75,000 francs per annum, plus expenses and a car.
5 Send handwritten letter with CV and photo to agency.

Third ad

1 Representatives.
2 Previous experience not essential.
3 Male or female, any age, dynamic and ambitious; immaculate appearance, preferably car owner.
4 High commissions, possibility of rapid promotion to executive level, training given.
5 Go to the Grand Hotel in St Laurent du Var, on Monday 10th or Tuesday 11th February, between 9 and 12 am, or 2 and 6 pm.

Exercise F

Suggested answer

Chère tante Cécile,

Je t'écris pour t'apprendre une bonne nouvelle; j'ai changé de travail il y a maintenant un mois, et j'en suis très content. Je gagne plus d'argent, mais en général, je travaille moins. Malheureusement je dois parfois travailler le soir.

En fait, j'ai été promu. Je travaille pour la même société, mais dans une succursale différente qui se trouve plus près de chez moi. Je n'ai qu'à prendre l'autobus tous les matins à sept heures et demie, et me voilà devant mes rapports et mon courrier à huit heures moins le quart! Pas mal, hein!

Mon bureau est plus petit que l'autre, mais nous n'y sommes que quatre personnes. Mes collègues sont tous sympathiques, à part le chef qui n'est pas très bavard, mais comme il est souvent en déplacement pour affaires, cela n'a pas d'importance.

J'espère que tu vas bien,
Ton neveu,
Charles

Exercise G

1 Combien de portes voyez-vous?
2 Est-ce que nous sommes à la ville ou à la campagne?
3 Est-ce l'hiver?
4 A votre avis, pourquoi y a-t-il des enfants dans la rue?
5 Selon vous, où va l'homme avec son attaché-case?
6 Quel est le numéro de la pharmacie?
7 Comment s'appelle une personne qui travaille dans une pharmacie?
8 La prochaine fois que vous irez dans une pharmacie, qu'est-ce que vous achèterez?
9 Que peut-on acheter dans un magasin de papiers peints?
10 Avez-vous repeint votre maison récemment? Qu'avez-vous fait exactement?
11 Quel est le travail d'un bijoutier?
12 Aimez-vous porter des bijoux? Si oui, lesquels? Si non, pourquoi pas?
13 Qu'est-ce qu'il y a sur le trottoir devant la porte d'entrée de l'immeuble?
14 Quand, à qui et pourquoi avez-vous téléphoné récemment?
15 Si la dame blonde qui regarde la boutique «Yonie» entrait dans le magasin, qu'est-ce qu'elle y ferait?

Exercise H (Part I)

Section One

Enquêteuse: Quel est votre métier, monsieur?
Homme: Je suis marchand de poisson ambulant.
Enquêteuse: A quelle heure commence votre journée de travail?
Homme: Je commence à quatre heures et demie du matin.
Enquêteuse: A quelle heure vous levez-vous donc?
Homme: Oh, à quatre heures.
Enquêteuse: Pourquoi commencez-vous si tôt?
Homme: Je dois d'abord aller acheter mon poisson au marché-gare. Puis je pars faire mes tournées.
Enquêteuse: En quoi consiste une tournée?
Homme: Eh bien, chaque jour, je vais dans des villages différents avec mon camion pour vendre du poisson frais.
Enquêteuse: Combien faites-vous de kilomètres par jour en moyenne?
Homme: Oh, entre deux cents et trois cents kilomètres, ça dépend.
Enquêteuse: Et vous finissez à quelle heure?
Homme: Je rentre à la maison vers sept, huit heures.

Enquêteuse: Faites-vous des tournées tous les jours?

Homme: Non, seulement quatre jours par semaine, le mardi, mercredi, jeudi et vendredi.

Enquêteuse: Vous ne préféreriez pas avoir un magasin?

Homme: Non, j'aime mon travail parce que je suis libre, je peux profiter de la nature. Je n'aimerais pas rester enfermé toute la journée. Je regrette seulement de ne pas avoir un magasin ordinaire quand il neige, parce que c'est dangereux sur les petites routes, mais ça n'arrive pas très souvent!

Section Two

Enquêteuse: Vous êtes marin-pêcheur. Aimez-vous votre métier?

Homme: C'est mon métier, j'y suis habitué, mais c'est loin d'être le métier idéal. Le travail est très dur.

Enquêteuse: C'est dangereux?

Homme: Ben, il y a des risques, surtout quand il fait mauvais temps.

Enquêteuse: Partez-vous pendant de longues périodes?

Homme: Certains pêcheurs, oui, mais nous, nous sortons tous les jours, sauf le samedi et le dimanche. Nous quittons le port à une heure du matin, et nous rentrons dans l'après-midi.

Enquêteuse: Quand vous rentrez au port, est-ce que votre travail est terminé?

Homme: Oh là là, non, il faut vendre la pêche, il faut s'occuper du bateau, réparer les filets . . .

Enquêteuse: Qu'est-ce qui vous plaît dans votre métier?

Homme: J'adore la mer, j'ai besoin de la mer. Et maintenant que je suis propriétaire de mon bateau, je gagne bien ma vie.

Section Three

Enquêteur: Vous êtes serveuse à «La Sole Meunière» madame, pourquoi le restaurant porte-t-il ce nom?

Femme: Parce que nous ne servons que des plats à base de poissons et de fruits de mer.

Enquêteur: Je suppose que votre journée de travail est assez longue?

Femme: Je ne commence pas très tôt, à dix heures du matin, mais je finis tard le soir, vers minuit ou une heure du matin, ça dépend.

Enquêteur: Quel est le jour de fermeture de «La Sole Meunière»?

Femme: Nous sommes fermés le lundi. J'ai aussi un autre jour de libre, mais il varie.

Enquêteur: Est-ce que vous aimez votre métier?

Femme: Oui et non. D'abord, je ne suis pas souvent libre au week-end et c'est dommage pour la vie de famille. Et puis, c'est assez fatigant et il y a des clients désagréables qui vous traitent comme des inférieurs. Par contre, il y a d'autres clients qui sont très sympathiques, et moi j'aime bien le contact avec les gens. Et puis, j'ai la bougeotte, je ne peux pas rester cinq minutes tranquille!

Enquêteur: En quoi consiste le travail de serveuse exactement?

Femme: Ça dépend, mais dans un petit restaurant comme «La Sole», il faut faire pas mal de choses. Il faut servir naturellement, mais aussi mettre le couvert, préparer les apéritifs, faire les glaçons, les cafés, préparer les additions . . .

Enquêteur: Les premiers clients arrivent, alors je vous laisse. Bon courage!

Note: Play each section twice, three times if the students experience difficulty.

First man

1 Mobile fishmonger.
2 4.30 am, 7/8 pm.
3 Buying fish and selling it in villages from his van.
4 Saturdays, Sundays and Mondays.
5 The freedom, to be out, to enjoy nature.
6 The fact that it is dangerous on country roads when it snows.

Second man

1 Fisherman.
2 1 am till the afternoon.
3 Fishing, selling the catch, maintaining the boat, repairing nets.
4 The weekend.
5 The sea, the money he earns since he has had his own boat.
6 Hard work, dangerous when the weather is bad.

Woman

1 Waitress.
2 10 am till midnight/1 o'clock.
3 Serving, laying the tables, preparing drinks, ice-cube, coffee, bills.
4 Mondays, plus another day which varies.
5 The contact with people, ideal for a restless person.
6 Tiring, some unpleasant customers, few weekends with the family.

Exercise H (Part 2)

Section One

Présentateur: De plus en plus de carrières traditionnellement masculines s'ouvrent maintenant aux femmes. Comme chaque semaine dans *Métier-Hebdo*, nous recevons une femme qui exerce un de ces métiers. Aujourd'hui, Sophie Selet vient nous parler des femmes gendarmes. Bonjour Sophie.

Sophie: Bonjour.

Présentateur: Combien y a-t-il de femmes gendarmes en France?

Sophie: Aujourd'hui nous sommes 170.

Présentateur: Avez-vous un titre spécial et portez-vous un uniforme différent de ceux de vos confrères hommes?

Sophie: Non, je suis gendarme et je porte le même uniforme.

Présentateur: Quelles sont vos fonctions?

Sophie: Nous remplissons les mêmes fonctions que les hommes.

Présentateur: C'est-à-dire?

Sophie: Eh bien d'abord, il y a un travail de surveillance générale, des contrôles routiers, des contrôles d'identité, nous vérifions des véhicules, nous faisons passer des alcootests . . .

Section Two

Présentateur: Y a-t-il des tâches que vous n'aimez pas?

Sophie: Quand il faut fouiller des suspects, je préfère m'occuper des femmes! Et puis, je n'aime pas beaucoup le côté administratif, remplir des papiers, taper à la machine . . .

Présentateur: Etes-vous de service tous les jours à la même heure?

Sophie: Non, tous les 10 jours, je suis de permanence une journée et une nuit car la gendarmerie est ouverte 24 heures sur 24.

Présentateur: Etre de permanence, en quoi est-ce que cela consiste?

Sophie: Eh bien, par exemple, quand on nous prévient d'un accident, je note tous les renseignements et je préviens mon chef qui envoie des gendarmes sur place. Malheureusement, moi, je dois rester!

Présentateur: Travaillez-vous seule?

Sophie: Non, en général, nous travaillons par équipe de deux.

Section Three

Présentateur: Qu'est-ce que vous aimez particulièrement dans votre métier?

Sophie: J'adore l'action sur le terrain, et j'aime beaucoup le contact avec le public. J'ai aussi le droit d'enquêter, d'auditionner des témoins. Mon travail préféré, ce sont les enquêtes sur les vols, les accidents de voiture . . .

Présentateur: Avez-vous déjà eu de grosses satisfactions?

Sophie: Oui, récemment, nous avons arrêté des trafiquants de drogue.

Présentateur: Eh bien, félicitations! Si le métier de Sophie vous intéresse, et si vous voulez lui poser vous-même des questions, appelez dès maintenant le 84 25 32 10, je répète, le 84 25 32 10, pendant notre petit intermède musical.

Note: Play the passage straight through once. The second time, stop at the end of each section to allow the students to write down their answers. Then, play the passage straight through a third time.

Section One

1 Women who have a job which has so far been done by men.
2 170.
3 No, the same.
4 No, the same.
5 Road, identity, vehicle checks, tests for alcohol etc.

Section Two

6 When she has to search a suspect.
7 The admin. side; filling in forms, typing etc.
8 She is on duty for a day and a night, because the police station is open twenty-four hours a day.
9 Stay in the office, take calls and inform her boss.
10 Generally they work in pairs.

Section Three

11 Making enquiries about thefts, dealing with car accidents.
12 They have recently arrested drug traffickers.
13 So that the listeners interested in Sophie's job can call her.
14 84 25 32 10.
15 A musical interlude.

Dix-neuvième unité

Exercise A

1 Because she had slept fully dressed.
2 She slipped on a nightie, got into bed and shut her eyes.

3 She managed to fall asleep.
4 Shortly before 10 o'clock.
5 She half drew the curtains.
6 Tea.
7 The bathroom, kitchen and main room were only divided by curtains.
8 She washed some dishes, the floor tiles and the sink.
9 No, but she cleaned it nonetheless.
10 She hoovered the parquet floor.
11 To empty her dustbin.
12 As an excuse she said that she did not expect to go out.
13 To stay at home for the rest of the day.
14 It got splashed.
15 She thought it was pointless to wash before doing the dirty jobs.
16 It was midday and she had to get ready for her niece's arrival.
17 At 10 minutes to 12.
18 She hadn't made the bed.
19 She changed the sheets, added a second pillow and pulled up the blankets and bedspread with extra care.
20 She lit up a small cigar.

Exercise B

1 – Well, I exclaimed, I can tell you that her father has a lot of money! I went inside the house, and I saw furniture like that in the Longchamp museum. And a piano!
– A piano? asked aunt Rose. It would really be the first time one would be seen in these hills.
– Well, I saw it! And all this is in a dining-room where there is a carpet on the floor which is huge. And then, there is a marvellous cupboard called a 'livigroub'!
– Pardon? asked Joseph, surprised.
– A 'livigroub'.
– Who told you that? asked my mother.
– The lady. She said: 'The glasses are in the livigroub' . . . And there they were. My father was frowning, trying to understand. My mother, who didn't know much, but who guessed everything, said timidly:
– Perhaps it is an English word.
– I get it, exclaimed Joseph. A living-room! It wasn't the cupboard, but the room where the cupboard was!
– That's what it must be, said uncle Jules, and it is a real shame. Because a 'livigroub' intrigued me, it was poetical.

2 For 100 francs a year, Félicité, the servant, cooked and cleaned, sewed, washed, ironed, and remained faithful to her mistress – although she wasn't a pleasant person.

She got up at dawn, in order not to miss mass and worked till the evening without a break; then when dinner was over, the dishes tidy and the door securely shut, she fell asleep in front of the fireplace. In all seasons she wore a kerchief fixed on her back with a pin, a bonnet to hide her hair, grey stockings, a red petticoat and an apron like hospital nurses. Her face was thin and her voice shrill. At twenty five, she looked forty.

Exercise C

Suggested answer
Monsieur et Madame Dubal ont décidé de refaire les peintures au mois d'août parce qu'ils étaient en vacances.

Madame Dubal voulait repeindre le salon.

Ils sont allés en ville pour faire leurs achats. C'est Monsieur Dubal qui a porté les pots de peinture qui étaient très lourds, et Madame Dubal a porté les rouleaux de papier peint.

Ils ont aussi acheté des pinceaux, un rouleau à peinture et de la colle.

Les enfants les ont aidé à vider les meubles, puis Monsieur Dubal et son fils les ont sortis du salon. Leur fille, Colette, a mis des journaux par terre pour protéger le plancher pendant que Madame Dubal lavait les murs.

Monsieur Dubal a peint le plafond en blanc avec le rouleau. Il a dû grimper sur un escabeau et garder les bras en l'air, ce qui était très fatigant. Madame Dubal, elle, s'est servie d'un pinceau pour repeindre la porte. Elle a mis deux couches de peinture blanche. Après avoir fini la peinture, ils ont collé le papier peint.

Il leur a fallu une semaine pour refaire les peintures.

Monsieur Dubal s'est installé dans le fauteuil le plus confortable pour admirer le résultat. Il était très satisfait, mais sa femme n'avait pas l'air content parce que les rideaux étaient vieux et sales.

Elle est donc sortie le jour même pour acheter du tissu neuf. Elle a choisi de grosses fleurs rouges sur fond beige.

En rentrant à la maison, elle a tout de suite sorti sa machine à coudre, parce qu'elle voulait les faire elle-même.

Exercise D

1 No.
2 The rooms face south, there's a terrace, sea view and direct access to the beach, equipped kitchen and bathroom.
3 Tennis courts, swimming pools, keep-fit obstacle course, table tennis, bowls.
4 Two days free of charge.
5 It depends if there are places available.
6 93.
7 Post box 46, postal code.
8 By asking for your home and office phone numbers.
9 The bedrooms and living room.
10 By quoting the price on the 1st January.
11 They're close to shops, car park and the métro, and they overlook a park.
12 No. You can go to the sales office on Saturdays and Mondays, but at other times you must make an appointment.
13 Immediately.
14 You are supposed to send your visiting card.

Exercise E

Suggested answer

– Bonjour monsieur. Je m'appelle Olivier Paynot. J'ai téléphoné hier pour prendre rendez-vous.
– Ah oui, bonjour monsieur, entrez.
– Merci. Quel appartement luxueux!
– Oui, nous l'avons entièrement rénové.
– Pourquoi voulez-vous déménager, c'est dommage?
– Il nous faut un appartement plus grand.
– Mais la salle de séjour est immense!
– Oui, mais il n'y a qu'une chambre et nous attendons un bébé.
– Ah! je comprends. Puis-je aller sur le balcon?
– Bien sûr, venez.
– Oh, la vue sur le parc et la rivière est exceptionnelle!
– Oui, et c'est très calme. Voulez-vous voir la chambre maintenant?
– Avec plaisir.
– Par ici. Et voici la salle de bains. Les toilettes sont à côté.
– C'est parfait. Quel sorte de chauffage avez-vous?
– Le chauffage central au gaz. Et voici la cuisine.
– Elle est très claire, et moderne. Dites moi, j'ai une petite collection de bonnes bouteilles de vin; il y a une cave avec cet appartement, n'est-ce pas?
– Oui, je vais vous la montrer. Heureusement qu'il y a l'ascenseur!
– Et où se trouve le garage?
– Juste à côté. Nous irons après, j'ai pris la clef.

Exercise F

Suggested answer

Grasse, le 11 juillet 19..

Chère Delphine,
Merci de ta lettre, c'est très gentil à toi de m'écrire. Je suis désolée de ne pas t'avoir répondu plus tôt, mais j'ai eu beaucoup de travail et au bureau et à la maison.

Le week-end dernier mes beaux-parents nous ont rendu visite, donc j'ai dû faire le ménage. Je me suis levée très tôt, vers six heures du matin, et je me suis vite habillée car j'étais pressée. D'abord j'ai fait la lessive, puis j'ai fait la vaisselle et enfin j'ai passé l'aspirateur partout, même dans la chambre où Paul dormait encore! Pendant que je faisais les courses Paul a commencé à préparer le déjeuner. Le pauvre! Il a découvert qu'il n'y avait plus de pommes de terre, donc il a dû préparer une salade. Heureusement ma belle-mère a été contente car elle est au régime.
Nous espérons avoir ta visite prochainement,
Amicalement,
Michelle

Exercise G

1 Où se trouve cette famille?
2 Quel temps fait-il?
3 Combien y a-t-il de personnes, et à votre avis, qui sont-elles?
4 Avez-vous une grande famille?
5 Que font les différents membres de la famille sur la photo?
6 Lisez-vous quelquefois des journaux ou des magazines? Quand, et lesquels?
7 Quelle sorte de livres lisez-vous?
8 Aimez-vous prendre des bains de soleil?
9 Utilisez-vous quelquefois une échelle?
10 Où habitez-vous?
11 Quelles pièces y a-t-il dans votre maison/appartement?
12 Quelle est votre pièce préférée, et pourquoi?
13 Avez-vous un jardin?
Si oui: Décrivez-le.
Si non: Aimeriez-vous en avoir un? Donnez vos raisons.

14 Quelles sont les choses que vous aimez faire dans votre jardin?
Or: Selon vous, en quelle saison un jardin est-il le plus agréable? Pourquoi?

15 Quelles sont les choses que vous n'aimez pas faire dans votre jardin?
Or: Quelles sont les choses que vous n'aimez pas faire à la maison?

Exercise H

Section One

Un soir, l'oncle *Jules* et la tante *Rose* vinrent dîner à la maison. Ce fut un dîner-conférence, pour la préparation du grand départ, qui devait avoir lieu le lendemain.

L'oncle Jules, qui se flattait d'être un organisateur, déclara d'abord qu'à cause de l'état des chemins, il n'était pas possible de louer une voiture importante, qui aurait d'ailleurs coûté une fortune – peut-être même vingt francs!

Section Two

Il avait donc loué deux voitures: un petit camion de déménagement, qui transporterait ses propres meubles, ainsi que sa femme, son fils et lui-même, au prix de sept francs cinquante.

Cette somme comprenait la puissance d'un déménageur qui serait à notre service toute la journée.

Pour nous, il avait trouvé un paysan, qui s'appelait *François*, et dont la ferme était à quelques centaines de mètres de la villa. Ce François venait deux fois par semaine vendre ses fruits au marché de *Marseille*.

Section Three

En remontant chez lui, il transporterait nos meubles au prix raisonnable de quatre francs. Cet arrangement enchanta mon père, mais Paul demanda:

– Et nous, nous monterons sur la charrette?

– Vous, dit l'Organisateur, vous prendrez le tramway jusqu'à *La Barasse*, et de là, vous rejoindrez votre paysan à pied. *Augustine* aura une petite place sur le chariot, et les trois hommes suivront à pied, avec le paysan.

Les trois hommes acceptèrent cette idée avec joie, et la conversation, qui dura jusqu'à onze heures, devint absolument féérique, car l'oncle Jules parla de chasse, puis mon père parla des insectes, si bien que jusqu'à mon réveil, je tirai des coups de fusils sur des mille-pattes, des sauterelles et des scorpions.

Adapted from *La Gloire de mon Père* (Marcel Pagnol)

Note: Play the passage straight through once. The second time, stop at the end of each section to allow the students to write down their answers. Then, play the passage straight through a third time.

Section One

1 Uncle Jules and aunt Rose.
2 A sort of 'working' meal.
3 To prepare for the next day's departure.
4 Organizing.
5 The state of the roads and the cost.

Section Two

6 Jules himself, his furniture, wife and son.
7 7 francs 50.
8 The services of a strong removal man for the day.
9 On a farm, a few hundred yards from the villa.
10 He went to the market in Marseilles to sell fruit.

Section Three

11 He would transport the furniture on his way back home.
12 Only 4 francs.
13 No. They will take the tram to La Barasse, join François and follow him on foot, except for Augustine who will be able to finish the journey on the cart.
14 Until 11 pm.
15 Because uncle Jules spoke of shooting, and his father of insects.

Dictation

Pierre ouvrit la porte de sa chambre, / enleva sa veste / et, épuisé, / tombant de fatigue, / s'allongea sur le lit. / Il avait eu tellement chaud / au bureau ce jour-là / qu'il aurait voulu rentrer / à midi, / mais ses affaires / étaient en pleine expansion, / le téléphone n'arrêtait pas de sonner, / les lettres inondaient son bureau./

Il soupira, / défit sa cravate / et la jeta par terre. / Il pensait à la douche / qu'il allait prendre / dans quelques minutes; / mais pour cela, / il fallait faire un effort./

Quelqu'un frappa doucement / à la porte./

– Tu es là Pierre? / Tu dors?/

– Entre, répondit-il./

C'était sa tante, / qui faisait le ménage et la lessive / depuis la mort de sa mère, / il y avait deux ans de cela./
– Voici les chemises / que j'ai repassées hier, / dit-elle en les posant / sur la commode. / Il la remercia./
– Que ferais-je sans elle? / se demanda-t-il / quand elle fut repartie.

Vingtième unité

Exercise A

1 To fly like a bird.
2 The Greek story of Icarus, who wore wings attached with wax. He flew too close to the sun and the wax melted, dropping him into the sea.
3 He designed a flying machine with wings flapping like a bird's. He also imagined the forerunner of the helicopter, and described the principles of the parachute.
4 The Montgolfier brothers sent a goat, a cock and a duck up in a balloon.
5 George Cayley.
6 Clément Ader.
7 He gave the name avion to the French language.
8 He flew for 12 seconds over a distance of 40 metres.
9 He crossed the Channel by plane in 37 minutes.
10 33½ hours.
11 Because of military demands.
12 Germany.
13 Supersonic aircraft and space rockets.
14 Hang gliding and micro-lite.
15 They are a toned-down version of Icarus' invention.

Exercise B

Such is the charm of Alsace that you are both at home and elsewhere. At home because nothing is more French than the life style and the food of this region. Elsewhere because the architecture and the language are pleasantly foreign.

Above all one mustn't rush in Alsace. One must have time to see everything. Moreover the people of Alsace, courteous, slightly distant, do not like rushing. They like to go at their own pace, except for business and commerce.

Many itineraries are possible but obviously one must know Strasbourg, the capital, seat of the Council of Europe, of the European Court of Human Rights and meeting place of the European Parliament.

Near the cathedral the district of Petite-France is a charming departure point for a walk. The houses are very white, covered with flowers, very well-kept. There are canals, bridges, and little streets which have become pedestrian areas.

The Rohan castle is to be visited as well as the Alsace museum where one gets acquainted with traditional crafts, furniture (making), wood carving, lace and embroidery.

At noon on the little sunny (café) terraces, but particularly in the evening go to the 'Winstubs' (wine bars) to drink some white wine and sample some sausages.

Exercise C

Suggested answer

Par un beau matin ensoleillé, Paul et Angélique ont décidé de faire un petit tour à moto. Paul venait d'acheter une nouvelle moto et il en était très fier. Alors ils sont partis vers neuf heures du matin car ils avaient l'intention d'aller au bord de la mer.

Deux heures plus tard la moto est tombée en panne. Paul a essayé de la réparer, mais il avait oublié ses outils à la maison. Il a commencé à pleuvoir et Angélique n'était pas contente du tout. Elle n'avait pas apporté son imperméable.

Malheureusement Paul n'a pas réussi à réparer la moto. Les jeunes gens étaient en pleine campagne et ils n'ont trouvé personne pour les aider. Ils ont dû marcher deux ou trois heures.

Enfin ils ont aperçu un petit village au loin. En y arrivant ils ont cherché un garage. Puis ils avaient tellement faim qu'ils ont trouvé un café où ils ont bien bu et bien mangé. Ils ont passé l'après-midi à attendre l'arrivée de la dépanneuse.

Exercise D

Suggested answer

Madeleine et Gérard ont eu des difficultés à faire la traversée de la Manche à cause de la grève des pêcheurs français. Croyant que le traffic avait repris normalement ils sont allés à Boulogne. Il y avait des embouteillages autour du port et la police leur a dit qu'ils devaient aller en Belgique. Ils ont dû faire la queue à Zeebrugge comme tout le monde, mais ils ont finalement réussi à prendre le ferry à trois heures du matin. La traversée a duré environ 5 heures, mais malheureusement Madeleine et Gérard n'ont pas pu beaucoup dormir. Les fauteuils n'étaient pas très confortables, et il y avait trop de bruit et trop de lumière. Ils ont fait le tour du bateau et ils ont passé le temps à lire et à manger leurs provisions. Ils ont aussi rencontré des passagers sympathiques, des Anglais, avec lesquels ils ont bavardé et qui les ont invités chez eux pour le week-end.

Exercise E

Suggested answer

Monsieur et Madame Poireau et leur fils Vincent sont arrivés à la gare centrale de Strasbourg le 2 août au soir. Ils avaient déjà réservé deux chambres au Grand Hôtel du Cours qui se trouve assez près de la Cité Ancienne.

Le lendemain matin, après le petit déjeuner, ils sont allés au Syndicat d'Initiative pour avoir des renseignements sur la ville. Les trois premiers jours, ils ont visité la cathédrale et son horloge astronomique et le château des Rohan. Comme il a fait très beau, ils ont fait une promenade le long de la rue Finkwiller et ils ont pu voir le barrage Vauban et les ponts couverts. Ils sont rentrés à l'hôtel par la Petite France (le vieux quartier des Tanneurs) et la Cité Ancienne.

Le quatrième jour, comme il pleuvait, ils ont visité le musée l'Œuvre Notre Dame et le musée Alsacien.

Comme ils avaient beaucoup marché les premiers jours, la famille Poireau voulait se reposer un peu. Alors, Vincent et son père ont fait la visite du port en vedette, pendant que Madame Poireau passait une journée tranquille dans le jardin botanique.

La veille de leur départ, ils ont assisté à un concert de musique classique à l'Orangerie. Mais avant, ils se sont promenés un peu dans le quartier où ils ont vu le Palais du Conseil de l'Europe et le Palais des Droits de l'Homme, puis ils sont allés dans un petit restaurant en plein air pour manger une choucroute, la spécialité de la région.

Exercise F

Suggested answer

Chingford, le 7 janvier 19..

Madame J. Jones
9, Richmond Road,
Chingford
E4 1AW

Monsieur,

Votre hôtel m'a été recommandé par des amis, les Pritchard, qui y ont passé leurs vacances il y a deux ans.

Je vous serais reconnaissante de me donner vos prix de pension complète pour ma famille, c'est-à-dire mon mari, moi-même et nos deux filles âgées de 11 et 14 ans. Il nous faut deux chambres avec salle de bains ou douche.

Je voudrais aussi savoir si l'hôtel est loin de la gare, car nous arriverons par le train.

Nous aimerions rester à Cannes pendant les trois dernières semaines de juillet.

Dans l'attente d'une prompte réponse, veuillez agréer, Monsieur, l'expression de mes sentiments distingués.

Jane Jones

Exercise G

1 A votre avis, où sont ces gens?
2 Pourquoi ont-ils des bagages?
3 A quoi servent les chariots?
4 Quand vous partez en voyage, emportez-vous trop ou pas assez de choses?
5 Avez-vous déjà pris l'avion?
Si oui: Quand et pour aller où?
Si non: Pourquoi n'avez-vous jamais pris l'avion?
6 Avez-vous aimé votre voyage en avion?
Or: Aimez-vous voyager en voiture?
7 Comment allez-vous au travail/à l'école/au collège, et combien de temps dure le trajet?
8 Quels sont les autres moyens de transport que vous avez déjà utilisés?
9 Si vous faites un long voyage, comment préférez-vous voyager, et pourquoi?
10 Aimez-vous, ou aimeriez-vous aller à l'étranger? Expliquez.
11 Quels pays étrangers connaissez-vous et qu'en pensez-vous?
Or: Pourquoi n'êtes-vous jamais allé a l'étranger?
12 Avez-vous des amis étrangers?
Si oui: Dans quelles circonstances les avez-vous connus?

Si non: Si vous deviez vivre dans un autre pays, lequel choisiriez-vous?
13 Pourquoi apprenez-vous le français?
14 Si vous alliez en vacances chez des Français, quels cadeaux leur emporteriez-vous?
15 Quel pays aimeriez-vous visiter, et pourquoi?

Exercise H (Part I)

Section One

Voix de femme: Il est exactement seize heures et trente minutes. Voici donc Jacques Vauquer qui vous présente son émission hebdomadaire, Info-Vacances. Soyez régulièrement au rendez-vous si vous avez besoin de conseils et de renseignements, ou tout simplement si vous ne savez pas encore où aller en vacances!

Jacques: Bonjour à tous! Me voici de nouveau, comme chaque semaine, pour passer une heure en votre agréable compagnie. Avec moi, dans le studio, comme d'habitude, une personnalité qui vient vous présenter une région de France ou un pays étranger. Aujourd'hui, j'ai le plaisir d'accueillir une de nos actrices les plus populaires, j'ai nommé Marlène Poincet. Bonjour Marlène!

Marlène: Bonjour Jacques!

Section Two

Jacques: Marlène revient d'un séjour d'une semaine en Corse. Elle va donc pouvoir donner toutes sortes de renseignements à ceux d'entre vous qui ont envie d'y passer leurs vacances. Et n'oubliez pas qu'à la fin de l'émission, vous pouvez participer au concours qui vous permettra peut-être de gagner un séjour de deux semaines en Corse pour vous et trois autres membres de votre famille. Ça vaut la peine d'écouter jusqu'au bout, n'est-ce pas? Et j'espère que vous avez déjà préparé du papier et un stylo pour prendre des notes! Dites-nous d'abord, Marlène, pourquoi vous avez choisi la Corse.

Marlène: Eh bien, la première raison, c'est que je suis moi-même d'origine Corse par ma mère qui vient de Bonifacio, et j'ai encore de la famille là-bas.

Jacques: Ce n'est donc pas votre première visite!

Marlène: Non, j'y suis allée souvent. D'autre part, je trouve que c'est un endroit idéal pour les vacances.

Section Three

Jacques: Pour quelle sorte de vacancier en particulier?

Marlène: Justement, c'est idéal pour toutes sortes de gens. Le paysage est très beau et très varié. Il y a la mer avec des plages de sable, des criques, des falaises . . . La côte est splendide. Le climat est parfait pour se faire bronzer et on peut y pratiquer tous les sports nautiques.

Jacques: Et pour ceux qui n'aiment pas ce genre de vacances?

Marlène: La montagne et la forêt offrent toutes sortes de possibilités de randonnées pédestres, équestres, et même pour les fanas du vélo. Pour ceux qui s'intéressent à l'histoire et à l'architecture, chaque ville, chaque village a quelque chose à offrir. L'histoire de la Corse est fascinante. Tout le monde est allé en Corse! Les Français, bien sûr, mais aussi les Anglais, les Espagnols, les Allemands, et surtout les Italiens.

Jacques: Et du point de vue humain?

Marlène: Les Corses sont très gentils à l'égard des touristes, ils sont d'une hospitalité incroyable.

Jacques: En bon Français, j'aimerais savoir quelles sont les spécialités gastronomiques de l'île.

Marlène: La grande spécialité de la Corse, c'est le merle.

Jacques: Le merle!

Marlène: Oui, on les mange en rôti ou en pâté. Naturellement, il y a aussi un grand choix de fruits de mer et de charcuterie. Et bien sûr, il faut essayer les différents vins corses.

Note: Play Part 1 straight through once. The second time, stop at the end of each section to allow the students to write down their answers. Then, play the passage straight through a third time.

Section One

1 It gives information and ideas about holidays.
2 Once a week.
3 It starts at 4.30 pm and lasts one hour.
4 To talk about a region of France or another country.
5 A famous actress.

Section Two

6 One week.
7 There is a competition. The prize is a two week holiday for four in Corsica.

8 Pen and paper.
9 Yes, many times.
10 For holidays.

Section Three

11 Yes. The coast is beautiful, the climate is good and it's ideal for watersports.
12 Hiking, horse riding and cycling.
13 Yes, Corsican history is fascinating, and every village and town has something to offer.
14 They are very kind and hospitable.
15 Blackbirds, seafood, delicatessen and wine.

Exercise H (Part 2)

Section One

Jacques: Pouvez-vous nous raconter exactement ce que vous avez fait et vu en une semaine en Corse.

Marlène: Eh bien, j'ai pris l'avion de Paris à Ajaccio où j'ai tout de suite loué une voiture. J'ai fait des étapes relativement courtes, c'est-à-dire d'environ cent kilomètres par jour.

Jacques: Qu'est-ce que vous avez fait à Ajaccio?

Marlène: J'ai flâné sur le port, j'ai visité la vieille ville où il y a deux édifices à ne pas manquer, la cathédrale et la maison Bonaparte. On peut aussi visiter l'hôtel de ville où se trouve le musée napoléonien.

Jacques: Quelle direction avez-vous prise après Ajaccio?

Marlène: Je suis remontée vers le nord. J'ai longé la côte jusqu'au golfe de Porto. A Porto, il y a des falaises extraordinaires. Puis j'ai continué jusqu'à Evisa. En tout, j'ai fait une étape de cent six kilomètres.

Jacques: Qu'est-ce qu'on peut faire à Evisa?

Marlène: Evisa a une situation idéale, à vingt-quatre kilomètres de la côte et à huit cents mètres d'altitude. On peut pêcher, faire de l'alpinisme et des promenades.

Jacques: Etes-vous restée en montagne?

Marlène: Non, le lendemain je suis repassée par Porto, en route pour Calvi, cent cinq kilomètres plus loin. J'ai passé la journée sur la plage. On dit que Calvi ne se visite pas, mais se regarde, car elle est d'une beauté parfaite, mais on peut quand même faire le tour de la forteresse.

Section Two

Jacques: De combien a été votre étape suivante?

Marlène: De quatre-vingt-huit kilomètres. Je suis allée à Bastia, en passant par l'Ile-Rousse et par Saint-Florent qui se trouve au fond d'un golfe majestueux. C'est une station idéale pour les sports nautiques et c'est un point de départ d'excursions à pied, en voiture ou en bateau. A Bastia, il faut visiter la citadelle et aller prendre un verre dans un des petits bars du vieux port. Il y a des musées, des églises, mais il faut surtout regarder les gens vivre! Le lendemain, j'ai pris la direction de la montagne.

Jacques: Vous êtes allée jusqu'à Corte?

Marlène: Non, arrivée à Morosaglia j'ai pris la route d'Asco où on peut faire du ski en hiver.

Jacques: C'est là que vous avez passé la nuit?

Marlène: Non, je suis retournée à Morosaglia. J'ai fait environ cent six kilomètres ce jour-là. Puis le lendemain, j'ai pris la direction de Cervione.

Jacques: C'est intéressant Cervione?

Marlène: La cathédrale vaut la visite. Ensuite je suis descendue jusqu'à Aléria où il y a des ruines grecques et romaines, et les amateurs d'archéologie peuvent y visiter le musée aménagé dans le vieux fort. Puis j'ai continué jusqu'à Solenzara, c'est-à-dire que j'ai fait une étape de cent vingt-sept kilomètres.

Section Three

Jacques: Vous êtes restée sur la côte?

Marlène: Non, j'adore la montagne et je suis repartie en montagne! Je ne suis pas allée à Porto-Vecchio qui est une grande station balnéaire, ni à Bonifacio que je connais déjà très bien, mais sa situation est exceptionnelle, et il faut aller voir sa citadelle . . .

Jacques: Il y a beaucoup de citadelles, forts, forteresses, etc., en Corse!

Marlène: Oui, comme je l'ai mentionné plus tôt, c'est une île qui a connu de nombreuses invasions.

Jacques: Mais revenons à votre voyage . . .

Marlène: Oui, je voulais voir les mégalithes du plateau de Cauria. C'est un des grands sites de la recherche préhistorique. Il y a des dolmens et des menhirs extraordinaires dispersés dans la nature. J'ai passé la nuit à Sartène. En tout j'ai fait cent six kilomètres.

Jacques: Et votre tour de Corse tire à sa fin?
Marlène: Hélas, oui! Il me reste la dernière étape que j'ai faite en longeant la côte, c'est-à-dire environ quatre-vingt-dix-huit kilomètres, de Sartène à Ajaccio, en passant par Propriano qui est une des plus belles stations balnéaires de la Méditerranée.
Jacques: C'est tout dire!

Note: Play each section twice. The second time, stop to allow the students to write down their answers on the map. Then, re-play Part 2 in sections so that the students can make notes about the various places mentioned.

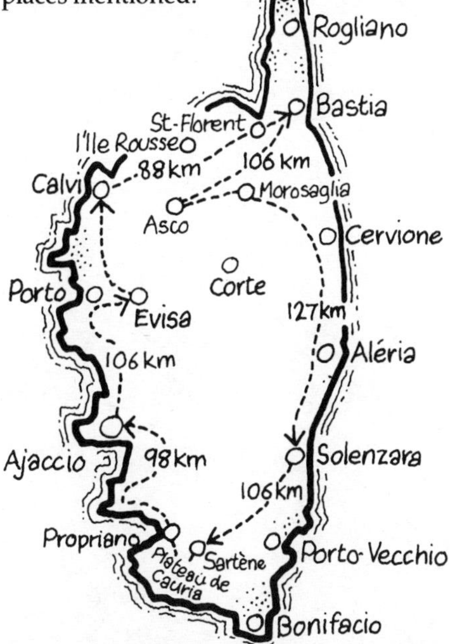

Ajaccio – flâner sur le port, visiter la vieille ville (cathédrale, maison Bonaparte, hôtel de ville et musée napoléonien).
Porto – falaises.
Evisa – pêche, alpinisme, promenades.
Calvi – plage, visiter forteresse.
Saint-Florent – sports nautiques, excursions.
Bastia – visiter citadelle, vieux port, musées, églises.
Asco – sports d'hiver.
Cervione – visiter cathédrale.
Aléria – voir ruines grecques et romaines, visiter musée (vieux fort).
Porto-Vecchio – plage, sports nautiques.
Bonifacio – visiter citadelle.
Plateau de Cauria – voir mégalithes.
Propriano – plage, sports nautiques.

Exercise H (Part 3)

Jacques: Eh bien voilà, Marlène vous a tout dit, ou presque, sur la Corse. J'espère que vous avez écouté attentivement, car il est maintenant l'heure de notre concours. Envoyez vos réponses sur carte postale à Concours Info-Vacances, Boîte Postale 72, Paris. Répondez simplement «vrai» ou «faux» aux huit affirmations de Marlène. Et, bien entendu, n'oubliez pas d'indiquer votre nom et votre adresse. Vous êtes prêts? Alors Marlène, allez-y!
Marlène: Ecoutez bien, et attention aux questions pièges!
Un, je suis d'origine corse par ma mère.
Deux, j'ai pris l'avion de Marseille à Ajaccio.
Trois, j'ai emmené ma voiture en Corse.
Quatre, la maison Napoléon se trouve à Ajaccio.
Cinq, il y a une cathédrale à Aléria.
Six, je connais bien Bonifacio.
Sept, je n'aime pas la montagne en Corse.
Huit, il y a eu beaucoup d'invasions étrangères en Corse.
Voilà, c'est tout!
Jacques: Eh bien, merci Marlène. Au revoir à tous, et à la semaine prochaine!

Note: Play Part 3 twice. Then play Parts 1 and 2 straight through once. Finally, play Part 3 a third time.

FRANCE 2,10

1 vrai 5 faux
2 faux 6 vrai
3 faux 7 faux
4 faux 8 vrai

Mlle Blanche Voliot
44 rue de la Liberté
Le Mans

Concours Info-Vacances
Boîte Postale 72
PARIS

Acknowledgments

The authors and publishers would like to thank the following for permission to reproduce copyright material: Association des Amis de Jean Delacour et du Parc de Clères for extracts from the brochure of the Parc Zoologique de Clères; Secrétariat de Georges Simenon for three extracts from *L'homme de Londres*, one extract from *Maigret et son mort*, two extracts from *L'amie de madame Maigret*, three extracts from *La Pipe de Maigret* and one extract from *Feux Rouges*; Editions Gallimard for 'Le Message' and 'Dejeuner du Matin' from *Paroles* by Jacques Prévert © Editions Gallimard; Editions Bernard Grasset for an extract from *Les Dimanches de Mademoiselle Beaunon* by Jacques Laurent; Mme Jacqueline Pagnol for four extracts from *La Gloire de mon Père* and *Le Temps des secrets* by Marcel Pagnol; *Paris-Match* for an article on Michèle Mouton (*Paris-Match* 6.10.78); Biba for *Les Charmes énivrant de l'Alsace* by Verene Colombani (Biba September 1984); Chappell SA for the lyrics to 'Mon Frère' by Maxime le Forestier; and the SNCF for the Paris–Rennes timetable.

The authors and publishers would also like to thank the following for permission to reproduce photographs and illustrations: the French Government Tourist Office (pp. 13, 15, 16, 34, 82–4, 88–91, 141–4 and 147), Ronda and Rowena Evett (p. 56), Topham Picture Library (pp. 60, 105 and 153), S. Kolhatkar and Vidocq Photo Library (p. 70), Keith Gibson (p. 81), Documentation Française (pp. 115, 169 and 170), Polydor (p. 124), illustration from *Astérix chez les Belges* © 1986 Editions Albert René/Goscinny-Uderzo (p. 125), Colorsport (p. 161), and Air France (p. 180).